中华传世藏书

【图文珍藏版】

中国大百科

马博⊙主编

线装书局

目　录

动物百科

植物百科

中国大百科

目录

中国大百科

动物百科

马博⊙主编

导　读

你知道臭虫以及苍蝇还能做"间谍"吗？

你知道骆驼是怎样被人气死的吗？

你知道"蚂蚁城"里有多少个成员吗？

你知道犬的嗅觉为什么那么灵敏吗？

你知道杜鹃为什么要把自己的蛋丢进别的鸟的巢中吗？

你知道"鹤顶红"是真的有剧毒吗？

你知道鸟类的性格也能影响命运吗？

你知道为什么飞蛾会扑火吗？

你知道哪些动物一出生就要残忍地吃掉自己的母亲吗？

你知道南极的企鹅怎样表达爱意吗？

……

在这个奇妙的大自然里，生活着千姿百态的动物。它们是人类的伙伴，更是人类的朋友。在这里，有许多我们熟悉的老朋友——蓝天上自由飞翔的鸟，海洋里尽情畅游的鱼，还有长年累月生活在地下的奇妙昆虫。但是，在这个世界里，还有许多问题需要我们探索。

随着人们生活水平的逐步提高，家中豢养宠物——即伴侣动物渐已成为时尚，猫、狗及其他小动物成了家庭中的一员，与人相随相伴，伴侣动物在人类社会中扮演着重要的角色。但是，我们究竟对整个动物世界了解多少，甚至您对你所养的宠物又知道多少呢？

动物的力量是神秘的，奇趣盎然的动物界到处都隐藏着奥秘玄机，这卷《动物百科》将带您进入一个令人神往的动物世界，帮助你揭开一个个您想知道的动物奥秘！

本卷《动物百科》部分多角度、全方位，分门别类地介绍了史前动物、明星动物、凶猛动物、可爱动物、温顺动物、夜行动物、宠鸟、宠猫、宠狗、动物的特异功能、动物的奇闻趣事、动物的奇异妙用以及宠物的饲养方法等等。在撰写这卷《动物百科》的时候，我们的目标就是编写出一本实用、清楚、易懂、科学严谨，同时不乏风趣的读物。本卷知识点多、信息量大、趣味性强，展示出动物世界的千姿百态，让您身临其境地感受到动物世界的神奇魅力。

这是一个神秘的动物王国，这里有许许多多的动物在等着和你交朋友。这是一卷内容丰富、体例严谨的优秀科普读物，将会带你快捷地步入动物的世界，与豹驰骋于草原，与猿穿梭于森林，与鹰翱翔于天空，与鱼嬉戏于大海……感受它们的神奇与美丽。更重要的是唤起人类对动物与大自然的关注。

灭绝动物

陆地生命的先驱

最古老的陆地无脊椎动物化石始于4亿年前。它们很像蝎子,属节肢动物门。它们的身体分节,披着一层很容易变为化石的甲壳。蠕虫和一些软体动物很可能也生活在那个时代。但是软体动物的身体柔软不易变成化石,因此人们也就无从寻找它们的足迹。

实际上,古生物学家认为,真正征服陆地的先驱出现在4亿多年前。它们与现存的缓步类动物非常接近:这些微小的无脊椎动物,身长不超过1毫米,在覆盖着苔藓和地衣的浅水中迅速繁殖。这些微生物能够在环境变得干燥的情况下继续生存,必要时它们还可以支持数年之久。这种功能使这些可以经常脱水的动物逐渐成为征服陆地的先驱。

三叶虫

三叶虫是生活在距今6亿年到2亿多年前的古老节肢动物,古生代时,它几乎占据了整个海洋,是当时一霸。到了中生代,三叶虫已完全绝灭,其原因至今未知。

三叶虫体形扁宽,背面正中突起,两侧较扁平。背上有两条纵沟,把身体纵分为三叶,因此得名。它们的形态多样,大小不一,最长的75厘米,最小的不到1厘米。身体分为头、胸、尾三部分,表面光滑,头上有半圆形的盔甲,盔甲的两侧各有一个复眼。口生在头部腹面中央,身体的每一部分由不定的体节构

三叶虫

成,每一体节上都长着一对附肢,头部的第一节附肢变成了长长的触角,有感觉功能。三叶虫只与海水动物(如珊瑚、海百合、腕足类、头足类等)化石共生,证明它当时生活在海水中,以摄取水中的大小动物及低等植物为生。

三叶虫广泛分布于世界各地的古生代地层中。全世界现已发现的三叶虫化石约有4000多种;我国是发现三叶虫化石最多的国家之一,有1000多种。

两栖类动物的祖先

已知的陆生原始脊椎动物已经生存了3.7亿年。1931年,在格陵兰(北美洲),人们发现了两栖类动物的祖先:鱼石螈。这种动物身长1米左右,与现在的青蛙和蝾螈一样同属于两栖类。

鱼石螈是一种非常奇特的动物。它的躯干很长,头颅的形式和未退化掉鳍的尾巴仍然和现在的鱼一样。它的皮很厚,上面披着鱼鳞。它的内鼻孔与喉管相通,这一事实证明了鱼石螈可以自由地呼吸空气。它有四肢,可以在陆地匍匐爬行。

恐龙的祖先

我们知道,恐龙约在2.5亿年前就已经大量活跃在这个地球上了。那么恐龙是由什么演化来的呢? 谁是它们的祖先呢?

在2.3亿年前,一种新的爬行动物出现,那就是槽齿类爬行动物。它的名字的本意是"有槽的牙齿",属于双窝类爬行动物。当时,地球上潮湿温暖的环境非常适合嫩绿植物的生长。槽齿动物比当时其他动物更善于奔跑,有更强的适应环境的能力。它们与肉食恐龙尤其相似,因此一般认为,恐龙是从槽齿类中的巴氏龙进化而来的。

从南非发掘出的尤帕龙的爬行动物化石,再次证明了槽齿类动物是恐龙的祖先。

槽齿类爬行动物中的一些种类为了更适于奔跑,它们的腿逐渐演化,并最终直立地长在身体的下面。它们与其他爬行动物逐渐分离,成为独立的一支,这就是恐龙。

中生代的动植物

所谓中生代,即指地球生物史的大区分年代,它是紧接着生物已十分繁盛的古生代出现的一个时代,开始于约2.5亿年前,结束于6500万年前。中生代按时间的先后顺序又分为三叠纪、侏罗纪、白垩纪三个时期。由于在中生代以恐龙为首的各种大型爬行动物繁衍十分兴旺,占据了海、陆、空三大生态领域,所以也称为"恐龙时代"或"爬行动物时代"。此外,在这一时期,空中也出现了大量哺乳动物。而在古生代十分繁盛的蕨类植物在这时则已渐趋衰落,逐渐被以苏铁和银杏为代表的裸子植物取而代之。中生代之后出现的是更高级形态的鸟类和哺乳动物兴盛发展的新生代。而新生代哺乳动物进化系谱中登峰造极的哺乳动物开始统治地球,并持续到现在。

恐龙

恐龙是自成一类的爬行动物,它们实际上可以分为两个不同的目,即蜥臀目(一般称为蜥臀类)和鸟臀目(一般称为鸟臀类)。二者的区别在于其腰臀部的骨骼(解剖学上称为腰带)结构:蜥臀类的腰带从侧面看是三叉形;鸟臀类的腰带、肠骨前后都大大扩张,骨盆从侧面看是四射形。但是不论是蜥臀目还是鸟臀目,它们的腰带在肠骨、坐骨和耻骨之间留下了一个孔。这个孔,在其他的爬行动物中是没有的。

蜥臀目分为 3 个亚目:古脚亚目、蜥脚亚目和兽脚亚目。

古脚亚目是一些生活在三叠纪晚期的小型至中型恐龙,曾被称为原蜥脚类或板龙类。它们身体较粗壮,主要依靠四足行走。中国云南发现的著名的禄丰龙就属于古脚亚目。

蜥脚亚目从古脚亚目演化而来,主要生活在侏罗纪和白垩纪两个时期。它们绝大多数都是巨型的素食恐龙。头小,脖子长,尾巴长,牙齿呈小匙状。马门溪龙是蜥脚亚目的著名代表。

兽脚亚目生活在晚三叠纪至白垩纪时期。它们都是肉食性恐龙,靠两足行走,趾端长有锐利的爪子,嘴里长着如同匕首或小刀一样的利齿,牙齿前后缘常有锯齿。霸王龙是其典型代表。

鸟臀目分为鸟脚亚目、剑龙亚目、甲龙亚目、角龙亚目和肿头龙亚目五个亚目。

霸王龙

霸王龙可能是到目前为止发现的生活在地球上的最大型食肉类恐龙。它的名字拉丁文 Tyrannosaurus 意思是:残暴蜥蜴之王。霸王龙是肉食类恐龙中最晚的一支。它身高大约 6 米,15 米长,大约 5 吨重,它具有 60 个锯齿状边缘的牙齿,最长的达 18 厘米长。它具有硕大的上下颚;仅仅头颅就长达 1.2 米,它能够吃下一整个人——假若那时候周围真有人类存在的话。

巨大的霸王龙号称是有史以来陆地上最巨大的肉食动物,当它站起来时身高超过两层楼高,一口可以吞下一头牛,奇怪的是霸王龙前脚非常短小,和人手臂差不了多少,因此有些科学家认为霸王龙无法捕食，只能吃死尸。霸王龙大约活跃在距今 6500 万年前，是地球上存在过的体形最大的肉食性恐龙。为了站立时能够支撑这庞大的身躯，所以它们的后肢都粗壮有力。

霸王龙

霸王龙捕猎食物时，除了用它那满嘴尖锐的牙齿当作武器外，带有利爪的足部和粗壮的尾巴也在其中发挥着巨大的作用。从它粗壮的颈骨、脊椎骨和后腿骨判断：霸王龙捕捉猎物时可能是以后腿快步冲向猎物，一口咬住猎物要害——可能是颈部或是腹部吧？等猎物死亡后，再将猎物吞食掉。但也有些学者认为，由于霸王龙的体形过大，造成行动的缓慢，对于一些行动敏捷的小型恐龙，它未必能捕捉得到，所以，霸王龙平常可能是靠自然死亡的恐龙尸体过活的。霸王龙的头长约 1.2 米，有两只向前注视的眼睛，视野开阔，与巨大的头颅相比，它的脑子较小，仅是一根长约 35 厘米，直径约 8 厘米的小圆柱。脑子前面的嗅叶、视神经、听神经都较发达，与后面的小脑、大脑大小相近，说明霸王龙有很灵敏的嗅觉、视觉和听觉。

霸王龙有一条挺直的尾巴保持身体平衡，步伐敏捷，大约每小时可走 30~40 千米，至少也可达 15 千米。

恐龙蛋有多大

恐龙蛋有大有小。在位于巴布亚新几内亚的穆绍岛上发现的恐龙蛋只有两三厘米长。而 1869 年法国一位地质学家在法国发现的鸭嘴龙中的高龙蛋化石，竟有 20 厘米长、16 厘米宽。在相当长的时间内，这枚恐龙蛋一直被认为是世界上最大的恐龙蛋。但 1993 年在我国河南南阳盆地中发现了 5000 多枚恐龙蛋，其中一枚竟长达 52~55 厘米，可以说是目前世界上最大的恐龙蛋。

快盗龙

快盗龙又叫迅猛龙、疾走龙、速龙，意为敏捷的小偷，快盗龙和恐爪龙很像，但是头较细长。快盗龙和暴龙、异特龙等肉食恐龙相比，只能算是小型的肉食恐龙，但是，快盗龙行动非常敏捷，脑容量又大，再加上前后肢均长有非常尖锐的爪子，因此是一种非常具有危险性的极具杀伤力的中小型肉食恐龙。快盗龙生有多样利器：头部较大，嘴里有利刃状带锯齿的牙齿；后肢常两趾着地，第三趾上长着长约 12 厘米，像镰刀一样的利爪，这是它捕杀猎物的重要武器；前肢细长，指上也有利爪，而且灵活，便于抓握。另外，它还有一项独特的捕杀本领：一只脚着地，另一只脚举起"镰刀"，加上前肢利爪的配合，很容易将猎物开膛破肚，一下子置于死地。

1971年，一具完整的快盗龙骨架从蒙古挖掘出来，它是在一场与原角龙生死战争中死去的。它长长的前肢插入敌人的头颅，其中一个镰刀状的爪子留在原角龙的肚子内。

奇丑无比的肿头龙

肿头龙类的拉丁文原意是有厚的头盖骨的爬行动物。之所以说肿头龙相貌丑陋，是因为它的头部好像有一个很大的肿包，其形状看起来就像一个保龄球。而事实上，肿头龙的颅骨后面有一个突出的骨质棚，厚度约为25厘米。

肿头龙非常喜欢互相撞头，但是你几乎不用担心它们在相互碰撞时会发生脑震荡。古生物学家猜测，肿头龙的这个大头里差不多全是骨头，它头颅的顶部非常厚并扩大成了一个突出的圆顶，这样厚的头骨使它的头颅变得极其坚硬。它们正是利用这儿进行碰撞的，不过此处可碰撞的部位很小，容易发生危险，尤其是脖子很容易侧向扭伤。此外，肿头龙相互碰撞时，这个骨质棚可能会把碰撞时带来的震荡通过神经传到全身，以避免头部的伤害。这样的特征同样表现在其他肿头龙类如平头龙、冥河龙等身上，只是各自的骨质棚厚度不同而已。

肿头龙头的周围和鼻尖上布满了骨质小瘤，有的个体头部后方有大而锐利的刺。它的牙齿很小但很锐利，可是目前人们还无法确定它们到底吃些什么，其摄取的食物可能是植物的叶子和种子而不是肉类，但有时昆虫也可能是它们的食物之一。它应该具有相当短而厚实的颈部，前肢短后肢长，身躯不太大，坚硬的骨质尾巴由肌腱固定，可能十分沉重。

肿头龙可能喜欢过群体生活，成年的雄性肿头龙之间会像现在的山羊一样，彼此之间通过撞头以决定谁是群体的领袖。在繁殖季节时，它们也以这种方式来决出胜者，获胜方可以与群体中的雌性肿头龙进行交配。不过肿头龙的厚头部并不能帮助它抵抗掠食者的袭击，在它活动时，一旦它敏锐的嗅觉和视觉提醒它有肉食性恐龙靠近，肿头龙立刻会快速地逃离到安全地带。

"四不像"的镰刀龙

镰刀龙长相非常奇特，被称为是恐龙世界中的"四不像"。

由于目前出土的镰刀龙骨骼并不完整，古生物学家们只能依据与它有亲缘关系的其他恐龙对其进行比较和推测。他们认为镰刀龙是一种行动缓慢的大型两足行走恐龙，它的头部比较小，双颌较为狭长，口中无齿，颈部又长又直，臀部相对宽厚。前肢很长，指上有锋利的爪子，同时还有粗壮的后肢，宽大的脚趾上也长着大爪子。由于它的尾骨上长着被称为骨棒的支撑物，所以它的尾巴较短而且僵直。镰刀龙的身上可能还覆盖着原始羽毛。

古生物学家在蒙古发现了一个巨大的镰刀龙前肢化石，以及一些爪子化石。这只镰刀龙的前肢长约2.5米，在它的掌部有三根延伸加长的指爪，其中最长的指爪

镰刀龙

竟然有75厘米长，相当于一个成年人手臂的长度，形状就像用来除杂草的长柄大镰刀一样。它的名字也是由此得来的。镰刀龙的另外两根指爪则相对要短一些。这三根指爪两侧扁平，由下向上逐渐弯曲，形成狭长指尖。这些指尖如此之长，以至于镰刀龙在四肢着地时，只能依靠指关节支撑。

镰刀龙习惯两足行走，在行走时，它用两条较长的后肢缓步前进。镰刀龙的臀部比典型的兽脚类恐龙要宽，并且它的尾部能帮它支撑起身体的重量。因此它在找寻食物时，很可能会以臀部着地，坐在地上。坐在地上后，它会伸长脖子去啃咬树木，或者直接用前肢把树枝拉到嘴边进行食用。而当它遇到肉食性恐龙的时候，虽然它长长的爪子不能用于撕裂，但是可以用来吓退对方。

发现最早的植食恐龙——禽龙

禽龙是最早被发现的鸟脚类恐龙家族中的一种体形庞大的植食恐龙，生活在距今1.40亿年前~1.10亿年前的白垩纪早、中期。它和一头大象的大小差不多，从鼻子到尾巴长约9米。在欧洲的几个国家里都发现了大量的禽龙化石，如英国、比利时。

禽龙的身体健壮，一般四足行走，有时也用两条腿走路，并且过着群居生活。而且它们已经能将植物充分咀嚼之后再吞食。

禽龙的头骨和颌与马有些类似。它长着一个角质的喙嘴，用嘴咬下叶子，因为它的下颚前部没有牙齿，100多颗强有力的臼齿全长在颊囊里，和现代的一种蜥蜴——鬣蜥十分相似，当食物在颊囊内搅动时，臼齿就能把其完全咬碎。

禽龙

禽龙的前肢强而有力，爪非常锐利，爪上长有5个指：大拇指像铁钉一样锋利，可能是禽龙刺伤敌人保护自己的武器吧；中间三个指骨跟掌构成手掌状，指头宽宽的，指爪扁平，呈马蹄状，四肢行走时可以支撑住身体的重量，长出的第四指是在右手腕呈直角的位置上，非常灵活，可以钩断树枝，采摘树叶等。

年幼的禽龙前肢骨骼较成年禽龙要短。幼禽龙大多用后肢行走活动，这样可快速逃跑以摆脱敌人的猎杀；而成年禽龙则行动缓慢，大多四肢着地行走。它们的胸部有一大块骨板，它有助于前肢支撑沉重的身体。成年禽龙健硕的身躯，可以帮助自己不受攻击者侵犯。而它的尾巴就像今天的袋鼠一样，也可以起到一个支撑的作用，以保持身体的平衡。

地震龙的传说

在遥远的太古时代，在热带雨林的气候环境下，生活着一些我们从未见过的恐龙。其中有35米长的地震龙。地震龙一经被发现就闻名于世。因为它的身躯十分庞大，故被称为地震龙，也叫"地震蜥蜴"。地震龙可能是地球上存在过的最大的陆地动物之一。

地震龙

地震龙的故乡是美国西南部新墨西哥州阿尔巴卡市西北95千米处。那里是只有仙人掌的大片荒漠。

1979年夏天，到此旅行的音乐教师路易和朋友们发现了露出来的大块骨骼。接到报告的美国土地管理局派遣专门人员调查，确认这是恐龙化石。出土地层经勘查证实是约1.5亿年前侏罗纪后期。1985年古生物学家开始拼装地震龙，他们用专用雷达和高灵敏度的磁力对地下进行测试，并且非常耐心地把化石从石头上取下。目前已经确认的大块化石主要是腰、背、尾共有 40 块以上。

Seismo 在拉丁语里是地震的意思。它的身体能够震动大地,也被称为"地震龙"。据推定:它的体长约 35 米,相当于把 3 辆公共汽车连起来那样长。它的头部和尾部很长,但身体却一般。推定体重约为 30 吨~40 吨,相当于 6 头非洲大象。它的脚的形状类似于大象。最快速度每小时 8 千米。地震龙与其他梁龙一样,腿和腰部脊椎骨较短,这样既降低了身体重心,又使步态保持了平稳。它的椎棘基部长出骨突,支撑着颈部和尾巴。地震龙的尾端长得也很"标准",就像鞭子一样。

它以树叶为食,和巨大的身体相比,头部只有马头的大小。听觉和嗅觉没有哺乳类发达。它的卵最大估计有篮球大小。因为如果太大的话,卵壳无法支撑重量。如此大小的卵要长成超过 30 米的巨兽,估计寿命超过了 100 年。

有关地震龙的研究,仍然在进行中。

最长的恐龙——梁龙

梁龙被认为是世界上最长的恐龙,它的身体比一个篮球场还要长。但是它的体重却不是最重的。只有两头成年亚洲大象那么重。这是因为梁龙有着极其特殊的骨头,不但骨头里边是空心的,而且还很轻。

梁龙

梁龙没有咀嚼齿,食物是在胃中经胃石研磨后而消化。肠子里可能有特殊的细菌,酵解纤维质,消化食物。梁龙属于植食性动物,它的食物有树蕨、苏铁、银杏、松柏等高大的植物茎叶,还有地上低矮的蕨类。人们想象它们在吃高处的食物时,肯定是抬起上身,用后肢和尾巴来支撑身体。

人们从梁龙行走时留下的脚印化石观察到它周围并没有拖地的痕迹。由此推测出,梁龙在走路时,头部几乎向前平伸,而尾巴则向后伸展着,其目的就是为了平衡身体与尾巴之间的重量。

梁龙的尾巴很长,它们一般有 70~80 个尾椎,尾巴末端的尾椎愈合成细杆状。梁龙的尾巴下部有呈人字形的人字骨,人字骨上端前后扩大。当梁龙的尾巴垂于地面时,人字骨就能起到支撑或保护的作用。因为人字骨顶端伸出的这两个突起的部分像双梁,因此得名双梁龙。又名梁龙。与长长的尾巴极不相称的是,它的脑袋很小,脸部较长。它的鼻孔很奇特,长在眼眶的上方。它的四肢像柱子一样,前肢较短,后肢较长,所以臀部高于前肩。

腕前肢巨大的腕龙

腕龙是迄今为止地球上出现过的最大和最重的恐龙之一,它因拥有巨大的前肢和像长颈鹿一样的脖子而闻名。它也是目前被挖掘出来的有完整骨架的恐龙中最高的一个。腕龙可以像起重机一样伸长脖子,从四层楼高的大树上扯下树叶,或低头用凿子一样的牙齿撕碎低矮的蕨类植物。

腕龙的脑袋特别小,因此不太聪明,它的鼻子生在头顶上,是一个丘状突起物。腕龙的长脖子能够使它够着高处的树梢,

腕龙

吃到其他恐龙无法吃到的树叶,满足它巨大的食量。腕龙走路时四肢着地,前后肢掌部都有五个指(趾),每只前肢中的一个指和每只后肢中的三个趾上都生有爪子。

还有一些腕龙有四层楼那么高,一个成年人可能只能够到这种庞然大物的膝盖。它的体重相当于五头非洲大象那么重。腕龙如此巨大的身躯完全依靠其粗壮的四肢来支撑。它的前肢比后肢要长,肩膀离地大约5.8米,当它抬起头去吃树梢上的叶片时,头部离地面大约有12米,只有前肢比较长才能帮助它支撑起它那细长脖子的重量。所以腕龙的前肢高大,肩部耸起,整个身体沿肩部向后倾斜,这种情况在现在的某些高个动物如长颈鹿的身上还能看到。

腕龙全身的骨骼包括了圆顶的高颅骨、13节颈部脊椎骨、11或12节背部脊椎骨以及由5节尾部脊椎骨愈合相连的臀部。此外,腕龙虽然可以觅食高处的树叶,但有些古生物学家认为它不会让脑袋抬得太久,因为那将造成血液输送困难,致使脑部缺氧,除非它有一个巨大、强健的心脏,能够不断将血液通过其颈部输入它的大脑。一些古生物学家甚至认为它也许有好几个心脏来将血液输遍它庞大的身体。

至于腕龙的食量,古生物学家们是通过研究腕龙在上亿年前留下的粪便化石得知腕龙的食量的——它一次所排泄的粪便达1米多高。腕龙有如此大的食量是因为它需要大量的食物来补充它庞大的身体生长和四处活动所需的能量。亚洲大象每天能吃大约150千克的食物,腕龙大约每天能吃1500千克,是其食量的10倍。它们可能每天都成群

最笨的恐龙——剑龙

剑龙是剑龙类恐龙中最大的成员,是一种长相奇特、行动迟缓的植食性恐龙。它在地球上生存了 1 亿多年,主要活跃在侏罗纪中、晚期,到白垩纪早期就灭绝了。它的身长与非洲大象差不多,头部却小得出奇,只有一只狗的脑袋般大小,是现在已知恐龙中头部相对最小的。它不光头小,脑子也小,脑量只有 70 克左右,是其体重的 1/25 万,而我们人类脑的重量则是自身体重的 1/50。所以,剑龙应该是一种不太聪明的恐龙。

剑龙

剑龙的头部非常狭长而又很扁。它长着一个像鸟嘴一样的尖喙,喙部有角质层覆盖,喙上无齿,喙后颊部生有叶状的小牙齿。

剑龙在外形上最大的特征就是,从它的颈部沿背脊直至尾巴中部,排列着两排三角形的骨板,最大的骨板宽有 60 厘米、高 76 厘米,其骨板可能是五颜六色的。尾巴的尖端还有骨钉,这些骨钉有 1.2 米长。骨板和骨钉都是它的自卫武器。

但是也有不少人认为,剑龙背上两排大大的骨板是用来调节体温的,因为这些骨板的表面可能分布着脉络沟,而且骨板内部有许多孔可以通过控制血液的流量来调节体温。但最近的研究表明,剑龙的骨板并不具备这种功效。美国的化石研究者指出,剑龙的骨板只不过是为了防御敌害而演化而来的,这是它的自卫武器。这种结构与甲龙、乌龟、犰狳等动物的甲,甚至鱼的鳞片是一样的。除此之外,这些骨板可能帮助剑龙在种群内部互相识别对方,但也有可能是雄性剑龙在互相竞争时用来相互炫耀的资本。

剑龙的前肢比后肢短,所以它的全身明显向前倾,臀部的位置非常高而肩部却非常低平。剑龙的前肢上有五个指,而后肢只有三个脚趾,前肢和后肢的部分指(趾)头上长着蹄状的指(趾)甲。

剑龙行动笨拙而缓慢,它的四条腿没办法快走,也不能快跑,因此很容易遭到其他肉食恐龙的攻击。

富有爱心的慈母龙

慈母龙是一种大型的植食性恐龙,一般四足行走,硕大的尾巴直直地翘在身后以保持身体平衡,进食时用两条后腿站立起来去采食树上的叶子。慈母龙还有一个"好妈妈蜥蜴"的学名,它也确实没有辜负这个美名,在小慈母龙还没有孵化之前,慈母龙就会非常精心地照顾这些小宝宝.直到它们出生并能够自己离家出去寻找食物为止。

慈母龙

慈母龙的食性决定了它不会在一个地方定居,会南北迁徙到处寻找食物,而且它们习惯群体活动。当一群慈母龙在活动时,身体最强壮的慈母龙就会在附近守卫,防止敌人偷袭。雌慈母龙每到产卵时就会返回到以前的窝中,并且它会先用四肢堆出一座沙丘,再在沙丘中央挖出一个深约1米、直径为2米的洞,然后把蛋稳稳地放进去,下面再铺上泥土与碎石,上面覆以植物,以便保持恒温。雌慈母龙一般会在窝内产下18~40枚硬壳的蛋,雄慈母龙自然是在窝边守护,以防止其他动物偷蛋。

小慈母龙出生时,它的双亲表现得就更贤惠了,它们会立即外出寻找可口的植物,并亲自把食物送到小恐龙的口中。小慈母龙只有身长达到1.5米时才被允许出窝,并且只能在窝的附近行走。小慈母龙在出生一年之后,体长增加到2.5米时才可以随父母到较低洼的地方活动。大约到10~12岁后才能自己觅食,在此以前就只能像某些鸟类的雏鸟一样嗷嗷待哺。而出生15年之后,它才能完全离开父母,开始自己的独立生活。

沱江龙

沱江龙是我国最负盛名的剑龙类恐龙之一。沱江龙化石是亚洲有史以来第一具完整的剑龙类骨架化石,其发现地在中国四川自贡市的五家坝地区。古生物学家将其命名为沱江龙。

沱江龙是一种性情温和的植食性恐龙,不过在遇到敌人时,它也会用它尾巴上的骨钉给敌人以狠狠地回击。它与同时代生活在北美洲的剑龙有着极其密切的亲缘关系。沱江龙身上有着剑龙类恐龙的明显特征:小而扁的头部,嘴的前半部分没有牙齿,后半部分有一些小型的颊齿,尾巴末端长有向外突起的四根细长的呈圆锥形的骨钉。并且从脖子、背脊到尾部，总共生长着至少15对骨板，但是与剑龙类恐龙不同的是，颈部的圆形骨板到了背部就变为长三角形状了，这些骨板比剑龙的骨板要尖利，它们也是被用于防御来犯之敌的。沱江龙短而强健的尾巴末端，还有两对向上扬起的骨钉，它可以用尾巴猛力抽打所有敢于靠近的肉食性恐龙。

沱江龙

沱江龙的体型较大，行动缓慢而又不太聪明，所以当它遇到攻击时，可能只是站在原地用这条长着尖刺的尾巴去击打敌人。

沱江龙经常在灌木丛中穿行，以蕨类和苏铁植物为食。当找到食物时，它会依靠后肢站立起来，把前肢搭在树干上，用嘴去摘取植物。进食时，沱江龙先用角质喙切剪下较硬的植物，塞进口中之后，再以小而有锯齿边缘的颊齿将植物磨成糊状吞咽下去。它的消化系统比较发达，能很好地吸收食物中的营养成分。沱江龙绝大部分时间都是在寻找食物、消化食物。

爱洗澡的懒汉——三角龙

顾名思义，三角龙的名字来源于它头上的三只角。三角龙的样子很像现代的犀牛，但它差不多有5头犀牛那么重，是目前发现的最大的有角龙。它在角龙类中出现时间最晚，数量也最多。

三角龙

三角龙脖子周围长着一个巨大的骨质颈盾，角和颈盾正好构成了一组强有力的武器，从而保护了自己的肩膀免受伤害，也抵挡了其他恐龙的毁灭性进攻，其实三角龙是一种温驯的植食性恐龙，那些尖角只不过是它的防御工具。目前，人们并没有确凿的证据来证明三角龙的身体颜色，但据科学家们的猜测，三角龙的颈盾的颜色可能鲜艳夺目，它们甚至还会以自己鲜艳的颈盾来吸引雌性恐龙，以达到交配的目的。

三角龙硕大的头完全是一堆结实的骨甲。它的喙部外面有一层角质层，而口鼻部则已经进化为侧面紧缩的嘴。在进食的过程中，它会用那坚硬的鹦鹉式喙嘴咬断嫩枝、掐下树叶，并用口腔后部的颊齿把食物磨烂。当它的牙齿脱落以后，在原处还会长出新牙来。

三角龙的脸部呈扁长型,鼻孔上有一只短角,两眼上方各有一只超过1米的眉角,眉角比鼻角长。三角龙的四肢都很健壮,而尾巴则较短。除此之外,它的身体结构与戟龙等角龙类恐龙类似,只是身躯要比它们庞大得多。

包头龙

包头龙的体甲一直延伸到眼睑,真正地将整个头部都包裹起来,它的名字也正是根据这个原因而取的。这种坦克似的恐龙的头颅表面长有融合成一体的系列鳞甲,身体覆盖着扁平且相互交错的骨板,这是一种典型意义上的甲龙。

包头龙

从包头龙大而复杂的消化系统推测,包头龙的身体应该是平阔而呈水桶状的。虽然它像其他甲龙类恐龙一样,披着一身坚硬的铠甲,但它的铠甲又有些特别。包头龙的头盖骨是一个坚硬的骨头盒子,头骨的两旁长有几根骨刺。它从头部开始,甚至连眼睑上也都有骨甲。从脖子到背部则覆盖着宽阔而笨重的骨板,上面长有许多带状的细骨突和圆板,能很好地保护自己矮胖的身体。包头龙的尾巴硬直,像一根坚硬的棍子,尾尖上还有一个沉重的大骨锤,这是它击打敌人的撒手锏。

包头龙有着长而回旋的肠子,因此它能很好地吸收食物中的养分。它的肩胛骨十分粗大,与肩胛骨相连的肱骨也十分强壮,并且有突脊,由此可以想象出,其附着在髂骨上的前肢肌肉应该是强健有力的。

包头龙是北美洲西部森林中孤独的行动者,一般都是单独活动,不会聚集成群。包头龙一般不会对其他恐龙发起主动攻击。当遇到肉食性恐龙的袭击时.它能够轻巧地躲开那些肉食性恐龙的侧面攻击,但是如果肉食恐龙把它的身体翻过来,让柔软的腹部朝上时,那么它就可能成为那些肉食性恐龙的美食了。

棱背龙

棱背龙又名踝龙,拉丁文名为Scelido-saurus,体长3~4米,生活在侏罗纪早期,广泛分布于美国亚利桑那州、英国多塞特、中国西藏。

棱背龙身躯很长,大约有一只犀牛那样大。四肢粗短,躯体滚圆,脑袋很小,显得迟钝笨拙,只能利用装甲来保护自己免受侏罗纪时期已广泛分布的肉食性恐龙的袭击。古生物学家一直认为棱背龙是后来各种甲龙的祖先，只是后来的甲龙身上的护甲更坚硬、更难以攻克。

棱背龙的头部较小，而颈部则相对较长。棱背龙的四肢很健壮，承受着全身的重量，前肢略短于后肢，前肢的掌部宽大、强健，并生有蹄状的爪，后肢的掌部较长，有三根长趾和一根短趾，趾头可能有肉垫。棱背龙习惯于四足行走，整个身体的最高点在臀部。

从棱背龙的皮肤印痕化石上可以看出，其外皮上应该覆盖着一排排的骨质突起，在这些骨质突起之间又有许多圆形的小粒鳞片。它的颈部和背上还有一些低平的小型骨板，像是剑龙骨板的雏形。另外，棱背龙的腹部也都覆盖着鳞片。而这些鳞片把棱背龙保护得非常严密，致使肉食性恐龙对它们都无可奈何。

有一些棱背龙化石是从海洋沉积岩中挖掘出来的，这引发了古生物学家对于棱背龙可能是一种两栖类动物的猜测。不过更多的古生物学家认为，棱背龙可能生活在河岸边，有时有可能由于河水暴涨而被淹死，最后被冲到海水中并被泥沙掩埋起来成为化石。

棱背龙曾经生活在森林茂密的地区。它用它的窄喙切剪下树上的嫩叶和多汁的果实，然后通过上下颌的简单运动来咀嚼食物。

有一种小盾龙，其外形长得和棱背龙有些相似，它们都属于早期的鸟臀目恐龙，与甲龙和剑龙的祖先血缘关系相近。小盾龙全长1.2米，尾巴长0.7米，臀部高约0.3米。它四肢均衡，体形小巧，不仅擅长奔跑，身上还有轻型装甲，从头颅到尾尖有一排锯齿般的背脊，整个背部及身体两侧有多排平行骨突。在遇到敌害袭击时，它会立即蜷起身体，使骨甲朝外，形成一个刺球，让那些肉食性恐龙无从下口。

恐龙的灭绝

恐龙曾经是地球的主人，恐龙的灭绝是一个悬而未决的千古之谜。有人认为这是由于地球气候变冷所致，有人则认为和流星撞击地球有关。但迄今为止，这些都还仅仅是一些猜测而已。1977年，美国地质学家阿尔瓦雷兹等人提出了导致恐龙灭绝的天体碰撞说。这一假说认为：在7000万年前的白垩纪晚期，宇宙间有一颗直径7～10千米的小行星与地球相撞，导致生物大绝灭。作为事件罪魁祸首的小行星，估计其重量在1000亿吨以上，它在靠近地球时的运行速度是每秒20千米。当它驶进地球轨道时，在地球引力的作用下冲向地球，几秒钟就进入大气层，与地球相撞。

由于小行星和地球相撞所产生的巨大能量相当于50亿个原子弹；同时，由于大爆炸的发生，相当于小行星自身质量100倍的尘埃被抛向大气层中，密集的粉尘弥漫在天空中，遮住了射向地球的阳光，从而把白天变成了黑夜，时间长达3～5年，致使地面因接受不到阳光而骤然变冷，植物因为不能进行正常的光合作用而枯萎、死亡，自然界的生态环境遭到破坏，恐怖的漫漫长夜里，大批的恐龙接二连三倒毙……

这一可怕的图景是否真的发生过呢？一些持肯定意见的科学家列举了1981年墨西哥尤卡坦半岛发现的小行星撞击坑作为证据，这一撞击坑位于地下1000米处，直径达60千米。但持不同意见者同样提出难以辩驳的理由：和恐龙生活在同一时代的鳄鱼为什么并没有灭绝呢？因此，恐龙灭绝的谜底的揭开还有待时日。

海里的"龙"

在地球上的中生代时期（距今2.3亿年前到7000万年前），当形形色色的恐龙统治着陆地时，在温暖广阔的海洋里，却真的生活着一些叫鱼龙、蛇颈龙、沧龙、幻龙和盾齿龙的巨大的爬行动物，它们是那时海洋的统治者。它们都不是真正的恐龙，只因为它们和恐龙生活在同一时代，又都是爬行动物，人们就给它

鱼龙

们起了这样的名字。它们只能算是恐龙的远房亲戚吧。

人们发现在距今2.3亿年前的远古海洋里，就开始有鱼龙了。在盛产茅台名酒的我国贵州省遵义地区，就发现了这种原始的鱼龙——混鱼龙。它头长、脖子短，身体像现在的海豚。它的四肢已变成善于游泳的鳍脚。鱼龙是以海洋中鱼类、蚌类或其他脊椎动物为食的。混鱼龙是整个鱼龙家族中最小的一类，体长不到1米，最长的也只有2米多。

那时的海洋里还生活着一类短头鱼龙。它的头短且粗，嘴里长着几排像纽扣似的牙，原来它是生活在海底靠吃软体动物为生的鱼龙。它用那纽扣般的牙齿，"咔吧"一下子就压碎了软体动物的壳，把里面鲜嫩的肉一口吞进肚子里。短头鱼龙虽然头小，但个头却不小，它的四肢比同时代的其他鱼龙都要长很多。有的短头鱼龙能长到10~14米，比起混鱼龙来，它可算"彪形大汉"了。

鱼龙大家族中最常见的就是生活在1.5亿年前的真鱼龙了，我们常说的典型的鱼龙指的就是它。它的身体为流线型，皮肤裸露，很适于在水中游泳。它长长的脑袋，鼻孔长在头上方，嘴里长满了又尖又大的牙，最多可达200个。鱼龙有两只大眼睛，还长着一种叫巩膜环的保护眼睛的结构，这说明鱼龙的视力很强。它的听力也比其他爬行动物好。难怪有人夸它是"眼观六路，耳听八方"的海中霸王呢！

鱼龙是怎样在大海中遨游的呢？是像鱼，还是像海豚？科学家告诉我们，它游起来更像现在的企鹅。几年前，在英国一个博物馆地下的采石场里，发现了一些鱼龙化石，有

脖子、前肢和尾巴。经过仔细的研究，发现鱼龙是用前肢作"定向舵"，用大尾巴做推动器。如果它想缓慢游动时，就用两个前肢划水，如果要快速前进时，就使劲地摇动大尾巴，像箭一样，划过水面，飞驰而去。

一个小脑袋露出了海面，紧接着是一个细长的脖子，它游向岸边，爬上了岩石。它的身子又扁又平，四只像海豹一样的鳍脚又宽又有力，就是凭着它们，它爬上了岸边的岩石。这个怪模样的家伙是谁？它是海洋里的又一霸王——蛇颈龙。一位科学家形容它就像"一条大蛇穿在一只乌龟身体内"。它可是一个凶残的猎食者，不仅能吃鱼类，有时还能捉住俯冲到海面捕食的翼龙呢！蛇颈龙在地球上一直生活了 1.1 亿多年，世界各个海洋和湖里都留下了它们的身影。它们和最后一批恐龙一起在距今 6500 万年前灭绝了。

空中的"龙"——翼龙

翼龙是恐龙的亲戚。首先，翼龙不是只会滑翔不会飞翔，相反，翼龙是能够振动翅膀，自由地飞来飞去的。当你仔细观察翼龙的骨架时，你能看到它用于飞行时的肌肉和胸部以及上肢相连，延伸出一片很大的区域。相比之下，它的飞行肌肉面积要比同等体型的鸟要大，比任何一种蝙蝠也大得多。没有一种滑翔的动物有这么大片的飞行肌。所以不能把翼龙当成一个滑翔者。

翼龙

还有，当你把翼龙的翅膀安进肩窝时，你能看出，翅膀能做向上和向下双向运动；它还能在肩窝内向下和向前转动。第一种运动，鸟类和蝙蝠都在用，使它们能从中速飞行转为高速飞行。第二种运动是为了产生浮力，适用于慢速飞行，比如起飞和降落。翼龙的骨骼结构使它具有这两种运动能力，应该被认为是强有力的飞行家了。

自从在德国的巴伐利亚发现第一件有翅膀的脊椎动物（始祖鸟）化石以来，200 年已经过去了。在以往的复原图中，翼龙常被画成这样子：两条腿长在身体两侧，无法在陆地上自如地行走，靠着前后肢上的钩状爪将自己拉上树顶或高崖，然后展翅滑翔而去。如果翼龙想休息了，也只能像蝙蝠那样，将自己倒挂在树枝上。现在，科学家们认为以上这种观点也需修改，这是因为，翼龙的后肢更接近鸟类．而与蝙蝠相差较远；它的大腿弯曲的形状也很像鸟类；它的膝关节只向一个方向弯曲，这与鸟和人是一样的；还有它的踝部，就是小腿末端和脚相接的地方，也和鸟类相似，只能向一个方向弯曲；另外就是它的翅膀,过去的复原图都把它描绘成翅膀一直连到后腿上,那样它就无法自由地直立行走,但在实际发现的化石上,看不出有翅膀和后腿相连的确切证据。总之,现在一些人相信,翼龙的后腿是强壮和自由的,凭借它们,翼龙基本可以直立着,迈步行走在从侏罗纪到白垩纪的广大陆地上。

如果你闭上眼睛,能想象出这样一幅情景吗?蔚蓝的天空,阳光明媚,广阔平坦的大地上,一双巨大的翅膀展开了,它飞起来了。啊!简直就像一架小飞机。它的双翅展开时竟达15米,横跨两辆卡车还有余,这就是发现于美国得克萨斯州大湾公园内的世界上最大的翼龙。有趣的是,发现它的地点离当时的海洋400千米远。这足可以使人们相信,翼龙能够生活在各种不同的生态环境中,平原上、森林里、湖泊海洋上,到处都有它们矫健的身影。

最早的鸟类

很早就有人提出,鸟最早是用四个翅膀滑翔的,后来才进化成骨骼轻巧、拍动双翼的飞行高手。这一理论最近得到了对始祖鸟化石最新研究结果的支持。该研究表明,始祖鸟的背和腿如翅膀一样,也长着很长的羽毛。

始祖鸟化石在鸟类化石中最有名,人类最早在140年前发现的始祖鸟化石,目前保存在德国柏林洪堡博物馆。据英国科学家分析,始祖鸟在背上、腿上还可能在脖子底下都长有廓羽,而且这些廓羽与现代鸟类相似。加拿大一所大学的一位研究生在《新科学家》杂志上发表报告,称柏林始祖鸟的腿长有3.5厘米长的羽毛,并

始祖鸟

认为这些羽毛太短不能用于飞翔,可能是始祖鸟的祖先有四个翅膀,这些羽毛是其后翼的残留物。

肉食恐龙化石也有力地支持了最原始鸟类使用四翼滑翔的观点。这一被称为“顾氏小盗龙”的恐龙化石显示,其四肢均覆盖有飞行用的羽毛。顾氏小盗龙的出现晚于始祖鸟2000万年,是现知与鸟类关系极为密切的最古老两脚肉食恐龙。事实上,始祖鸟除了长臂,其余骨骼不是与鸟类而是与小型肉食恐龙更为相似。

猛犸象

　　猛犸象（mammuthus）是长鼻目真象科（elephan-tidae）的已绝灭的一属。此属动物，英文全都叫作 mam-moth，"猛犸"乃是用日本人的译名。广义的猛犸一度曾包括平额象（mammuthus planifrons）、南方象（mammu-thus meridionalis）等许许多多早期原始的真相，其中有一些类型与现生的印度象和非洲象系统关系非常近。

　　狭义的猛犸象（mammuthus primigenius）又名毛象，是一种适应于寒冷气候的动物，它广泛分布于包括中国东北部在内的北半球寒带地区。这种动物身躯高大，体披长毛，一对长而粗壮的象牙强烈向上向后弯曲并旋卷。它的头骨短，顶脊非常高，上下额和齿槽深。臼齿齿板排列紧密，数目很多，第三臼齿最多可以有 30 片齿板。

　　猛犸象曾是石器时代人类的重要狩猎对象，在欧洲的许多洞穴遗址的洞壁上，常常可以看到早期人类绘制的它的图像，这种动物一直活到几千年以前，在阿拉斯加和西伯利亚的冻土和冰层里，曾不止一次发现这种动物冷冻的尸体，包括带有皮肉的完整个体。

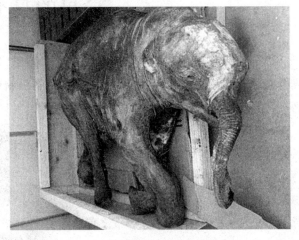

猛犸象干尸

　　猛犸象是一种生活寒带的大型哺乳动物，与现在的象非常相似，所不同的是它的象牙既长又向上弯曲，头颅很高。从侧面看，它的背部是身体的最高点，从背部开始往后很陡地降下来，脖颈处有一个明显的凹陷，表皮长满了长毛，其形象如同一个驼背的老人。

　　猛犸象生活在北半球的第四纪大冰川时期，距今 300 万年前~1 万年前，身高一般 5 米，体重 10 吨左右，以草和灌木叶子为生。由于身披长毛，可抗御严寒，一直生活在高寒地带的草原和丘陵上。当时的人类与其同期进化，开始还能和平相处，但进化到了新阶段时，人类学会了使用火攻和集体协同作战，开始捕杀大型的动物，猛犸象就是他们猎取的主要对象。在法国一处昔日沼泽的化石产地，人们挖掘出了猛犸象的化石。从化石的排列上可以看出：猛犸象被肢解了，四条腿骨前后相连排成一线，头骨被砸开，肋骨有缺失。根据这个现场，专家们勾画了一幅当时画面：原始人齐心协力将一头猛犸象逼进了沼泽将它陷住，大家在沼泽边用石块和长矛把象杀死。先上去几个人把象腿砍下来，搭到沼泽边，让其他人踩着象腿走到象身上，割下大块带肋骨的象肉，用长矛插着运回驻地，有人用工具砸开象头，吞食尚还温热的象脑(用今天的眼光看，是在大吃补品)，砍下象鼻，挖出内脏。运走了这头象可食用的部分，其余的便丢弃在沼泽里。在漫长的岁月中，沼泽水枯泥干，成为干燥的土地，猛犸象的残骸也慢慢变成了化石。猛犸象化石出土最多的地方是在北极圈附近。阿拉斯加的爱斯基摩人用象牙化石做屋门，北冰洋沿岸俄罗斯领海中有一个小岛，岛上的猛犸象化石遍地都是。这些化石是冰块流动时从岸边泥土中带出的，堆积到了这个小岛上。由于猛犸象绝灭不过 1 万年的时间，而在自然界中化石的形成需要 2.5 万年，所以猛犸象的化石都是半石化的，像中药里的"龙骨"一样，也是可以用来做药的。更有甚者，苏联古生物学家在西伯利亚永久冻土层中竟然发现了一头基本完整的猛犸象！它的皮、毛和肉俱全。发现它时，它的嘴里还沾有青草，可能是吃草时不小心掉进了冰缝中，经过 1 万年自然"冰箱"的保存，终于和现代人类见面了。发现这头象不久，在苏联开了次有关会议，与会代表不但见到了它出土的照片，而且还亲口品尝了它身上的肉。据说肉不好吃，味道也不香。也许是烹饪技术不佳，如果按照中国川菜做法，可能就会变成美味佳肴了。

猛犸象生活到距今 1 万年的时候突然全部绝灭了，是什么原因造成的呢？专家们做过仔细的研究，找出了许多原因，但归纳起来还是由外因和内因共同造成的。外因：气候变暖，猛犸象被迫向北方迁移，活动区域缩小了，草场植物减少了，使猛犸象得不到足够的食物，面临着饥饿的威胁；内因：生长速度缓慢。以现代象为例，从怀孕到产仔需要 22 个月，猛犸象生活在严寒地带，推测其怀孕期会更长。在人类和猛兽的追杀下，幼象的成活率极低，且被捕杀的数量离现代越近就越多，一旦它们的生殖与死亡之间的平衡遭到破坏，其数量就会不可避免的迅速减少直至绝灭。这是大自然的淘汰规律，并非对猛犸象不公平。新生代的第三纪末期时也发生过类似的情况，当时大量的原始哺乳动物绝灭了，由现代动物的祖先取代了它们，猛犸象的祖先那时代替了它们，现在该轮到它们让出地盘了。猛犸象以自己整个种群的灭亡标志了第四纪冰川时代的结束。

北极大企鹅

　　北极和南极的气候同样酷寒、同为冰天雪地，北极为何没有企鹅呢？实际上，很久以前，"北极大企鹅"曾在北极生存过，只是现在灭绝了。

　　"北极大企鹅"身高 60 厘米，头部棕色，背部羽毛呈黑色，绅士风度翩翩。它们生活在斯堪的纳维亚半岛、加拿大和俄罗斯北部的海流地区，以及所有北极和亚北极的岛屿上,数量曾达几百万只。

大约1000年前,北欧海盗发现了大企鹅。从此,大企鹅的厄运来临。特别是16世纪后,北极探险热兴起,大企鹅成了探险家、航海者及土著居民竞相捕杀的对象。长时间的狂捕滥杀,导致北极大企鹅灭绝。

渡渡鸟

渡渡鸟是一种不会飞的鸟,仅产于非洲的岛国毛里求斯。肥大的体型总是使它步履蹒跚,再加上一张大大的嘴巴,使它的样子显得有些丑陋。幸好岛上没有它们的天敌,因此,它们安逸地在树林中建窝孵卵,繁殖后代。

渡渡鸟是一种很大的鸟,以至于可能你都不信它是鸟类。因为它不会飞。它是鸡类家族中的一种。欧洲的水手在1507年毛里求斯岛上发现了这种鸟。

当水手们谈论到这种不会飞的奇怪的鸟,你可以想象人们很难相信他们的故事。在毛里求斯岛上面定居的欧洲人和他们养的猪很快发现这种鸟吃起来很香。所以就有很多的渡渡鸟被吃掉了。截至1681年,再也没有在那个岛上发现活着的渡渡鸟了。为数不多的渡渡鸟在17

渡渡鸟

世纪被带到了英国,但200多年来,没有人看见活的渡渡鸟。这就是那句话"像渡渡鸟一样销声匿迹了"的来历。因为它们完全灭绝了,从此也为众人所知了。

奇怪的是,渡渡鸟灭绝后,与渡渡鸟一样是毛里求斯特产的一种珍贵的树木——大颅榄树也渐渐稀少,似乎患上了不孕症。本来渡渡鸟是喜欢在大颅榄树的林中生活,在渡渡鸟经过的地方,大颅榄树总是繁茂,幼苗苗壮。到了20世纪80年代,毛里求斯只剩下13株大颅榄树,这种名贵的树眼看也要从地球上消失了。

大颅榄树的状况使科学家们深感焦虑,抢救大颅榄树成了一个紧张的课题。科学家们通过种种实验与推想分析,可是几年过去了,没有任何进展。1981年,美国生态学家坦普尔也来到毛里求斯研究这种树木,这一年正好是渡渡鸟灭绝300周年。坦普尔细心地测定了大颅榄树的年轮后发现,它的树龄正好是300年,就是说,渡渡鸟灭绝之日也正是大颅榄树绝育之时。

坦普尔通过细致的发现，在渡渡鸟的遗骸中有几颗大颅榄树的果实，原来渡渡鸟喜欢吃这种树木的果实。最后坦普尔推断出，大颅榄树的果实被渡渡鸟吃下去后，果实被消化掉了，种子外边的硬壳也消化掉，这样种子排出体外才能够发芽。最后科学家让吐绶鸡来吃下大颅榄树的果实，以取代渡渡鸟，从此，这种树木终于绝处逢生。渡渡鸟与大颅榄树相依为命，鸟以果实为食，树借助鸟来生根发芽，它们一损俱损，一荣俱荣。

昂贵的大海鸟标本

1971 年 3 月 4 日，英国伦敦索斯比公司的拍卖室里，声音嘈杂，一具 57.2 厘米高的鸟类标本正在进行拍卖，最后，冰岛自然史博物馆竟出 23400 美元之巨价，将这具鸟类标本买了回去。看到这儿，人们不禁会问，这是什么鸟类标本，竟会如此昂贵？原来这是 1821 年夏季在冰岛捕获的大海鸟标本。

大海鸟是一种无飞翔能力的海鸟，在海雀科中数它最大。它体大如鹅，形状与没有飞翔能力的企鹅很相似。大海鸟虽然已经失去了飞翔的能力，但胸骨上仍有发达的龙骨突起，这说明它的祖先原来是有飞翔能力的。后来长期生活在海洋上，在水中运动取食，随着漫长岁月的流逝，适应了这种特殊的水栖生活环境，翅膀变得短而强健，逐渐地失去了飞翔的能力，成为善游泳及潜水的海鸟。然而胸骨上的龙骨突起仍有功用，它依然是游泳及潜水的工具。海雀科的大多数鸟类飞羽脱换的方式是某一个阶段同时全部脱落，再换上新的飞羽。而大海鸟却不是这样，它的飞羽是逐步脱换的。

19 世纪以前，在北大西洋，冰岛以及纽芬兰近海都可见到成群的大海鸟在海面上嬉游或潜水捕食。夏天，它们靠近北极，在不列颠、冰岛、格陵兰南部与圣罗伦斯湾一带营巢繁殖后代；冬季，飘移到较南的西班牙与佛罗里达等地区过冬。最早知道这种大海鸟的是航海的水手，他们大量地捕杀它们作为食物。由于这种无节制的极度大屠杀，使大海鸟的数量急剧减少，从 19 世纪初叶到 19 世纪中叶，不到半个世纪，大海鸟被人类屠杀殆尽。1844 年，最后的一只大海鸟在冰岛的艾尔迪遭到人类的杀戮。从此，这种大海鸟在地球上绝灭了。

低等动物

海绵动物

　　海绵的形状十分奇特,有的像瓶子,有的像号角,有的呈圆球形或椭圆形,不同类的海绵分别具有鲜艳的紫色、粉红色、橙色或蓝色。它们的身体结构十分简单,有一个或多个具有孔或洞的囊。只有一个孔,同时起着口和肛门的作用。身体的外部具有能分泌毒液的触手。

　　海绵动物大多生存在浅海、深海中,少数附着于河流、池沼的底部。在海岸边上可以看到成群的海绵。

　　大多数海绵具有骨架,而且它们的形状也各不相同。最大的海绵有1

海绵动物

米高,直径约90厘米,像个大花瓶。最重的海绵像一个大球,里面可盛100升水,这些水的重量是干海绵的30倍。

　　海绵看上去很像植物。它们像植物一样固定在一处生长,但它们的确是动物。它们身上的孔帮助它们获取海水中的浮游生物。它们口朝下附着于海底。

　　海绵由许多没有分化的细胞组成,这些细胞已初步懂得了分工的好处。具有鞭毛,让水在体内流动,以获取食物。造骨细胞专门分泌制造各种形状的骨针,骨针聚合起来构成了海绵的骨架。

眼虫

世界上有一种生物,在它们身上,动植物间的特征完全被弄乱了,长期以来,植物学家和动物学家为之一直争论不休,这种生物就是眼虫。

眼虫体长 60 微米,是单细胞。如果在显微镜下瞧,它通体碧绿,被科学家誉为"碧波中的翡翠",而且在鞭毛的基部附近,还镶嵌着一颗颗鲜红的小"宝石"——能辨光线的眼点,"眼虫"即由此而得。眼虫体内有叶绿素,能进行光合作用,这是典型的植物特征;但是眼虫又有鞭毛,能游动,有眼点,能感光,且能通过细胞膜吸取周围环境的有机成分,这些又具有动物的特征,因此动物学家把它看作是动物,归入鞭毛虫一类,称它"眼虫"。在生物的进化过程中,眼虫是动植物之间的一个中间生物类型,是既有动物特征,又有植物特征的生物,几乎成为动物和植物共同的祖先。眼虫的重要价值,就是为人们开拓思路提供了新的物证。它和半导体一样,半导体介于导体与非导体之间,眼虫则介于动物和植物之间,世上除了"是"和"不是"之外,确实还有"既是又不是"的事物存在。

海葵

海葵是附在礁石和海岸边的防坡上,或住在浅水里的生物。潮退时,海葵看起来像一团团的糊状物。完全浸在海水里时,它们看起来就像花朵,因为海葵的身体呈瓶状,顶部周围有一些短小的触角,像花瓣一样。可是,它们并不是植物而是动物。海葵是肉食动物,以碰及触手的小动物作为食物。触手上布满刺螫细胞,可使游过的小鱼小虾麻痹,然后用触手把这些鱼、虾拉进口里。

海葵

海葵静静地躲在海底的沙地中享受着悠闲的岁月,它们从不挪动身体寻找食物。海洋中的食物真是太丰富了,它们只要伸伸触须,就可以捕捉到那些大意的家伙了。

尽管海葵的触须有毒,而且在捕食时十分有用,但是它们还是不可避免地成为一些动物的牺牲品。这些海生动物能分泌出某种化学物质来中和海葵触须的毒性,使它无法再蜇别人。

美丽的海中森林——珊瑚

在温暖清澈的海水中,常有珊瑚岩石,珊瑚的外观如同植物,但实际上它们却是地地道道的动物,与海葵同属腔肠动物中的花虫类。其枝上的"花"便是由无数的珊瑚虫聚集而成的。珊瑚虫是一种水螅状的腔肠动物。它们利用触手捕食浮游生物,每个珊瑚虫栖居在一个杯状的珊瑚骨骼中。一些珊瑚虫死后,另外的珊瑚虫在老的珊瑚骨骼顶上营造新杯。因此,珊瑚不断增大增高。

美丽的海中森林——珊瑚

在大海中的珊瑚,五颜六色,变化万千。它们有的像松树,有的像花朵,看上去真像千姿百态的植物。形成的珊瑚礁是五光十色的小虾、海葵、海星、海蛞蝓和海环虫的家园。珊瑚礁间还有色彩斑斓的刺尾鱼、雀鲷等鱼类。

各种动物在珊瑚礁间产下大量的卵和后代,其中许多被生活在珊瑚礁的其他动物吞食。藏身在珊瑚中或在珊瑚间成群游动的小鱼,会遭鲨鱼、石斑鱼等大鱼捕食。

珊瑚虫同样常遭吞食,蝴蝶鱼会把珊瑚虫逐个吞吃,嘴像鹦鹉喙一样的鹦嘴鱼,一口能咬下一大块珊瑚,美丽的珊瑚是由珊瑚虫所分泌的石灰质构成的,而珊瑚虫本身则凭靠它们的触须捕捉飘浮而过的海藻微生物为生。生活在西太平洋的鹿角珊瑚是生长得最快的珊瑚。

在适当的条件下,每年可以增高 10 厘米。它们生活在较浅的水域中,通常在落潮时可以看见它们的尖端露出水面。像所有的珊蝴一样,它们附有两种珊瑚虫,一种负责"建筑"主干,而另一种负责两侧。

水母

水母是一种十分低等的动物,常常漂浮在海面上,随波逐流。大多数水母都是半透明的,因为它们的身体中有 95% 以上的水分。水母的外形多种多样,有的像一把撑开的雨伞,有的像一枚硬币,有的像帽子等等,十分漂亮。但是它们都长着许多长长的有毒的触手,如果你用手去触摸它,准会被螫得疼痛难忍。

水母是一种古老的生物,属于浮游生物,一般都是独居,非常分散,有时偶尔也成群结队。水母绝大部分时间都在游动,收缩、放松是水母游泳的规则动作。水母都以活的生物为食,是一种肉食性动物。猎物一旦接近水母的触手陷阱,触手的恐怖机关立即启动,触手皮肤上有刺丝囊的特殊刺细胞,囊内有毒液和细倒钩,触手的纤毛一探测到猎物就释放毒液,使猎物中毒。水母没有骨骼、外壳、保护甲,所以非常脆弱。

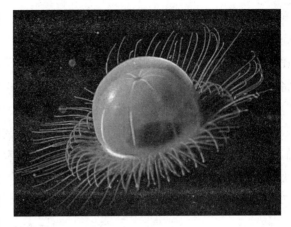

水母

水母的上半身是一团没有固定形状、可以任意伸缩的胶状体,它们就是靠着身体这部分的不断缩放,以及触手(或称作腕)的摇摆而在水中随波漂游的。当伞部下面的肌肉交替着做收缩和伸张的运动时,水流就可以从水母伞部下的一个口中被吸入或是吐出,水流的一吸一喷就产生了一种向上或是向前的反作用力,水母正是靠着这种反作用力才能够自如的行动。可以说,身体上的伞状结构是它们最重要的运动和生活控制中枢了,它们的进食和产生动力都要靠它,所以有的大型水母,其伞部的直径能达到1米多呢!

蓝青色的“杀手”

僧帽水母是腔肠动物,分布在太平洋的暖海中。它长得像透明的浮囊,呈蓝青色,浮囊上有发光的膜冠,能自行调整方向,像帆船似的在海面上漂行。它长有许多长而柔的触手,上面布满了剧毒的刺细胞,鱼挨了螫马上会死去,人挨螫后也会发生危险。俗话说,一物降一物,棱皮龟却不怕僧帽水母。棱皮龟大吃水母时,嘴上挂着一条条触手,两眼被螫得肿了起来,却满不在乎。显然,棱皮龟对刺细胞的毒具有免疫力,所以不怕螫。

水母预测风雨

水母有预测风雨的本领。大海风平浪静时,水母在近海处悠闲自得地升降、漂游。不一会儿,它们像听到什么命令似的,纷纷离开海岸,游向大海深处。一会儿,狂风呼啸而来,波涛汹涌,风暴来临了。水母为什么能预知风暴的来临呢?科学家经过多年的观察与研究,发现水母有一套构造特殊的听觉器官。当海上风暴来到之前,空气与海流相摩擦,会产生出一种人身感觉不到的振动频率为 8～13 赫兹次声波。次声波传播的速度比风暴快得多,它冲击着水母"耳"中的听石,听石又刺激神经感受器,水母就能预感到即将来临的风暴了。科学家揭开了水母预测风暴的奥秘后,就模仿水母的感受器,设计了"水母耳"风暴预报仪。这种仪器由喇叭、接收次声波的共振器、压电变换器及指示器组成。喇叭能做 360° 的旋转,当它接收到 8～13 赫兹的次声波时,旋转会立即自动停止。人们根据指示器的指针,还可知道风暴的强度。这种仪器一般可以提前十几个小时做出预报,从而保证海上航行的安全。

蚯蚓

　　蚯蚓对我们来说是那么熟悉和普通,以至于我们都快要忽略它的重要性了。蚯蚓的身体由许多环节构成,每一节都生有刚毛,用来支撑身体伸缩运动。蚯蚓在进食的过程中会促进植物成分的分解,使得其中有益的营养成分渗入土中。它们不断地在土里掘洞,使空气循环流通,也使雨水可以适量排走。如果没有蚯蚓,泥土很快就会变得坚硬,毫无生命力。

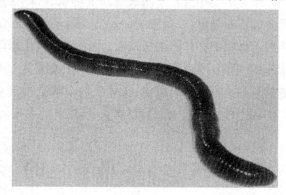

蚯蚓

　　蚯蚓在掘洞时会将泥土堆放在一边或直接将其吞下作为食物,有些蚯蚓把吞咽下的泥土带到地表,以小土粒或蚯蚓粪的形式将其排泄出来。

　　蚯蚓也会爬出洞外,拖一些地上的植物残叶为食。

　　如果一条蚯蚓失去了身体的一部分,它具有再生这部分的能力,新的节将生长在身体的前后两端。

　　你注意过没有,蚯蚓既没长眼睛,也没长耳朵。那么,它能不能看东西、听声音呢?

　　原来,蚯蚓虽然没有眼睛,看不到光线,身体上却有能够感觉光线的感觉细胞。蚯蚓的身体上,除了腹面以外,其他各部分都分布着对光的感觉器,这种感觉器在前端几节中分布较多。有了这些感觉器,蚯蚓就能辨别光的强弱,做出反应。

　　蚯蚓虽然没有耳朵,不能听到声音,但它的皮肤里有灵敏的感觉细胞。你敲击桌子的振动,通过玻璃片,传到它皮肤的感觉细胞,所以即使一点轻微的振动,蚯蚓也能够感觉到。当它们感觉到敌人的行动,比如说一只鼹鼠在附近挖土,它们常会逃往地表。

最大的贝——砗磲

如果你看到砗磲,一定为它的巨大而感到惊讶。砗磲的贝壳大而厚,一般长 1 米,大的可达 1.8 米,重约 250 千克,为双壳贝之冠,一扇贝壳可比浴盆还大,因而往往有人用砗磲的贝壳作浴盆洗澡。它的肉可食。

砗磲生长在浩瀚的太平洋和印度洋的热带海域中,我国的海南岛、西沙群岛均有分布。它的贝壳通常为白色,外面披一层薄薄的灰绿色的"外衣",不仅有孔雀蓝、粉红、翠绿、棕红等鲜艳的颜色,而且还有各色的花纹。在蔚蓝的海水中,看上去宛如盛开的花朵。砗磲的寿命很长,有人估计它可以活数百年。这样长的寿命,可以与爬行动物中的龟相比。

砗磲与藻类的共生关系也是十分有趣的。砗磲在外套膜中"种植"了许多藻类作为食料,在一般情况下作为补充食料,特殊情况下成为主要食物,所以砗磲千方百计使藻类长得快、长得多。当砗磲被潮水淹没时,它把壳张得大大的,使着生藻类的组织充分外露,吸收光线;砗磲的外套膜边缘还生有许多特殊的"透光器",它可以聚散光线,并可把光线散到外套膜组织的深层,扩大藻类的繁殖区。而藻类借砗磲外套膜提供的条件,充分利用空间、光线和代谢产物以及二氧化碳进行繁殖。它们彼此都有利。有人猜想,砗磲长得如此巨大,与以藻类为食有关。

鹦鹉螺

鹦鹉螺为一种古老的软体动物,在 3.5 亿年前的地球上就出现了,目前仅存约 4 种,它们生活在热带或者亚热带的深海中。鹦鹉螺有个美丽又坚硬的外壳,在一层灰白色的底色上,分布着橙红或者浅褐色的花纹,壳内是闪光的银白色珍珠层,算得上是一件艺术品。鹦鹉螺柔软的身体藏在壳里,左右对称。从壳中心到壳口,有一道道隔膜将壳分成许多像房间一样的气室。

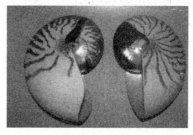

鹦鹉螺

鹦鹉螺是靠浮力游动的。鹦鹉螺的壳主要由气囊组成,它的身体大部分都在壳外,当鹦鹉螺长大时,壳中又会形成新的气囊,来抵消新

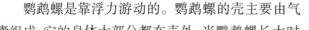

生长的身体重量。鹦鹉螺的口周围和头的两侧长有约七八十只触手,捕食时触手全部展开,休息时触手都缩回壳里,只留一两个进行警戒。

鹦鹉螺的大壳内真是"别有洞天",它被分隔成了许多的小室,而只有最靠外边的一间才是鹦鹉螺休息和睡觉时居住的地方;其他小室,大都是作为贮藏空气用的,各壳室之间有一条体管相连。随着鹦鹉螺身体的长大,壳内的小室也会不断增多、增大,一有新的小室形成,鹦鹉螺就会抽出其中的海水给它注满空气。它们也用这种办法来调节室内水分的多少,控制壳体在水中的垂直运动。

现代科学工作者在鹦鹉螺这种普通的海洋动物身上还有一个惊人的发现,就是在鹦鹉螺的小室壁上,都有着一条条清晰可见的环形纹路,而且每一面壁上都固定着这样的30条纹路,人们把它们命名为"生长线"。而这30条生长线恰巧是现今月亮绕地球1周的天数,也就是一个月有30天。后来,人们又在研究埋藏于各个不同的地层下面的鹦鹉螺化石时,发现凡是属于同一个地质年代的鹦鹉螺,它们身体内的生长线数目是一样的。规律则是,地质年代越久远,也就是越早,鹦鹉螺身上的生长线也就会越少。如此可以证明,在越是古老的年代,月亮离地球越近,那时月亮绕地球的时间也就越短。原来,这些生活在海底默默无闻的鹦鹉螺,还担任着记录月亮在亿万年的漫长岁月中变化的重任呢!

美丽的号角——海螺

如果你在海滩上随手捡起一只贝壳,多半是一个空的海螺壳,海螺属于软体动物中的腹足类。所谓腹足类动物就是体内的重要器官都集中在巨大的足部附近。单壳贝类则指它们大都只有一个螺旋形外壳,不像双壳贝类具备两片似韧带相连的外壳。腹足类是软体动物中最庞大的家族,分布地球各大海洋的腹足类,起码超过4万种。

海贝

海螺、扇贝、牡蛎、珍珠贝、鹦鹉螺等等,这些生活在海中的贝类,都长着色彩纷呈、形状各异

海螺

的壳,看上去非常坚硬,而事实上,它们都属于软体动物。它们柔软的身体表面有一层膜,能产生富含钙质的液体,贝类的外壳就是这样形成的。海贝类都有头和足,体内有内脏团。它们在内脏团中完成消化、循环、排泄、生殖等各种功能。它们用鳃呼吸,许多贝类没有眼睛。海贝的体型差别较大。小型贝类的壳径和壳高只有几毫米,最大的贝类的外壳却长达1.5米,重达300千克。

海贝死去后空壳会被冲到海滩上。它们的品种繁多,但可以分成两大类:海蜗牛和双壳贝。海蜗牛像陆地上的蜗盾,有一个螺旋状的壳。双壳贝有两个半壳绞接在一起。海蜗牛有嘴而且长满了小而尖的牙,用来吃海藻或其他动物,而双壳贝是直接从海水中滤取食物碎片的。

"建筑奇才"——螺

螺是一位单身住宅建筑家,螺壳就是它精心设计的单身住房。我们知道,其他建筑师盖的房子都是固定在一个地方不能随意搬动的,但螺的住房不同,它既小又轻,负在房主人背上可以四处移动,十分方便。因此,螺不必为回家问题而操心。螺类动物的外壳虽然都呈螺旋状,但在外形上却有很大区别,有像宝塔的,有像圆锥的,有像纺锤的,有像陀螺的,还有像盘子或越南式草帽的,更有像双锥的。有些螺长得圆溜溜的,看上去跟皮球或鸡蛋差不多。

螺壳的建筑非常考究,分内、中、外三层。中层最厚,用方解石筑成;外层用薄薄的、比较粗糙的彩色角质层作壳面,并常常饰以花纹;内层也很薄,用文石做成,被"加工"得特别光洁,因为这层壳紧挨着主人柔软、稚嫩的肉体。

螺壳的薄厚和坚固程度是根据所处自然环境来进行"设计"和"施工"的。在多石的水底,为避免磨损,壳就长得很厚实;有些螺是过飘浮生活的,这类螺的壳长得非常薄而轻巧;在多淤泥的水底,螺怕陷到泥里爬不出来,所以壳口和壳体长出许多刺,这样就万无一失了。

有些螺还在足的后端长着一个角质或钙质的壳盖,这是当门用的,螺遇到不速之客侵扰时,立刻缩回身体,关起大门,给来客一个闭门羹。螺的坚固、美观、轻便的单身住房,深受海中的单身汉——寄居蟹的喜爱。螺死后,它的房产常常被不会盖房的寄居蟹所占有。

地球上螺类分布得很广泛,海洋、湖泊、河流、田间、高山、沙漠均能找到螺类动物的踪迹,连一些严酷的自然环境里,大多数动物都无法在其中生存,但某些种类的螺却能照常在那儿过日子。螺类动物之所以能浪迹天涯,四海为家,显然是与它们具有惊人的适应各种生活环境的能力分不开的。而这种能耐又与它们具有奇妙的螺壳有关。螺壳能御寒，能防热，还能避敌害，同时又能背着到处走，实在是一件建筑杰作。

海洋中的牛奶——牡蛎

牡蛎是双壳纲中著名的贝类，有较高的经济价值，是海贝养殖业的常见种类。牡蛎在各地的叫法不一，江苏、浙江一带称其为蛎黄，福建、广东一带称其为蚝，山东一带称其为海蛎子或蛎子。

牡蛎的肉鲜嫩可口，营养价值很高，其鲜肉含蛋白质超过 10%，糖类超过 4%，还有多种矿物质及维生素，素有"海中牛奶"之称。人们不但可以采捕自然生长的种类，还可以对其进行人工养殖。它同贻贝、扇贝一起构成了海水养殖业的

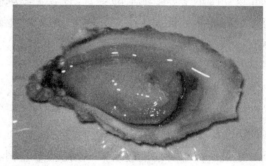

牡蛎

重点品种，在海产品中占据了极其重要的地位。我国沿海所产的牡蛎种类大约有 20 余种，最常见的品种是近江牡蛎、密鳞牡蛎、褶牡蛎、长牡蛎和大连湾牡蛎等。

同时，牡蛎还是重要的药材，李时珍在其著作《本草纲目》中曾对牡蛎做过详细的描述。牡蛎粉可以治盗汗、虚劳燥热等症，牡蛎内的珍珠层是明目的好材料，而牡蛎油即蚝油，更是闻名海内外。

宝贝

宝贝是海贝中知名度最高的贝类，曾经有很长一段时期，它的贝壳被作为货币在民间流通。用它不仅可以缴纳赋税，还可用来换取珍贵的象牙或者生活用品，只要能换的东西，都可以用它来换取。如此相传下来，一切珍贵的东西都被称作了"宝贝"。

宝贝大多数生活在海洋底部，在河口附近的淡水中还不曾看到过它们的踪影。而热带珊瑚礁丛生的地方则是宝贝最喜欢活动的场所，从中、低潮区到更深些的泥沙质或礁岩质的海底，都可以发现它们活动的踪影。

宝贝很少在白天出来活动，多是在夜幕降临时才出来寻找食物，或者寻找配偶。它们从壳口探出身体，在珊瑚礁盘上或附近的沙滩上缓缓移动着。有时会翘起尾巴，然后又突然放下，这是一种高度警惕和自我防护的表现。

海贝含有较高的蛋白质,而且味美肉鲜,古今中外都把它当作餐桌上的美味佳肴。虽然宝贝在食用方面没有其他贝类那么广泛,但它仍然是宴席上的上乘海味。

河蚌

河蚌,又名河歪、河蛤蜊、乌贝等,属于软体动物门瓣鳃纲蚌科,是一种普通的贝壳类水生动物。河蚌以滤食藻类为生,常见的有角背无齿蚌、褶纹冠蚌、三角帆蚌等数种,我国大部分地区的河水湖泊中有出产。河蚌肉质特别脆嫩可口,是筵席之佳肴。而且其营养价值很高。

河蚌

河蚌肉对人体有良好的保健功效,它有滋阴平肝、明目防眼疾等作用,在临床上有很大实用价值。

河蚌浑身是宝。河蚌是珍珠的摇篮,不仅可以形成天然珍珠,也可人工养育珍珠。除育珠外,蚌壳可提制珍珠层粉和珍珠核。

乌贼

乌贼是海中软体动物的一种,它不仅能像鱼一样在海中快速游泳,还有一套施放"墨汁"的绝技。乌贼体内有一个墨囊,囊内储藏着能分泌天然墨汁的墨腺,在遇敌害或危急时,墨囊收缩,射出墨汁,霎时,海水中"黑雾"滚滚,一片漆黑,自己则趁机逃之夭夭。它还能利用墨汁中的毒素麻醉小动物,所以又叫墨鱼。

乌贼

在软体动物中,乌贼堪称强兵悍将。它的身体像个橡皮袋子,内部器官被包裹在袋内。在身体的两则边缘有肉鳍,用来游泳和保持身体平衡。头较短,两侧有发达的眼。头顶长口,口腔内有角质颚,能撕咬食物。乌贼的足生在头顶,所以又称头足类鱼。头顶的 10 条足中有 8 条较短,内侧密生吸盘,称为腕;另有两条较长、活动自如的足,称为触腕,只有前端内侧有吸盘。腕和触腕是乌贼的捕食和作战武器,不仅弱小的生命将丧生于乌贼的腕下，即便是海中的庞然大物鲸，遇到体长达十余米的大乌贼也难对付。

大王乌贼

大王乌贼究竟有多大？到现在为止，还没有人能说得出。有人从一只抹香鲸的肚里取出一只大王乌贼，它从触腕的端部到身体的尾部足有 20 米长；另外，人们在新西兰海岸曾发现一只已经死去的大王乌贼，它的长度为 18 米，除去触腕的长度，仅躯体就有 2.4 米多。因此，现代的一些科学研究工作者推测，最大的大王乌贼可能达到 21.5 米，重约 2 吨，再大就不可能了。

一百多年来，许多科学研究工作者为寻找和捕捉大王乌贼绞尽脑汁，付出了很大的代价，做了许多种尝试，但最终一无所获。

在南美洲大陆附近的大洋里，经常有大王乌贼出没，但它们个体较小，大约 3 米左右，重约 150 千克。它们常常冲入鱼群中，因此，常常落入渔民的网中。美国好莱坞的一个摄影组曾来到智利的海边，想拍摄大王乌贼的镜头，他们让摄影师躲进防鲨的铁笼中，然后将铁笼放入水中，以备拍摄。但是，这种铁笼子对鲨鱼有效，而对长触腕的大王乌贼就没有捕捉效力了。因此，这个拍摄大王乌贼的计划没有成功。

现在，还有的学者提出用抹香鲸来寻找大王乌贼的踪迹，因为，抹香鲸能吞食大王乌贼，这一点不知是否能够实现，揭开大王乌贼之谜，还有待于科学家们继续努力。

章鱼

章鱼有个圆球形的身体，它的嘴巴就位于身体前端、8 只有吸盘的手臂围在嘴的四周；嘴巴内有一对强有力的角质颚，可将猎物的身体咬碎，即使有像螃蟹那么硬的壳保护也无法幸免。

章鱼的身体下方有一个吸管，连接到一个包含有鳃的外套膜腔。章鱼就靠着将海水吸进外套膜腔后再喷出的方式来呼吸。此外，靠着这种方式还可使它获得一种作用力来使身体往后移动，以便捕捉食物、逃避敌人或是到处旅行。

章鱼

章鱼和乌贼都有墨囊通向肠内,当它们遇到危险时,就会用吸管将墨汁喷出来,以蒙蔽敌人,使自己从容逃逸。

章鱼、乌贼的身体的内部都具有骨骼般的"壳",能强化它们的身体。章鱼的壳由白色石灰质构成,乌贼的则由透明的角质构成。

鹦鹉螺和章鱼是同一祖先。像螺一样有壳,不过它们有 60~80 只触手,能在海中自由地游泳。

蜗牛如何爬行

蜗牛,属于软体动物门,腹足纲。它的种类很多,分布也非常广,世界各地几乎都有它们的踪迹。

蜗牛生活在陆地上,喜欢潮湿阴暗的环境,所以,我们在夏季雨后,常常可以在墙上,树上、菜地以及草地上看到它的踪迹。由于蜗牛常在菜田危害蔬菜及其他植物,所以它是一种有害的动物。

蜗牛

捉来一只蜗牛,你会看到它的背上有一个壳。这个壳呈螺旋形,由石灰质构成的,这就是蜗牛的"家"。当蜗牛遇到危险时,它会把整个身体缩进贝壳里。蜗牛身体的前端还有 4 只独角,两个长的,两个短的。前面两个比较短的,具有嗅觉的功能;后面两个比较长的,在顶端各生有一只眼睛。这 4 只触角能伸缩自如。

蜗牛爬行得很慢,可是我们观察蜗牛时,并没有发现它有足。那么,蜗牛是怎么爬的呢?

原来,在蜗牛腹部生有一道宽而细的横褶,后端较尖,这就是它的"足"。蜗牛爬行时,用它的足紧贴在别的物体上,由腹部肌肉做波状蠕动,它就能缓慢地向前爬行了。同时,它的足上生有一个腺体,叫足腺,能分泌一种粘液帮助它爬行。所以蜗牛爬过的地方,会留下一条光闪闪的涎线。

同时,足腺分泌的粘液还有别的功用。当到了干旱季节时,蜗牛便停止运动和吃食,先把整个的身体缩在壳内,足腺分泌粘液将壳口严密地封住,紧紧地贴在地面,开始休眠,这样可以活 9 个月左右。一旦环境变潮,蜗牛就会慢慢地苏醒过来,又重新开始生活。

蜗牛的肉可以食用,而且味道鲜美,营养价值很高。法国的蜗牛是世界闻名的。

蛞蝓和蜗牛

蛞蝓和蜗牛都是属于腹足类的软体动物,它们的血缘非常接近,但是有一个最大的不同:蜗牛身上有一个自己造的壳可以保护身体,而蛞蝓却没有。

蜗牛和蛞蝓的内部构造,有很多相似的地方:它们都有一个肉足,可以在地上休息或爬行;头部的前方有嘴,嘴的上面长着两对可以伸缩的触角,上面那对触角的末端有眼睛,下方的触角较小,其上有一些感觉器官。蛞蝓和蜗牛靠着肉足到处爬行,它们以植物为食,鲜嫩的枝叶更是它们的美味佳肴。不过也有一些肉食性的蛞蝓,以吃其他蛞蝓或蚯蚓为生。

在蛞蝓的前半部身体的上表面,有一圆形隆起,那就是它的外套膜。蜗牛也有外套膜,不过它的外套膜藏在壳内。外套膜里面有一个空腔,内壁就像肺壁一样布满血管,具有类似肺的作用,可用来呼吸,空气便是由外套膜边缘的小洞进入体内。有的蜗牛也可以生活在河流或湖泊中,但数量最多、体型最大的则是色彩鲜艳的海蛞蝓和海蜗牛,它们用鳃呼吸,以海绵、海藻和腔肠动物为食。

蜗牛在冬眠或夏眠时,足腺分泌出来的这种粘液在壳口形成一个薄膜,把身体严密地封闭在壳内,等到外界环境适宜时,再破膜而出来活动。

当外壳口部意外破损时,粘液在未破损的部分将身体封闭起来,一段时间后破损部分自行脱落,形成一个较小但却完整的壳体。这种粘液的功能多么奇特呀!

节肢动物

在无脊椎动物中,节肢动物是最重要而且种类最多的一门,它们的身体和肢体由结构与机能各不相同的体节构成。我们常见的虾、蟹、蜘蛛、蜈蚣及昆虫等,统称节肢动物。

单是昆虫类大约有 100 万种以上,约占整个动物种类的五分之四。

蜈蚣、马陆、蚰蜒是多足类节肢动物。它们的身体分头和躯干两部分,头部有一对触角,身体呈圆柱或扁平形,每一环节有一对或两对足。蜈蚣俗称"百足"。它的第一对附肢变成毒颚,会螫人,被咬处呈红肿且剧痛。这时用浓氨水洗擦伤口,中和毒液,可减轻疼痛。将蜈蚣制成干制品,是传统的中药。马陆又称"千足"。它没有毒颚,不会螫人。但在身体两侧有臭腺,分泌出一种难闻的臭液,以此作为防御武器保护自己。

蛛形类的种类也很多,常见的有蜘蛛、蝎子等。就蜘蛛来讲,全世界大约有 3 万多种,中国约有 3000 种,分布于陆地的各个角落。

甲壳动物体内没有骨,但身体表面覆盖一层壳,称为外骨骼。虾、蟹、喇咕等都是甲壳类。就目前所知甲壳动物已接近4万种。它们的形状千奇百怪,变化多端。从体形的大小看,差别更为悬殊,如日本产的一种形如蜘蛛的巨螯蟹,两个巨螯伸开后,两螯之间宽达4米,而小的桡足类和水蚤还不到1毫米长,只有借助于显微镜才能看清。

大多数甲壳动物生活在海洋里,它们绝大多数都是自由生活的,如虾、蟹等;但有些种类是固着在岸边或岩石以及其他坚硬物体上,如藤壶、茗荷等。

虾是种类很多的一类,经济价值很大。如海产的对虾、毛虾、龙虾等,淡水产的沼虾、螯虾、米虾都是经济上十分重要的物种。

千足虫

千足虫又称马陆,是一种陆生节肢动物。全球共有1万多种。它体形呈圆筒形或长扁形,分成头和躯干两部分,头上长有一对粗短的触角;躯干由许多体节构成,多的可达几百节。除去第一节无足和第2~4节是每节一对足外,其余每节有两对足,所以足很多。在北美巴拿马山谷里有一种大马陆,全身有175节,加起来共有690只足,可以说是世界上足最多的节肢动物了。千足虫行走时左右两侧足同时行动,前后足依次前进,密接成波浪式运动。不过,它行动很

千足虫

迟缓。千足虫平时喜欢成群活动,一般生活在阴暗潮湿的地方,如枯枝落叶堆中或瓦砾石块下。千足虫是纯粹的素食主义者,专吃落叶、腐殖质;也有少数种类吃植物的幼芽嫩根,是农业上的害虫。

千足虫虽然无毒颚,不会蜇人,但它也有防御的武器和本领。当它一受触动就会立即蜷缩成一团,等危险过后才慢慢伸展开来爬走。千足虫体节上有臭腺,能分泌一种有毒臭液,气味难闻,使得家禽和鸟类都不敢啄它。

蝎子

在世界上所有暖热地区都能发现蝎子,蝎子是一种很古老的陆地动物,早在大约4.5亿年前,就有650多个种类的蝎子遍布世界各地。

蝎子是肉食性的节肢动物,与蜘蛛是亲戚,但它的形态不像蜘蛛。蝎子浑身全副武装,周身披着壳质的铠甲,在不分节的头胸部,有单眼和复眼以及六对行动灵活的附肢。第一对钳状附肢叫螯肢,第二对是巨大的螯足叫脚须。其余四对是用来奔跑的步足。蝎子的腹部较长,分布明显,前腹七节、较阔,后腹五节、较窄,末端有一球体,内藏毒液,突起部分形成尾刺,高高举起。蝎子昼伏夜出。一旦遇到猎物,立即用脚须钳住,尾巴钩转,用尾刺注射一针,将猎物毒死。它依靠一对大螯和一个尾刺,捕食蜘蛛或昆虫等。蝎子种类较多,分布在墨西哥和印度尼西亚、印度等地的毒蝎子能致人死亡。蝎子不仅对猎物凶猛,而且对"同类"也很残忍。一旦雄蝎子完成授精作用,雌蝎子就凶相毕露,一口咬死雄蝎子作为食物。有趣的是蝎子对后代却倍加爱护。蝎子是卵胎生的,产下的小蝎子往往攀登在母蝎子背上,逍遥自在。母蝎子负子而行,极尽保护职责,直到幼蝎子成长到能独立谋生。蝎子是一味重要的中药材,干燥的虫体可入中药,称全蝎,有解毒、止痛、镇疼、熄风等功效。许多地区捕捉自然种群,但不能满足医药上的需要。故在我国山东、河南等地,大力发展人工饲养蝎子。

蝎子为肉食性,夜行性动物,所以白天很少活动,而潜伏在碑石、枯叶下,夜间外出寻食。主要以昆虫、蜘蛛、小蜈蚣、盲珠、鼠和多足类等为食。能较长时间耐饥,甚至也能耐渴,可长期不喝水,喜干燥。蝎多产于热带。我国常见的钳蝎主要分布在北方及长江以南,另外,还有蝎、链蝎等。

蜈蚣

蜈蚣又名百足,是多足类陆生动物,全世界有3000~5000种,其体形构造大致相同,身体分头与躯干两部分,有许多体节,每一个体节具有一对结构相似的步足,末端有爪,适于在山地迅速爬行。蜈蚣均有毒,毒性强弱因种类及个体大小而异。蜈蚣头部第一对步足突化为三角形的颚足,称颚牙,先端尖锐,形呈钩状,内通毒腺,能分泌毒汁。蜈蚣的个体大小悬殊。如分布在南美洲的一种蜈蚣,个体甚小,它的体长仅为0.48厘米,很容易被人误认为是黑蚂蚁。这是已知蜈蚣中最小的一种。

产于拉丁美洲牙买加的一种热带蜈蚣,是目前已知蜈蚣中足最多、体形最大的一种。

它长着 180 对足,最长的足可达 26 厘米。扁平长条形的身体,最长的可达 1 米多。头部为红褐色。这种热带蜈蚣喜栖居于山溪潮湿阴暗的岩石洞内,夜间出洞捕食老鼠和壁虎之类的小动物。一旦发现猎物,飞速爬行,以自身扁长的身体将猎物包围,形成一个椭圆形,把猎物围困刺死,然后美餐一顿。更稀奇的是,全部 360 只足都是防敌的武器。足内有腺,当受敌威胁时,能发射出有毒的烟雾。这种烟雾经化验,原来是一种氰化氢的有毒气体。

蜈蚣

这种从头到足全身有毒的"百足虫",会使人产生恐惧的心理,但是它在医药上却能起解毒的作用,主治肿毒瘰疬和蛇咬伤等症。据说,印第安人常常捕捉这种"百足虫"做成餐桌上的美味佳肴。

对虾

对虾肉味鲜美,营养丰富,1 吨对虾胜于 2 吨鲜鱼。因为个儿大,过去我国北方常成对出售而得名。对虾是我国黄海、渤海中重要的渔业资源之一。20 世纪 70 年代初,中国对虾南移养殖成功,解决了亲虾越冬和人工育苗技术的问题,扩大了对虾养殖面积,使年产量大幅度提高。5~7 月间,对虾的虾苗常生活在浅海湾和河口附近,渔民利用洼地、沟渠在涨潮时引入,到 11 月份捕捞出售。人工养殖对虾,通常是挑选当年养成的亲虾,在室内的池中越冬,到次年 3~4 月开始产卵并孵化虾苗。待虾苗长到 0.8~1 厘米时,移入虾塘放养。一般到了 10~11 月对虾已长成 14 厘米左右的大虾,便可及时捕捞了。对虾的发育过程,变化很多,需经历 20 多次蜕皮方能长为成虾。雄虾与雌虾交配后,雌虾第二年才能怀孕产仔。对虾的体色能随体内色素细胞的变化而发生改变。由于虾体内的色素在高温下能析出熔点较高的虾红素,所以虾煮熟是红色的。

虾中之王——龙虾

龙虾是虾中之王,一般最小的个体也有 20~40 厘米长,体重都在 0.5 千克以上。其中的锦绣龙虾,是龙虾中的魁首,重量在 3 千克以上,是世界上最大的虾,是虾中之王,它身上的"盔甲"五光十色,极为艳丽。

龙虾盔甲坚硬,浑身长刺,个头又大,显得威风凛凛。它们生性好斗,常攻击其他鱼类。但根本不会让人害怕,因为它们除了一些防身武器之外,根本就没有什么攻击性的武器,而且又有勇无谋。在与乌贼的搏斗中往往一味地猛攻,横冲直撞,毫无一点战略战术,动作迟缓而笨拙。乌贼往往巧妙地左躲右闪,避其锋芒,待龙虾累得精疲力竭,乌贼就寻机将其擒获,美餐一顿。还有的鱼喜捕食龙虾,遇到龙虾时先一口咬下

龙虾

触须,再把附肢一截一截咬掉,龙虾却束手无策,既不逃避,也不反抗,直到被全身肢解,吞食殆尽。

龙虾生活在温暖的海洋里,我国有七八种,东海和南海都有它们的踪迹。它们栖息在海底,白天隐匿在礁石缝里,夜间出来觅食。形态构造与一般虾类相比有显著的不同,头胸部粗大,腹部比较短小,游泳足退化,基本上失去游泳的功能,适应于爬行生活。龙虾第二对触角的基部有特殊的构造,摩擦眼睛下方的骨质板,会发出"吱吱"的响声,招引同类。

龙虾需要蜕皮才能不断地增大。它们蜕皮的方法是首先在尾和躯干部涨开一条横向裂缝,身体侧卧弯曲,慢慢从裂缝中蜕出来。这时大螯里的血液倒流,使得它们的体积只有原来的 1/9 大,能很容易地从壳中蜕出来。蜕皮后 8 个小时内身体就会长大 15%,体重增加 50%。它们蜕掉的旧壳可以完好无损。

龙虾身体末端的扇形尾节,不仅可以保持身体平衡,而且也可以在危急时刻急速反弹后退。

龙虾的繁殖是颇有意思的:在夏秋繁殖季节,雌虾把卵紧紧地抱在腹部,一次要抱 50 ~100 万颗之多。幼体在母体的"怀抱"里发育孵化。刚孵出来的幼体同成体毫无相似之处,身体扁平如一片叶子,故叫"叶状体"。叶状体经过半年的漂泊生活,几次蜕皮,终于变得像龙虾的样子。小龙虾又经过一个时期的游泳生活之后,"定居"海底过爬行生活。在野生情况下,每一万颗卵约有一颗能长至成熟期。

龙虾的肉厚质实,滋味鲜美,是比较名贵的海味。

南极磷虾

南极磷虾是南极海域里的特有水产品。它的外貌同对虾很相似，只是要小一些，通常的长度为4~5厘米，最长的可达9厘米。南极磷虾的鳃是裸露在外面的，它的眼柄腹面、胸部和长腹部附肢的基部，长有几粒金黄而略带红色的球形发光器官，能够在夜晚发出浅蓝色的磷光，所以被称为南极磷虾。

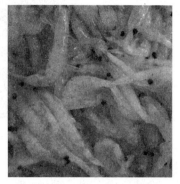

南极磷虾

如果要说到世界上哪一种动物的数量最多，那就要算是南极磷虾了。由于繁殖极快，天敌少，所以南极磷虾的数量多得惊人。最多的地方，每立方米水中竟有6.3万只！有人做过估计，南极海域里每年蕴藏的磷虾可达50亿吨，如果每年捕捞1.5亿万吨，就相当于目前世界上渔业总捕捞量的两倍，这样既不破坏其资源，又可保证全人类对水产品的需要。由于南极磷虾能给人类提供充足的食物资源，所以我们把它称为未来食品。

河蟹

河蟹是最受欢迎的一种淡水蟹。其肉质细嫩、滋味鲜美，营养价值极高，所含蛋白质与海蟹相等，比鲫鱼要高；所含脂肪和碳水化合物远远高于沼虾、对虾、带鱼等；维生素A非常丰富，含铁质特别高，核黄素含量也多，硫胺素仅次于鲤鱼、鲫鱼。河蟹实属高级营养食品。

江南一带"九月菊花蟹正肥"，每年八九月间成熟的河蟹顺江而下，到海边进行交配，之后向江河下游迁移，到达海水淡水的交界河口处产卵。幼蟹稍大些，便溯江而上洄游到江河湖泊中。渔民掌握了蟹的秋季洄游习性，在河川的上游编制竹篱以阻拦去路，再以灯光诱捕或用网器捕捉。然而"靠天吃蟹"十分被动，从70年代起，浙江省淡水水产研究所，研究出人工繁殖蟹苗的方法后，人工养殖河蟹便在我国迅速推广开来，解决了吃蟹难的问题。

横着爬行的蟹十分顽皮。夏季，河蟹常爬到养殖池的"小岛"和树木花草上"乘凉"，因此在养蟹池塘周围要建造防逃围墙。在池塘中养殖一些水生植物，既可调节水温，净化池塘，又可为河蟹提供饵料和隐蔽场所。

河蟹在被敌人攻击、气温升高、身体太干和交尾时都会吐泡，这是怎么回事呢？原来

河蟹

这是河蟹独特的呼吸方式引起的。河蟹像鱼一样用鳃呼吸,不过鳃是隐藏在甲壳下面的。它的鳃像海绵一样,能吸进很多水,供爬到陆地上生活时用。但时间长了,鳃里的水会逐渐减少,引起嘴和鳃抽动,使吸进的空气与鳃里的水混合,所以就吐出气泡。

河蟹有一对大夹子,可用它们捕食、防御敌害,还能做左右摆动、前伸和高举等动作。河蟹原产于我国,以后才流传到朝鲜和欧洲。河蟹食性很杂,常以螺、蚌、小虾、动物尸体为主,也吃谷类、豆类和菜类。因此,养蟹饲料易得,为了加快蟹的生长速度,在蟹脱壳增大期,可向蟹池中加入生石灰溶液,以补充钙质。河蟹是肺吸虫的中间宿主,因此,吃蟹时一定要蒸透煮熟。

蓝蟹一般生活于近海浅水中,它们甲壳的前方边缘生有尖钉状的东西,身体两侧生有长刺,后足扁平,可以像船桨一样用来帮助自己在水中游动,所以具有十分高超的游泳技巧。它们经常在海底四处爬动,寻找食物,蓝蟹很常见,常被人们捕捞起来当作食物。

甲壳之秀——青蟹

青蟹学名叫锯缘青蟹,外形近似梭子蟹。雌蟹体重一般为 0.5 千克;而雄蟹稍大,体重约 1 千克,最大的可达 1.5 千克。

青蟹的背甲隆起而光滑,呈青绿色,与同类相比显得非常青翠,故名青蟹。青蟹的身体为扁椭圆形,胸板呈灰白色,两边共有 5 对附肢。青蟹的最后一对步足呈桨状,专门用于游泳。

青蟹盛产于我国东海及南海,如浙江、福建、台湾、广东等沿海地区的省份,喜欢栖息在盐度较低、较温暖的泥质海底的浅海中。

青蟹肉味鲜美,也是我国一种著名的食用蟹。它与中药生地熬成的汤便是有名的"青蟹生地汤"。蟹腿上的肉可于制成蟹肉,便于贮存和长途运输,也是味道鲜美的上佳食品。青蟹是我国重要的出口创汇的水产品之一。

美味的梭子蟹

如果你吃过海蟹,那么你知道吃的是什么海蟹吗?你多半吃的是梭子蟹,因为梭子蟹种类繁多,是众多海蟹中食用价值最高的一族。

在运动类分类上,梭子蟹属于节肢动物门的甲壳纲。梭子蟹的最后一对步足进化成扁平状的游泳足,从而使梭子蟹具备较强的游泳能力。

常见的梭子蟹有红星梭子蟹、运海梭子蟹和三疣梭子蟹等。这三种梭子蟹同为梭子蟹属梭子蟹亚属,该亚属的头胸甲表面具有横行的颗粒棱线或成群的颗粒,为典型的底栖游泳动物。

梭子蟹

梭子蟹有很多种,区分它们是很容易的。因为它们各自都有明显的特征。红星梭子蟹头胸甲的表面有三个血红色的卵圆形斑,运海梭子蟹的头胸甲上有较粗的颗粒及明显的花白云纹,而三疣梭子蟹的头胸甲上却长着三个疣状突,这也是它们名称由来的根据。其中,三疣梭子蟹是梭子蟹中数量最多、产量最大的一种,约占梭子蟹总产量的90%左右。

蜘蛛——智慧生物

蜘蛛属于节肢动物门,它有8条腿,腹部后端有6个吐丝器。平时蜘蛛织网纺出的丝是白色的,可是在它织储藏卵的卵袋时,却可纺出不同颜色的丝来。

蜘蛛织卵袋时的步骤是:先用些长丝连起树枝和树叶。架子搭好了,从下面开始,逐渐地织成一个1厘米左右深的口袋,再用许多条丝把口袋连在附近的丝上。蜘蛛开始产卵了,许多卵掉进了张开的袋口中。这口袋的容积也好像是预先经过精确计算过的,所产的卵正好装满到袋口,于是蜘蛛又以波浪式移动,在袋口织了一个毡子盖。接着要织第二层了,此时,丝囊吐的丝变成了细软红棕色的丝,不再是白色的了,这些东西像云片般涌出,把中央的卵袋包了起来,蜘蛛用它的后腿把它们拍成一层疏松的棉胎,接着,丝囊又改变了吐出的丝的颜色,白色的丝又出现了。这次是要织厚的外层了。在袋颈部的

蜘蛛

边上,织得最仔细。在织好了包围的坚层后,丝囊就又出现一种深褐色到黑色的丝,做成了漂亮的带子围在袋的外面,工作完成,母蜘蛛就离开这里。

母蜘蛛在8月间织卵袋产卵,过了冬天,到了明年6月,正好在卵受阳光孵化出的时候,卵袋就自动打开;小蜘蛛们就爬了出来。小蜘蛛从卵袋中爬出来以后,就在树枝上拉出丝来,而当一阵风吹来时,丝就断了,断了头的丝就把蜘蛛一只只地带到地上,一根根断了头的丝成了降落伞,这又是一个巧妙的法子。

所以,我们从蜘蛛的卵袋由各种不同颜色质地的丝所组成,看出蜘蛛是一位伟大的化学家和纺织纤维制造家;从卵袋受阳光照射而炸裂打开和小蜘蛛用降落伞的原理飞散开,而看出蜘蛛又是一位数学家。

红斑蛛——最毒的蜘蛛

蜘蛛是昆虫的天敌,但也有会伤害人类与牲畜的毒蜘蛛。世界上最毒的蜘蛛是球腹蛛科的红斑蛛,也称"黑寡妇"蛛,及穴居狼蛛。它们广泛地分布在俄罗斯南方、欧洲东南部与中亚细亚、美洲,及我国海南岛、新疆等地。

毒蜘蛛口内有一坚硬的结构,为螯肢,上颚内毒腺通过螯肢分泌出。当它遭到惊动时,为了自卫,会立即跃起扑上,螯伤来犯者,此时蜘蛛体内毒腺分泌出一种神经性毒蛋白的液体,从螯肢经皮肤的伤口进入被螯者的体内,被螯时有剧烈疼痛感,之后受害者的运动神经中枢发生麻痹。人或者牲畜被螯后有局部反应,也有全身症状,严重的会死亡。骆驼、牛、马经常遭"黑寡妇"蛛的侵袭而丧命,对牲畜危害极大。但它对绵羊很留情,从不去伤害。

红斑蛛

毒蜘蛛雌雄个体的大小、体色均有较大差异，一般都是雄的个体小，毒性弱，雌的个体较大，毒性强。"黑寡妇"蛛全身披毛，刚毛发达，身体显得坚强威武，有很强的抵抗力，体灰褐色，有两块颜色较深的斑。"黑寡妇"蛛有少量灰黄色刚毛，有人字形重叠斑纹，雄性体色黝黑，步足长而粗壮，善于奔走。

南美捕鱼蛛

蜘蛛是生活在陆地上的昆虫，吐丝织网，捕捉害虫，它不可能生活在水下。但在南美洲有一种蜘蛛，不仅可以生活在陆地上，也可以生活在水下捉鱼，所捕捉的鱼常常比它大2~3倍。

那么它是怎样下水捕鱼的呢？

首先它潜入水底，这种蜘蛛的身体比较特殊，入水后身体能大量附着气泡，它靠这些气泡来帮助呼吸，可以在水里呆半个小时之久。它攀援在水底植物上，然后耐心等待小鱼靠近。当发现猎物时，突然一口咬住，把毒液注入对方体内，猎物当即全身麻木。中毒的小鱼，毫无抵抗能力，此时蜘蛛大吃一顿，然后浮上水面。

怀抱卵囊的狼蛛

狼蛛属节肢动物门、蛛形纲动物，是蜘蛛的一种，平时过着游猎生活，一到繁殖季节，雄狼蛛总是百般讨好雌蛛，大献殷勤。

狼蛛求偶时，先织一个小的精网，把精液撒在上面，然后举着构造特殊的脚须捞取精液，含情脉脉地试探着靠近雌蛛，若雌蛛伏着不动，雄蛛才敢进行交配。一旦交配完成，

狼蛛

雄蛛就会被凶残的雌蛛吃掉,为"爱情"付出生命的代价。

虽然雌狼蛛嗜杀成性,但抚养子女却体贴入微。它产卵前先用蛛丝铺设产褥,将卵产上后又用蛛丝覆盖包裹,做成一个外包"厚丝缎"、内铺"软丝被"的卵囊,以防风避雨。为了防止意外,狼蛛干脆把卵囊带在腹部下面,用长长的步足夹着它,四处觅食。

小狼蛛出世后,雌蛛更是对其爱护备至。幼儿纷纷爬上母亲的背部或腹壁,由母亲背着到处觅食。直到幼蛛第二次蜕皮后,雌蛛才肯放心让它们离开自己,各自谋生。狼蛛能捕杀害虫,是有益动物。

具有雷达功能的璃眼蜱

著名的苏联昆虫学家马里科夫斯基,发现亚洲璃眼蜱具有"生物雷达"。蜱是一种非常小的虫,它属于蜘蛛类,通常寄生在动物身上,包括人类。马里科夫斯基和一只蜱相处一段时间后,便和它玩起了捉迷藏游戏,无论他藏到哪里,蜱都能很快找到他。后来,他躺在小汽车的座位上,因有金属板相隔,蜱就不知所措了。但只要他从车窗一探头,蜱就会立即朝他跑过来。那么,璃眼蜱为什么会反应如此快呢?

马里科夫斯基经过重新观察,发现璃眼蜱的每条前腿爪子上都有小窝,窝底上有几个柱状突起。当它在寻找"猎物"时,便爬到高处,举起前腿,像使用雷达一样,不停地转动前腿。切除它所有的前腿,它便失去探索猎物的能力,不再追踪了。

海胆

海胆形体一般呈球形或半球形,长着许多刺,排成放射状,向四面八方伸展,所以它又叫海刺猬。生活在中国沿海的海胆有 70 种，有些海胆卵有毒，如生活在大西洋群岛的喇叭毒刺海胆等。

海胆

抛肠逃命——海参

海参是生活在浅海海底的一类棘皮动物。圆筒形的身体上长满肉刺，形似黄瓜。它没有强有力的自卫武器，但有快速游泳的本领。它一头的嘴部围着一圈触手，用来吮吸收集食物微粒。海参遇到危险时，它就从肛门中射出长长的黏稠纤维。有时带毒，类似洗衣机的管子，把侵犯者包裹住。而当海参刚刚被吃掉时，它会迅速排出自己的内脏，经过几个星期的休养生息，这些内脏会再生出一个完整的新的动物体来。若把海参切成两段放回海中，几个月后，每段都能生成一个海参。这种抛出内脏诱惑敌人的自卫方式，在动物界可算是独一无二了。海参种

海参

类很多，广布世界各大海洋中，中国出产的可供食用的就有 20 多种，其中刺参、梅花参为上品。

海星

海星是一群具有高超"分身"本领的棘皮动物。身体由 5 个对称的腕及五腕交汇处——体盘所组成。行动时,以腕代脚,能在危险时割体逃生,一段时间后,缺损的腕会重新长出来。海星身体背面微隆,呈浅黄色或橙红色,腹面较平,有口,颜色艳丽。海星是一种肉食性海洋动物,尤喜食贝类。有些渔民因厌恶海星盗食贝类,吃掉鱼饵,捉住海星后常将其切碎扔入海中,这样却更加强了其再生繁殖的能力。

海星是个奇妙的动物,口长在身体的底面,正好在腕的正中央,肛门却在身体背面。它吃东西的样子非常奇特,胃能从体内翻出,把贝肉裹住,并分泌消化液进行消化,待把消化的贝肉吞下去,胃再缩回体内,这种用胃取食的方式在动物界是绝无仅有的。

海星没有头也没有脑,在它的身体下面有口腔。海星通常有 5 条手臂,每条手臂下面都覆盖着一些小小的充水吸盘叫管足。这些管足非常强而有力,海星就是靠它们来移动身体和捕食的。甲壳类动物是海星最爱的美食。

虽然生活在海洋中,但海星却不会游泳,它依靠腕在岩石、海底或海床上爬行。海星大约有 6000 多个品种,大多色泽鲜艳。不同颜色的海星轻伏在海底,看上去格外漂亮。

乔装变色的海兔

海兔是一种生活在海里的软体动物,它的头部有两对触角,前面一对有触觉功能,后面一对有嗅觉功能,两对触角在海兔爬行时能向前及两侧伸展,休息时则竖直向上,恰似兔子的两只长耳朵,"海兔"因此而得名。

海兔属浅海生活的贝类。但其贝壳已退化成一层薄而透明、无螺旋的角质壳,被埋在背部外套膜下,从外表根本看不到。

海兔以各种海藻为食。它有一套很特殊的避敌本领,就是吃什么颜色的海藻就变什么颜色。如一种吃红藻的海兔身体呈玫瑰红色,吃墨角藻海兔身体就呈棕绿色。有的海兔体表还长有绒毛状和树枝状的突起,体型、体色及花纹与栖息环境中的海藻十分相近,敌害很难发现,这样就为它自己避免了不少麻烦和危险。

海兔既能消极避敌,又能积极防御。海兔体内有两种腺体,一种叫紫色腺,生在外套膜边缘的下面,遇敌时,能放出很多紫红色液体,将周围的海水染成紫色,扰乱敌人视线,掩护自己逃跑。还有一种毒腺在外套膜前部,能分泌一种酸性的乳状液体,气味难闻,是海兔御敌的化学武器。

春天是海兔的繁殖季节,雌雄同体的海兔进行异体受精。海兔的交尾方式很特别:一般是三五个到十几个联成一串进行交尾,前面的一个海兔充当雌体,最后面的一个作为雄体,这种交尾时间持续较长。产卵是在交尾过程中或分开几小时后进行的。海兔产卵很多,但能孵化的却很少,都被包裹在条状的胶质丝中,广东沿海称之为"海粉丝","海粉丝"是营养丰富的美味食品,也是消炎清热的良药。

　　我国的海兔种类很多,常见的有黑指纹海兔、蓝斑背肛海兔等,主要分布在东南沿海。

昆虫——第一大家族

在人们的日常生活里,无时不在直接或间接与昆虫发生着关系。据科学家最新统计的世界动物种类中,昆虫达 100 多万种,是动物界的第一大家族。昆虫的数量之所以这样多,主要有这样几个原因:首先是昆虫有惊人的繁殖能力。昆虫繁殖后代的种类多,而且一般昆虫产卵的数量惊人。像蜜蜂的蜂后,每天能生 2000 到 3000 个卵。白蚁的蚁后一生可产几百万个卵,平均每秒钟产卵 60 粒。

蜜蜂

其次是昆虫的食源广、身体小。昆虫的食料来源很广,几乎遍地都是,从植物的枝叶到花果,或是从活着的动物到死后的尸体以及各种腐殖质,没有一样不是昆虫的食料。昆虫还凭借它们的体型小,便于逃避敌害,灵活地选择生活环境。在一片叶子反面便能躲藏着成百上千的蚜虫、粉虱、介壳等微小的昆虫。在一块砖石下竟能容纳上万只蚂蚁。体形小对昆虫的迁移扩散也很有利。当昆虫在一个地方太稠密或自然环境不再适应它们共同生活时,它们就会或者展翅起飞,向远方迁移,或者借助鸟、兽和人们的往来,被带到另外的地方去,大大地扩大了它们的生活范围,并且增加了选择适合于生存环境的机会。

最后,昆虫在长期适应环境的演变中,有着多种多样的、保护自己安全、不受天敌伤害的自卫本能。

最原始的昆虫

最原始的昆虫是原尾虫。它们是一些白色或黄白色的小虫,最大的个体只有 2 毫米左右。性喜潮湿,常生活在石块、瓦片和草根下。

凡是昆虫,其头部都有一对触角,胸部有足三对,翅两对,常具单眼和复眼。但是原尾虫无翅,无眼,也无触角,它们常把第一对足高举在头的前方,代行触角的机能。幼虫初孵化时腹部 9 节,在生长过程中增生 3 节。这些特征与其他昆虫不同,表现了它们的原始性。人们对原尾虫的研究,在昆虫分类学上有独特的意义,是昆虫学基础理论研究的一部分。然而,新中国成立前,这项工作在我国完全空白,人们因而认为我国是没有原尾虫的。1956 年,北京农业大学杨集昆教授最先采集到了我国的原尾虫标本,在我国昆虫学界传为佳话。以后,上海昆虫研究所尹文英教授深入研究我国原尾虫的种类组成和分布规律,有许多重要的发现,为各国同行专家所推崇。

蟑螂——现存最古老的昆虫

大约远在 3 亿年之前,昆虫作为地球上最早的"飞行家"而升入空中。而会飞的爬行动物和鸟类在这 1 亿多年以后,才出现于地球之上。

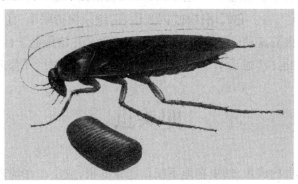

美洲大蠊(蟑螂)

自然科学家是通过它们的翅膀来识别古代的许多昆虫种类的。因为它们柔软而多汁的身体,在风吹、雨打、日晒等自然环境下,是不太可能作为完整的化石而保存下来的。人类已发现的古代最早的昆虫标本,是埋置在琥珀里和原始松树的树胶之中;其他一些昆虫的印迹是遗留在页岩和石灰石的聚积物中。在距今大约 3.5 亿年至 2.7 亿年的石炭纪时期,地球上的昆虫迅速地发展。大家熟悉的蟑螂是当时地球上占优势的一类飞行动物。科学家从化石的遗骸中，鉴别出 500 多种蟑螂。它们虽然没有现在生活于热带地区的一些巨蟑螂那样大的身体，但是大多数的个子还是很大的。这些古代蟑螂，与今天我们所见到的蟑螂差别不大，都有翅膀，会扑动翅膀作短距离飞行，可以说是有翅膀昆虫中的最古老的成员。现在地球上生存的蟑螂种类大约有 2000 多种。

闪闪发光的萤火虫

夏天的黄昏，人们常常可以看到，萤火虫三三两两在树丛中、小河边，飞来飞去，时隐时现。那绿色的幽光，忽上忽下，忽快忽慢，闪烁飘动，仿佛天上掉下来的星星。

萤火虫为什么会发光呢？动物学家发现，这种昆虫的尾部有个发光器，里面有一种叫荧光素的物质。它在荧光酶的作用下和氧化合，便发出荧光。荧光素和荧光酶的比例不同，发光的颜色就不一样：有淡绿色和淡黄色的，也有橘红色和淡蓝色的。进入发光器的氧气数量的多少，会使发出的幽光亮度不一。

萤火虫黑夜发光，白天是不是也发光呢？可以做这样一个实验：在黑暗里，萤火虫发出了光亮。这时用非常细的一束光线照射在萤火虫的眼睛上，刹那间，萤火虫的小"灯"熄灭了。可见，萤火虫在白天是不发光的。萤火虫为什么要发光呢？实际上，这是它们在进行"对话"呢。美国佛罗里达大学动物学家劳德埃发现，同一种雄萤和雌萤之间能用闪光互相联络。有一种雌萤会按很精确的时间间隔，发出"亮一灭—亮一灭"的信号，这是告诉雄萤："我在这里。"雄萤得知这个信号后，就会用"亮一灭、亮一灭"的闪光回答："我来了！"并向雌萤飞去。它们用这种"闪光语言"继续保持联系，直到雌雄相会。

在掌握了萤火虫的这种通讯方式以后，有的科学家开始用电子计算机模仿萤火虫的应答反应，来与这种昆虫"通话"。一旦获得成功，人们就可以指挥萤火虫的行动了。

叩头虫

叩头虫是金针虫的成虫，幼虫在地下咬食庄稼的根，成虫却在地表爬来爬去，觅食腐殖质。叩头虫有个躲避危险和越过障碍的本领。当叩头虫遇到惊险时，它便仰面朝天地躺在地上，突然，猛地一缩就弹了起来，在空中来了个前滚翻，落到地面上时，正好脚向下，趁天敌还没有摸清是怎么回事，就逃之夭夭了。

叩头虫能"叩头"，原来它的秘密在胸部，它前胸腹面有一个楔形的突起，正好插入到中胸腹面的一个槽里去，这两个东西镶嵌起来，就形成一个灵活的弹力机关，当它体内强大肌肉收缩时，能使前胸准确而有力地向中胸收拢，一点也不偏地撞击地面，借助地面的反弹力,便跳跃起来了。

如果在野外捉到叩头虫,把它捏在手里的时候,它仍然使用这个方法想翻腾跳跃,可是身子被捏住了,所以前胸和头不住地"叩"起来,如果把它靠近你的指甲或桌面,那它就会叩头叩出声音,好像在给人拜年。

能"遮天蔽日"的蝗虫群

蝗虫的主要食物是稻、麦、高粱、玉米等粮食作物,此外还喜欢吃芦苇和茅草。这些东西吃光之后,便吃其他东西,只要能咬得动的,几乎没有一样不吃。1943 年,我国河北省某地出现蝗群,它们先吃庄稼、芦苇,后来侵入村庄,连糊窗户的纸都咬。它们随咬随吐,其实并没有把咬过的东西全部都吃下去。就这样,农民辛辛苦苦种出来的庄稼,被它们糟蹋得颗粒无收。1929 年,我国江苏省遭到一群蝗虫侵袭,它们遮住了沪宁线的铁路,使火车司机看不到轨道,以致火车误点。1944 年山西解放区遭受了一次大蝗灾,太行山附近的 23 个县受到严重侵害。25 万人参加灭蝗,共扑灭蝗虫大约 1200 多亿只,如果把它们一个个地连接起来,全长将围绕地球一周多。

近些年,世界上许多地区出现过严重的蝗灾。非洲的蝗群,蔓延几国。1979 年,美国密苏里河西部 14 个州的牧场和农田,被密密麻麻的饥饿蝗虫所覆盖,华盛顿州的亚基马等地,蝗虫铺满了路面,它的厚度足以给行驶的车辆带来危险。

历史上最大的蝗群纪录,是 1889 年红海上空出现的一个蝗虫群,估计有 2500 亿只蝗虫,重量达 55 万吨。飞行时声振数里,遮天蔽日,太阳为之失色,也叹它为"奇观"吧。

蝗虫的飞行能力十分惊人.它们能连续飞行 3 天。菲律宾的蝗虫可以飞到我国的台湾。蝗虫掉在水里,也不会马上淹死,成虫能在水中游动 24 小时以上。一般的高山江湖,都难以阻挡它们的行动,所以它们是危害最大的害虫。

大刀杀手——螳螂

在昆虫中,螳螂算是体型较大的一种。它们体长在 6 厘米左右。头部呈三角形,镶着一对大复眼及 3 个小单眼。头上长有两根细触角。胸部有两对翅。它有三对足,前足粗大并且呈镰刀状,因此螳螂也称为刀螂。它是有名的突击好手,常常会在温暖的阳光下、草丛中或树枝上伺机捕食其他昆虫。

螳螂分巨眼螳螂、长角螳螂、绿螳螂和红花螳螂等许多种类。看似幼小的螳螂其实是凶猛的捕食者。某些种类的螳螂外形就像一朵花,这种伪装使它们既不易被猎物发现,也不易被鸟类等捕食者发现。

螳螂吃蝗虫、苍蝇、蚊子、蝶、蛾等害虫。一只螳螂在 3 个月内能吃掉 700 多只蚊子。它平时栖息在植物上,体色与环境相似,不易被发现。螳螂一旦发现目标,就如箭一般射出胫端挂钩,从猛扑到捕获只需要 0.5 秒钟,而且百发百中,从不扑空,因此被称为"捕虫神刀手"。

螳螂是咀嚼式口器,可以轻松咬裂甲壳类小虫的坚硬翅膀,并且经过细细的碾磨和嚼碎才咽下肚中。

雌螳螂在产卵之前,都会先分泌出一种黏液物质,然后将卵产在里面,许多卵就在这种泡沫状的黏液内被整整齐齐的分行排列好,形成一个个防震又防水的、保护完好的卵鞘。每只雌虫都可以产出 4~5 个卵鞘。这些用黏液组成的卵鞘大多就顺势粘附在雌虫生下它们时所在的树枝、树皮或石块上。

每年秋季,雄螳螂开始踏上"恋爱"和"求婚"的征途。在茂密的树丛中,雄螳螂一见到雌螳螂,就殷勤地迎上前去。它挺直了胸膛,伸直了颈项,扇动着双翅,"嚓嚓"作响,使对方知道自己急切的心情。当雄螳螂看到了雌螳螂"许婚"的表示后,便张开双翅,隆重地举行"结婚仪式"。

螳螂的"婚礼"并非都是喜剧。在交尾过程中,雄螳螂因前倾过度而失去平衡,以致将身体掉在雌螳螂面前,此时雌螳螂就会毫不客气地将它吃掉。某些专家认为,螳螂惯以捕食各种昆虫为生,其食量很大,使许多肉食性昆虫望尘莫及。平时,雌螳螂的食欲、食量就超过雄螳螂,它能逐个捕捉发现的猎物,把营养贮于体内。而在交尾期中,正是雌螳螂一生中食欲的高峰,出于自身的需要,它将雄螳螂的一部分肢体吃掉,以此来为生儿育女贮备养料。

近年来,科学家通过观察,对螳螂"食夫"之谜有了新发现,原来,是由于雌螳螂性器官未成熟而雄虫急于交配所致。雄的性器官成熟早,个体小,雌的性器官成熟晚,个体大,其体重是雄的两倍。若雌虫性器官尚未成熟,雄虫急于交配时,雌虫就毫不客气地将雄螳螂当点心吃掉。如果雌虫性器官成熟,雄螳螂被食率仅为 20%。

水虿

水虿是豆娘和蜻蜓的幼期的稚虫,羽化为成虫时不经蛹期阶段。体色一般是暗褐色或暗绿色,外形与其成虫类似,无翅,没有性成熟。潜伏在溪池泥底或残枝败叶下,肉食性,性情凶猛,喜欢捕食小型水生昆虫及牠们的幼虫,大型的水虿,甚至可以捕食小鱼和蝌蚪。水虿的时期依种类不同而有不同长短的时期,短的约 2~3 个月,普通种类约 1~3

水蚤

年,最长的则要 7~8 年才能完全成熟,其间约需经过 8~14 次不等的脱皮,然后爬出水面,变成成虫。豆娘的水蚤体型细长,腹部末端具尾鳃,蜻蜓的水蚤体型短粗,腹部末端具直肠鳃。

会排队的毛毛虫

毛毛虫会排队,这是很有趣的事。毛毛虫是蝴蝶或蛾的幼虫。科学家称会排队行进的蛾类为行列蛾类。它们外出觅食时,通常由一只队长带头,后面的毛毛虫头顶着前一只伙伴的屁股,就这样一只贴着一只排成一列或两列前进,队伍数量的最高纪录是 600只。为预防自己不小心走岔路跟丢了,行列毛毛虫一面爬一面吐丝,这样一来,即使走丢

毛毛虫

了也可以找回原路。因此,在"虫"队走过的地面,可以很明显地看到它们遗留下的一条"丝路"。

有意思的是,毛毛虫在行进过程中,若将"队长"夹走,排在它后面的那一只立刻主动补位,成为新的队长,队伍丝毫不受影响。若切断它们的丝路,虽被切成两队,但后面那一队的队长就会到处闻、到处找,毫不费力地追上前面,两队又合二为一。行列毛虫到达目的地后,立刻自动解散,三三两两地啃食树叶。大批毛毛虫一起用餐,轻而易举地就能将一棵树的叶子啃个精光。嫩芽和树叶全被吞噬净后,毛毛虫会再次排队,跟着队长寻找下一个目标。等大伙全吃饱了,才又排好队,循着丝路爬回家去。

蚜虫

我们知道,昆虫一般都是雌雄异体的,雄虫和雌虫交配后,精子和卵子结合成受精卵,最后由雌虫的产卵器把它们排出体外,发育成新的个体,这种生殖方式称为卵生。所以,一般昆虫的一生要经过几次变态,如蝴蝶要经过卵、幼虫、蛹、成虫 4 个阶段。

昆虫还有一种奇怪的生殖方式,当雄体没有或缺少时。卵可以不经过受精作用,直接在雌虫体内完成胚胎发育,一生出来就是小昆虫。这种单性生殖的方式叫"孤雌生殖"。

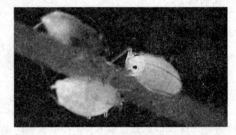

蚜虫

蚜虫既能卵生,又能孤雌生殖。不需要同雄性交配,雌蚜虫体内的卵就能在娘胎里发育,一只只小蚜虫就从雌虫腹部末端的生殖孔里直接跑出来。大蚜虫直接生出了小蚜虫,所以又称它为"孤雌卵胎生"。

新生的"胎儿"不到几小时就能吮吸叶汁了。蚜虫的繁殖速度很快,只要环境适宜,在 5 天左右,这些小蚜虫竟也能按孤雌生殖的方法开始繁殖,生出新的小蚜虫来。它们盘聚在植物的茎和叶上,基本上都是"五世同堂"。孤雌生殖本领并不是蚜虫独有的。有些昆虫,如蟑螂、水蚤、金小蜂、介壳虫等,在雄虫较少的时候,也会施展这种本领,生出自己的后代来。

昆虫中的"潜水冠军"——龙虱

能潜游的昆虫种类很多,本领高强的要数小甲虫,人们把它比作"治水龙王"身上的虱子,叫它龙虱。

这种身体油黑的甲虫,在潜水时,它的尾部会放一串气泡,并迅速地滑动后尾,潜入水中,越潜越深,一直潜到数米深的塘底。有时还能在水中追逐鱼、虾作食料。

龙虱,它的远祖生活在陆地上,所以它还保留着祖先呼吸空气的特点。龙虱的前翅坚硬,像披着一种流线形的盔甲。盔甲不但保护了身体,也保护了翅鞘下面的贮气囊和通向体内的气管。龙虱停在水面,前翅轻轻抖动时,先把体内的污浊空气从气管中排出一部分,然后利气囊中的收缩压力,吸入新鲜空气。就这样呼了吸,吸了呼,反复交替,把气管和气囊中的空气逐渐更新,龙虱就依靠贮存的新鲜空气潜入水中。气囊中的氧气将要用完时,它就游出水面,重新呼出废气,吸入新鲜空气。

龙虱不但能在水里换气,潜游时间长,而且游得快。龙虱的身体接近流线型,很像一只快速潜艇。两条中足和两条后足长得又长又扁,还长着许多整齐的毛刷,这四条足就像四支船桨,必要时可以从贮气囊中排出一串串气泡,帮助身体向前推动,所以它的速度能追上鱼。

金龟子

金龟子体型短粗结实,呈卵圆形,外壳坚硬而光滑,有的种类还富有金属色光泽,十分美丽。金龟子成虫头部较小,触角成鳃片状,由3~11节组合而成。它们的前翅已经硬化变为鞘翅,后翅比前翅大,是膜质的,是它们的飞翔工具。金龟子飞行时,先开启前翅,然后再打开只用于飞行的后翅起飞,在飞行的整个过程中,前翅始终张开。

金龟子体型大,极富光泽且有质感,颜色鲜艳美丽,故为昆虫收藏家最喜欢收集的昆虫之一,并且还有很多成年人用它们来做饰物。但是美丽的外表,并不能掩饰它们的实质,它们每相隔数年往往都会来一次大型繁殖,而它们的幼虫就是凶手,潜伏在土里,以植物的根系、幼苗或是块茎为食,破坏植物的生长。金龟子的幼虫长得白白胖胖的,称作"蛴螬",它们生活在土中,身体常常曲成一个"C"形,尾部还有针刺状的毛。金龟子用坚硬的体壳保护着它们柔弱的躯体。

金龟子

螽斯

螽斯在外形特征上和蝗虫十分类似,体形较大,但是它们的触角比蝗虫可要长多了,节数在 30 节以上,有的甚至要超过自己的体长。雌螽斯具有一个刀状或剑状的长形产卵器。螽斯类昆虫叫声的显著特点就是大而鲜明。雄性的螽斯多数都能发出鸣叫声,而且都非常具有个性,这是因为它们前翅之间相互运动产生的摩擦,可以发出特别的声音。当它们左翅上的音挫与右翅上的刮器相互不停地摩擦时,就会震动翅面上的鼓膜,这样就会发出一种很有节律

螽斯

性的声音。螽斯的翅膀振动速度相当快,因此所发出鸣声的频率也很高,竟然会达到 870～9000 赫,这样,我们听起来,就会觉得十分清晰和嘹亮。

全世界已知的螽斯约有 7000 多种,分布在我国境内的有 100 多种。每种螽斯的鸣声都具有自己的特点,绝不雷同。像我们最熟悉的蝈蝈,它们有着漂亮的翠绿色外衣,发出的声音就是"括、括、括"的十分的清脆;还有一类叫作"纺织娘"的,它们的声音就和织布机织布时发出的声音很像,"扎、扎、扎"的,名字也因此而来。螽斯极善于伪装,如果不动很难被人发现。

草丛中的歌手——蚱蜢

蚱蜢的身体细长,头尖,绿色或黄褐色。有两对翅膀,前翅长,后翅透明。飞行时,前足和后足摩擦,发出"扎扎"的声音。

蚱蜢的歌声不是出自它的口,而是由它的腿发出来的。沿着后腿的大关节处有一排"钉子",蚱蜢利用这些"钉子"与翅膀的摩擦来发声,这就产生了"唧唧"的声音。这些"鸣叫"声通常是雄蚱蜢为吸引雌性而发出来的。蚱蜢的耳朵不是长在头上,而是长在它的身体下侧。蟋蟀是蚱蜢的近亲,它的耳朵则长在膝盖上。交配以后,雌性蚱蜢卵产在卵囊中,卵囊则被埋在土里,以防敌人发现它。

蚱蜢靠着长长的后腿和良好的弹跳能力来逃离危险。逃跑的时候,它能够连蹦带飞。

蚱蜢

每种蚱蜢都有独特的叫声，这一点相当重要，因为不同种类的蚱蜢是不能互相交配的。而雌性蚱蜢需要知道，它所听到的"鸣叫"声是否发自于与己同类的雄性蚱蜢。

蚱蜢身上的条纹和斑点有助于外形的伪装，使它难以被发现。有些蚱蜢的伪装技巧相当高。

蟋蟀

全世界蟋蟀约有 2400 种，大部分蟋蟀都身着黑色或绿色外衣，触角细而长，后足适于跳跃，背腹部略扁，腹上有 2 根细长的尾须。生有一对翅膀，平时折叠于背上。前翅是革质，较硬；后翅膜质，用于飞行。

蟋蟀

我们经常听到草丛中蟋蟀发出的"蛐、蛐"之声，为宁静的夜晚带来一丝喧闹，其实这些响亮的声音并不是从蟋蟀的嘴里发出的，而是通过翅膀相互摩擦产生的。在蟋蟀的左前翅有一条粗壮的脉，这就是蟋蟀的发音器官，右前翅基部横脉下还长有一排齿状的突起，形成音齿。这样两翅相互摩擦，就像拉小提琴一样，"弓"和"弦"相互摩擦，产生美妙的声音。

雌性蟋蟀基本上采取分散产卵的方式，将卵产于泥土里。它们的卵呈椭圆形，雌性蟋蟀一生中基本可以产近 500 粒左右的卵，每年繁殖一代，新生命就是以卵的形式度过寒冷的冬天。

当蟋蟀同敌人展开搏斗时，如果腿部不幸被敌人捉住，它们就会采取舍腿保命的方式逃脱出来，毕竟生命是第一位的。虽然切断的腿不能再长出来，但绝不会危及生命安全。

蟋蟀的前足胫节部位上各有一个听觉器,这可是与它们息息相关的侦察武器。当它们在万籁俱寂的夜晚,开始出来活动时,这就成了它们的救命法宝。往往在敌人即将捕捉到它们时,就会猛地弹跳起来,逃出危险境地,这就是依靠它们腿部听觉器的灵敏性时刻监视着周围的动静,以防不测。

蟋蟀的声音有两个作用,一个是求偶,一个是助威,它们可不是真正的歌唱家。当雄性蟋蟀感到寂寞时,就会发出轻柔而短促的声音吸引异性的到来,传递自己求偶的信号;找到异性目标之后,声音就变成清脆的"的令"之声,表达自己的爱意;当雌性同意与它交配后,叫声就变成"沙沙"的愉快之声。另外,当两只雄蟋蟀在搏斗时,为了助长自己的气势,也会以大声鸣叫来增长气焰。而当一只获得胜利后,它会相当自得的以清晰、快乐的叫声向外界宣布它的成功!

天牛

天牛种类繁多,在我国发现的也有 1600 多种。它们身体一般是呈长圆筒形的,背部略扁,最具特征的就是它们头上那一对非常长而且细的触角。前翅已经硬化形成鞘翅,保护腹部和呈膜质、薄而脆的后翅;后翅很发达,非常适于飞行。

天牛

天牛是一种很懒惰的昆虫,虽然善于飞行,却不太热衷于飞行,总是会选择一处清静的大树,静静地歇在树干或树枝上,所以对于想要捉到它们、并且意欲观察它们的人来说,是很容易在大树上找到它们的。

雌虫产卵于松树的树皮缝内,幼虫孵化后白白胖胖,上颚非常发达,专门以蛀食树干为生。它们把树干蛀食成横七竖八的隧道,坑道内堆满了它的粪便,使木质部与树皮脱离,不能运输水分及养料,树木就慢慢枯死。这些幼虫成熟以后又潜入木质部,钻成许多孔洞,并做成蛹室在其中化蛹,成虫羽化后继续去危害其他的松树。由于这种天牛为害成灾,常常给林业带来很大危害。

天牛被人们称之为"锯树郎",因为它们有时会发出一种"咔嚓、咔嚓"似锯木头的响声。其实是因为它们的中胸背板上有一个发音器,每当中胸背板与前胸背板相互摩擦之时,就会振动发音器发出这种奇怪的声音来。

竹节虫

竹节虫的形状很奇特,活像一小段竹枝,身体外形分成一节一节,呈绿色或褐色,它们生活在与竹子混杂在一起的灌木丛中,以树叶为食。

竹节虫

竹节虫是世界上最长的昆虫,一般长度为10~20厘米,最长的达33厘米。它们和其他昆虫一样,头部有一对细长的触角,胸部三节,各生有细长的足一对,宜于爬行。我国产的竹节虫,一般不长翅膀。

这种行动并不迅速、繁殖力也不高的昆虫,在自然选择过程中,怎么能够躲避各种敌害,代代相传而不被淘汰呢? 这与它们的形状像段竹枝有极大关系。在长有竹子的灌木丛中,有"一小段竹枝"掉在树叶上,谁会去注意它呢? 除非定睛细瞧,否则很难发现它们。"拟态"这一特点保护了它们,使它们生存至今而不被淘汰。所以竹节虫是说明生物进化和拟态的好材料。

"朝生暮死"的蜉蝣

如果"寿命"两字在昆虫中是指成虫生活的天数而言,那么蜉蝣是昆虫中最短命的。我国古代早有记载:"蜉蝣,……朝生暮死"。确实多种蜉蝣成虫的寿命只有几小时,最长的寿命不过一星期。

蜉蝣

蜉蝣的幼虫期生活在水里,要经过几次蜕皮才变成成虫。蜉蝣成虫的身体柔软,能反光;触角短刺状,两对膜质翅膀休息时直立在背上;腹端有比身体显然长得多的3条尾毛;咀嚼式口器极度退化,有些根本没有口器。蜉蝣成虫的职能是专门繁殖。雌蜉蝣可以说是一部产卵机器,从它的胸部后方直到腹部末端都是虫卵。蜉蝣的幼虫在水中会遇到无数敌害,在长期的适应过程中,它们以多取胜,使种族得以繁衍。

蜉蝣的交尾在"婚飞"中进行。傍晚时刻,水面上常集聚着大群刚羽化的蜉蝣,在飞行中,一只雄虫会突然抓住一只雌虫进行交尾。交尾后雌虫将卵产在水中。这时我们可以看到,卵的体积几乎与雌虫的腹部相等。蜉蝣产卵之后,次日,湖边岸上,到处都是它们的尸体。美国东北部五大湖泊附近的城市,甚至要用卡车清除街道和桥梁上的蜉蝣尸体,不然路滑不能行车。霓虹灯能吸引蜉蝣飞来,为了不使虫尸积聚,傍晚只好停止使用。但是,蜉蝣不是害虫,它们的幼虫是鱼类的重要饵料,死蜉蝣也可以饲喂鱼类,或者施在田里,当作肥料。

斑蝥——最毒的甲虫

斑蝥,别名"斑猫""龙蚝""地胆",是最毒的甲虫。全世界约有斑蝥2300多种,我国则有29种。斑蝥全身披着黑色绒毛,翅长呈椭圆形,质地柔软,体长为11~30毫米,翅基部有两个大黄斑,中央前后各有一黄色波纹状横带,危害大豆、花生、茄子等作物,全国各地均有分布。

斑蝥多群集取食,成群迁飞。当它遭到惊动时,为了自卫,便从足的关节处分泌出黄色毒液。此黄色毒液内含有强烈的斑蝥素,其毒性甚强,能破坏高等动物的细胞组织,与人体接触后,能引起皮肤红肿发泡。

斑蝥素为一种无色无味发亮的结晶,一般内服0.6~1克斑蝥素即可中毒。斑蝥素致死量约为30毫克,外用敷贴过久发生皮肤坏死。内服者咽部有烧灼感,并有

斑蝥

头痛、呕吐、剧烈腹痛等胃肠道症状。斑蝥素经肾脏排出,可引起排尿疼痛、尿频、血尿,引起中毒性损害。重者会出现高热、昏迷和循环衰竭等危险。

斑蝥素的毒性虽然很强烈,但可以列为中药使用。应用斑蝥可以治癌,斑蝥素及其类似物具有抗癌作用已被人们重视。我国开展斑蝥素抗癌研究,在临床上已获一定效果。斑蝥素内服还能利尿攻毒,外用可以作为发泡剂。

会被自己的毒液毒死的裂鼻象虫

　　裂鼻象虫是30厘米长、老鼠大小的食肉动物,因为有一条类似大象的长鼻子,前端开着小小的裂缝,所以名为"裂鼻象虫"。当它咬住猎物(如蜥蜴、青蛙或小鸟)时,它的毒牙就会使猎物麻痹或者死亡,毒汁是通过唾液腺分泌出来的。可是,裂鼻象虫在狩猎的时候必须十分小心,搞不好,它就成了自己武器的牺牲品。因为万一咬到自己的舌头,毒液进入血液,它也会中毒身亡。因为裂鼻象虫的血液对自己的毒液毫无抵抗能力。由此,为雄裂鼻象虫带来了一个严酷的问题,即"求偶之战"的输赢不光意味着爱情上的得失,更隐藏着丢掉性命的危险。争斗的双方不管谁被咬伤了,都可能从此永远退出战斗。

蛾

　　蛾类与蝶类同属鳞翅目,显然是一个大家族的近亲,但蛾类成员的数量远比蝶类多,约是蝶类的 9 倍,中国记录的有近7000 种。

　　蛾类通常色泽暗淡,但也有不少鲜艳美丽的个体。它们多数在夜间活动,属全变态类型,1 年可发生 1 代或数代,也有 2 ~3 年才完成 1 个世代的。除吸果蛾之外,蛾类成虫是不具有危害性的。成虫常有雌雄二型,甚至多型现象,如螟蛾科的玉米螟、二化螟。有些种类有季节型,即夏型和秋型。夏型体色浅而鲜艳,秋型体

蛾

色较深而暗,如黄斑长翅卷蛾。夏型的前翅金黄色,后翅灰白色;秋型的前翅变为暗褐色,后翅灰褐色,稍有不慎会认为是不同的种类。

　　蛾类的幼虫为多足型,绝大多数以植物为食,食叶、潜叶、蛀茎、蛀果、咬根,危害种子、粮食、干果、药材、木材等,是农林业的重要害虫。蛾类的卵多为绿色、白色和黄色,形状上通常有两类:一类为椭圆形或扁形,卵的长轴与附着物相平行;另一类为瓶形、球形、半球形、圆锥形、鼓形,其长轴与物体相垂直,卵散产或成块产于寄主植物上或土内,少数产于叶内。蛹除了少数低等种类外都是被蛹。

　　大多数飞蛾都是在晚间出来飞行的,因为它们有良好的嗅觉和听觉,所以能适应夜

游生活。它们在黑暗中穿行并不费事,灯光虽然对飞蛾很有吸引力,但是也常照得它们头昏眼花。蛾在白天休息,而且许多蛾的颜色,很像树皮或树叶,这样,它们就不容易被鸟和蜥蜴等天敌发现。

乌桕大蚕蛾

乌桕大蚕蛾,是蛾类中最大型的种类,将翅展开宽可达18~22厘米。由于它体形大,色泽绚丽,五彩缤纷,双翅扇动似孔雀开屏,曾被誉为"凤凰蛾"。尤为奇特的是,头上一对羽绒状的触角,总是向着四面八方伸展着,像是在窥伺着周围的一切。其身体上橘黄色的鳞毛,腹部纵横交错的白带,和珍珠般的白星,又显得文雅别致。前翅的前缘有一条紫红色的镶边,前后翅的翅面上布满红色的鳞片,还有多种彩色鳞片组成的图案形花纹,非常惹人喜爱。

山蚕蛾——蛾中之王

山蚕蛾大得出奇,且很美丽。它是世界上蛾类昆虫中最大的一种。雌蛾双翅展开,长达25厘米;雄蛾双翅展开也有20厘米长,因此,有"蛾王"之称。无怪乎古人把它形容成"大蝴蝶"了。

山蚕的茧比一般蚕茧大得多,50~60个茧就有500克重,堪称蚕茧中的冠军。茧丝产量也相当高,每个茧产丝可达1.2克以上,每千颗茧可得改良丝绵750克左右。这种丝色淡褐,且经久不褪色,富有光泽,弹力很强,染色也容易,因此可作绒线的代用品,也可织造丝袜和绢绸,与苎麻混纺,织成的布,既美观又耐穿。

山蚕又称珊瑚蚕、猪儿蚕、乌桕蚕,是我国最大型的野蚕。它原产于华南山区,并分布于长江以南及台湾等省。山蚕茧丝纤维轻软强韧,具有羊毛特点,保湿性和脱水性均良好。华南农民用它织成粗绢服,这种衣服夏凉冬暖。

夜蛾能逃避蝙蝠的追捕

蝙蝠的视力很差,但却能在夜间飞行,并且能捕到食物。因为他不是用眼睛,而是靠超声波定位的。

蝙蝠的回声定位器是非常精细的"导航仪器"。依靠它,蝙蝠能在拉紧的比头发丝还细的铁丝间飞来飞去。如果把蝙蝠称为"活雷达"的话,那么,有些夜蛾却有高超的反"雷达"战术。

夜蛾是一种夜间绕着火光飞舞的昆虫。它们有着特殊的探测超声波的"装置"。据研究,有些夜蛾的胸、腹之间有鼓膜器,这是一种专门截听蝙蝠超声"雷达波"的器官。

有人在田野里研究了夜蛾的鼓膜器对超声波的反映。结果发现,夜蛾可以发现距离它6米高、30米远的蝙蝠。夜蛾在截听到蝙蝠的探测"雷达波"之后,如果两者之间相距30米左右,夜蛾便转身溜之大吉;如果近在咫尺,鼓膜器中的神经脉冲已达到饱和频率,说明大祸临头,迫在眉睫,于是夜蛾当机立断,采取紧急措施,不断改变飞行方向,兜圈子,翻筋头,甚至干脆收起翅膀跌落到地面或树枝上……千方百计使蝙蝠无法确定它的位置。

奇妙的是有些夜蛾还有"反雷达"装置。它们的足关节上有一种特殊的振动器,能发出一连串的"咔嚓"声,用以干扰蝙蝠的超声定位,使它不能确定目标。而且它们满身的绒毛,可以吸收超声波,使蝙蝠得不到一定强度的回声。

蜻蜓——"飞行之王"

蜻蜓是自然界中一种结构极为精致的飞行昆虫,它的飞行技艺十分高超。一到夏秋,雨前雨后,它们常常成群结队,犹如战斗机群在晴空编队飞行。

蜻蜓的腹部细长,两对翅膀又薄又透明,纤细的头颈更显得轻盈灵巧,非常适合飞行。蜻蜓的飞翔速度令人吃惊。在飞行中,它的两对宽大的翅膀保持平行伸展,前翅拍打翻腾空气,在空气中产生快速旋转的小漩涡,而后翅则从这种涡流的自旋中获得能量,形成了较大的升力。蜻蜓

蜻蜓——"飞行之王"

翅膀每秒振动达20~40次,每小时能飞150千米。它飞翔的速度能和世界女子100米短跑冠军的速度相媲美,和奔驰的火车差不多,这不能不使人惊讶。

蜻蜓还能在空中作特技飞行,姿态优雅,动作干脆利落。它时而盘旋,时而急飞,时而垂直,时而滑翔,时而忽然停住,又急速飞行。

蜻蜓飞翔的速度在昆虫行列里名列前茅,远程飞行更是惊人。它在海上长途飞翔时,如果半路上没有地方着陆休息,就必须忍受疲劳和饥渴一直向前飞翔,否则就毫无生路而葬身鱼腹!因此,有些蜻蜓居然能飞行1000千米。在昆虫世界里,蜻蜓飞行速度和

耐力确是首屈一指,所以,蜻蜓是当然的"飞行之王"了。

蝉——最长寿的昆虫

1997年的夏季,从美国的卡罗来纳州到纽约,每天晚上都有无数的黑色小虫子从地下飞出来,这就是十七年蝉。它们飞到几乎所有竖立着的目标,如树木、电线杆和建筑物,不一会儿,雄蝉发出欢乐喧闹的叫声,引诱雌蝉,这标志着它们自1980年出生之后在地下生存了17年,今年到地面上来举行"婚礼"了。

蝉

十七年蝉经过交配后,雌蝉就钻进树的表皮,把受精卵通过锯状的产卵器,排在树枝的裂缝中。大约过了3~4周之后,老的雄蝉和雌蝉就死去。留下的受精卵经过发育孵化,出来无数1毫米长的幼虫,它们本能地从树上落到地下,又钻进地里藏了起来。

这些幼虫在地下洞穴里要经过5个龄期和5次蜕壳。它们靠从植物支根韧皮部吸吮富有营养的液汁来维持生命。当一些支根死去了,它们又会找寻新的支根继续为食。

十七年蝉的出现,最引人注目的是它们的数量十分庞大,地上常常出现密密麻麻的蝉穴洞,空的蝉壳到处可见,每平方米可藏有大约37万只蝉。这也许因为它们在地下渡过的17年的漫长岁月中,极少有敌害侵犯它们。而且它们在地面上生活的时间又很短暂,因此,自然界给它们提供了较大的保护。

绝大多数的昆虫,只有一年或更短的生活史,一般的蝉只有3~9年的生活史,虽然还有一种十三年蝉,但十七年蝉,是在地下生活了17个年头,这使它获得了昆虫世界里最长寿的头衔。

具有多种自卫本领的金凤蝶

金凤蝶花纹艳丽,两翅宽阔,后翅有明显的尾突,非常美丽。

金凤蝶是一种完全变态的昆虫,成虫的形成要经过卵、幼虫、蛹三个过程。幼虫又粗又大，体色以绿色为主，伴有许多黑色的横条纹，条纹上分布着许多橘红色的斑点。尽管金凤蝶美丽的幼虫常爬在胡萝卜、香芹菜等伞形科植物的花序上取食，大模大样从不躲闪，鸟儿却不敢碰它。

金凤蝶

原来，金凤蝶有一样得力的自卫武器，幼虫在受到惊扰时，会突然从头部后边挺出两根分叉的"角"——臭腺，臭腺中分泌出具有强烈恶臭味的物质，鸟儿抵挡不住这恶臭的袭击，只得敬而远之。金凤蝶幼虫还利用自己身体鲜艳的色彩来警告对方不要靠近自己。生物学上把这种具有臭腺、毒刺等动物所具有的鲜艳体色和花纹称为"警戒色"。这是动物的一种自我保护。金凤蝶幼虫化蛹时也有自卫的高招，常常因周围环境的光线明暗不同而形成颜色深浅不一的蛹。在光线充足的地方形成的蛹呈黄绿色，在靠近阴影中形成的蛹呈深暗绿色。这种动物与周围环境颜色相一致的颜色叫作"保护色"。蛹再经羽化，就变成了美丽的金凤蝶。

会飞的"树叶"——木叶蝶

在我国的长江流域，如四川省，会看到这样一种奇观：树上的片片黄叶飘动时，并不落在地面上，而是飞向天空。对此，人们不禁产生疑问：树叶怎么会飞呢？原来那些黄叶只不过是一种拟态，飞舞起来才露出了它的真面目——一种蝴蝶，名叫木叶蝶。

飞舞起来的木叶蝶是美丽的，翅膀背面为红黄色，还有白色大斑。木叶蝶休息时，两翅合拢，露出翅的反面，变成了隐蔽极好的"枯叶"，复杂的花斑就像叶子的中脉和侧脉，上面还有霉菌似的斑点。后翅尾状部分很像叶子的柄在支撑着一片枯叶。

这种保护性的对大自然的适应，使木叶蝶能够迷惑敌人、保存自己，因为它的追捕者，怎么也不会想到去捕捉一片枯叶来作为美餐。

舔石头的红蛱蝶

人们发现，有一种叫红蛱蝶的蝴蝶经常停留在石头上，不停地舔石头。如果人们仔细观察就会看到，红蛱蝶先把唾液分泌在石头上，然后再把它吮吸干净。红蛱蝶是没事找事干吗？当然不是。原来为了得到石头里的矿物质，红蛱蝶必须先用自己的唾液溶解它，再把溶有矿物质的唾液吮吸进肚里。不过，只有雄红蛱蝶才有这种需要，因为它的精子必须在一种含有矿物质的营养液里才能健康地游动。为了补充消耗掉的矿物质，雄红蛱蝶就只能不断地舔石头了。

牛虻

牛虻是一种常见的昆虫，长得很像苍蝇，但是比苍蝇要大，它的嘴相当尖利，能刺破人或动物的皮肤，吸食流出来的血液，所以它像蚊子一样让人讨厌。

牛虻

牛虻喜欢吸牛和马等动物的血，也喜欢吸人的血，尤其盛夏在水边，很多牛虻就会在人们的周围转来转去，寻找机会下手。

为什么牛虻这样喜欢吸人血呢？这是因为。它对人血液里的一种物质特别感兴趣，这种物质是由多种氨基酸和具有甜味的胺混合成的。尤其在盛夏季节，由于天气闷热潮湿，人的体温升高出汗，血管和皮肤毛孔扩张，这种物质就会从毛孔扩散出来。一旦牛虻闻到了这种气味，就会蜂拥而至，这是牛虻叮人最厉害的时候。

潮虫

潮虫也叫鼠妇，身体呈椭圆形，灰褐色。潮虫不属于爬虫类，而是属于甲壳类（如虾和蟹）的节肢动物。它生长在朽木或石头下面，很喜欢将身体蜷缩成球状。

潮虫

潮虫原生于欧亚大陆，随着世界气候的变化及人类的迁移，现在世界各地都有了潮虫。

潮虫喜欢待在潮湿的地方，靠吃腐烂的植物生存，如果任其大量繁殖，就会危害花草等栽培植物。

潮虫原来在海里生活，后来经过演变才爬到陆地上生活的。它为了适应陆地生活，把水中呼吸用的鳃演变成气管了。

如果你仔细观察潮虫腹部的第一和第二对脚，你会发现上面有一层又白又厚的东西，这就是潮虫的皮肤深深内陷后所形成的呼吸器官。

水黾

水黾不同于一般的昆虫，它不生活在陆地上，却一直在水面上漂浮。水黾的滑水动作非常轻捷灵敏，它可以在水面蹦蹦跳跳，追逐嬉戏，却身不沾水，更不会沉入水里。

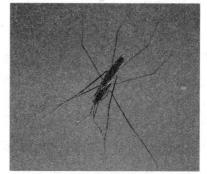
水黾

水黾为什么能在水面上自如地活动呢？原来，水黾的身体很轻，肢体细长，腹部长有一层短短密密的细毛。这些毛像涂过油似的不会被水浸湿，水黾细长的中后足能向身体两侧外伸，外伸的结果，增大了与水面的接触面积，减少了单位面积水面所承受的重量，在水面上形成一个凹槽，这凹槽就像是滑道一样，使水黾在水面上自如地滑行。水黾的6条腿上也长着一排排不沾水又能自由折叠、散开的细毛。脚的胫节还有专门梳理毛的功能。水黾经常梳理体毛，使毛不至于被水溅湿。

还有些水黾，它们不但能在平静的河流中漂浮，还能在急流、漩涡或浪尖上穿行。在穿越急流险滩时，它们甚至能高高跳起，一跳就是数米远，这不能不令人惊叹。

衣鱼

衣鱼并不是鱼,而是最原始的小昆虫,它的确是与众不同。虽然衣鱼已经从远古到现在,在地球上生活了 2.6 亿年,但身体和外观却一直没有变化。

衣鱼

衣鱼的身体分为 14 节,约 10 毫米长。没有翅膀,体形扁平,披一层银灰色鳞片。衣鱼被称为"书虫",它很喜欢吃书,所以常能在书里发现它。每当夜晚来临,它便开始活动,吃书和纸张,有时也吃衣服。衣鱼喜欢吃含有淀粉和胶质的东西,书籍在装订时要涂上糨糊或者胶,所以自然就成为它啃吃的对象了。衣鱼能长期住在书里而不需饮水,这是因为它体内组织中有氢元素,吃下的食物与氢产生化学作用,就能产生水。

昆虫寄居在别的生物身体上,吸取它们的营养而生活,这是昆虫的寄生,大部分昆虫都有这种习性。比如跳蚤寄生在猫身上,吸吮血液;虱子寄生在鸡身上,吸吮血液等等。衣鱼长期寄居在书里,也是一种寄生。

独角仙

独角仙是一种长相特别的昆虫,在南方的树林里,常见到它的踪迹。白天独角仙躲在树干上或泥土缝里,晚上才出来活动,它们专吃树木、其他昆虫的幼虫和植物的茎。

独角仙

为了对付敌害,争夺食物或者配偶,独角仙常常大打出手。雄独角仙争斗时,用角较大的一方,插到对手的腹部下方撑起,把对方弄翻。或会利用角和前额的突起物把对方挟住,有时甚至把对方的前肢弄破。在争夺配偶时,雄性独角仙之间往往展开激战,获胜者把对方赶走,迎娶"新娘"。独角仙特别喜欢吸食甜树汁,常常为了抢食树汁而争斗,胜利者可以饱饮一顿,失败者只好灰溜溜地走开。

头顶上像犀牛角一样的角是独角仙得心应手的武器。然而，并不是所有的独角仙都长角，长角的只是雄性独角仙，雌性独角仙不长角。雄性独角仙长得个头较大，再加上头顶上的角，显得就更大了。

蜜蜂——精打细算的建筑师

伟大的生物学家达尔文说："蜂房的精巧构造十分符合需要，如果一个人看到蜂房而不备加赞扬，那他一定是个糊涂虫。"德国数学家杜娄收集了有史以来最有名的数学问题（其中有很多问题迄今未解决），蜂房问题便是其中之一。我国著名数学家华罗庚还曾为此做了一次专题讲演呢！

从正面看，蜂房是由一些正六边形所组成的，每一个内角都是120°，这样整齐的排列，很令人惊奇。更有趣的是蜂房的底部，原来蜂房并非六角棱柱体，它的底部是由三个全等菱形拼起来的，而整个蜂巢就是由两排这样的蜂房，底部和底部相嵌接而构成。

蜂房为什么要采取这样的形状？18世纪初，法国学者马拉尔琪曾去测量过蜂窝。他发现所有蜂房底部菱形的一个钝角都是109°28′，另一个锐角都是其补角，即70°32′。

这两个角互补，并不是偶然的巧合。通过数字计算表明，这种奇特的形状和角度，可使建造蜂房的蜂蜡用得最少，而又能适合于蜜蜂生长、酿蜜的需要。小小蜜蜂，真是昆虫世界最会"精打细算"的建筑师啊！

切叶蚁和储蜜蚁

在世界的各个角落都可以见到蚂蚁的身影。这种小昆虫出没于酷热的沙漠、闷热潮湿的热带丛林，甚至是冰雪覆盖的寒冷地带。地球上生活着1万多种不同的蚂蚁。切叶蚁和储蜜蚁是非常有趣的两种蚂蚁。

切叶蚁大都生活在中美洲和南美洲闷热、潮湿的地区，它们以这些自己培植出来的真菌为食。这种真菌和小朋友在过期的面包或水果上见到的霉菌差不多。切叶蚁们到蚁穴外去寻觅多汁且肥厚的绿叶，并用尖利的锯齿状嘴将树叶切割成小片。有时，切叶蚁能将一棵树上的所有树叶切割完。切割完后，切叶蚁将树叶举在头顶，运回蚁穴。

蚁穴里的其他蚂蚁像是园艺师。它们把树叶舔干净，咀嚼成黏糊糊的叶浆，然后，将这些叶浆填进用作真菌培植园的蚁室。真菌很快就会从叶浆中长出来。切叶蚁的蚁群就以这些真菌为食。

储蜜蚁生活在温暖、干燥的地区，包括美国、非洲和澳大利亚的部分地区。储蜜蚁有一种令人称奇的储藏食物的方法,有一种特殊的工蚁将食物储存在自己的肚子里。它们被称为储蜜蚁。

储蜜蚁吃掉工蚁找回来的食物,它们要吃很多东西,肚子胀得又大又圆。拖着如此饱满沉重的身体,它们无法移动。储蜜蚁就吊在蚁穴深处的蚁室的墙壁上。等到食物缺乏的时候,其他的蚂蚁们就去摩擦储蜜蚁,储蜜蚁就会一滴一滴地吐出食物来给它们吃。

蚊子——全能飞行家

全世界的蚊子大约有 3150 种,比较常见的可分为 3 类:一类叫伊蚊,身上有黑白斑纹,因而俗称花蚊子;另一类叫按蚊,停息时腹部向上抬起;第三类叫库蚊,常在室内或住宅附近活动。

蚊子是昆虫界有名的全能飞行家与游击战士,它有着一套神出鬼没的绝技。成蚊有一对较大的复眼,一对发达的前翅,后翅退化成一对短小的平衡棒。它有翅膀、腿和触角向四面八方伸出,具有现代化飞行器的各种优点。它飞行的"发动机"是身体中部的特殊翼肌,能以不可想象的速度自动收缩和松驰,一旦开动,每秒钟翅振可达 250~600 次,

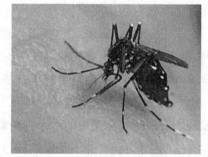

蚊子

是任何飞行动物都赶不上的。它飞行的本领更大,可以回旋、翻筋斗、侧飞、倒飞和侧转飞,也可以突然加速和减速,因此被称为全能飞行家。根据观察,有的蚊子甚至能够穿行于雨点之间,而翅膀仍然不湿。这套飞行的绝技,可能最现代化的飞行器也是望尘莫及的。

此外,科学家们还发现,蚊子爱听"1"(读音"哆")的音节,厌恶"4"(读音"发")的音节,于是便利用蚊子这一有趣的特性,制造了许多型号的扬声触杀器,引诱蚊子聚而歼之。

苍蝇——法官的帮手

苍蝇给人类带来了许多危害,可有时它也能帮助人们侦破案件。昆虫学家经过研究发现,苍蝇能闻到 50 千米以外的气味。当一具尸体暴露在室外时,苍蝇便会迅速袭击"出事地点",成为很好的"目击证人"。它所提供的线索,甚至可破解神秘莫测的罪案。

苍蝇为何能帮助侦破案件? 首先,它能准确记录受害者的死亡时间。一个人若在空旷地被害,那么从他死时开始计时,10 分钟内,便会有多种不同的苍蝇爬到死者的口、鼻、

耳里,产下数以千计的卵。经过 12 小时,卵孵化成蛆虫,数天后便离开尸体到附近的泥土里结茧。苍蝇的生命循环有一个特点,每个步骤所需要的时间十分精确,尽管尸体腐烂速度可受温度、湿度的影响,但不会有很大的差异。掌握了这一规律,人们就可以据此判断出死者死亡的准确时间,在破案时,有了苍蝇的帮助,昆虫学家甚至可以查明受害人被害是在室内还是在室外,是在阳光下还是在阴影中,是白天还是晚上,当时气温偏暖还是偏凉。

苍蝇是人类破案的好帮手,是刑事侦缉中最新的科学工具,法医界称它们是"苍蝇神探"。

鱼类王国

鱼类是脊椎动物中种类最多、终身生活于水中、变温的一个类群。鱼类用鳃呼吸，多呈纺锤体体形，体表常披有起保护作用的鳞，是以鳍运动的一个类群，又是低等的水栖动物，属有颌类。最大的鱼是鲸鲨，体长约 20 米，最小的鱼则为潘达卡鱼，身长仅 0.01 米左右。全世界现存鱼类约有 24000 种左右，遍布于各种水域。依其骨骼的性质，将它们区分为软骨鱼类与硬骨鱼类。

刺盖鱼

刺盖鱼生活在热带各大洋的珊瑚礁间。它们体色鲜艳，身体扁平，从背到腹很宽，在鳃盖骨后下角有一根刺，因此得名。

刺盖鱼长着突出的吻和有力的牙齿，能啄出或切断要吃的珊瑚虫。

刺盖鱼除交配期以外，平时独居，顽强地守着自己的地盘。同种鱼入侵其领地，它便会炫耀色彩以示警告；如入侵者不游开，便会发生争斗。刺盖鱼稍受惊吓便会迅速藏入珊瑚礁缝中，不易捕捉。

刺盖鱼

刺盖鱼与蝴蝶鱼一样美丽动人，只是它们的体形大些，就像放大的蝴蝶鱼。

双目同侧的比目鱼

浩瀚的海洋深处，有一类长相十分古怪的鱼，它的两只眼睛都长在头的同一侧，所以叫作比目鱼。比目鱼有两种，两眼都长在左侧的叫鲆，都长在右侧的叫鲽。

比目鱼身体扁平，平卧海底，向上的一侧突起，体色较深，两眼长在这一边；向下一面较平坦，体色较浅，口、胸鳍和腹鳍等都不对称。

刚孵出的小比目鱼与父母外形相差很远，眼睛对称地长在头的两侧。大约在出生后 20 天、身体长到半寸长时，小比目鱼开始卧在海底生活，身体也开始了不平衡的发育，下侧的眼向上移动，与上面的眼并列起来。

比目鱼

比目鱼喜欢单独潜伏于泥沙海底生活，时常夜间出来觅食。它运动时，靠侧躺的身体和尾部的上下摆动，以及长长的背鳍和臀鳍的波动缓缓前进。

比目鱼的体色能随环境的颜色不同而变化，这使它与环境混为一体，敌害很难分辨出来。比目鱼身体还能分泌一种乳白色的毒液，能杀死周围的小动物为食物，这种毒液即使凶猛的鲨鱼见了也要退避三舍。

比目鱼是重要的经济鱼类，我国沿海都有分布。它的肉味道鲜美，富含维生素，肝可制鱼肝油。有些种类还可入药，具有消炎解毒的作用。

会飞的鱼——飞鱼

海洋里确有很多会飞的鱼。在会飞的鱼中，要数飞鱼的本领最高强了。它飞得最远，有人在热带大西洋测得这样的飞翔纪录：飞行时间为 90 秒钟，飞行高度为 11 米，飞行距离为 1000 多米。然而鱼的飞翔，说得确切些，只是一种滑翔而已。飞鱼身体稍长，近乎圆筒形，青黑色，长 20～30 厘米；胸鳍特别长大，像鸟的翅膀；腹鳍大，可作为辅助滑翔用；尾鳍叉形，下叶比上叶长。它的飞翔是这样的：首先，飞鱼在接近水面时，尾鳍做急剧

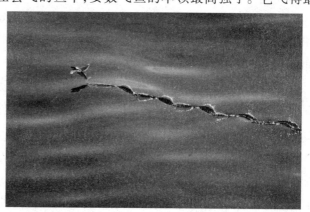

飞鱼

左右摆动，使身体迅速前进，产生强大的冲力，突然跃出水面，把胸鳍张开，在空中作滑翔飞行。这种飞行的主要动力是尾部，而不像鸟那样靠扇动翅膀。飞鱼的飞翔，多半是为了逃避敌害袭击，或靠近船只受惊而飞；但有时也会无缘无故起飞。成群的飞鱼跃出水

面,高一阵、低一阵,掠过海空,犹如群鸟。飞鱼具有趋光的特性,若晚上在船的甲板上挂盏灯,成群的飞鱼会寻光而来,犹如飞蛾扑火,撞昏在甲板上。

海龙

海龙生活在热带到温带海藻繁茂的浅海。它们与其他鱼种有很大的不同。全身被硬骨板覆盖,口在细长管状吻的前端。因为鳍不发达,所以游泳很慢。雄鱼都有育儿囊。

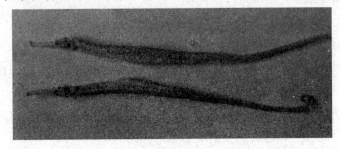

海龙

海马

海马是海龙的同类。尾巴卷附在海藻上,过着固定性的生活。它游泳时,摆动着背鳍和胸鳍,直立身体前进。海马有与马相似的头,身躯像条"龙",从头部和躯体的直角状顶端再到能卷绕的尾尖,形成一条明显的骨栉状脊椎。

海马生儿育女非常奇特,他是由雄性海马育儿。雄海马尾巴前面的下部有一个袋子,叫孵卵囊,袋前方有一个孔,雌海马通过此孔把卵放入袋。小海马就在此内发育成长。海马生活在浅海,以小型甲壳动物为食。

海马的眼睛生长在一个骨质的塔形结构上,每个小塔形都可以转向不同的方向,所以海马经常给予两只眼睛不同的任务。它们常常会用一只眼睛搜索食物,而另一眼睛却在机警地环绕四周,随时观察四周有没有敌人也在伺机捕获它们。

海马很聪明,知道如何可以躲避敌人的追杀。它们经常会用细长而弯曲的尾巴卷在一些海底的水藻、海草或者珊瑚上,保持一动不动的姿态,伪装起来,而它们的颜色和形态也赋予它们伪装的条件。

海马可做名贵的药材,素有"南方参"之称。

海马

蝴蝶鱼

　　蝴蝶鱼属于硬骨鱼纲,它们的家族在鲈目中很庞大,大约有 150 个种类。蝴蝶鱼瘦瘦扁扁的体型好像陆地上翩翩起舞的蝴蝶在水中飞舞。五彩斑斓的色彩加之图案各异的身躯,都是识别彼此的最佳标志。热带地区的珊瑚礁为蝴蝶鱼提供了一个天然的庇护所。它们用尖尖的嘴部啄食附在珊瑚或岩石上的小动物。蝴蝶鱼的幼鱼和成鱼在颜色和体型上都有很大的区别。

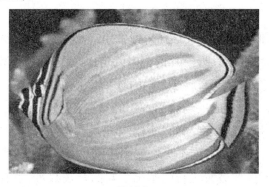

蝴蝶鱼

鹦嘴鱼

鹦嘴鱼分布在热带的珊瑚礁海域,是一种大型鱼,生有很多的小牙齿,很像鹦鹉的嘴。它能用强壮的牙齿咬碎珊瑚,把不能消化的部分排出体外,一边游一边排,看起来就像沿途撒沙一样。

鹦嘴鱼

每到晚上,鹦嘴鱼的身体会生产一种黏液,形成像袋子一样的东西,可以包裹住自己的身体,然后在里面休息、睡觉。由于袋子前后有洞,所以不会妨碍呼吸。

雄鹦嘴鱼长大后,会长出额头,年龄越大,额头越大,最后长得像大肿瘤一样。

海上恶魔——蝠鲼

在我国南海,船员们有时会见到这样一种景象:一个庞然大物突然跃出水面,从人们头顶擦过,瞬间便越过甲板。只听"嘭"的一声巨响,海面上溅起无数的浪花,庞然大物随之消失得无影无踪。它就是蝠鲼,属于大型的软骨鱼类。蝠鲼体长7米多,重达2吨,如果不幸砸在小船上,必定会造成一场船翻人亡的惨祸,因此人们称之为"海上恶魔"。蝠鲼长相特殊,它的头上生有两个摆动的"头鳍",能左右转动,捕食时伸展到口下,像漏斗一样把食物送入口中。蝠鲼左右两个大胸鳍扁平而宽阔,和躯体构成一个庞大的体盘。游泳时,胸鳍上下摆动,就像鼓翼飞行的蝙蝠。它的背灰绿色,带有白斑,一条长长的鞭状尾巴拖在身后,在游泳时起着平衡身体的作用。

蝠鲼喜欢集群生活,到了生殖季节,一对对游到水里,翩翩起舞;它们有时鼓动双鳍拍击水面,跃水腾空,能在距海面4米的高空中拖尾滑翔。最为奇怪的是,小蝠鲼竟能在妈妈凌空飞行时降生。

鳝鲼生活在热带和亚热带的海洋中，我国南海是它们表演跃水腾空的场地。鳝鲼不但肉味鲜美，还可治疗多种疾病，特别是它的鳃，对治疗小儿麻痹症有特殊的效果。

鳐

鳐是一种很特殊的鱼，身体扁平，拖着一条细长的尾巴，鼓着一对翼状的大胸鳍，像

鳐

鸟一样在水中"飞翔"。鳐鱼的眼睛和喷水孔位于头的上部，而口、鼻和鳃却在鱼体的下部。多数鳐鱼生有有力的下腭，可以粉碎带壳软体动物和浮游甲壳动物。鳐并不凶悍，也不主动伤人。但它往往把自己半埋在沙泥中，潜水者一时觉察不到，踩到它们身上，结果会很糟。因为有些鳐的尾巴上有毒刺，刺入人体会造成难以忍受的疼痛。如果踩上电鳐会被击昏。

鳐多数生活在海洋中，体长约 1 米，属小型软骨鱼类。游泳时，鳐宽大的胸鳍上下波动，使身体向前进。世界上有鳐 438 种。电鳐具有能产生电力的巨大器官，它们位于头部的两侧，能够放出电压为 200 伏的电流，足以击昏猎物和吓退捕食者。最大的发电量甚至能把一个成年人击倒。

死亡使者——鲨鱼

鲨鱼是恐怖的象征，是海洋的死亡使者。它遍布世界各大洋，甚至在冷水海域中都能发现鲨鱼的影子。大部分鲨鱼生活在海平面到 200 米深的海水中，而且种类也比较繁多。现在，鲨鱼约有 8 个目 30 个科 350 多种。其中有 20 多种肉食类鲨鱼会主动攻击人。生活在热带温暖海域的鲨鱼，例如大青鲨、双髻鲨、噬人鲨（俗称大白鲨）等，是最具攻击

性的肉食鱼类,人称海洋"杀手"。

鲨鱼

鲨鱼的皮肤很粗糙,表面覆盖着盾形鳞片。鳞片上的齿很锋利,就像鲨鱼的牙齿一样。不同的鲨鱼鳞片上齿的形状也不同,因此根据鳞片齿的形状,可以识别鲨鱼的类别。

鲨鱼长有几排像锯齿一样的牙齿,非常锋利。捕获食物时,鲨鱼用下颌利牙咬住猎物,然后上、下颌前后运动,迅速将食物送到腹中。鲨鱼的牙齿能咬穿外皮,嚼碎骨头,但它们过不了多久就会变钝。每颗牙只能维持几个星期,然后就脱落掉,再长出新牙来。

鲨鱼游泳时,不住地向两旁扭曲。它先是晃动头部,然后是摆动身子,最后是甩动那条大尾巴。海水沿着鲨鱼的身子向后涌动的同时,也就把鲨鱼往前推去了。

鲨鱼也像许多海鱼一样,身子比水重,照理说,它们会沉到海底。硬骨鱼身体里,长有能膨胀的鳔,可以止住身子下沉,而鲨鱼身体里,则长有贮满油液的肝脏。油比水轻,所以能帮助鲨鱼浮游。一条姥鲨肝内贮存的油,足够灌满5只大水桶。

鲨鱼有非常发达的面部神经,能探知海水中各种运动生物产生的电磁波,并由此来确定猎物的方位,以采取行动进行攻击。

鲨鱼的视力很好,在昏暗和黑夜的环境里都能适应。鲨鱼的嗅觉也极为灵敏,能分辨出海水中极微量的血液和其他化合物。鲨鱼是一种真正的肉食性动物,大大小小的活动物都会成为它的快餐,甚至连同类都能吃。鲨鱼有3种繁殖方式:卵生、卵胎生和胎生。它是一个游泳好手,身体大多是纺锤状。

大洋中有些鲨鱼不直接产卵,母鲨产的卵不排出体外,而是在母鲨腹中发育成小鲨。有的胎儿在腹中生活可达1年之久。小鲨一离开母体,便会游泳觅食。近岸的小型鲨鱼为卵生。小型鲨鱼产卵不多,仅有几个。这些卵从鲨鱼体内排出时,外面裹着一层胶质物。进入水中后,胶质物就变成了不易破损的育儿袋,挂在海草或岩石上。鲨鱼卵就会在这个育儿袋中慢慢发育成熟。

世界最大的鱼——鲸鲨

最大的鱼,要数鲸鲨。它那庞大的躯体,仅次于世界最大的动物——鲸鱼。鲸鲨一

鲸鲨

般大小都在十几米以上。1919年在暹罗湾内捕到一条大鲸鲨,休长17.7米,重量约40.5吨,堪称到目前为止发现的最大的一条鱼。这样大的鱼,小木船遇到它,得退避三舍,不然的话,肯定要翻船。

鲸鲨的长相颇特别,与其他鲨鱼有许多不同的地方。比如,鲨鱼的嘴在头部腹面,而鲸鲨的嘴在头的前端;鲸鲨的鳃也与众不同,鳃弓具角质鳃耙,相互交叉结成海绵状过滤器;背部两侧灰褐色,散布许多白色或黄色斑点,体侧自头后至尾柄具白色或黄色横纹30条,每侧还有两条显著的皮嵴,眼小,鼻孔大,一副怪模样,是大洋性的鲨鱼,常成群结队游于水面,有时游到近海。我国南海、东海、黄海均有发现。鲸鲨的胃口是很大的,每顿要吃大量的浮游生物和小型鱼类。饱食后常懒洋洋地浮在水面晒太阳,人们就常常趁机将它捕获。它的肉并不鲜美,可制鱼粉和药;肝可制鱼肝油;皮可制革,故有较大的经济意义。

全世界鲨鱼将近250种,多数都性情凶恶,游泳迅速,在海洋中横冲直撞,肆虐其他动物,有少数鲨鱼还会袭击人类。鲸鲨却性温和,无危害。

旗鱼——鱼类中的游泳冠军

二万余种鱼中,游泳速度冠军是旗鱼。旗鱼的嘴巴似长箭,能把水很快往两旁分开;背鳍生得奇特,竖展开来,犹如船上的风帆。它游起泳来,放下背鳍,减少阻力,劈水斩波,1小时可达108.9千米,比普通轮船的速度要快3~4倍,就是现在的特别快车也比不上它。从天津到上海1300多千米的海路,旗鱼只要用10个小时的时间就能游完。这样快的游速,其他鱼是望尘莫及的。旗鱼的身体呈流线型,前进时受到水的阻力小;另外,它的尾柄特别细,肌肉很发达摆动起来非常有力,像轮船的推进器。这些身体结构上的特点,是它创造鱼类游速最高纪录的可贵条件。还有,环境练就了它快速游泳的本领。

旗鱼属于大洋性鱼类,大洋里的海流速度很快,如果没有迅速游泳的本领,就要被海流冲走。所以,久而久之,就炼出了如此快的游速。

在海洋鱼类中,快速游泳的种类不少,仅次于旗鱼的有剑鱼,每小时可达 103.8 千米,还有鲣鲹、大马哈鱼、鲔、马鲛鱼等,也都是鱼类中的"飞毛腿"。

能穿透铁甲板的剑鱼

一天,英国的"列波里特号"军舰在离开英国利物浦港口 600 海里的海面高速航行时,突然"嘭"的一声,军舰的铁甲板被击了一个洞,随后海水涌进了舰舱。人们以为遭到了伏击,舰长立即下达命令,准备战斗! 船上的气氛立即紧张起来,就像弦上的箭在待发。修补窟窿的几个士兵发现,这窟窿既不像水雷炸的,也不像鱼雷击的,更不像什么机关枪之类射的,又找不到什么弹头弹片,这是怎么回事呢? 就在这时,只见海面闪过一道白色的浪花,军舰的甲板又随着"嘭"的一声,被撞击了一个窟窿! 有经验的舰长,立即下达停舰布网的命令。又过了一阵子,海面上又闪过一道白色浪花,舰长命令起网,竟然是一条鱼。那么,这是一条什么鱼? 它又是如何撞破铁甲板的呢?

剑鱼

大家起网一看,原来是一条剑鱼。这种鱼长得很像无鳞的带鱼,不仅形体很长,两颚长有很多强而有力的牙齿,特别是它的头部,还长着一根特别尖长的利剑! 就是这根尖长的利剑,将铁甲板击穿的! 当然,它那像带子一样的长体和发达的肌肉,能像箭一样游泳击水,这就是它能击穿铁甲板的力量来源。有人比喻剑鱼的游速跟来复枪射出的子弹差不多,其效果和射出的子弹一样厉害。这样形容并不过分。剑鱼游泳的最高时速可达103.8 千米,由于它游得迅速,来不及避开船只,与船冲突的记录很多。剑鱼的利剑往往刺进木船拔不出来,要使它恢复自由除非折断吻部。

鱼医——霓虹刺鳍鱼

在波涛汹涌的辽阔无垠的海洋里,有许多"鱼医生",其中霓虹刺鳍鱼称得上是小巧而热心的鱼医了。它身长不过50毫米,专门用头前边针状的嘴为各种各样的鱼治病,哪怕是海上专吃小鱼的凶恶鲨鱼，它也不拒绝，当然鲨鱼也不会伤害它的"医生"。那么，鱼也会生病吗？当然，鱼和一切生物一样，也会生病的。如鱼身上生长了细菌、寄生虫，或被其他海洋生物咬伤腐烂等，如果不及时清除，就会使鱼生病死亡。而"鱼医生"，特别是霓虹刺鳍鱼，总是有求必应，耐心地为患者服务，一天之内，可用尖尖的长嘴为300多个"患者"解除病痛。霓虹刺鳍鱼的医院，一般开设在浅水区，大约在10米深的海洋暖水层的珊瑚礁和突兀岩中间。这里常是列队"候诊"。别看鱼在其他地方是大鱼吃小鱼，凶鱼吃善鱼，可在这里，几乎所有的鱼都有尊有让，相处得很好。那么，霓虹刺鳍鱼做"鱼医生"是真的为鱼治病的吗？

不是的。霓虹刺鳍鱼，给长细菌、寄生虫和生腐烂肉等的鱼"治疗"，并非是因为它们真的是"鱼医生"，而是它们长期以来，寻找食物的方式和途径。它们从"患者"身上找到细菌、寄生虫和烂肉等作为食物，来维持自己的生存。天长日久，就形成了这种"医生"和"患者"的关系——这是自然界生物之间的共生现象。你不觉得这种相互依存的共生现象很有趣吗？

由父鱼抚养的天竺鲷

在辽阔无垠的海洋里，大多数的卵生鱼类，在产卵之后就对卵置之不理，任其随海漂流，自生自灭，所以大部分鱼卵都被海洋中的生物吃掉，仅少数鱼卵能发育成成鱼。然而，在我国南海一带，有一种叫天竺鲷的鱼却与众不同。一天，一位年轻的海洋生物研究员，为了获得天竺鲷的生活特性，跟随天竺鲷来到浅水区，发现一群刚出生不久的小天竺鲷跟随一条大天竺鲷游动。经过一段观察，发现恰恰相反，而是大天竺鲷跟随小天竺鲷游动。而这条

天竺鲷

大天竺鲷不是鱼妈妈，而是鱼爸爸。他正观察得津津有味，突然一条鲨鱼从远处游来，只见鱼爸爸张开大口，让小鱼藏进口里，然后迅速游进一片珊瑚丛中，待鲨鱼冲过去后，它又游出来，张开大口让小鱼游出来。那么小天竺鲷为什么不是鱼妈妈来抚育，而是由鱼爸爸来抚育呢？

经过生物学家的长期观察，终于弄清了天竺鲷的产卵等生活习性和特点：雌鱼产卵以后，雄鱼便十分精心地将卵一粒一粒地纳入口中，让卵在口中孵化。这样，不但可以保护鱼卵不受风险，而且还能够在鱼口里得到从水中吸来的新鲜空气。雄鱼为了防止把鱼

卵吞进肚子里被消化掉，所以在育卵期间，常常是为下一代连续几天不吃食物，忍受饥饿。你看，天竺鲷不愧为"爱子鱼"吧。

会织"睡衣"的鹦鹉鱼

太平洋中部的海底，生活着一种鹦鹉鱼。这种鱼有彩虹般美丽的花纹，很像玲珑乖巧的虎皮鹦鹉。

鹦鹉鱼

奇怪的是，每天傍晚，它能像蚕吐丝作茧似的从嘴里吐出洁白的丝，然后靠腹鳍和尾鳍的帮助，从头到尾织成一个囫囵的薄壳，将自己的身体编织在壳内，这便是它的"睡衣"。

鹦鹉鱼织"睡衣"的目的，是为了防御敌人的伤害及泥沙的埋没。由于"睡衣"编织得很坚固，所以第二天早晨，它要花费很大气力将"睡衣"弄破，再从中钻出来。当天的傍晚，又要花费1~2小时，重新织就一件新的"睡衣"。

能发光的光脸鲷

洋洋大观的海底有千姿百态的鱼类。光脸鲷就是一种能发光的小鱼。它生活在印度尼西亚到红海之间的水域。它的两个眼窝下缘各有一个新月状的大型发光器。在海底，一条光脸鲷发出的光，能使离它两米远的人看清手表上的数字。潜水员常抓住它装入塑料袋当手电用。

光脸鲷

光脸鲷通常在没有月光的夜间群集在水面上,有时多达 200 条在一起,形成一个光球。这种鱼夜间每分钟闪光二三次,受惊扰时每分钟可闪 75 次,以此模糊敌人视线,保护自己。闪光鱼发出的光不同于电能发出的光,它是一种不产生热能的生物光——"冷光",这种不刺激眼睛又不发热的光,倘若能大规模利用于人类,一定会很受欢迎。

能发电的电鳐

有一支海洋生物考察队,乘船来到太平洋的热带水域,潜水到海洋底部进行考察。突然,他们发现一条行动迟钝,足有 20 厘米长的鱼,它身体扁平,头、胸部连在一起。尾部呈粗棒状,很像一把厚的团扇,一对小眼睛长在背面前方的中央,身体的腹面有一横裂状的小口,口的两侧有五个鳃孔。他们很好奇,就急忙跟过去。当他们的手刚一接触到鱼身时,突然被电击了一下,这电压足有 80~90 伏特!这是怎么回事?难道这种鱼还会发电?

电鳐

正是这样,这种鱼叫电鳐,它身体内部有特殊的发电构造:头胸部腹面两侧各有一个肾脏形的蜂窝状的"发电器"。这两个发电器,是一块块肌肉纤维组织的"电板"重叠而成的六角形的柱状管,大约每个"发电器"中有 600 个柱状管。在这些"电板"之间。充满着胶状物质,可以起绝缘作用。每一个"电板"的一面,都有神经末梢联系着。一面为负电极,另一面则为正电极。电流的方向是由正极流向负极,即由电鳐的背面流到腹面。当大脑神经受到刺激或兴奋时,这两个发电器就能把神经能变为电能,放出电来。电鳐每次放电，一般为 80~90 伏特。每次放电后，特别是连续发电后，身体显得精疲力尽，需休息一段时间后才能恢复过来。电鳐放电，一般为击毙水中的小鱼、虾，把它们作为食料；再就是遇到敌害，用电来保护自己。如今，人们发现放电的鱼有好多种了。

冻僵后还能复苏的鳗鱼

近年来的研究，使科学家们找到了另外一条延续生命时间的道路，这就是超低温对生物影响的研究。

大家知道，天气一冷，许多植物和冷血动物都会因寒冷而死亡，人也会因机体的过度寒冷而发生冻伤。这是为什么呢？原来，生物体内的细胞在严寒条件下会冻结成冰，被破坏而死亡，最终导致机体的死亡。但奇怪的是，当人们把一条活蹦乱跳的小鳗鱼放到接近绝对零度的液态氦中时，虽然也同样观察到小鳗鱼被冻得僵硬，可只要把它重新置于适当温度的水中，它就会复苏，依然畅游自

鳗鱼

如，这又是为什么呢？经过研究，才知道当鳗鱼在液氦中冻僵时，它体内细胞的水分虽也凝结成冰，但极端寒冷的超低温会使水分冻结过速，来不及凝成大的冰晶，而只形成极其纤细的冰粒，这就使生物细胞不致遭到破坏。所以，在适当的温度条件下，当冰融化以后，细胞会恢复原来的活力，生物也就复苏过来。

鳗鱼复活的试验，对科学家是一个很大的启发，他们设想，人体是否也可以采用这种方法冷冻起来，让生命在较长时期里延续下去。

海盗鱼——孔雀鱼

地中海中栖息着一种鱼类，由于身上彩纹艳丽，犹如羽色绚烂的孔雀，所以被叫作孔雀鱼。

最近，美国加州大学鱼类学家范德伯格，考察了法国科西嘉岛沿海的孔雀鱼，发现这种外表美丽的鱼群中的大个子雄鱼，会欺凌小个子雄鱼，强占它们的窝巢，剥夺它们繁殖的权力，迫使它们无偿照料其鱼卵。这位学者风趣地将其改名为"海盗鱼"。

每年夏季，孔雀鱼要花两个月左右的时间产卵。在大多数情况下，雌鱼在雄鱼建筑

的窝巢中产卵,有时也会把卵产在海草上。在一般情况下,雄鱼在一个窝巢中,就可以收集到约 1000 粒鱼卵,然后保护它们,直至 7~12 天后孵化出幼鱼为止。以后,重新筑巢,迎接新的繁殖周期。

孔雀鱼

这一过程,对于雄鱼而言是十分辛劳的,于是一些生性懒惰的雄性孔雀鱼干脆就不筑巢,专门从事抢巢成亲的强盗行径,其方法有三种。

一是"守窝待亲",一些体型较小的雄鱼混栖在其他一些雄鱼建造的窝巢周围,一旦有条雌鱼被领入巢,则争相交配。

二是"半路抢亲",它们埋伏在岩层的空罅隙之中,一旦雌鱼产卵离巢后,即半路强行交配。

三是"抢窝成亲",当一条雄鱼筑巢完毕,并诱惑雌鱼产卵时,一条体型最大的雄性孔雀鱼,经过长期窥伺,突然闯入,通过短兵相接,依靠实力强占巢底,并与雌鱼交配。雌鱼产卵后离去。而失去窝巢的雄鱼则会重返家园,照料鱼卵。

会爆火的"爆火鱼"

在大洋洲所罗门群岛的周围海域,有一种以"爆火"闻名的鱼,人们称它为"爆火鱼"。这种鱼大如手指,尖头,身体扁长,尾部具有燕尾叉。它长得很粗糙,无鳞的体表长着许多灰褐色的颗粒状鱼斑。喜欢群居,过着成群游弋的生活。这种鱼"奇"就"奇"在"爆火"上;每当它游弋于同伴之中时,身躯能够相互摩擦,"嚓,嚓"地爆出火花来,就如正负电相击一样。那么,"爆火鱼"为什么会碰击而爆火呢?

原来,这种鱼的鱼斑上有一种能在水里摩擦而发光的萤磷物质,这种物质可使互相碰撞的鱼体迸溅出光亮的火花。由于这种鱼成群结伙游弋,这就使"爆火"的机会不断地出现,从而"爆火"的胜景就更加美不胜收。

透明鱼和透明刺猬

江西万安县鱼种场培育了一种金鳞型鲤鱼。这种鱼全身没有黑色素,皮肤又薄。人们可以看到它头部表皮下面的骨片和器官的轮廓。透过表皮，可以清楚地见到鳃部、体内结构、血液循环及肠内食物蠕动等情形。这种鱼是长江鱼苗中自然突变的一个新种。

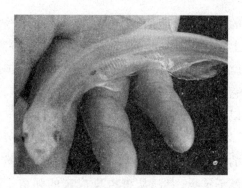

透明鱼

由人工培育而发生基因突变，会导致一个新鱼种的产生，那么在自然界中是否也有透明的动物呢？有的。

在美国的一个农场里，农场主在一个很深的水沟里，就曾发现过一只白色透明的刺猬。这只刺猬眼睛和皮肤呈玫瑰色，全身无色素沉着，内脏清晰可见。而这种在动物界十分罕见的现象，是因为它患了白化病，玫瑰色的眼睛和皮肤是由于毛细血管网接近皮肤表面的缘故。不过患白化病的刺猬很难存活下去，一方面难以隐蔽，容易被狐狸和獾子等天敌发现；另一方面同类也不欢迎它。

用肛门呼吸的鲇鱼

鲇鱼大家族里，有很多奇特的成员。在泥泞的池塘里，生活着一种手指般粗细、铅笔样长短的海岸鲇鱼。池塘里的水很容易枯竭，水里的空气也很少，但鲇鱼却不在乎。水干了，鲇鱼就露出身子，呼吸空气——居然不是用头，而是用屁股！鲇鱼是用它的肛门呼吸空气的。原来在鲇鱼肠子的最顶端，布满了最细小的血管，这些血管可以直接吸收来自空气中的氧气。借助这种"肠肺"的帮助，鲇鱼在岸上停留一段时间也不会窒息。当然，鲇鱼在陆地上的时间也不能太长，一旦找到有水的池塘，它就赶紧回到水里，自由地用鳃呼吸——毕竟用屁股呼吸不太方便。

体纹会变的皇帝鱼

海洋中生长着一种身上长着美丽花纹的皇帝鱼，这种鱼随着它的成长，体纹不断发生变化。黄帝鱼的幼鱼，全身呈青色，生有漩涡状花纹，可是当它逐渐长到23厘米左右的成鱼时，身上的白色漩涡状花纹就变成有十多条黄色的竖纹。"黄袍加身"以后的成鱼，看起来俨然像个"君主"，这就是称它为皇帝鱼的原因。

由于皇帝鱼的幼鱼和成鱼的体纹明显不同，鱼类学家一直认为它们是两种不同的鱼，在有关文献上也是分别记载的。

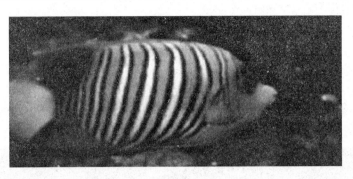

皇帝鱼

那么，为什么它们体纹会发生这样的变化呢？学者经多年研究认为，这和皇帝鱼为适应外界环境而自我保护有关。幼鱼生活在暖海珊瑚礁水域，身上的花纹是为了避免敌害袭击，而成鱼栖息生活的环境，和幼鱼完全不同。美丽的花纹就变成黄色的竖纹，所以这种鱼也叫竖纹囊鲷。

会爬岩的扁头鱼

云南高黎贡山，连绵千里，山崖陡峭，溪流飞瀑，河流湍急，这里自由地生活着一种扁头鱼。它的头、尾、腹扁平，背呈流线形，在湍急的河流中，也能上下自如，觅食嬉戏，生衍繁殖，传宗接代。凡是有溪流的地方，几乎都有它们的行踪。它们一般重 50～100 克，大的约 250 克左右，无鳞、少刺、肉细嫩、味道鲜美可口，是边疆军民的美味佳肴。在高黎贡山西麓，有一条从山上流下来形成的山泉。每当仲夏的夜晚，江里的扁头鱼就会成群结队，

扁头鱼

顺着陡峭的河床往山上游，一直游到泉的尽头。当地群众说这是扁头鱼在登神泉。那么，在陡峭的河床处，扁头鱼是怎样游上去的呢？

原来，在扁头鱼的肚子下有一个大吸盘，能紧紧地吸附在急流中的石头上，从而能上下自如，觅食繁衍。这可真是奇事。

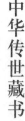

珍贵的文昌鱼

在我国的厦门、青岛以及地中海、马来西亚、日本、北美洲等地的附近海面,生活着一种珍贵的文昌鱼。文昌鱼是比鱼类低等的动物。

文昌鱼

它和一般鱼儿不同,没有头,也没有脊椎骨、鳞片和眼睛,身体前端的腹面有口,口周围生有几十条触须,体形呈纺锤形,略似小鱼,一般长约50~60毫米,身躯柔软侧扁,而且是半透明的。

文昌鱼没有胸鳍和腹鳍,只有背鳍、尾鳍和臀鳍。白天它躲在海底泥沙中,露半个身子,摇摇摆摆,依靠水流带来的浮游生物作食物,晚上出来活动。它垂直游泳,有时像脱弓的羽箭,射到水面上。它用触须帮助摄取海水中微小的浮游生物。

文昌鱼对生活环境要求很高,喜欢在较松的沙砾地生活,砂中最好混有少量的贝壳碎片、棘皮动物的碎骨片,以便于它的钻动和呼吸。它还有其他的条件:海水要有一定的咸度,水温也要冷暖适当,水流不宜太急,风浪不能太大等。

文昌鱼因为对环境有这种苛刻的要求,所以繁殖得很少。稀少也是它珍贵的一个原因。但是,更重要的是,文昌鱼是从低等动物进化到高等动物的一个重要过渡类型,它是动物进化史中的活化石,在科学研究上有重要意义,因而受到人们的重视。

长胡须的鱼

在鱼类中,有不少鱼都长有胡须。它们的胡须不仅长、短、粗、细、扁、圆等形态不一,而且数目也不尽相同。鲱等鱼只生有 1 对胡须；鲤鱼、鲟鱼等生有 2 对胡须；海水中的海鲶和淡水中的大鲶各有 3 对胡须；胡子鲶等生有 4 对胡须；泥鳅生有 5 对胡须；还有生 8 对胡须的鲶鱼呢！

鱼类的胡须既不是它们年龄的标志，也不是性别的特征。因为长胡须的鱼类，不分雌雄，也不分老幼。那么鱼类的胡须有什么妙用呢？原来鱼须是鱼类的触觉器官，它具有重要的触觉功能。长胡须的鱼，多数是视力不太好的底层鱼类，它们就是依靠触须在水底寻找并选择食物的。胡须还能帮助它们感觉到猎物放出的微弱电流，而去捕捉猎物。例如鲟鱼在摄食时，先用吻部把泥崛起，水变得浑浊起来，这时它的那一对小眼睛已不起作用，只好依靠胡须的触觉来觅食了。

深海鱼类的胡须，有的在顶端还可以发光。这些能发光的胡须，不仅起到触角的作用，而且还可以起到照明的作用。

没有眼睛的鱼

1976 年 4 月 23 日，我国云南建水县某农场的探水人员在寻找新水源时，从 100 米深处的地下水中捉到了一种 34 毫米长的小鱼。令人们万分惊奇的是：这条鱼是没有眼睛的！

由于当时社会环境十分闭塞，这条消息直到 1978 年才在媒体上对外公布，之后在科学界引起了强烈的轰动。生物学家此后几年，先后在我国云南、广西、贵州一带和湖南等地发现了 21 种无眼鱼。这些无眼鱼从外形到颜色，与人们常见的有跟鱼完全不同。

人们都知道，眼睛作为动物的视觉器官，早在脊椎动物出现以前就已经进化出来，可以说，至今几乎所有的正常脊椎动物都是有眼睛的。那么，为什么会出现无眼的鱼呢？生物学家经过多方考察研究发现，这是在特殊的自然环境下生物演化的结果。

这些无眼鱼全都生活在我国南部洞穴的地下河流中，洞穴内部是一个完全黑暗无光的世界。在这里，对于这些鱼类而言，眼睛成了一种多余的器官，因而在漫长的历史岁月中，它逐渐退化消失。生物学家推测，这些无眼鱼在洞穴中至少生存了数万年之久，世世代代的繁衍，使它们的身体构造逐渐适应了洞穴中的环境，形成了与地面水体中的亲缘鱼类不同的种群。

由于洞内黑暗无光，食物匮乏，水温恒定，环境封闭，无眼鱼在眼睛退化的同时，触须等感觉器官却变得非常发达，一些高度特化的鱼还生出了奇形怪状的派生感觉器官。如许多类无眼鱼头背部都生出锥状突，可能就是它们为适应新环境演化出来的特殊感觉器官。无眼鱼在失去了视觉能力的情况下，依靠这些感觉器官，探寻食物，寻找伴侣，顽强地生存和繁衍后代。

　　无眼鱼类因数量极为稀少而且形态独特，已经成为我国的珍稀鱼类。同时无眼鱼也是人类研究生物演化、生物形态与环境等等一系列问题最典型、最有说服力的范例。许多抽象的生物学原理诸如"趋同现象"、动物器官的"用进废退"等，在无眼鱼身上得到了最直接的体现。

灯笼鱼

　　在漆黑一片的海洋深处，偶尔有一些闪闪发光的鱼游过，给深不可测的海洋又增添了几分神秘。这些发光鱼的身体里，都储藏着生物电能，一旦接通，就可以发出亮光，让人感到十分惊奇。

　　大多数发光的鱼都生活在漆黑的深海里，然而，在海岸附近的浅水域，偶然也能见到发光的鱼，例如灯笼鱼。在

灯笼鱼

灯笼鱼眼睛的下面，有一个鸡蛋形的发光器官。白天的时候，鸡蛋形器官是白色的；到了夜晚，它才会熠熠闪光。

　　灯笼鱼身上有能够控制灯光的开关。有一种印度尼西亚灯笼鱼，要"开灯"的时候，就把发光器官向身体外侧转；想"关灯"了，就把发光器官转向内侧，盖住光线。灯笼鱼为什么要发送光信号？它是想和自己的同伴取得联系呢，还是为了诱惑猎物？一直到现在，人们还没有找到正确答案。

金枪鱼

　　金枪鱼类属鲈形目鲭科，又叫鲔鱼，华人世界又称为"吞拿（鱼）"。是大洋暖水性洄游鱼类，主要分布于低中纬度海区，在太平洋、大西洋、印度洋都有广泛的分布。同金枪鱼最相似的是鲣属鱼类，最简单的区分方法是鲣属腹部有4～6条黑色纵带，其他相近鱼种如舵鲣、狐鲣等有暗色纵带等。而金枪鱼类，鱼体无任何黑斑，或深色纵纹。

　　金枪鱼体呈纺锤形，具有鱼雷体形，其横断面略呈圆形。强劲的肌肉及新月形尾鳍，鳞以退化为小圆鳞，适于快速游泳，一般时速为每小时30～50千米，最高速可达每小时

160 千米，比陆地上跑得最快的动物还要快。金枪鱼若停止游泳就会窒息，原因是金枪鱼游泳时总是开着口，使水流经过鳃部而吸氧呼吸，所以在一生中它只能不停地持续高速游泳，即使在夜间也不休息，只是减缓了游速，降低了代谢。金枪鱼的旅行范围可以远达数千千米，能做跨洋环游，

金枪鱼

被称为"没有国界的鱼类"。根据科学家研究，金枪鱼是唯一能够长距离快速游泳的大型鱼类，实验显示，金枪鱼每天游程可以达到 230 千米。

它的产卵期很长，产卵海域甚广，使得全年都有金枪鱼在各海域中产卵，加上旺盛的繁殖力，人们才得以享受它得鲜美滋味。

鲨鱼与向导鱼

鲨鱼十分凶猛，是鱼类中的"魔王"。鲨鱼巨大的嘴里长着尖锐的锥形牙齿，多达数百颗。这些牙齿排成五六排，像一把钉满尖刺的钢锉。鲨鱼猎获食物时，数排牙齿一齐使用，把猎物一块块撕烂，咽下肚去。当鲨鱼追逐鱼群时，一口能吞掉几十条小鱼，还能咬死和吃掉大鱼或其他动物。

奇怪的是，在这个魔王的身边，始终有着一种向导鱼和它形影不离。这种向导鱼不过 30 多厘米长，青色的背，白色的肚，两边有黑色的宽带般的纵条纹。向导鱼常常在鲨鱼前面或者鳍边游来游去，动作十分敏捷快速，一点也不怕鲨鱼。

鲨鱼为什么不吞食向导鱼呢？原来，向导鱼专给鲨鱼做向导，把它引向鱼群集结的海面，让鲨鱼去饱餐一顿。向导鱼还不时进入鲨鱼的嘴里，吃鲨鱼牙缝里的残屑，使鲨鱼感到很舒服，十分乐意让它这样做。

鲨鱼和向导鱼之间就这样建立起奇妙的合作关系。鲨鱼靠向导鱼引路觅食，向导鱼靠鲨鱼吃剩的残屑过日子，还靠鲨鱼来保护自己，使自己不会受到其他鱼类的攻击。

四眼鱼

许多深海鱼儿长着一对奇怪的眼睛，它们的结构大同小异，形状千变万化。在中美洲和南美洲北部的河流和海域里，就生活着一种奇怪、罕见的四眼鱼。

四眼鱼其实并没有 4 只眼睛，只有一对形似蛙眼、高高地突出在头顶上的眼睛。每

四眼鱼

只眼睛构造非常奇特,被色素组织的斑点环带和两个虹膜瓣分成上下两部分,造成两个"瞳孔",看起来很像4只眼睛。

四眼鱼的两只眼睛实际上起了4只眼睛的作用。眼睛的上半部分露在空气中,当光线经过角膜、晶状体,折射两次后,能看清空中飞行的昆虫。眼睛的下半部分埋在水中,当光线直线穿过角膜,再经过晶状体折射,就能监视水中的食物。

在捕食时,四眼鱼既可以潜入到深水下层追逐猎物,又能够跃出水面捕食飞虫。如果遇到陆上或水中敌害向它袭来,它的"4只"眼睛能观察到200米外,并以迅速的动作潜入水底。因此,这种鱼很不容易被捕捉到。

为什么四眼鱼的眼睛构造这样特殊呢? 这和它的生活方式有关。长期以来,它以猎取水面生物为主。四眼鱼的眼睛各有不同用途,眼睛的下半部分是在水下用的,眼睛的上半部分是为在水面寻找食物用的。

免费旅行家——鲫鱼

鲫鱼生活在热带和温带海洋,体似圆筒形,体长80多厘米。鲫鱼本身不擅长游泳,但它能吸附在鲨鱼、海龟和鲸类的腹部或船底,借以周游大海。因而被人称为"免费旅行家"。

鲫鱼是怎样吸附在其他物体或鱼类身体上的呢? 原来它的第一背鳍已变态成为一个椭圆而扁平的吸

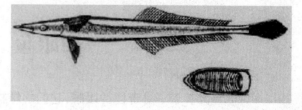

鲫鱼

盘,长在头顶。吸盘中间被一纵条分隔成两个区。每区都规则地排列着二三十条横皱,像是一扇百叶窗。其周围还有一圈皮膜。当吸盘贴在物体表面时,横皱条和皮膜立即竖起,挤出盘中的水,使整个吸盘变成一系列真空小室,借外部大气和水的巨大压力,牢固地吸附在该物上。鲫鱼在鲨鱼、鲸类身上吸附住以后,短时间内便会留下印盘的痕迹,鲫鱼的名字即由此而来。

鲫鱼吸盘的拉力有多大呢?传说古罗马一支舰队的旗舰,在航海途中被一条巨大的鲫鱼吸住,最后又给弄翻沉没,葬身海底。所以鲫鱼的拉丁文辞意为"使船遇难"的鱼。据测量,一条长约 60 厘米的小鲫鱼的吸盘,能轻易地经受 10 千克的拉力。

由于鲫鱼有吸附他物的绝技,马达加斯加、桑给巴尔、古巴和俄罗斯等国家的渔民就利用鲫鱼捕捉鲨鱼、鲸、海龟、海豚、金枪鱼,甚至鳄鱼。渔民把鲫鱼放养在海湾里,出海捕鱼时,用绳子系住鲫鱼尾,拴在船后。到了生产海区就放开长绳,让它们吸在捕捉对象的身上,只要慢慢把绳收回,就能有可喜的收获。

鲈鱼

鲈鱼分布于太平洋西部、我国沿海及通海的淡水水体中,黄海、渤海较多。为常见的经济鱼类之一,也是发展海水养殖的品种。主要产地是青岛、石岛、秦皇岛及舟山群岛等地。渔期为春、秋两季,每年的 10~11 月份为盛渔期。喜栖息于河口咸淡水,也能生活于淡水。性凶猛,以鱼、虾为食。个体大,一般体长 30~40 厘米,最大可长至 30~50 市斤,一般为 3~5 市斤。

鲈鱼

鲈鱼肉质坚实洁白,不仅营养价值高而且口味鲜美。鲈鱼因其体表肤色有差异而分白鲈和黑鲈。黑鲈的黑色斑点不明显,除腹部灰白色外,背侧为古铜色或暗棕色;白鲈鱼体色较白,两侧有不规则的黑点。

金鱼

金鱼真使人陶醉,它那轻盈优美的体态、艳丽纷繁的色彩,特别是又宽又大的多尾鳍,游动起来就像翩翩起舞的仙女的裙裾,美妙极了。但你是否知道金鱼是由鲫鱼变来的?

金鱼的祖先在中国。在唐代的"放生池"里，开始出现红黄色鲫鱼。鲫鱼本来是银灰色的，由于它的皮肤色素发生了变化，才出现了这种颜色特殊的鲫鱼。宋代开始出现金黄色鲫鱼，人们开始用池子养这种金鲫鱼，供观赏，后来又出现了白花和花斑两种。到了明代金鲫鱼搬进盆定居下来。生活环境改变后，金鲫鱼产生了很大变异，体形由梭形变得短圆了，鳍变长变软了，游水的速度也变得缓

金鱼

慢了。人们保留颜色、体态优美的金鲫鱼，淘汰差的，使金鲫鱼离它的祖先越来越远。清代以后人们开始有意识地选种，使金鲫鱼品种不断增加，最终成为今天的金鱼。

金鱼经过人们1000多年的择优汰劣的选择和变异，和祖先的面目以及习性已经大不相同。由于养在盆池里，生活平静，饵料丰富，活动量少，身体变短、变粗，腹部变大，眼睛变大而凸。颜色也由单一灰色变成了红、橙、紫、蓝、古铜、墨、银白、五花、透明等颜色，品种十分繁多，仅优良品种就有几百种。

乌鱼

乌鱼，又名黑鱼、生鱼、鳢鱼、才鱼等，属鲈形目，鳢科。在我国，鳢科鱼类有两属：鳢属和月鳢属。鳢属内有乌鳢（及黑龙江亚种）、斑鳢、甲鳢、眼鳢、点鳢、鳢、纹鳢等7种；月鳢属仅有月鳢一种。目前作为养殖对象的是乌鳢和斑鳢。

乌鱼

乌鳢除高原地区外，主要分布于长江流域以及北至黑龙江一带，尤以湖北、江西、安徽、河南、辽宁等省居多。长江流域以南有，但较少见。乌鳢的黑龙江亚种主要分布于黑龙江流域的南部以及乌苏里江流域和兴凯湖、松花江等沼泽地带。斑鳢则分布于长江流域以南地区，尤其是广东、广西、台湾、福建、云南等地较常见。

乌鳢肉质细嫩，口味鲜美，且营养价值颇高，因而在国内外市场深受欢迎，是人们喜爱的上乘菜肴。此外，乌鱼还具有去瘀生新、滋补调养、健脾利水的医疗功效。病后、产后以及手术后食用，有生肌补血、加速愈合伤口的作用，也可治疗水肿、湿痹、脚气、痔疮、疥癣等症。

乌鳢对外界环境要求不严格，生活适应能力较强，即使在溶氧不足的水域中仍能生

存。乌鱼在养殖上要求不高,生长迅速,运输方便,近年来随着国内养殖业的发展和国外贸易的需要,乌鱼渐成为特种养殖品种一族,乌鱼的养殖技术已开始引起人们的关注和重视。

会"钓鱼"的鮟鱇鱼

鮟鱇鱼长得非常有意思:一个大脑袋,一张特别大的嘴,额头上长着一对大眼睛,后面拖着一条很小很小的尾巴,全身布满了皱纹。最奇怪的是,它的头上长着个像钓鱼竿一样的肉柱,肉柱的顶上有个类似灯泡一样的柱头,柱头可以发出绿幽幽的光,就像马路两边的路灯似的。别看它长相奇特,却能轻易地钓着鱼。这是为什么呢? 原来道理很简单,如同路灯吸引小飞虫一样,鮟鱇鱼的柱头能发光,许多小鱼也和小虫一样喜欢围着光亮游玩。这样,胺鮟鱇鱼用不着自己去找食物,小鱼就会游到它的柱头周围来玩。鮟鱇鱼猛一抬头就会吃到许多小鱼。

鮟鱇鱼

鮟鱇鱼为暖水性和温水性底层鱼类,分布于各大洋热带、亚热带和温带水域。它们常生活于沿岸大陆架的海底,个别种类生活于深海。鮟鱇鱼常半埋于海底泥沙中,露出大眼睛,潜伏不动,吻旁的触手在大口前摆动,以捕食鱼类。主要捕食石首鱼类、鳀、虎鱼类等,也食虾类。虽然鮟鱇鱼不好动,即使游起来也很慢.但是它却能吃饱肚子。

会变性的黄鳝

黄鳝又名鳝鱼、蛇鱼,为热带及暖温带沼泽区底层生活的鱼类,喜栖息于河道、湖泊、沟渠及稻田中。黄鳝每年 6~8 月产卵,怀卵量 500~1000 粒,卵径 2~4 毫米。黄鳝产卵前吐泡沫堆积成团,受精卵就在泡沫中发育,并借助泡沫的浮力浮在水面上。

黄鳝鱼有从雌性鱼变成雄性鱼的本领,生物学上称之为性逆转现象。每一条黄鳝鱼都要由雌性的变成雄性的,这是黄鳝鱼的特点。当它们刚刚出生的时候,每一条小黄鳝鱼都是雌性的,等它们慢慢长大成熟,经过

黄鳝

第一次产卵繁殖后代以后，它们就会逐渐变化，第二次就变成雄性的黄鳝了。一般来说，体长在 200 毫米以下的个体几乎全为雌性；体长在 200 毫米左右，开始逆转为雄性；体长 360~380 毫米时，雌雄个体数约相等；380 毫米以上的个体雄性居多；530 毫米以上的个体全部为雄性。

黄鳝这种性的变化在其他动物身上是很少见到的。即使有的动物能够变化，那也只是极个别的现象。只有黄鳝，全部都要从雌黄鳝变成雄黄鳝。

鲤鱼

鲤鱼是中国人最喜欢吃的鱼类之一。在两千多年前孔子删编的《诗经》内就有四篇记载着鲤鱼。

鲤鱼是暖温带淡水鱼类。原产于我国，朝鲜及日本也出产。因唐朝皇帝姓李，与鲤同音，曾严令禁止朝野食鲤，捕后必须放生，致使中国养鲤业衰落。但在此时鲤被引种移养到西邻波斯（即伊朗），到公元 1150 年被"十字军"带到奥地利，1496 年又传到英国，1560 年传到普鲁士后又传到瑞典，1729 年传到俄国，1830 年传到美国，1908 年传到澳大利亚，1915 年自香港传到菲律宾。所以现在鲤鱼已繁衍于欧、亚、北美及澳洲许多河湖中，成为全世界年产量最大的食用鱼之一。

鲤鱼

两栖动物

两栖动物是脊椎动物的一个纲,是由水生到陆生的过渡类群。这类动物的发育经过变态,或变态不是显著。幼体用鳃呼吸,有侧腺,无成对附肢,适于水栖;成体多栖于陆上,故称为两栖动物。两栖动物只能在水中体外受精,幼体在水中发育;成体虽然可以用肺呼吸,但必须有皮肤的辅助和生活于近水的地方;体温受环境温度的制约,当环境温度降到7~8℃时,便进入蛰眠等等。

蝾螈

蝾类都有尾巴,四肢不发达。有的一生在水中生活,有的在陆地上生活,但孵化后的幼体都要在水中发育生长。蝾的视力很差,靠嗅觉捕食,主要以蝌蚪、蛙和小鱼为食。

蝾螈的身上有美丽的花纹,在繁殖期,雄性背上会生出像鸡冠状的突起。除繁殖期以外,都是在陆地捕食蚯蚓和昆虫。

钝口蝾产于北美。生活在水中继续发育的幼体有两种可能,当水环境好时,外鳃保留,体形不变,能童体生殖;当水环境不利时,则外鳃消失,即登陆生活。

鳃盲蝾生活在地下暗河和洞穴中,因一生在黑暗的环境中生活,眼睛已退化,身体也缺乏色素。

蝾螈

红蝾有鲜艳的体色,幼体变态后鳃就消失了,成体无肺,进行皮肤呼吸。大鲵是蝾类中体形最大的。产于中国和日本,因与生长在3亿年前的祖先很相像,所以有"活化石"之称。

大鲵

在我国长江、黄河及珠江中下游山川溪流中,生活着世界上最大的两栖动物——大鲵,它也是我国特产的珍贵动物。大鲵发出的声音如婴儿哭啼,所以大家习惯地称它为"娃娃鱼"。它身体扁平而壮实,头宽而圆扁,口大,眼小;外形甚似鲶鱼,无怪人们常称之为"鱼";与鱼不同的是,它有短小的四肢。在湖南曾捕到一条体长 2.1 米,重 65 千克的大鲵。

大鲵

大鲵一般生活在海拔 100~2000 米的水流湍急、水质清凉、石缝和岩洞甚多的山区溪河中。白天常潜居于有洄流水的洞穴内,一穴一尾。傍晚或夜间出洞活动,夏秋之间也有在白天上岸觅食或晒太阳的习性。捕食主要在夜间,它常守候在滩口乱石间,发现食物经过,即张开大口,囫囵吞食,人们常用"娃娃鱼坐滩口,喜吃自来食"来描绘它。它们主要吃蟹,也吃蛙、鱼、蛇、虾及水生昆虫,耐饥力很强,只要饲养在清凉水中,2~3 年不进食也不会饿死。

雌鲵产卵于岩洞内,一次能产卵 300 多枚。产下的卵由雄鲵监护,雄鲵常把身体曲成半圆状,将卵围住,以免被流水冲走或遭受敌害;也有的雄鲵将卵带缠绕在身上加以保护,直到孵出幼鲵,雄鲵才离开产卵场所。

大鲵的寿命在两栖动物中也是最长的,在人工饲养条件下,能活 130 年之久。

眠蛙

世界上有一种动物,一生中只醒 3~4 次,绝大部分时间是在睡眠中度过。这种动物就是丹麦的"司可尼蛙",俗称眠蛙。

眠蛙大如手掌,头大体壮,四肢特别发达。因为它很少行走,所以长得体肥肢壮。这种蛙,从出生起,一生中只有在寻觅配偶、交配产子,或寻觅食物时才醒来。即使醒来时,它的一行一动也非常迟钝缓慢。

眠蛙是一种肉用蛙,当地人都将它当作肉用动物饲养,如同猪、羊等一样看待。在盛产眠蛙的巴西多隆那乃地区的居民,吃眠蛙肉就像吃牛羊肉一样。

眠蛙很少进食,一生中只吃食两次。那么为什么还能长得膘肥体壮呢?原来,这种蛙的皮肤和它的四肢的皮质,都能从地面、空气获取养料,供它消耗。它的皮肤上有粘性的皮表层,能将飞虫的躯体粘住、溶化、吸收。所以,即使眠蛙长睡不醒,躯体也能照样增长。

青蛙

青蛙除了幼体时期外,都没有长尾巴。它们拥有浑圆的身体、大大的嘴巴、突出的眼睛和强健的四肢,善于跳跃的后肢更是格外强劲有力。

青蛙通常将卵产在水中,让它自行孵化。刚孵化出来的蝌蚪主要吃植物性食物,在腿渐渐发育的时候,尾部也愈来愈短,此时,它们开始摄取动物性食物;而早期用来呼吸的鳃也逐渐退化,终至消失,此后它就开始用肺呼吸。到最后,蝌蚪终于变成拥有四只脚、没有尾巴的小青蛙了,开始陆地生活。

青蛙

蝌蚪变成青蛙,需费时数星期。两栖类虽然已经具有肺,但其呼吸功能还不强,所以仍需依靠皮肤辅助呼吸。大多数的两栖动物在皮肤下都具有腺体,可分泌透明的黏液,以保持皮肤湿润,辅助呼吸。此外,它们常躲在潮湿、阴暗的角落,以防皮肤干燥。

蟾蜍

蟾蜍与蛙相比,身体肥胖,四肢短小,背部皮肤厚而且干燥,有疣状突起,看起来疙疙瘩瘩,受惊时会分泌毒液。一般有褐色的花斑。成年后,基本上在一些河湖池沼附近等空气比较潮湿的陆地上度过余生。

由于蟾蜍的外表丑陋而招致人厌,人们给它起了一个"癞蛤蟆"的俗名,其实这种"癞蛤蟆"比青蛙要聪明。比如说,青蛙只会跳跃,只有在保持蹲坐的静止姿态时,才会注意到飞行的昆虫,为人类除害。而

蟾蜍

蟾蜍即使在爬行时,也可以捕食到那些一动不动的虫子,由此可见,"癞蛤蟆"其实一点也不赖,是真正的除害高手。

蟾蜍是依靠肺和皮肤进行呼吸的,所以它们经常保持皮肤的湿润状态,以便于空气中的氧气溶于皮肤粘液进入血液,所以,在空气湿度大或下雨时,它们会一反常态地在白天出来活动。

蝌蚪的尾巴

在脊椎动物中,子女像父母是天经地义的。然而,青蛙、蟾蜍等两栖动物却不是这样。这类动物的子女——蝌蚪,一点也不像它们的父母。蝌蚪的身体圆鼓鼓的,拖着一条又扁又大的尾巴。它像鱼一样在水里生活,用鳃呼吸,靠尾巴游泳。经过一段时间的生长发育,蝌蚪的模样慢慢地变了:逐渐长出前肢和后肢,鳃萎缩消失,肺开始取而代之,大尾巴也不见了。最后,它变成了青蛙或蟾蜍。蝌蚪的尾巴是怎么消失的呢? 现在,在电子显微镜的帮助下,这个问题有了答案。

蝌蚪

我们知道,细胞是绝大多数生物的基本结构单位和功能单位,蝌蚪自然也不例外。它和其他动物一样,细胞里有许多细微的细胞器。其中,有一种球形的细胞器叫溶酶体,里面含有 30 多种酸性水解酶,具有消化作用。这种溶酶体不仅能消除进入细胞的有害物质,而且还能"吃掉"细胞内外的物质。生物学家把这一现象称为细胞的"自溶作用"。蝌蚪的尾巴,就是被这种"自溶作用"消化掉的。刚长出四肢的蝌蚪,是靠吸收尾巴中的营养物质为生的,因而这时的大尾巴是它的食物仓库。

长在树上的蛙——树蛙

树蛙的体态非常娇小,只有五六厘米长,它们看上去很鲜艳,招人喜欢。因为它们一生都在树上度过,所以被称为树蛙。树蛙的后腿比前腿长,而且富有弹跳力。树蛙的颜

树蛙

色鲜亮,是要向对手表明自己的毒性很大,不能吃。树蛙的足趾短而粗,趾间有趾膜相连,趾端还有许多尖细的毛,上面带着一层类似粘胶的物质,所以它能稳稳地把自己固定在大树上的任何部分。

遨游四海的海蛙

　　动物是从低等向高等,由水生向陆生进化的。两栖动物正好处在水生向陆生进化的过渡阶段,因此,几乎所有的两栖动物都不能脱离有水的环境而生存。但由于两栖动物的皮肤是裸露的,使得它们无法在盐度较高的水域中生活。一般的蛙类在盐分超过 10% 的海水里,由于外界水溶液的浓度高于蛙体内液体的浓度,体内的水分就会很快渗出,不久会致使蛙体内失水而"渴死"。因此,海水中很少见到两栖动物。然而,海蛙却能在盐度高达 28% 的海水中愉快地生活。

海蛙

　　原来,海蛙体内有特殊的生理机构,能够自动调节体内外水分的平衡,使水分不但不会从体内向体外渗透,反而从高盐度的海水中向体内渗入,使它获得充足的水分。

　　海蛙主要分布在东南亚沿海各地,我国的海南岛等地也有分布。它的大小和颜色与青蛙类似,平时生活在咸水或半咸水的地带,最爱栖息在有红树林的海滩。它喜欢夜间活动,白天隐藏在洞内或树根间,晚上到海上捕捉昆虫、小虾、蟹等食物。海蛙常将卵产在潮间带陆地的水洼中,靠太阳的高温照射孵化成小蝌蚪,小蝌蚪也能在高盐分的海水中生活。

古怪的崇安髭蟾

福建的武夷山有一种与癞蛤蟆十分相像的髭蟾. 因为武夷山在原来的崇安县(今武夷山市)境内,所以人们称它为"崇安髭蟾"。

崇安髭蟾

崇安髭蟾有一些稀奇古怪的外部特征。首先是它头上的角刺长得怪。雄性髭蟾在上颚两边生各有 1~4 枚不等的黑色锥形角质刺,且坚硬锐利;雌性上颚两侧各有一枚很小的角质刺,产卵后往往脱落,形成米黄色的小点。由于髭蟾的这种外部特征,人们又叫它"角怪"。崇安髭蟾的眼睛也长得怪,眼球的上半部呈黄绿色,下半部呈深蓝色;光下瞳孔缩成一条纵缝,好似中午猫的眼睛。崇安髭蟾大多栖息于阴凉的地方,林荫下水流较缓的石洞内或较大的石块下,都是它们的好去处。

大多数蛙类总是在夏季产卵繁衍后代,冬季冬眠,而崇安髭蟾却在冬天产卵。每年立冬前后的小阳春时节,髭蟾发出"啊——啊"的鸣声,这是雄蟾招引雌蟾前去配对的爱情曲。雌蟾产的卵以圆饼状的卵块粘附在临近水面的石块上,经过 100 多天才孵化出蝌蚪,蝌蚪在水中要经过两个冬天才能长出四肢,从幼体到成体大约需要四五年,比一般蛙类长得多。

我国共有四种髭蟾,除崇安髭蟾外,还有四川峨眉山地区的峨眉髭蟾、贵州雷山地区的雷山髭蟾以及广西瑶山地区的瑶山髭蟾。

海蟾——蟾中之王

癞蛤蟆,学名蟾蜍。它们行动缓慢,相貌奇丑,浑身布满大小不等的疙瘩,很不讨人喜欢。可是它们帮助人类消灭害虫的本领却是惊人的。

常见的大蟾蜍,不外拳头那么大小。但在中南美的热带地区,却生活着世界上最大的蟾蜍,这种蟾蜍叫作海蟾,最大的个体,长度达 25 厘米,是蟾中之王。因此它又被称为大蟾或巨蟾。

海蟾不仅体型大,胃口也特别好。它常活动在成片的甘蔗田里,捕食各种害虫。因此，世界许多产糖地区都把它请去与甘蔗的敌人作战，取得了良好的成绩。它的足迹遍及中南美及西印度群岛、夏威夷群岛、菲律宾群岛、新几内亚、澳大利亚和其他的热带地区。每年为人类保卫着相当 10 亿美元的财富。海蟾不仅能巧妙地捕食各种害虫，也能很好地保护自己。它满身的疙瘩能分泌一种有毒的液体，凡吃它的动物，一咬上口，马上产生火辣辣的灼伤感觉，又不得不将它吐出来。一只雌海蟾每年产卵 38000 枚左右，是两栖动物中产卵最多的一种。但有趣的是，它的蝌蚪却很小，仅 1 厘米长。

最古怪的两栖动物——洞螈

世界上最古怪的两栖动物是洞螈。曾在很长一段时间里，科学家不知道应将它划归鱼类还是两栖动物类。

洞螈居住在地下洞穴中，无眼睑，眼全部隐于皮下，眼睛看不见东西；体长小于 30 厘米，体色粉红，腿短而细，样子很像鳗鱼。洞螈一生都生活在地下水形成的暗洞内，常有规律地将鼻孔伸出水面呼吸空气，偶尔上陆活动和觅食。在光照下其肤色可变成黑色，一旦回到暗洞后，肤色即恢复原状。洞螈卵单生，分散贴附于石下。亲螈有护卵习性，约经三个月孵出。幼体阶段能看到眼，背面有鳍褶，发育为成体时，其他结构无改变，为永久性童体型。洞螈偶有卵胎生。和墨西哥美西螈一样，洞螈整个一生都保留着坚韧的鳃。

爬行动物

    爬行动物的体表覆盖角质鳞片(如蛇、蜥蜴),起保护体内水分蒸发的作用,或有骨板(龟、鳖);皮肤干燥并缺少腺体;用身体的腹面贴地爬行;终生用肺呼吸;心脏分为二心房一心室,内有发育完好的隔膜;指(趾)端具爪,四肢健壮,尾发达,有明显的颈部;骨骼发育良好;雌雄异体,体内受精,卵生或胎生,卵具卵壳;混合型血液循环,是变温动物。全世界现有爬行动物大约近6000种,分布极广,除极寒冷地区以外,各地均有分布。

    蛇类是一种不用脚爬行的爬行动物。分叉的舌头可说是蛇类的最大特征,也是它的重要器官。除了休息或睡眠外,蛇类会不断地伸吐舌头,来测试周围的环境。当舌头收入口腔底部的鞘中时,分叉的舌头会顶在口腔上方的助鼻器上,这是它的嗅觉器官。

    所有的蛇类都是肉食性动物,从大型动物到小型动物都是它们的摄食对象。蛇类是一口将猎物吞进肚子里,因此它们都有一个可以张得很大的嘴巴。

    事实上,蛇的下颌与头骨是分离的,且下颌的左右两部分在前方也没有直接契合,而由弹性韧带连系着,所以能把左右两边撑开,而将嘴巴张得大大的,吐出可怕的舌头。牙齿呈向后倾斜的反弯式,好像钩子一般,可以将食物钩住;而可自由移动的下颌就像跷跷板一样,一前一后地将食物送入具有弹性的喉咙内。有毒的蛇都有一对特别巨大的毒牙,其实那对巨大的牙齿,本身并没有毒,那些可置人于死地的毒液是藏在上颌的毒囊里,而擅长缠绕的蚺蛇或蟒蛇,则是利用它们有力、结实的身躯来环绕、压迫猎物,使其窒息而死。

珊瑚蛇

    珊瑚蛇大约有65种,身上的花纹图案醒目而且体色极其艳丽,主要有红、黄、蓝或红、白、蓝3种颜色的环纹搭配。珊瑚蛇身体很短,浑身粗细均匀,脑袋小而且圆。

    珊瑚蛇习惯过隐蔽的生活,喜欢在夜间活动,白天很少见到。它们的幼仔出生时非常小,只有成年人的手掌那么短。

    珊瑚蛇有着美丽的外表、可爱的形体,但是这一切都只是惑人之相,大部分的珊瑚蛇都身负剧毒,故有俗话说:"红环接着黄环,咬上一口就完。"它们的毒已经被列为最毒的一种蛇毒之一,属于神经性毒液。一条珊瑚蛇的毒,可以轻而易举地让一个成年人丧命。

珊瑚蛇属于眼镜蛇科,但是从外表看来却与眼镜蛇迥然不同,而且在生活习性上也大相径庭。有些蛇外表酷似珊瑚蛇,身上布满鲜艳的色环,但是它们是无毒的,只不过借着珊瑚蛇的名声招摇撞骗,躲避敌人的侵扰。珊瑚蛇在地上爬行时,都是呈"S"形向前移动。

巴西有一种珊瑚蛇,头和尾巴长得一样的粗细,每当它们遇到敌人时,都会狡猾地把头和尾一块立起来,当敌人正处于混乱状态,想要分清哪个是头、哪个是尾时,它们早就逃之夭夭。

蚺蟒

当你面对蚺蟒长达 9 米以上、粗壮的巨大身躯时,你一定会很震惊,不仅它们身体长

蚺蟒

而粗壮,而且它们的外表还有着美丽的斑纹。蚺蟒虽然没有剧毒,但却同样可怕。粗壮的躯干常常缠在树上。当它们捕获猎物时,用强劲的力量缠卷起猎物,使其窒息而死,然后张开大口吞下猎物。别看它的身体笨拙,可还是游泳高手呢!

黑头蚺蟒喜欢吃各种蛇,因为它对毒蛇的毒液有极强的免疫力,所以毒蛇对它来说,跟无毒的蛇一样。体色如翡翠的翠绿蚺,其美丽的外表不仅漂亮,还为它提供了极佳的保护色。网纹蚺蟒是蚺蟒中体形最大的一种,它的体长可达 11 米,是世界上最大的蟒。

雌雄蟒交配后,经过 3~4 个月的时间,雌蟒会产下 50~100 个卵,然后用身体把卵团团围住,用自己的体温孵化出小蟒,刚出生的小蟒仅有 60~70 厘米长,与它们的妈妈相比,真正小巫见大巫。

蚺蟒的腹部都遗留有腿的痕迹,这证明,蟒的祖先曾经是有腿的。

当你发现一条蚺蟒肚子高高隆起,这说明它刚捕食过猎物。这时的蚺蟒是最和善

的,攻击力极弱,它遇到敌人时都会主动逃逸。

响尾蛇

响尾蛇是一种比较大的毒蛇。它的攻击能力很强,眼和鼻之间有颊窝,能测到附近温血动物的准确位置,发现猎物时,能以每秒1.4米的速度扑过去,响尾蛇喜欢吃鼠类、野兔、小鸡、蜥蜴和其他蛇类。但是,它对庞然大物却很害怕,当人或大动物靠近它时,它就摇动尾巴,发出警告,企图把对方吓跑。此举往往很奏效,因为人和大动物都害怕它的毒牙。响尾蛇摇动它在尾部尖端的响尾环还有一个功能,尾环发出的声音很像流水的声音,小动物们以为这里有小溪,就前来饮水,结果误入蛇口,这也是用来猎食的一种手段。

响尾蛇的尾环是怎样形成的呢?原来当它每次蜕皮时,尾巴末端都会留下一段没脱落的角质环纹。由这种角膜围成了一个空腔,空腔内又由角膜隔成两个环状空泡,也就是两个空气振动器,当响尾蛇的尾巴一晃动,在空泡内形成了一股气流,随着气流一进一出地往返振动,空泡就发出音响。响尾蛇以每秒40~60次的频率摇动尾巴,响环就会发出"嘎啦、嘎啦"的响声,30米以外都能听到。

滑翔蛇

两栖类、爬行类动物没有双翅,不可能飞翔。但有一种蛇却能滑翔,平时它喜栖息在树上,当遇到危险或发现鼠、蛙等小动物需要猎食时,就从树上快速滑翔到地面。这种蛇的滑翔本领很高,通常能从10米高的树上,向下滑翔达50多米。

滑翔蛇所具有的奇特本领,引起科学家的兴趣,蛇只能从高处掉下来,怎么会滑翔呢?

原来它的奇特之处是它的身体结构与一般蛇不同,它的肋骨具有极大的活动性,当需要滑翔时,它就会把肋骨展开,使身体呈扁平状,像一条带子,用头尾掌握平衡,自然乘风,飘然而下。

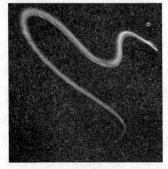

滑翔蛇

鳄鱼

　　鳄鱼有一个桶状的身体,后面接着一个长而有力的尾巴,尾巴上面排列着许多略呈三角形的长条鳞片,当它猛烈拍打时,就成了有效而危险的武器;脚短短的,上有四或五趾,部分有蹼连着;全身覆有突出的鳞片,身体前端是一个明显的大头,还有一个血盆大口,内有像钢钉般的牙齿。目前全世界的鳄鱼共有 20 多种,分为四大类:鳄鱼、短吻鳄、中南美短吻鳄及恒河鳄。

鳄鱼

　　鳄鱼的眼睛长在头上较高的位置,所以我们会经常看到它们潜在水里,一动不动,只剩下两只眼睛露在外面。它们的两只眼睛靠得很近,并且都目视前方,可以看到三维的物体,这样鳄鱼就可以精确判断出物体离它们的距离。而且它们的夜视能力也很好,因为在眼睛后部有一个膜,可以使尽可能多的光线反射进入眼睛。

　　现今的人们经常用"鳄鱼的眼泪"来形容一个假惺惺哭泣,其实心怀鬼胎的人。鳄鱼的确会经常流"眼泪",只不过它们是在排泄体内多余的盐分而已。因为鳄鱼肾脏的排泄功能很不完善,体内的盐分就要靠开口位于眼睛附近的盐腺来排泄.

　　鳄鱼在遇到敌人需要逃跑的时候,就会潜入水中。在水中,它们的耳孔和耳朵会被一个特殊的皮片盖住,可以起到隔离水的作用。眼睛上有一层透明的眼睑,闭合下来,就形成了对眼睛的保护膜。鳄鱼的喉咙还有一个额外的皮片,当它们张着嘴呆在水中的时候,这个皮片可以防止水进入到它们的肺里。真可以说是设施齐全,做到了滴水不进。

短吻鳄

短吻鳄的寿命比其他鳄鱼的寿命都长，一般在 30~35 岁左右。短吻鳄，顾名思义，其吻部比其他鳄鱼相对来说要短些，但是比较宽大。这种鳄鱼善于挖洞，在洞内躲避危险和进行冬眠，它们以鱼类、鸟类和小型哺乳动物为食。其幼体为黑色，并带有黄色条斑，看起来比较漂亮，但是长大之后，就变成了浅褐色的丑陋模样。

壁虎

壁虎，又叫"守宫"，体长约 10 厘米。壁虎四脚上的指与趾均扁平扩大。趾下面是皮肤褶皱，上面有微细腺毛，因此，有极强的粘附力，能在墙和天花板上爬行。它不咬人，善捕食蚊蝇。遇着敌害，以断其尾而"自卫"。壁虎断下来的尾巴，因上面有神经尚能跳动，有人说它会钻到人耳朵里去，其实这是误传。壁虎的药用价值很高，可治中风、痉痛等，其干制品称"天龙"。常见的有无蹼壁虎、蹼趾壁虎等。

壁虎

大壁虎又称蛤蚧，国家二级保护动物，是一种名贵的中药。它能吸附在岩石、树皮上，体长 30~34 厘米，重近 100 克，动作敏捷，遇异物常咬住不放。在我国广东、广西、福建、云南等省区都有分布。

蜥蜴

现存蜥蜴约有 2500 种之多,大致分成两大类:一类主要栖息在地表,身体略呈扁平;另一类生活在树上或水中,身体则是窄窄的。它们的尾巴多为长鞭状,也有短钝型。最引人注目的是,它们的尾巴断掉后,还可以再长出一条新的来,因此蜥蜴遇到危险时,就会利用断尾来转移敌人的注意力,好趁机逃逸。

蜥蜴

大部分蜥蜴以昆虫为食,它们靠着口内的长舌头,快速向外吐出,就可轻松地将昆虫卷进口中饱餐一顿。不过也有例外,北美毒蜥以较小的蜥蜴为食;少数鬣蜥只吃树叶和水果;而住在海边的海鬣蜥则以海藻为食。

鳄蜥虽然外表看起来很像蜥蜴,但两者的身体结构却大不相同。此外,蜥蜴的行动显然比鳄蜥快多了,而鳄蜥却以缓慢的生活节奏及迅速入睡而闻名遐迩。

鬣蜥

一提起它的名字,很多人都会感到陌生,其实鬣蜥是爬行动物中最兴盛的一种类群。它身体细长,身体表面覆盖着齿状的鳞片;它种类繁多,身体大小差异很大,大的约有 70 厘米长,小的才只有 10 厘米左右。鬣蜥的脚趾扁平,不仅可在陆地上生活,而且在水中也能游泳,也有些喜欢躲在树上。它们跑起来的速度相当快。由于体重轻,还可将身体直立成 45° 角的姿势,以每小时 15 千米的速度跳跃。甚至在水面上做短距离行走。

鬣蜥

有些鬣蜥的颈部长了一个大大的袋子,平时基本上是没有用武之地的。但是当它们求偶时,就会把这个"装饰袋"鼓成气囊来吸引异性,引起它们的注意,或者当有敌侵袭时,用来恫吓敌人。

鬣蜥类绝大多数都以捕捉其他动物为食,少数为杂食性,既吃动物又吃植物。然而面貌奇丑的加拉帕戈斯鬣蜥仅以仙人掌为食,是个绝对温和的素食主义者。生活在美国西南部和墨西哥干燥地区的鬣蜥在下颚处有毒腺。鬣蜥是一种让人印象深刻的动物，它们是世界上最大的植食蜥之一，大部分时间都呆在高高的水边树木上晒太阳。它们的四肢很有力，上面生长尖利的爪。鬣蜥的生长速度慢，要用 20 年的时间才能到繁殖年龄，这对于任何一个爬行动物来说，都是一项纪录。所以人们认为，它们能活 100 年之久。

绿毛龟

绿毛龟是逗人喜爱的观赏乌龟。它的背甲、四爪和颌上都长满了 3~7 厘米长的柔轻的绿毛，非常有趣。

那么，绿毛龟身上的绿毛是怎么来的呢？其实，这种"毛"，不是乌龟本身长出来的，而是寄生在龟背上具有细胞结构的水生低等绿色植物——丝状绿藻，包括刚毛藻和基枝藻等。

刚毛藻和基枝藻很像绿色的"毛"，通常生活在淡水湖泊、河流里。它们都生有固着器，这是一种根状的构造，能牢固地着生在具有钙质的基质上。只要有适宜的温度和阳光，它就可以在水中终年生长，迅速繁殖。

绿毛龟

龟是一种爬行动物，它具有坚硬的含有钙质的龟壳，不仅适应陆地环境，而且更多地生活在水中。龟又是变温动物，体温随着外界温度的变化而变化。当外界温度过高或过低时，它就会进入洞穴休眠。加上龟的行动迟缓，寿命长，这些特点都有利于藻类的固着和生长。

有一种黄喉水龟，它的趾间有蹼，能长期在水中生活，很少上岸活动。当这种龟在刚毛藻或基枝藻生长的地方觅食时，藻体成熟释放出的孢子就固着在龟背上，龟就像长出浓密的绿"毛"来。

饰蜥

饰蜥的家族成员众多，它们的大小与外形也各不相同，但它们却有一个共同点，那就是它们借助身上可以隆起的粗涩鳞片，将自己装饰成各种吓人的模样，它们的名字也因此而得名。饰蜥的四肢和趾头很细，所以跑不快，它们抵御敌人的本领主要靠各种吓人的模样来保护自己。

饰蜥类的成员身上有各种各样不同的装饰,有的身上长满了刺,叫巨刺蜥蜴。有的颚下长着一大堆胡须,因而称其为胡须蜥。它们大多夜间出来活动,以昆虫为食。为了适应树上的生活,它们没有自割尾巴的能力。

生活在澳大利亚北部的颈圈蜥蜴,脖子上长有一圈围脖似的褶膜。当遇到敌人时,它会把褶膜完全张开,这使得它的身体看上去大了许多,很像一头鬃毛倒竖的雄狮。敌人一见就吓得落荒而逃。如果被对手识破,它就会站起来用两只后脚蹦跳着逃之夭夭。此外颈圈蜥蜴在求偶或散热时也会张开脖子上的褶膜。

绝大多数的蜥蜴在遇到强敌时,会将尾巴自行断开,趁机逃走。但饰蜥却没有自割尾巴的能力。它们只会威吓对方。

彩虹饰蜥的头是三角形的,喉咙下方的褶会膨胀大。当它遇到危险时,它以此来威胁敌人。雄性的背部还有鬃毛状的鳞,兴奋时会竖起来。身材纤细的飞蜥身体两侧有膜,当它移动时,会展开像翅膀一样的膜飞向空中。这同样也是雄飞蜥向异性求爱的工具。

沙漠角蜥

在北美洲墨西哥的索诺拉沙漠地区,蜥蜴不仅种类繁多,而且长得奇形怪状,色彩绚丽,行动神秘。其中有一种表皮坚硬的蜥蜴善施骗术,它能从眼睛中喷射出一串高达 1.8 米的血流吓退天敌。这种蜥蜴通常被称为沙漠角蜥。

角蜥有很好的保护色,它浑身上下呈沙色,与沙漠环境的色调一模一样。这样,不管是凶狠的大型爬行动物,还是鸟类或其他动物都很难发现它们。角蜥利用保护色,不仅可以对付敌害,还能迷惑猎物。它们常常待在一处按兵不动,一旦猎物将它们误认为是沙丘、岩石,向它们走来,角蜥就会张大嘴巴,一口将猎物吞下。

沙漠角蜥

角蜥身上还长有许多又尖又硬的鳞片,每个鳞片都像一把锋利的匕首,这是角蜥的重要防御武器。有人曾目击这样一个场面:一条神气活现的响尾蛇猛地向一条角蜥发起进攻,企图一口把它吞下。不料刚刚吞下角蜥的头部,却被角蜥脖子上的匕首状鳞片刺穿了喉部。此刻,响尾蛇痛苦极了,想吐出角蜥又不可能,因为鳞片穿刺方向与欲吐出方向正好相反。最终,这条响尾蛇因流血过多而死去。

角蜥防身术最奇特的一招就是喷血。在索诺拉沙漠地区,有许多角蜥的敌害,特别是一些狡猾的猛兽,它们似乎知道角蜥身上匕首的厉害,从不用嘴去先咬它,而是用爪撕角蜥致死。每当这时候,角蜥看到来者不善,就会使出它的绝招,从眼睛里喷出一串血珠,吓退敌害。

龟

龟主要分布在热带、亚热带及温带等较温暖的地区,以植物为主食,偶尔也吃些较小的动物或动物的尸体。通常,龟依其生活环境的不同,大致分为陆龟、海龟及淡水龟三大类。龟的种类不多,约有 35 种,其中以革龟(又称棱皮龟)的体型最庞大,身长约有 2 米,体重超过 500 千克。大部分的龟都具有一个甲壳。这种甲壳大多非常坚硬,它们的身体就藏在这个类似盒子的厚壳里,利用它来保护自己,有时甚至完全缩进壳里,以逃避敌害。龟是"长寿"的象征,目前已知,世界上已有 3 只龟的寿命长达 200~300 岁。这三只龟就是西西里陆龟、汤加陆龟及马利昂陆龟。它们都属于大型的陆龟。

海龟

海龟是棱皮龟科和海龟科的海栖龟类的统称。它们为了适应水生生活,身体比较扁平,四肢都变成鳍状,长长的前肢像船桨一样,非常适宜在水里自由自在地遨游。它们除了头、腿和尾巴以外,全身覆盖着硬壳。

海龟

海龟与陆地龟相比,它长长的前肢很像桨,这使得海龟能在水里自由自在地遨游。它褐色或暗绿色的脊部上长有黄斑,头顶上长一块长额鳞。海龟是体形最大的龟,它们的甲长一般在 1 米左右。除了产卵和晒太阳,海龟通常很少上岸。

绝大多数的龟性情温和,遇到敌人时只会将头缩起,不去攻击敌人。敌人对它硬硬的壳也毫无办法。龟就是凭借这种特殊的本能，已在地球上安然自得地生活了2亿年。

雌海龟只有产卵时才上岸。每年夏季是海龟的繁殖期，雌海龟爬到沙滩上挖洞，然后将50~200枚卵产在洞里。大约过45~70天，小海龟就孵化出来了。有趣的是，每到夏季，海龟会返回同一块沙滩上产卵。

绿甲海龟可以在水下呆5个小时，为了节约氧气，海龟的心脏每9分钟才跳动一次。

玳瑁

玳瑁是一种海龟，背甲十分美丽，呈棕红色而且有黄色花斑，盾片都呈覆瓦状排列，有4对肋盾。背甲在日光下闪现琥珀样辉光，瑰丽可爱。它们生活在热带和亚热带海洋，经常出没于珊瑚礁中。玳瑁性情凶猛。上下颚强而有力，不仅能把坚硬的蟹壳咬碎，而且软体动物的外壳也不在话下。玳瑁一般身长只有几十厘米，体重约45千克左右，主食鱼类、虾、蟹和软体动物，也吃海藻。

海蛇——海洋杀手

生活在内陆的人恐怕都没有见过海蛇，但往往听说过能呼风唤雨的海底蛟龙和诱人上当的人面蛇身美女的故事。这"蛟龙"和"美女"，其实就是指海蛇。

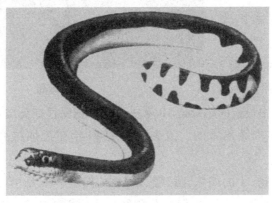

海蛇

海蛇和陆生蛇一样，也有较高的经济价值。海蛇的肉味鲜美，是海味中的珍肴美味。海蛇以鱼虾为食，它的肉含有高蛋白，味道鲜美，营养丰富，可以鲜食，也可加工成罐头食品。是一种滋补壮身的佳品，具有促进血液循环和增强新陈代谢的作用，常用于病后、产后体虚等症，更是老年人的滋补上品。

海蛇皮可以制琴膜及装饰品，如各种手提袋等；蛇毒可制成治癌药物"蛇毒血清"，还可以用于治毒蛇咬伤、坐骨神经痛、风湿等症，并可提取 10 多种活性酶；蛇血治雀斑十分有效；蛇油可制成软膏、涂料；蛇胆可入药，浸药酒有补身和治风湿之功效。

我国早就发现了海蛇的入药功效，唐代陈藏器的《本草拾遗》中就有详细记载。现代医学研究认为，仅从海蛇毒一项来说，它就含有多种生物酶，有极高的生物活性，可分离提纯多种酶类，用于医药、科研和生物工程等方面。对海蛇的开发研究已引起各国科研工作者的高度重视。

湾鳄——最大的爬行动物

湾鳄是鳄类中唯一能生活在海水中的种类。它广布于东南亚、新几内亚、菲律宾及澳大利亚北部的热带、亚热带地区，栖息在沿海港湾及直通外海的江河湖沼中，所以又称咸水鳄。

我国早在唐宋以前，南方的广西、广东、福建、台湾等沿海港湾和内陆河流中，就生活着许多湾鳄，以后由于自然条件的变迁，数量逐渐减少，至 20 世纪初已不复存在了。

湾鳄身躯巨大，能长到 5~6 米长，1 吨多重，并往往能

湾鳄

活到一百来岁。湾鳄中最长的纪录是 10 米！这是根据保存在英国自然历史博物馆中的一个巨大的头骨标本推算出来的。该头骨为 1840 年在孟加拉湾捕获的一条鳄鱼的头骨。

湾鳄捕食各种动物，小的如鱼、蟹、螺、蚌，大的如鸡、鸭、犬、羊、猪、马、牛，比较奇怪的是，它也吞吃同种幼鳄。湾鳄还伤害儿童和成人，因此，有的地方又把它称为"食人鳄"。

湾鳄最大的经济价值是利用其皮制革，是世界珍贵的皮革之一。泰国饲养鳄鱼是成功的，它们既可供观赏，又可提供珍贵的皮革。据说，好的鳄鱼皮每厘米可值 0.8 英镑。

珍贵食品——甲鱼

甲鱼是一种爬行动物,学名中华鳖。适宜在 17~32℃ 的水温中生活,在低于 15℃ 水温的秋后,进入冬眠,属变温动物。

甲鱼是一种较为长寿的动物,可活 40~60 年。夏秋之际,甲鱼会爬上河滩,在松软的泥地上挖个浅坑,伏在上面产蛋。有趣的是,如果甲鱼产蛋的地方离水面比较近,就预示着近期不会有洪水;产蛋的地方离水面较远,说明水位要升高,将有洪水,真堪称"气象预报专家"。

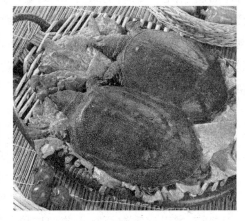

甲鱼

甲鱼繁殖速度快,但生长却十分慢,最大体重只有 7 千克左右。甲鱼的生活习性很有趣,游在水中的甲鱼常常将头伸出水面,用鼻子换气。甲鱼咬住东西,就不肯放松。其实,这也不难对付。只要用头发或棉丝捅一下它的鼻孔或卡它的脖子,或突然发出响声吓唬,或放入水中,它就会松口把头缩进甲壳里或逃跑。甲鱼既食多种小动物、昆虫,又食多种粮食和蔬菜,饲料易得,饲养容易。

甲鱼肉味鲜美,含有丰富的蛋白质和多种维生素,有滋阴、清热、壮阳等作用。还可治疗肠胃病、便秘、痔疮等疾病。病后体弱的人吃了以后,可以调养身体。

棱皮龟——世界上最大的龟

在太平洋、大西洋和印度洋的热带和亚热带海洋里,生活着世界上最大的龟——棱皮龟。它又叫革龟,也有的叫太平洋皮背鳖。

棱皮龟的背甲并不像其他龟那样具有坚硬的角质龟壳,而是披以柔软的革质皮肤。背甲为心脏形,上有 7 条纵行的棱起,棱间凹陷似沟,这些棱起是由许多不规则的多角形小骨板组成的。腹甲骨化。有 5 条纵行棱起。四肢由于长期适应于海洋中游泳生活而呈桨状,前肢很长,背甲长一般为 1~2 米,体重在 200 千克左右,而最大纪录者,背甲长可达 2.5 米以上,体重达 715 千克。

棱皮龟终生生活于海洋中,善于游泳。1970 年,在我国长江口捕获一只棱皮龟,根据身上所挂的标记指出,是从大西洋的英国投放入海的,可见它的游泳本领之强。这种龟只有在产卵时,雌龟才离开大海,爬到偏僻的海岛沙滩上。用肢掘坑产卵,当雌龟产完卵后,又用后肢划动,将坑中的卵用沙掩盖好,在返回海洋的途中,它一面向前爬行,一面划抹掉因爬行而在沙上留下的行迹。其卵任自然孵化,刚孵出的小棱皮龟会自行爬向海洋,从此开始遨游在茫茫海洋之中。它以虾、蟹、软体动物、鱼类、海藻等为食。

棱皮龟

象龟——陆地上最大的龟

象龟是陆生龟类中最大的一种,它因为腿粗似象脚而得名。它产于太平洋、印度洋热带岛屿,尤以南美洲西海岸的加拉帕戈斯群岛、印度洋上的塞舌耳群岛及阿尔达布拉岛居多。"加拉帕戈斯"在西班牙语中为"龟"之意,所以在16世纪,探险家就将此名来命名发现象龟的岛屿。

象龟

象龟以吃青草、野果和仙人掌为生。这些驯良的植食动物每天睡16小时,雨季下山,旱季则爬到多雾的山顶生活,常在泥沼里打滚,以图凉快,并常常任小鸟替它清理掉身上的寄生虫。它壳长达1.5米,爬行时高可达0.8米,重200~300千克,最重可达375千克,能背负1~2人行走。雌龟每次下蛋90~150只。据报道,它的寿命可达300岁。

由于象龟壳长可达1.5米,当地居民常用壳当作摇篮。同时因为它与其他爬行动物一样,即使不吃不喝也能活很长的时间,加之从每只这样巨大的龟的身上能得到100千克以上美味的肉,所以很多船员将它捕来当作十分方便的"活罐头"。

在16~17世纪以前,这些岛屿上象龟十分繁盛。但由于从18世纪以来,先是海盗,后是航行到这些岛屿上的船员们大量捕杀,加之这些岛上移民增多,鼠及家畜经常捕食幼龟及龟卵,现在已有濒临灭绝的危险。

鸟类大全

鹦鹉

鹦鹉能言擅吻，它们的接吻技术并不比人类逊色。

鸟中情圣——鹦鹉

其他鸟类都是蜻蜓点水式的轻吻，一接触就各自振翅纷飞，不断地接吻也是啄木鸟式的，一下一下地。而鹦鹉接吻时，吻得很深，舌头互相紧勾，难舍难分。

鹦鹉能言，是因为人类声音通过其耳孔进入脑部，经多次向它说同一语言，它凭记忆重复，根本不解语言意义。而接吻是它的本能，并非模仿人类。

其他雀鸟比翼双飞，在空中触及，或在枝头互碰。一秒钟就完事。鹦鹉的交尾却历时 20～30 秒，它们休息 5～6 分钟之后，又一而再，再而三，一天之内可交尾许多次。交尾之前它们调情热吻，长吻过后，雄鹦鹉须用腰力，碰撞爱侣，可谓鸟中情圣。

鹦鹉性别难分辨，差别只是它弯曲的嘴巴颜色，雄性是青色或茶色，雌性是米黄色接近白色、或浅咖啡色。家中养一只鹦鹉不论雌雄，在其动情的求偶季节，都很不耐烦，左扑右扑。

金雕

金雕是大型猛禽的代表种类，体长为 1 米左右，翼展达 2 米，体重 2~5 千克。体羽为棕褐色，在后头、枕和后颈等部分都有很尖锐的金黄色羽毛，呈披针状，性情凶猛，体态雄伟。

金雕

金雕喙的最前端有一个尖锐的弯钩，主要用于撕裂猎物。腿上全部被有羽毛，脚的三趾向前，一趾向后，趾上都长着锐如狮虎的又粗又长的角质利爪，内趾和后趾上的爪更为锐利。

金雕善于滑翔和翱翔，常在高空中一边呈直线或圆圈状盘旋，一边俯视地面寻找猎物，发现目标后，常以每小时 300 千米的速度，闪电般从天而降。它捕食的猎物有数十种之多，甚至可以在草原上长距离地追逐狼。

鹫

鹫和鹰的长相差不多，可是，它们的习性却完全不同。鹰是典型的猛禽，专门捕食一些小动物，甚至连羊那么大的动物也是它们的捕猎对象。

根据自己的想象，人们把鹫也算作猛禽，认为它和鹰是同类。其实，鹫既不会袭击，也抓不住什么动物，最多只是吃死去的动物罢了。只有饿极了的鹫才会进攻活的动物，而它的猎物也大多是一些迷路的幼小动物。

鹫的爪子不像老鹰的那样尖利，它无法抓住奔跑的动物，更没本事把它们杀死。它最多只能夹住动物的尸体。鹫的长嘴也只是撕开腐肉的工具而已。鹫吃食时，要把它的头完全伸到动物的尸体里，再抬起头来的时候，没有羽毛的光脖子上沾不到什么残肉污血。这对鹫来说极为方便。另外，由于鹫生活在炎热的戈壁上，脖子光秃秃的也更有利于散热。可见，鹫的脖子上没有毛，也是有道理的。

鸢

鸢又叫老鹰，它们是白天活动的猛禽。它的尾羽为叉形，这是有别于其他猛禽的地方。鸢全身披着暗褐色羽毛，在天空飞翔时，可以见翅下横贯的白斑。它独来独往，飞翔时一般不鸣叫，栖止时常常发出单调脆弱的"唿、唿、唿、唿"的叫声。

鸢主要的猎食对象是田鼠，有时也吃野兔、小鸟和昆虫。

到冬天，它们往往三五成群地漫游。飞行时，两翅徐徐鼓动一次，即往前滑翔一段距离；滑翔时，两翅并不振动，好似在空中高悬。鸢分布于欧亚大陆、非洲、印度，一直到澳大利

鸢

亚。我国全国各地皆有分布。三月间开始繁殖，在温和的南方，到二月就开始繁殖了。鸢的巢很大，但极为简陋，仅用一些树枝搭制而成。巢大多筑在高树上，每巢产卵 2～3 枚，卵色污白，带有不同深度的红色。

游隼

游隼是一种肉食鸟，捕捉以鸽子为主的鸟类和一些小型哺乳动物。它能在飞行中以惊人的速度准确地俯冲下来抓住食物。游隼创造了时速 355 千米的空中俯冲纪录，成为世界上飞得最快的鸟。游隼遍布于世界各地的荒野和森林，但是在山岭或沿海的岩石区较为常见。

由于游隼对其他的鸟类有震慑作用，近年来它们被放养在飞机场，用来吓唬小鸟，使之远离飞机跑道。

鸵鸟

鸵鸟生活在非洲的沙漠荒原,身高可达3米左右,它的脖子很长,头却很小,嘴扁平,翅膀短小,不能飞,腿长而有力。

鸵鸟的羽毛颜色并不漂亮,雌鸟一般为灰褐色,雄鸟的翼和尾部有白色羽毛。它们以草、种子、野果、昆虫和软体动物为食。

在非洲的沙漠地区,鸵鸟经过训练可供人骑。它的羽毛可用来做装饰品。此外,还有不少国家大量饲养鸵鸟,因为它的肉用价值很高。

你别看鸵鸟的个头很大,但它其实生性很胆小。每当遇到危险时,鸵鸟会把头埋入沙中,以此认为是安全防御。当然,鸵鸟逃生的本领也很强,当它遇到敌害时,也会迈开强有力的双腿奔跑。时速可以达到60千米,绝对不比骏马慢。

鸵鸟

鸸鹋

鸸鹋产于澳大利亚,它不能飞翔,是世界上现存的第二大鸟。鸸鹋体格健壮,腿长,似鹤鸵。两性体羽均为浅褐色,头和颈为暗灰色。被困时用长有3趾的大脚踢人。鸸鹋终生配对,幼雏出壳后很快就能跟着成鸟跑。它们的气管有特别的结构,在繁殖期可发出巨大的隆隆声。有3个亚种栖息于澳大利亚的东部、东南部和西南部,第4个亚种(现在已经绝灭)曾栖息于塔斯马尼亚。

鸸鹋

鸸鹋本性温顺善良,很讨人喜欢。有时如有汽车停在鸸鹋生活区的路边,它们会立刻大摇大摆地走过来,把头伸进车窗,晃动漂亮的蓝色长脖颈,向人亲昵卖乖。原来它们这样做,是为了讨好人类,以获得一点食物。

鸸鹋平常以草原上的树木和青草为食物。当遇到干旱时,树木和草都枯死了,找不到食物裹腹。饥饿的鸸鹋则会转向田地破坏庄稼。

鸸鹋双翅已退化,所以不会飞。但它们有着惊人的奔跑本领,每小时能跑60千米以上。假如遇到强敌追赶时,它们两只高跷似的长腿,一步便能跨出2米。当地的澳洲人在捕捉鸸鹋时,只有骑在快马上追赶,直到它们累得倒地时才能捉住。

鸸鹋只生活在澳洲草原上。它们在澳洲人心目中的地位与袋鼠相同,因为在澳大利亚的国徽上,左边是袋鼠的图案,右边是鸸鹋的图案。

褐雨燕

飞得最快的鸟是尾部有脊骨的褐雨燕,关于它的时速有两种报道,1942年苏联报道为170.98千米/小时。而1934年在印度东北卡查山地区一次3.22千米的飞行中,用秒表测出这种褐雨燕的时速高达276.47～353.23千米之间。

雨燕和一般秋去春来的燕子大不相同,前者为小型攀禽,其最大的特点之一是四个脚趾全都朝前;后者为鸣禽,足趾三前一后。雨燕的种类很多,我国共有7种,其中最常见的是

褐雨燕

北京雨燕,常集成大群于高空疾飞捕虫,营巢于一些中国式大屋顶的古建筑阁楼里,故又有楼燕之称。另有一种金丝燕,在繁殖期以唾液腺分泌物筑巢,巢即为著名的滋补品燕窝。这些都是飞得极快的鸟类。每到雷雨之前,它们更加活跃,常常尖声连叫,箭也似地直插云端,勇敢地迎接暴风雨。

雨燕是长距离速度飞行的冠军。但有些猛禽,如隼一类,在俯冲捕食的那一瞬间,其速度也是惊人的,常可达297千米/小时以上。此刻,你就能听到由于隼的疾飞,翅膀扇动空气而发出的嗯哨声。另有一种巨翼鹅,它在水平飞行时,时速为96.6千米,而在俯冲逃命时,时速可达141千米以上,所以猎人很难击中它。

信天翁

信天翁是一种大型海鸟,体长约1米,展开双翅可达4米。信天翁飞翔能力特别强,速度也很快,一天可以连续飞行600千米。它特别善于滑翔,尤其擅长借助风势飞翔,可

以在海面上不扇动翅膀飞翔几个小时。

一般情况下,信天翁都有自己的领地。而且,信天翁保卫地盘的意识特别强。当遭遇外敌入侵时,所有的信天翁都会在鸟王的呼唤和带领下,奋力与敌人搏斗。不管敌人多么强大,它们都会宁死不屈,保卫家园。

对于在海上航行的人来说,信天翁可不受欢迎。你知道这是为什么吗?原来,风可以帮助滑翔,所以当海面上大风将起时,也正是信天翁最高兴最活跃的时候。但是,这种天气对于出海捕鱼的人来说却是最糟糕的。所以,每当渔民一见到信天翁大量聚集到海面,就知道天气要变坏,必须立刻返航。

信天翁

海鹦

海鹦是一种美丽而又喜爱热闹的海鸟。它的眼睛富于色彩,眼睛周围的图案使海鹦显得冷峻威武。海鹦总是成千上万地聚集在一起,在北寒带的沿岸岛屿的峭壁和石峰上筑巢而居。小海鹦在这里可以得到所有长辈的保护,很少受到肉食鸟的侵袭。

海鹦拥有像鱼一样的潜水能力,能潜入水下 20 多米处捕鱼,一次捕猎十几条鱼。曾有人看见一只海鹦的口中排列着 60 多条鱼。在空中,海鹦是强有力的飞行者,它能 1 分钟振翅 300~400 次,飞行时速高达 64 千米。

海鹦的尾部有一个分泌油脂的腺体,它们常常将腺体分泌出的油脂涂抹在羽毛上,这样可以使海鹦在飞行时减少热量的散失,此外还能使海鹦在水中穿梭自如。

海鹦

每年的繁殖季节,雄海鹦的喙就由原来的灰白色变成绚丽的彩色,以此来取悦雌海鹦。海鹦每窝只产一个呈梨形的蛋。海鹦的蛋像不倒翁似的重心在下方,所以当海风吹来时,它可以原地转动,而不会摔破。蛋的孵化期为 40~43 天,由雌雄海鹦交替孵化。当小海鹦出世后,它的父母轮流捕食,共同承担养育它的责任。

军舰鸟

军舰鸟是一种大型海鸟。它身披黑色的羽毛,展开双翅,宽度可达 2.5 米。军舰鸟的飞行技术十分高超,它能借助强劲的海风,长时间滑翔盘旋,可以飞到 1200 米的高空,也可以连续不停地飞到离鸟巢 1600 千米的地方。

军舰鸟

军舰鸟在海洋上空度过漫漫长夜。这是因为军舰鸟的脚很小,在陆上行动很不方便。它们在沙滩上捕食刚孵出的海龟,还吃在人类聚居地可以找到的任何食物。

军舰鸟的繁殖行为非常奇异。雄军舰鸟的喉囊通常是暗橙色的,但在繁殖季节期间,却变成鲜艳的绯红色,并且膨胀起来,大如小孩子的头。雌鸟接近时,雄鸟摆好姿势,展示自己的喉囊,以吸引对方注意。双方把喙向上翘,展开双翼,并向对方发出"咯咯咯"的叫声。这种求偶夸耀的行为达到高潮时,双方便顺理成章地进行交配。

雌鸟产下单独一枚蛋后,雄鸟的喉囊即慢慢瘪下,颜色也随之消退。雌雄军舰鸟一同筑巢、合力孵蛋及喂养幼雏。

军舰鸟虽然能够自己捕食,但它们却更多地采用强抢的方法,在空中劫掠其他鸟类,特别是红脚鲣鸟所捕获的鱼类。军舰鸟因这种强盗行为,而被人称为"飞行海盗"。

走鹃

走鹃又叫跑路鸟,它身体背部有一个大黑斑,其他部分都是土褐色的,生活在北美洲的沙漠地带。

走鹃虽然是鸟类,但只能做短距离滑翔。它非常喜欢快速奔跑,每小时可以奔跑 20 千米。走鹃在奔跑中寻觅食物。它的胃口好极了,昆虫是它的家常便饭,有时也捕食其他小鸟、蜗牛、蜥蜴、蝙蝠,甚至还包括蝎子、毒蜘蛛和蛇这些令人望而生畏的动物。

走鹃为什么要跑着猎取食物呢?原来它所生活的环境是在沙漠中,食物数量比较少,为了填饱肚皮只好走很多地方。

走鹃勇猛好斗。有时它会在快速奔跑中冲进响尾蛇出没的地方。双方一相遇,就会爆发一场生死搏斗。它跳跃着躲开响尾蛇的攻击,并寻找机会扑到蛇的嘴后,用喙和脚爪猛击蛇头。如果它胜利了,会得到一顿美餐;偶尔若失败了,代价就是死亡,但它绝不退缩。

据说,如果走鹃通过镜子看到自己的影子,便会"愤怒"地击打镜子,直到将之打碎,因此,人们又称走鹃为"沙漠中的小丑"。

这个"沙漠中的小丑"还有一套独特的保持体温的方法。沙漠中夜晚气温下降很多,走鹃的体温也会

走鹃

有所下降,到了清晨,它会将身体背部的黑斑露出对准太阳,令其充分吸收阳光,体温就会升到正常水平,而不需要耗费自己的能量,这在鸟类中是不多见的。

白鹇

白鹇是一雄多雌制,每当交配季节来临之时,它们两颊裸露的部分就开始增大,颜色

白鹇

也由暗红色变为鲜红色,羽毛显得光泽感十足。雄鸟求偶时,就会环绕雌鸟步行并做摆翅、击翅的动作,来吸引雌鸟的注意力。

白鹇广布于我国南部各省,栖息于多林的山地,一年中大部分时间都在浓密的竹丛中间活动,从山下直到海拔1500米的高处都有它们美丽的身影。白天隐匿不见,晨昏活动。觅食时边走边叫,叫声粗哑难听。走路时也保持高度警惕,经常左顾右盼,发现敌情,立即逃走,这时羽冠竖立,迎风吹散,很像"头巾"在风中飘扬,尾羽也随风微扬。它们不善飞行,遇到障碍或迫不得已的时候,才展翅飞起。除了繁殖季节以外,白鹇都在树上栖息过宿。而且雌雄分枝而栖。

白鹇很爱清洁,是鸟类中的"卫生标兵",它们常喜欢在灌丛较稀、光线充足的地上,用足爪拨起沙土洗刷体羽,被称之为"沙浴",随后便舒服地倒卧在地上享受"日光浴"。

犀鸟

犀鸟通常生活在热带森林里。犀鸟长得很怪，它有一个巨大的形状像犀牛角的嘴，一般上颌根部长着一个大鼓包，很像武士的头盔。犀鸟的羽毛颜色有许多种，如冠斑犀鸟全身黑色，双角犀鸟背黑腹白，等等。犀鸟的叫声很响，能够传得很远。

犀鸟

另外，犀鸟生儿育女的方式也与众不同。当春天的繁殖期来到时，犀鸟会在离地面很高的大树洞里建造巢穴。雌鸟在洞里铺上羽毛和草，然后住进去产卵。这时，雄鸟就陆续衔来泥土和浆果渣，雌鸟再从胃里吐出粘液，它们共同封住洞口，只留一个小孔，以便雌鸟能从洞里伸出嘴尖，接取雄鸟送来的食物。

从此，雌鸟安静地在巢里孵卵，雄鸟则整日奔忙，寻觅昆虫和果实等食物。幼鸟孵出以后，雄鸟用嘴衔回来的食物已经不够用了，它就把自己肌胃的内壁脱下吐出来，用它装运食物。等到幼鸟长大后，犀鸟全家才会一起离开，开始新的生活。

杜鹃

杜鹃又叫布谷鸟，它是一种益鸟。它爱吃松毛虫，是捕捉松毛虫的能手，曾被人们冠以"护林卫士"的称号。杜鹃性情孤僻，平时大多单独活动，即使在繁殖期间，也不像其他鸟类一样雌雄成对生活在一起，而是雌雄乱配，过后分开。

杜鹃

它们不筑巢，不孵卵，不育雏，但是却能繁殖后代。原来，杜鹃在长期的生存演化中练就了一套以假乱真的本领，它下的蛋在颜色、大小、斑点、花纹上与黄莺、云雀等其他鸟的蛋完全一致，所以它常常把自己的蛋偷偷下在这些鸟的巢里，让这些鸟帮它孵化、育雏。当孵化小杜鹃的黄鹂、云雀还没醒悟过来时。羽毛丰满的小杜鹃便跟着等在附近的生母远走高飞了。

黄鹂

　　黄鹂又叫黄莺。成鸟体长 23~25 厘米。雄鸟通体金黄色．背部稍有绿辉,头部自嘴基向后通过眼周直达枕部,有一道宽带状的黑纹,翅羽大部分黑色而发亮。雌鸟背部呈浅黄绿色,下体有黑色纵纹,是一种非常美丽的鸟。

黄鹂

　　野生黄鹂是一种树栖性鸟,喜欢集群活动。黄鹂的主要食物是昆虫,有时也吃些果实、种子等食物。

　　黄鹂的巢营造在远离主干的枝梢间,一窝有 4~5 只。雏鸟生长很快,孵出一个多月后既能随父鸟和母鸟逐渐向南迁徙。

　　黄鹂的歌声犹如流水般婉转动听,平时常作"嘎——嘎——嘎——"的单声,但从四月至九月之间,啭鸣时歌声洪亮清脆、美妙多变、富有音韵。有时像"快来坐飞机——";突然间,又好像一只老猫在叫"阿——儿——",原来这是雄鸟在呼朋唤友。

啄木鸟

　　啄木鸟是居住在温带森林里的一种鸟,因为它专爱吃钻进树干里的虫子为树治病,所以被人们称为"森林医生"。

　　啄木鸟的嘴直而有力,很像木匠用的凿子。它的翼短而钝,腿短而有力;脚有四趾,两只向前,两只向后;尾上的羽轴又硬又有弹性,在树上啄木时,就像一根支柱。啄木鸟的舌头又细又软能伸到口外 14 厘米,舌头尖端生有饯刺和粘液,不管在树干里隐藏多么深的害虫、幼虫和虫卵,都逃不过它的舌头。据统计,啄木鸟能够消灭森林中 95% 的害虫。

　　啄木鸟常在树洞中建巢。每年的四、五月间产卵,每窝产卵 3~8 枚,纯白色。雌雄鸟轮流孵化,大约 16 天后,幼雏出生,18~21 天后,小啄木鸟便能飞出巢外,自己觅食了。

雾鸟

一只凶猛的山鹰,瞪着双眼,凶相毕露地注视着一棵大树上的十几只黄色的小鸟,准备猛冲过去,吃一顿"美餐"。山鹰在空中盘旋着,对准了目标,勇猛扑过去。可是在大树上跳跃的小鸟们却无动于衷,仍是"载歌载舞"地欢乐着。山鹰眼看就要叼去一只鸟儿了。就在这千钧一发之际,在那群小鸟的周围突然升起了一股股迷雾。霎时间,小鸟全部都被烟雾遮住了。再

雾鸟

也看不清小鸟的影迹了。山鹰扑了空,它失去了目标,只得飞升高空,再行侦察。奇怪,雾散后十几只小黄鸟照旧在那里亦歌亦舞呢!山鹰发出噤叫,愤怒地再向目标扑去,又遇到和刚才同样的境遇。

这种会吐雾保全自己的小黄鸟,就是渥太华群岛出产的"雾鸟"。在它的脖颈下面,有一个特殊的雾囊,在紧急时会喷出浓雾,保护自己的安全。

乌鸦

乌鸦是遍布我国各地的常见鸟类。因为它全身乌黑,叫声嘶哑难听,而且常常成群结队地边飞边叫,所以从古时候起人们就认为乌鸦叫是不祥之兆。

根据科学家的研究发现,其实乌鸦和其他的鸟并没有不同,也不意味着不吉利。人们对乌鸦一贯的看法是片面的、不准确的。从某种程度上说,乌鸦还可以说是一种益鸟呢。乌鸦是杂食动物,常吃玉米、瓜果、豆类等农作物,对农业有危害。但它也吃一些耕地上的害虫,对农业也有一定的益处。

实际上,乌鸦是很聪明的动物。日本的乌鸦会将核桃放到停在红灯前的汽车轮下,等到绿灯一亮,汽车

乌鸦

前进时,就会辗开核桃壳,乌鸦就能吃到里面的核桃仁了。怎么样？乌鸦吃东西很聪明吧。

乌鸦还有"尊老爱幼"的好美德。老乌鸦将小乌鸦喂养大后,自己年迈体衰时,小乌鸦会主动承担起捕物寻食,侍奉双亲的责任。这在整个动物界都是很少见的。

喜鹊

民间有句俗语:"喜鹊叫,喜将到。"人们喜爱喜鹊不仅仅是因为喜鹊体态优美,全身羽毛漂亮,更主要的是因为喜鹊是一种对人类很有益的鸟。

喜鹊

喜鹊享有"田野卫士"的美称。清晨,它们会成群结队地飞到田野里觅食,在庄稼地里跳跃着捉虫,每年能吃掉很多的蝗虫、松毛虫等害虫。根据科学家的调查,喜鹊一年的食物中,80%以上是危害农作物的昆虫,因此,喜鹊对人类是有益的。农民们看到喜鹊落到田间,尤其高兴。

喜鹊又是预报天气的高手,它的叫声同天气变化有密切关系,不同的叫声反映不同的气候状况。早晨,若喜鹊的叫声婉转动听,神态自如,而且边叫边跳,就表明今天将天气晴好;如果喜鹊的叫声显现出不安,说明阴雨天即将来临。

鹤

鹤类的长相一般都很漂亮,深受我国人民的喜爱。可是,在自然界,鹤却只能算是个弱者。鹤有很多天敌,为了在自然界里生存下去,它们必须对周围的生活环境保持高度警惕,时刻提防敌人的袭击。

那么,鹤是怎样睡觉的呢？原来,它们是站立着睡觉的。正因为鹤要时刻防备敌人,所以,它们绝不敢像一些猛兽那样躺在地上呼呼睡大觉。我们试想一下,如果它们躺下睡觉,万一碰到紧急情况,等到想爬起来逃跑,往往就来不及了。因此,鹤类不是不想躺下睡觉,而是周围的环境迫使它们不能这样做。

可是,站着睡觉毕竟很吃力。鹤只好用一只脚站着休息,过一会儿,用另一只脚交换站着,让自己舒服一下。如果睡觉的时候敌人突然来了,它们只要放下一只脚,伸展一下翅膀就能快速飞走,逃离危险。

鹤

丹顶鹤

丹顶鹤是一种生活在沼泽或浅水地带的大型鸟类。它身披白色羽毛,喉、颊和颈部

丹顶鹤

为暗褐色,长而弯曲的黑色飞羽呈弓状,覆盖在白色尾羽上。裸露的头顶呈朱红色。它性情高雅,形态美丽,直立时有 1 米多高。

丹顶鹤是典型的候鸟,每年随季节气候的变化,有规律地南来北往迁徙。它多栖息于开阔的芦苇丛或多草的沼泽地带,主要以鱼、虾、贝类和植物根茎为食。丹顶鹤 4 月初开始择偶。一旦婚配成对,就偕老至终。丹顶鹤一般 4 月中下旬开始产卵。5 月中下旬,雏鸟相继破壳而出,20 多小时后就能蹒跚行走,还会游水;3 个月后长大成形,就能自由飞翔。全世界野生丹顶鹤的总数仅 1200 只左右,我国约有 700 多只,占全世界总数的 60% 左右,属于国家一类保护动物。

丹顶鹤的寿命一般为 20~30 年。

鸬鹚

鸬鹚是一种水鸟,除了南极区和北极区以外,世界各地都有分布。鸬鹚的样子看上去很像鸭子,但羽毛却是黑褐色的,并且,会发出金属般的蓝光。鸬鹚有一张长而带锯齿的嘴,捕起鱼来格外方便。其喉部有个膨大的地方,这是它暂时存放鱼儿的仓库。渔民们利用鸬鹚这个特点,把它的脖子扎起来,放到水中捕鱼。

鸬鹚

鸬鹚颈长翼短,在热带的淡水水域中一般都能发现它们的踪迹,而在温带淡水水域中,鸬鹚则大多是从海上来做客的。

作为水鸟,鸬鹚一般都是能飞翔的,但也有不能飞行的鸬鹚,这就是加拉巴哥群岛的不飞鸬鹚。

鹈鹕

鹈鹕又叫塘鹅,嘴很大,下颌有个如袋子般的喉囊,鹈鹕嘴里装的东西比它胃里能装的还要多。它的嘴里能装上一个星期的食物。虽然它们属于大型鸟类,但雄鹈鹕要保护的范围只是它嘴能够到达的地方。鹈鹕非常喜欢洗澡,它们摆动头部,将颌下腺体分泌的油脂擦在羽毛上,然后用嘴把羽毛梳妆整齐,翅膀张开有 2 米多宽。它擅于游泳,常常栖息在河湖岸边,用翅膀拍打水面,把鱼赶到浅水里,张开网兜似的嘴,捞起鱼来吞食。鹈鹕喜欢群居,一旦发现鱼群,会很快跟踪上来,排成一条直线,形成半圆形进行包抄,

鹈鹕

合而捕之。它的皮下有许多空气泡,是身体与水面撞击时的缓冲层。当它们在空中飞翔时,一旦发现鱼,会突然从空中箭一般地插入水中去捕鱼。

进入繁衍季节,鹈鹕的嘴上就会鼓起一个球形物。因为在繁衍季节,天气很热,它们鼓起喉部有助于散热,而不像狗那样伸出舌头去散热。

白鹳

白鹳是一种较大的候鸟,它的身体长大约 1 米,腿喙细长呈朱红色。除翼的后半部分是黑色外,全身都呈纯白色。它们经常在溪流、池塘边漫游,也会在草地或稻田里寻找食物。它们飞翔缓慢,偶尔会伸展腿和颈滑翔。白鹳的家庭观念比较强,一旦选定配偶,就会保持好多年,而且每年都回到同一个巢中生儿育女。

白鹳

白鹳的翅膀长而且宽大,在长途飞行时,它们采用拍翅飞行和翱翔相结合的办法。由于翱翔飞行依赖于只有在陆地上空才能找到的热气流,所以白鹳避免在宽阔的海面上进行长距离的旅行。它们在欧洲与非洲之间的越洋迁徙路线总是选择直布罗陀狭窄的海峡上空或者位于黑海狭长海域的博斯普鲁斯海峡上空。

黑鹳

　　黑鹳全身的羽毛除胸腹部洁白如雪外，其余皆为黑褐色。它长有一张红色的长嘴巴，同白鹳原来是一对亲密无间的"堂姐妹"，最初都居住在幽谷密林之中。

　　后来，白鹳在人们的屋顶上安下了舒适的家，而黑鹳却固执地继续居住在人迹罕至的林木树梢上。黑鹳的数量现已十分稀少。

　　黑鹳是滑翔高手，飞行时动作轻快舒展。平时，它默然无语，对食物从不挑剔，有什么吃什么，主要觅食沼泽和潮湿之地上的蛙、鱼和甲壳动物。

　　黑鹳是一种观赏性很高的珍禽，已被列为国家一级重点保护野生动物。

黑鹳

牛背鹭

　　牛背鹭羽色以白色为主，头、颈、上胸及背上饰有橙黄色羽毛，嘴和眼裸露部分为橙黄色，脚趾为黑色。冬季牛背鹭的橙黄色饰羽脱落，全身羽毛变为白色。牛背鹭的卵呈蓝绿色，雌雄共同孵卵，共同育雏。

　　牛背鹭经常喜欢在湖泊上空作短距离飞行，一般高度在 40~100 米上下，飞行时初级飞羽显现出来，边飞边鸣，甚为美妙。降落前，两翅平伸盘旋数圈，脚落地后两翅张一下，接着收拢，常伴有鸣叫声，显得优雅而自在。

　　牛背鹭栖息于低山、平原、牧场、湖泊和沼泽地。它们生性机警，见人即飞，飞行距离较短，大约 10~50 米就降落。牛背鹭

牛背鹭

鹭筑巢在灌木枝上，巢材用枯枝和枯草。牛背鹭在夜宿时，颈部收缩，喙和脸插入背羽

内,单脚站立。晚上栖息时有老牛背鹭警戒,后半夜才放心睡去,从前猎人经常趁此时机进行捕捉。牛背鹭十分机敏,受惊后一般不再来原地宿夜。天亮后,牛背鹭逐渐从睡眠状态中苏醒过来,理毛、观望,开始一天的生活。

白鹭

白鹭天生丽质,身体修长而瘦削,它有着细长的腿、脖子和嘴,脚趾也比较细长。

白鹭全身披着洁白如雪的羽毛,可谓名副其实。繁殖期间,脑后便会长出两根十余厘米长的羽毛,看上去好像小姑娘的两条辫子。胸部和背部会出现丝状的长羽毛,就如同用草叶编织成的雨衣,随风起舞的时候,显得尤为美丽。这些丝状长羽毛,是上等装饰品,西方许多国家曾一度用来作为女性的装饰品。

白鹭

白鹭分布较广,在欧洲南部、非洲、亚洲中部和南部、澳大利亚等地区以及我国南方各地都有它的踪迹。平时,白鹭一只脚缩在腹部下面,另外一只脚则站在水里一动也不动,神态高贵而优雅。鱼、蛙等到它的身旁时,它靠灵活的脖子和鱼叉一样的尖嘴,迅速准确地把猎物抓住。遇到大河蚌,白鹭会十分巧妙地将它叼起来,向岸边的石头上猛甩,直至将河蚌震得张开双壳,然后就敞开肚子美美地饱餐一顿。

翠鸟

翠鸟一般生活在水边,专门吃鱼,俗称"钓鱼郎"。除了红喙红腿外,全身大部分是翠绿色的。翠鸟是飞翔高手,时速可达 90 千米。

每年 4~7 月,翠鸟会成双成对地用凿子一样的大嘴,在陡峭的河岸上掘洞,建造自己的家。这时,翠鸟像直升飞机一样悬空停在土洞口,然后耐心地凿击土坡。翠鸟所掘的洞有时会深达 2.5 米。雌翠鸟凿洞时,雄翠鸟会把鱼送来,配合得非常默契。

翠鸟不善于泅水,但却是杰出的"跳水健将"。它们常常站在水边的树枝或者岩石

翠鸟

上，静静地注视着水中游动的鱼儿，一旦看准了目标，就像一颗出膛的子弹一下子射入水中，用尖锐的大嘴既准又狠地捕鱼，然后像深水下发射的火箭一样，叼着鱼儿快速离开水面，飞回原来站立的地方。翠鸟怕鱼儿逃跑，先吞下鱼头，然后再美美地享用鱼儿的其余部分。

绿头鸭

　　绿头鸭是我国北方一种常见的野鸭，因雄鸭头颈部披亮绿色的羽毛而得名，它是现在家鸭的祖先之一。绿头鸭既会游泳，又善飞行。它们每年夏季生活在北方的沼泽地区，产卵育儿。一到秋天，就陆续南移越冬。野鸭成群结队，有时密集的鸭群掠空而过，好似一片乌云遮蔽上空。来年春暖花开时又从南方的越冬地返回北方故里。雄性绿头鸭的头和颈均披金属亮绿色羽毛，颈下部有一白色领圈。背部羽毛黑褐色，腹部栗色。雌性鸭体棕褐色。绿头鸭以各种植物的根、茎，杂草种子和一些小型动物为食。

绿头鸭

白头鹰

世界上许多国家都有自己的国鸟。最早确定国鸟的是美国。

白头鹰也叫白头海雕，是美国特有的鸟类。可是，在以前的一段时间，由于过量使用DDT农药以及乱捕滥猎，美国的白头鹰一度濒临灭绝。这一现象引起了许多有识之士的重视，纷纷呼吁采取有力措施保护白头鹰。为了保护这种珍禽，使人们树立爱鸟、护鸟的意识，同时考虑到白头鹰具有威严、刚强的风采，美国国会通过决议，将白头鹰定为"国鸟"，作为美国的标志和象征。

白头鹰

从此以后，人们更清楚地认识到野生动物是大自然留下的珍贵遗产，是自然生态环境的重要部分，是人类的亲密朋友，应该努力为它们创造良好的生存环境。所以，世界上一些国家纷纷效仿美国的做法，把本国人民喜爱的或具有重要价值的鸟，选定为本国的国鸟。目前，我国还没有确定国鸟。

冠鱼狗

冠鱼狗上体呈青黑色并生有白色斑点和横斑，头部具有明显的冠羽。颊侧至颈侧有大块的白斑，上面有黑色的条纹。冠鱼狗的下体是黑色的，并具有黄黑色的胸纹，两肋具黄色横斑。

冠鱼狗有时浮在水面上空，鼓动双翅，像直升飞机那样悬停，伺机等候水中游鱼的出现。一旦发现，马上叼去喂养巢中的雏鸟。等它们的雏鸟长大，在巢穴附近便堆了很多的鱼骨头。冠鱼狗栖息于山麓或森林，

冠鱼狗

在堤岸、田坎等处挖洞为巢。它们经常把卵产在峭壁上的洞中，这样人类和其他动物很难接近，有利于它们后代的繁衍。

冠鱼狗常在河溪沿岸飞翔，或栖息于水边近水面的树枝上，专注地观察着水面。如果它们发现鱼，就会迅速潜水去捕捉并把捕到的鱼带到栖息地。首先它们会把鱼在树枝

上撞昏,然后再慢慢地享用。

火烈鸟

比起人和其他的哺乳动物来,鸟类的寿命相对要短得多。不过,也有个别鸟的寿命比较长。那么,你知道哪一种鸟是鸟类中的寿星吗?

火烈鸟

说到鸟类中的寿星,大概要数火烈鸟了。火烈鸟的寿命最高可达 80 岁,即使与人比起来也不逊色。火烈鸟喜欢生活在咸水湖、沼泽地带的边缘,成群的火烈鸟就像一团燃烧的火焰。火烈鸟跟鹤有些相似,嘴弯曲,颈部很长,羽毛呈白色微红,趾间有蹼。主要捕食小鱼和蛤蜊,也吃昆虫和小草。

火烈鸟属于大型鸟类,主要生活在地中海沿岸。它们体长大约 1~1.5 米,十分擅长游泳。每年春天,火烈鸟都要定时脱换羽毛。初换新装时,它的羽毛颜色更加艳丽动人,十分惹人喜爱。火烈鸟喜欢群居,经常成千上万只聚集觅食和嬉戏,过着红红火火的大家庭生活。

猫头鹰

猫头鹰是一种长相很奇特的鸟。由于它的样子很怪,所以许多人很讨厌它,把它看作是不吉利的象征。其实,猫头鹰是益鸟,它还是人类的好朋友呢。

大多数猫头鹰喜欢在夜间活动,它们可以凭借敏锐的听觉和视觉,在黑暗中捕猎。

在黑暗中，猫头鹰的视力比人的视力要高出三倍。它能听到森林中发出的哪怕是极微弱的一点响声，老鼠只要一动就会被猫头鹰发现。猫头鹰的翅膀上长着一层带缨缨状边缘的羽毛，这些羽毛吞没了它在飞行中翅膀拍打发出的声音，使得猫头鹰能够悄无声息地飞向捕食的目标而不被发现。

猫头鹰

一只猫头鹰一个夏季可以捕食 1000 多只老鼠。而一只老鼠至少要糟蹋掉几千克粮食。这样推算下来，一只猫头鹰一个夏季就至少为人类保护了 1000 千克粮食，相当于六个人一年的口粮，难怪人们称它是"田园卫士"。

蜂鸟

蜂鸟产于南美洲，只有人的拇指那样大小，在鸟类中，它是一种十分奇特而有趣的鸟。蜂鸟和辛勤的蜜蜂一样，以采集花蜜为生，因此人们把它叫作蜂鸟。蜂鸟的耐力很强，每年它都要飞越 800 千米宽的墨西哥湾。

蜂鸟

蜂鸟有一种其他鸟不具备的本领，它几乎可以完全"停"在空中。蜂鸟的翅膀短小而有力，扇动速度达到每秒钟 70 次，是鸽子的 10 倍，因此它具有神奇的飞行特技，能倒退飞行，或者停在空中不动，以及像直升飞机一样垂直升降。

为什么蜂鸟能有这样的本领呢？这一方面得益于它的身体很轻，另一方面，由于蜂鸟习惯于吃花蕊中的蜜汁和躲藏在花中的小昆虫，而这些花儿一般又都太小而且非常娇柔，如果蜂鸟停在花上，花朵就会支持不住它的重量，所以蜂鸟不得不发展它那奇异的翅膀。当蜂鸟的翅膀急速振动的时候，人们只能够在眼前看到一片灰雾。

哺乳动物

顾名思义,哺乳动物是以乳汁哺育后代而得名的。绝大部分的哺乳动物全身长有毛发,繁殖方式是由雄性动物的精子和雌性动物的卵子在雌性体内结合发育而逐渐形成。在生机勃勃的地球上,大约生活着46,00 种哺乳动物,科学家们根据它们幼体生长发育方式的不同,将这些哺乳动物分成了三大类:体内只有一个泄殖腔,后代不能在母体内发育,生殖方式仍是卵生的单孔目;幼体出生时非常小,发育还不完全,必须呆在母体的育儿袋中吸食乳汁继续发育的有袋目;以及母体内有一个联系母体与未出生幼体的胎盘,能供给胎儿营养的有胎盘动物。

刺猬

一提起刺猬,脑海里就会浮现电影《小刺猬奏鸣曲》那个可爱的小动物。在菜园子里东瞅瞅、西望望,像个小胖球似的,十分讨人喜欢。

刺猬长得又矮又肥,体长约25 厘米,四肢短小,眼睛和耳朵也很小,身上披着又短又密的刺。它喜欢吃昆虫和蠕虫,喜欢生活在潮湿的菜园、打谷场、废物堆的周围。

它白天躲在洞里睡觉,晚上出来找吃的。有时也吃野果子。它常常把落在地面上的野果用身子一滚,就可以穿到刺上,然后带回家慢慢地吃。

刺猬刚生下来时,身上的刺并不硬,像橡胶那么软。一星期后,它的刺才开始变得坚韧起来。

刺是它一生的防卫武器,当刺猬受到别的动物侵袭时,它不慌不忙,并不急着逃走,而是缩头屈脚,将整个躯体向腹部卷起,脑袋几乎碰着尾巴。这样,就形成了一个全副武装的刺球,使来犯者扫兴而去。

尽管刺猬有它独特的防身武器,但像獾、狐狸等食肉动物,也还是能伤害它。刺猬最恶毒的敌人要数黄鼠狼了。

原来黄鼠狼的肛门里生有一种臭腺,能分泌臭液,臭液的威力很强。黄鼠狼通过排气,可以将臭液喷射出来,以此对付敌害。

黄鼠狼遇到蜷曲成球的刺猬时,只要找到一点缝隙,即可将气放在缝隙处。不一会儿，刺猬被臭液麻醉了，失去了知觉，身体就重新伸展开了。黄鼠狼也就可以得逞了。

另外，刺也给刺猬带来了麻烦。由于刺密集地生长，皮肤难以洁净，什么东西都能串上去，使许多小寄生虫附着在刺猬身上，给它带来了很多痛苦和烦恼。

狐狸

狐是犬科动物，是著名的中小型猛兽，俗称狐狸，但从分类学上讲，狐和狸是两种犬科动物。狐是人们熟悉的野生动物，以机智多谋著称于世。

狐的样子有点像豺，但比豺要小。它身长 70 厘米，体重 6~7 千克，尾长 45 厘米。狐有两个特征：一是尾巴粗又长，尾尖白色；二是耳朵背面为黑色，四肢的颜色比身体的颜色深。狐的毛色因所栖息的环境不同变化很大，有褐色的、黄褐色的、灰褐色的、红色的、黑色的和黑毛带白尖的。和豺相比，狐的四肢较短，它的适应性很强，栖息在森林、草原、丘陵、荒漠等各种环境中，甚至出没在城郊和村庄附近。虽然狐的腿较短，但跑起来非常快，不是所有的狗都能追得上。夜间，狐的眼睛能发出亮光，远看好像若隐若现的灯光。

狐的主要食物是鼠类，鼠类占它们口粮的大部分。除了吃鼠类外，狐还猎食兔子、鸟类、青蛙和蜥蜴等小动物。狐力气很大，它能猎杀梅花鹿的幼仔，也捕捉黄鼬等小型食肉兽。当然，狐猎杀别的动物不光是靠力气，而是靠足智多谋，讲究战术和经验。狐逃避敌害和脱离危险更多的是靠智慧，比一般动物技高一筹。

穿山甲

穿山甲尖头尖尾，身体呈流线型。四肢粗短，小眼小嘴小耳朵。除腹、面及四肢内侧外，其余都披挂覆瓦状的角质鳞片，如同鲤鱼鳞一般。

穿山甲

穿山甲属夜行性动物，白天蜷缩于洞内，入夜外出，在洞穴周围活动觅食。它能爬行，会游泳，行走时前肢趾背着地，独往独来，但胆子很小，一有惊动，即刻挖洞藏身。如躲避不及，就把身体蜷成一团，一动不动，用坚硬的铠甲护身。穿山甲是以黑、白蚁为主食的哺乳动物。它的听觉、视觉都很差，但嗅觉灵敏，能靠嗅觉发现蚁巢。它的舌又细又长，能伸缩，觅食时伸出黏腻的长舌，舔食蚂蚁。穿山甲穴居在丘陵或平原的灌木丛、杂树林和草莽潮湿地。穿山甲善于挖洞,循地而居。前肢挖洞,后肢刨土,速度极快。穿山甲是白蚁的重要天敌,有益农业、林业。目前数量很少,被列为我国二类保护动物。

蝙蝠

民间故事里常说,蝙蝠是老鼠吃了油以后变的。因而,有人以为,蝙蝠是带翅膀的老鼠。这种看法是不对的。

乍一看,蝙蝠的头确实很像老鼠,它们的体色也比较接近。但是,它们的牙齿却大不相同。蝙蝠大多数是吃虫子的。它的嘴前面有一排小门齿,每边有一个长而尖的大犬齿,再后面是带着锐利齿尖的臼齿。老鼠就不同了,它是杂食性动物,没有长而尖的犬齿,在门齿和犬齿之间有较大的空隙。

蝙蝠

蝙蝠是唯一能飞的哺乳动物。它的指骨特别长,指骨末端到后肢及尾之间长着薄而柔软的翼膜,所以能像鸟一样在空中飞翔。老鼠没有翅膀,不能飞翔。

冬天,蝙蝠用爪钩住树枝,倒挂着身子,进入冬眠状态。这时,它不吃东西,静静地挂着,像个"冰雕的工艺美术品"。而老鼠通常是不会冬眠的。

事实表明,蝙蝠和老鼠在亲缘关系上距离很远。与蝙蝠亲缘关系较接近的是食虫类动物,如刺猬等。根据古生物学家的分析,蝙蝠的老祖宗是由生活在森林中的古代食虫类动物进化来的。起初,蝙蝠的祖先只能用爪在枝干上攀爬,或者从一根树枝跳到另一根树枝上。慢慢地,它跳跃的距离由近到远,又从跳跃发展成滑翔;前肢开始长出翼膜,翼膜逐渐扩大。后来,蝙蝠由滑翔发展成两翼的扇动,最后获得了远距离飞行的能力。

松鼠

松鼠是一种小巧敏捷的啮齿动物,大部分时间都生活在树上。松鼠的后腿强壮有力,毛色呈灰色、黑色或红色。松鼠一般都有一条毛茸茸的长长的尾巴,但也有无尾的松鼠。

大部分松鼠都有一条长长的尾巴,这是它们在树上敏捷跳跃时不能缺少的。它们正是凭着这条美丽的大尾巴来保持身体的平衡使自己能在高高的树枝上跳上蹿下,或者是

松鼠

从一棵树枝跳向远处的另一棵树枝。在夜间,松鼠还会用蓬松的尾巴裹住自己来保持体温。

刚出生的小松鼠全身光秃秃的,没有胎毛,并且眼睛也紧闭。它们身上的毛要从生后的第 8 天起才会逐渐长齐,而且它们的眼睛则要在出生约一个月后才能睁开。大约再过 15 天。小松鼠就能吃坚果之类的东西了,并且可以爬树。

松鼠在秋季时,常采集很多果实埋在地里,以备过冬,但是松鼠并不能消耗掉自己埋下的全部种子,相反,有一半以上始终埋在土里,于是到第二年春天,这些种子便会发芽,长成小树。科学家们估计,1 只松鼠平均要储藏 14000 颗种子,可想而知,松鼠对森林的贡献有多大。因此我们说,松鼠是自然界中的环保专家。

河狸

河狸是最大的啮齿类哺乳动物,身体肥硕,臀部滚圆,身上有细密光亮的皮毛。这种动物头短而钝,眼睛小,有鳞无毛。河狸的背毛栗色或棕褐色,体侧及臀部较淡,颊、喉及唇为黄棕色,腹毛为灰棕色,四足呈棕色,稠密的毛发使得它们在水里水外都很温暖。

河狸有一条奇特的大尾巴,宽大扁平,像把铲子,上面覆盖着大型角质鳞片,鳞片间有少许短毛,这条尾巴看上去,好像跟它们的身体没有连续性,就像谁给安上的假尾巴。不过,它的作用可不小,能推动河狸在水中飞速地上下前进,同时也起到了舵的作用,在河狸前进时掌握"航行"的方向。

小河狸出生后,妈妈会用嘴将它们轻轻咬住放在自己的前脚上,像铲车一样搬运它们。小河狸出生后很快就学会游泳了,不过还要继续吃两个月的母乳才会断奶。当它们

河狸

长到两岁时就会离开母亲,与异性河狸共筑"家"巢,组成新的家庭,开始新的生活。

河狸是一种非常珍稀的动物,由于它们的毛皮暖和、结实、光亮,是高级裘皮原料,导致人们的疯狂猎杀,给河狸的生活带来了深重的灾难,野生种已濒临灭绝。

河狸是一位优秀的建筑师,它们把自己的家建造得舒适而又讲究。河狸构筑的坝就连工匠也不得不佩服。它们的坝设计巧妙,整个坝呈楔形,使人联想到人工的重力坝。为加强坝的基础,河狸将树枝并排插入水下泥中,形成密集的栅栏层,可拦获顺流而下的碎石,这样,坝基础的强度就越来越高。

河狸的施工速度也很快,两只勤奋的河狸一周内可完成 10 米长的坝。在美国蒙大拿城曾发现一条全长 750 米的河狸坝。河狸筑坝是它自身生活的需要。河狸通常将食物贮存在池塘底,为了避免底部水在冬天结冰,它们就筑坝以使水平线保持一定高度,同时也可使通向河狸家里的水下通道在冬季仍能畅通无阻。

塔尔羊

塔尔羊是一种十分珍稀的动物,在我国已列为一级保护动物。外貌有点像山羊,不过公羊颔下没有须,吻部光秃无毛,两只角短而侧扁,肩部和颈部都有长毛下垂到膝。体毛又长又密,为红棕色或深褐色。

塔尔羊属高山动物,一般栖息于海拔 2500~3000 米之间,从不进入林带以上的地区。在塔尔羊栖居之地,常有虹雉出没。虹雉目光十分敏锐,一旦发现异常情况会立即发出惊叫声,这对塔尔羊有报警作用。塔尔羊一收到警报,便立即做好准备。

塔尔羊数十只成群,活动于裸崖或陡峭山巅的最险恶处。塔尔羊警惕性特别高,加上视觉、嗅觉和听觉都很好,且善于隐蔽,活动时还有哨羊站岗,一有异常情况,哨羊首先

发出警报,其他塔尔羊便立即隐蔽于灌木丛中。

瞪羚

瞪羚身材苗条,体态优美,行动起来敏捷轻巧。在它的两眼至鼻尖处有着醒目的白色条纹,而且它们的角上也有着明显的横棱纹。瞪羚种类较多,但最著名的有两种:格兰特瞪羚和汤普逊瞪羚。瞪羚平时聚集成一大群共同生活,到繁殖期再分散为小群。

瞪羚

看似乖巧的瞪羚遇到险情时,奔跑速度可达每小时 75 千米。汤普逊瞪羚的尾尖和臀部呈白色,当它们逃跑时会露出屁股。在奔跑跳跃中,这种闪烁的图案,往往使捕食者眼花缭乱。

雌羚的怀孕期为 5~6 个月,每次一胎只能生一个幼瞪羚。小瞪羚出生 1 小时之后便可用它那细弱的小腿一摇一晃地跑动了。用不了 1 年,它们便可发育成熟。

瞪羚的眼睛前面和腹股沟有臭腺。为了标识自己的生活领地,它们常把臭腺里的分泌物擦在树干上。

藏羚羊

藏羚羊生活在中国青藏高原(西藏、青海和新疆),有少量分布在印度拉达克地区。藏羚羊的栖息地海拔 3250~5500 米,更适应海拔 4000 米左右的平坦地形。这些地区年平均温度低于零度,生长季节短。

藏羚羊的活动很复杂,某些藏羚羊会长期居住一地,还有一些有迁徙习惯。雌性和雄性藏羚羊活动模式不同。成年雌性藏羚羊和它们的雌性后代每年从冬季交配地到夏季产羔地迁徙行程 300 千米。年轻雄性藏羚羊会离开群落,同其他年轻或成年雄性藏羚羊聚到一起,直至最终形成一个混合的群落。

藏羚羊群的构成和数量根据性别和时期不同会有所变化。雌性藏羚羊在 1.5 到 2.5 岁之间达到性成熟,经过 7~8 个月的怀孕期后一般在 2~3 岁之间产下第一胎。幼仔在 6 月中下旬或 7 月末出生,每胎一仔。交配期一般在 11 月末到 12 月之间,雄性藏羚羊一般需要保护 10~20 只雌性藏羚羊。

藏羚羊善于奔跑,最高时速可达 80 千米(50 英里),寿命最长 8 年左右。

1990 年藏羚羊的数量大约为 100 万只,1995 年下降到 7.5 万只。以往可以发现 1.5 万只以上的藏羚羊群,现在数量大为减少。

野猪

野猪通常生活在平原、森林地带,但在海拔 3000 米以上的山中也有它的踪迹。它们过群居生活,有时一群多达 50~100 只,活动多在傍晚开始。

野猪是家猪的祖先,雄猪有獠牙露在唇外,是自卫和进攻的武器。它们常常游荡在草地、森林或灌木丛中,奔跑迅速,会游水。像所有的猪一样,野猪用鼻子拱翻地面以寻找可吃的东西。它们是杂食动物,所以几乎任何东西都可进入它们的食谱。它们长得青面獠牙,虽然不捕食其他动物,但仍十分凶猛。野猪是任何一种大型食肉动物的美味佳肴。由于体型相对较小,所以几乎无法用它们看似恐惧的獠牙对付天敌。狮子可以捕食任何大小的野猪,许多野猪却无法长到成年就会被捕食。

野猪

野猪常常会糟蹋庄稼、田地和竹林,侵犯农庄,因而常常遭到人们的厌恶。

野猪视力较差,主要靠听觉和嗅觉来发现敌人。它喜欢泥浴,常常在泥沼中翻滚数小时。

熊猫

熊猫,是我国特有的珍贵动物,是我国的国宝。熊猫的体形似熊,颜面宽短似猫,又称为猫熊。大熊猫主要分布在我国四川西部、甘肃和陕西的南部,它生活在 2000~4000 米的高山且有竹丛的密林中,以箭竹等十几种竹子为食,所以总是在 2 平方千米左右有竹子的地区活动。熊猫性格孤僻,常单独行动。目前生活在自然界的大熊猫估计只有 1000 只左右,而且正在逐年减少,这与它自身的生活能力差、食性太单一、繁殖能力和防敌能力比较弱有关。

有人认为,熊猫是因为太爱睡觉才长得这么胖．其实熊猫的睡眠时间并不多。因为熊猫的主要食物竹子的营养价值太低,所以它们不得不多吃一些以保持热量(每天大约吃 45 千克竹子)。这个庞大的饮食消化任务要占去它们每天从早到晚的 16 个小时,以致它们不得不少睡一点。

现在大熊猫的分布区已相当狭小，散布在六块基本断开的山地，包括陕西秦岭南坡，甘、川交界的岷山，四川境内的邛崃山、大相岭、小相岭及凉山，总面积不过3万平方千米。大熊猫是残存下来的古老动物，衰老的种

熊猫

群基本特性、食物高度特化、抗敌能力弱、繁殖能力低等，是大熊猫走向灭绝的内在因素；而人为地破坏山林，使大熊猫失去生存之地，再加上天灾病祸，竹子开花等，是大熊猫数量减少的外在原因。

小熊猫

小熊猫是世界上最罕有的动物之一。它的尾巴上有9条黄白相间的条纹，因此，也叫九节狼。小熊猫的身体比猫大，但比狗稍小一些，同狐的个儿差不多。它的毛是棕色的，上唇周围有白色的胡须，脸上有花斑。

小熊猫

小熊猫常居住在地面上，喜欢独来独往，拖着一条毛茸茸的长尾巴，看上去不像熊猫，倒更像浣熊。小熊猫动作像猫，身体十分灵巧。性情温和，能爬上跳下。

小熊猫生活在海拔2000～3000米的高山密林里，住在枯树洞或岩石洞中，一早一晚出来觅食，主要吃野果子、野菜、嫩叶、昆虫、小鸟和鸟蛋。小熊猫非常爱清洁，常常在吃东西前，先把食物放在水里清洗一下，然后再吃。小熊猫产于印度、尼泊尔等国家，在我国只产于四川、西藏、云南等地。因为数量极少，已被列为国家二级保护动物。

浣熊

浣熊主要产于北美洲温带丛林和南美洲的热带丛林里。浣熊个头较小，一般只有7～14千克重。全身的毛不是清一色的，而是灰、黄、褐等色的毛相互混杂在一起。它虽然

叫熊,但长得一点都不像熊,吻部像狐,较尖细。

浣熊

浣熊在每次吃东西前,总是先要把食物在水中清洗一下。浣熊一般吃果实、坚果、种子、昆虫及鸟蛋,同时亦擅长用爪子在水中捕食淡水小虾等水生动物。

浣熊只有很短的冬眠,最多在寒汛期间打个瞌睡而已。

在北美洲,一些居民家中偶尔会闯入浣熊。它会十分熟练地打开冰箱,拧开糖瓶盖,或把放在桌子上的馅饼里的樱桃酱挖出来,美美地饱餐一顿,那样子俨然主人一般。

浣熊更是一个捣蛋鬼。一进居民家便东摸西拿,翻这翻那,忙个不停,直到把整个屋子搞得乱七八糟的。因此,居民们称浣熊为"调皮的小强盗"。

北极熊

熊类中以白熊的体型最大,因为它栖居在冰天雪地的北极,所以又叫北极熊。成年的雄性白熊,身长可达 3 米,重约370~450 千克,浑身长着乳白色的长毛。它脚掌肥大,掌下长着的毛,既保暖,又可防止在冰雪上滑倒。白熊性情凶悍,擅长游泳。它看起来行动缓慢,其实跑起来比人还要快得多。

北极熊生活在北极的边缘,那里是世界上最寒冷的地区之一。北极熊通常是一种害羞的动物,习惯于长

北极熊

时间孤独地生活在冰天雪地之中。作为陆地上最大的食肉动物和北极地区的霸主,北极熊非常擅长游泳。它们喜欢吃鱼,同时也猎杀海豹和海象。北极熊在发怒的时候会变得异常凶猛。许多大型的食肉动物对北极熊也是敬而远之。为了适应北极严寒的气候条件,北极熊长有厚厚的皮毛和脂肪,它白色的体毛可以与冰天雪地融合在一起并且随着季节和太阳照射角度而改变——从纯白色变为乳白色再变为淡褐色。尽管这样,它们在

冰层上的移动速度仍然很快,而且技巧很高,不会因为薄冰的裂开而掉入水中。

棕熊

棕熊是现存大型的肉食性动物之一,但它又是一个杂食的动物。棕熊是一种会跑、会爬、会游泳、会挖洞的全能动物。它近视但嗅觉很好,听觉也很好。在冬天,它就会找一个洞进行冬眠。棕熊喜爱散步,每天散步时都要留下宣告它存在的标记。棕熊经常以独居为主,但有时会到水流湍急的河岸边去捕鱼。

棕熊

棕熊看起来憨态可掬,有点蠢笨,其实它们还是挺机灵的。每年大群的马哈鱼逆流而上产卵时,棕熊就守在较险的河滩处以逸待劳。它们巨大的熊掌总能很准确地捕到马哈鱼,一个个吃得膘肥体壮。

棕熊冬眠前会不停地吃上几十天,积下厚厚的脂肪,以便美美地睡上一觉。树叶落光的季节,棕熊找一个舒服的树洞躺在里面。冬日阳光灿烂的时候,白雪反射阳光刺到棕熊的眼睛,它以为明媚的春天来了. 就从树洞里爬出来散步。可到外面一看,地上还有很厚的积雪,棕熊便摇晃着胖胖的身体。回洞继续做它的美梦。

黑熊

黑熊体型肥大,体重可达 150 千克,尾巴很短,只有 7~8 厘米。黑熊的毛呈黑色,颈和肩部的毛较长。它的视力较差,所以我国北方人都习惯叫它"熊瞎子"。黑熊栖息在山林之中,它有爬树的本领。生活在寒带的黑熊,一到秋天就开始大量吃喝,储备能量,然后躲进干燥的树洞或岩洞里开始冬眠,直到第二年的春天醒来。

犀牛

　　世界上牛的种类很多,但无论是野牛还是家牛,若和犀牛相比,只能算是小牛,因此,犀牛有个绰号"牛王"。犀牛是陆地上生存的动物中仅次于大象的庞大动物,目前地球上的犀牛已为数不多,主要分布在亚洲和非洲。

犀牛

　　现今世界上共有5种犀牛,即白犀牛、黑犀牛、印度犀牛、爪哇犀牛、苏门答腊犀牛。但是由于人们的肆意捕杀,犀牛的数量急剧下降,所以现今5种犀牛都被列入珍稀濒危动物的行列。

　　犀牛的体重约2.5吨,身高2米左右,厚而粗糙的皮肤上有许多褶皱,鼻端有一个短粗的角,下颚上还有两只巨大的獠牙。犀牛浑身是宝,血液、骨都可作药材,特别是犀牛的角,更是驰名世界的名贵药材,价值连城,比黄金还珍贵。

　　犀牛喜欢单独活动,在一般情况下显得很温和,但若被触犯也会猛冲上去用角和牙作武器与之厮打。它们吃各种植物。但不属于反刍动物,每天要用14个小时进食。

狼

　　狼是一种极凶恶的动物,它们会用群力合作、围攻堵截的方式追捕猎物,而一旦有某一只动物成为它们追猎的目标,逃生的希望是微乎其微的。狼给人的印象是凶狠残暴。狼不仅群起攻击熊、鹿等大动物,危害猪、羊等牲畜,还吃受伤的同类,所以在童话中常把狼描写成狡猾凶狠的坏蛋。其实狼有许多优点。狼的社会管理得井井有条。

　　狼群中最强壮的一只雄狼是狼群的首领,它负责维持秩序,组织狩猎,保护狼群的安全。狼在捕猎时,十分团结,十几只狼一拥而上,咬死猎物,而在分配食物时,又表现得很谦让,它们总是等比较幼小的狼吃饱后,自己再进餐。

　　狼对幼子的照顾无微不至。刚刚断奶的幼狼消化能力还不强,老狼会把自己吃下去的半消化的食物吐出来,喂给孩子们,直到小狼能够独立吃肉时为止。夏天的时候,狼爸爸和狼妈妈仍会亲自照顾当年生的小狼,由于食物比较充足,前一年出生的小狼可以自己外出练习捕食。到了冬天,食物匮乏,它们又回到父母身边,父母仍会照顾它们,和它

狼

们一起度过饥寒交迫的冬天。

狼常在黎明或黄昏长嚎,这是它们在与同伴互相联络。

狼对巢室的设计颇有研究,它不仅会留下入口,还会设计一个"太平门"和一条隐秘的地道。它们还善于游泳,当敌人来犯时,就躲到水里藏起来。

狼的奔跑速度可达到每小时 40 千米,不仅如此,它们的耐力也极佳,能以极快的速度持续奔跑数小时不休息,所以耐力常常是它制敌的法宝。

大象

象是世界最古老的动物之一,远祖可追溯到 5000 万年前的长毛象。大象性情温和但记仇,如果你曾招惹过它,下次你见到它要躲得远远的,否则它会报仇。

象属于哺乳纲,长鼻目,象科,是现存体积最庞大的陆生哺乳动物。以母权为主的象群,生活在大草原或林木茂盛的热带雨林之中。象仅以植物为食,有时也靠果实果腹。象的视觉不敏锐,长长的鼻子可见它的味觉和触觉最敏锐。值得一提的是没有人看见象的遗体,也很少有人看见大象的出生。长长的象牙是一种珍贵的物品,这成为它被捕杀的主要原因,因而亚洲象和非洲

大象

象的数量正急剧减少。

大象长长的牙齿是它的臼齿，由于不断被后面新发出来的臼齿挤压，最后长出嘴外，并且越长越长。雌雄非洲象都有长长的象牙，亚洲象的雄象一般看不到外伸的象牙。在大象的一生中，上、下共长有 12 颗牙，当它的牙齿都脱落后，大象便失去了嚼食能力而死亡。象牙是大象所独有的用于自卫的重型武器。

象的长鼻子不但柔韧而且肌肉发达，具有缠卷的功能，是象自卫和取食的有力器官。它能帮助象从树上摘取树叶和果实；能吸水喷洒在身上洗澡；也能吸起沙土撒在身上，除去身上的寄生虫，或者用沙子抵挡蛇的攻击。象鼻子的末端有指状突起，能感知物体的形状和性质，并能拿起细小的物体。象能帮助人做好多事情，它的劳动工具就是它的鼻子。象鼻子嗅觉还很灵敏，能探知地下水的位置。一些蚊蝇、小虫常要在大象身上打扰，靠一根短小的尾巴甩来甩去，蚊蝇根本不在乎，所以大象还需用自己的鼻子去赶散虫子。象鼻的卷力大得惊人，足以拔起一棵很大的树。

象是胎生动物，但象的怀孕期比较长，要经过 22 个月。离开母体的幼象，体重能达到 120 千克。小象一生下来就能吮吸母亲的乳汁。在最初的几个月里，小象只吃母乳，半岁之后，才逐渐从象妈妈嘴里接过青草吃。幼象同母象一起生活的时间长达 10～12 年。

驯鹿

驯鹿大多栖息在北极地区。在我国大兴安岭西北坡，一些少数民族也有放养驯鹿的。驯鹿体型较大，全身长着厚密的粗毛，保温耐寒。圆大的蹄子四周也密生着特殊的刚毛，便于它在雪地里行走。雌雄驯鹿头上都长着树枝一样的大角，而且幼鹿出生一周后即长出角来。人工放养的驯鹿，能作为运输畜力使用，鹿拉雪橇是北极地区人们出行的重要交通工具。

长颈鹿

在非洲草原上，可以见到三五成群的长颈鹿优雅地漫步。它们身材优美，有着修长的脖子和健壮的长腿，皮肤上生有美丽的花纹。长颈鹿是食草性反刍哺乳动物，成年的可达 5 米多高，1 吨重，可以活到 26 岁。长颈鹿每胎只生 1 子。小鹿一降生就面临一项严峻考验——它们要从妈妈离地近 3 米高的产道摔下来。

长颈鹿的嘴唇和舌头，也能够伸长，这可以弥补它的头颈之不足。长颈鹿难得饮水，甚至几星期可以滴水不进，其身体所需的水分常常是靠咀嚼针叶食物和橡胶草、含羞草等来供应。长颈鹿性情温和，弱小动物都十分高兴与这个好脾气的朋友相处，但是，对于敌人，它却毫不客气。它的四只赛似铁锤的巨蹄，是很厉害的防御武器，有 30 厘米长，据说能够踢死一头猛狮，即使是一只幼年的长颈鹿，也能对抗两只豹子。因此，单个的狮子是不敢单独向它挑战的，多半是联合起来围攻或趁它饮水时偷袭。长颈鹿还有一对长在头顶上的软角，只有几厘米长，这是用来与它的情敌做不流血的"决斗"的。

长颈鹿有格外壮的心脏和厚的心肌，这样才能把血液输送到头部，它的血压比人的血压高几倍，也是所有动物中最高的。

早期的观察家在看到长颈鹿低头饮水时感到奇怪，为什么血压冲到脑子里而不会引起致命的脑出血呢？原来当它的长脖子突然昂起或垂下时，为了经受住血液冲进大脑或冲离大脑的波动，长颈鹿生有颈静脉控制瓣和特殊的脑部血管网。惊人的颈动脉网保持了大脑血压的正常不变。

梅花鹿

梅花鹿常常一二十头一起活动，范围在数十平方千米的灌木林区，如果不受外界干扰，它们不会迁徙，即使受惊外逃，不久也会返回原来的地方。雄性梅花鹿喜欢单独行动，在繁殖季节，雄鹿之间经过激烈的争斗，胜者占有雌鹿群，繁殖期过后，它又单独生活了。梅花鹿是我国最早驯养的野生动物之一，驯养梅花鹿，主要是为了获取鹿茸。由于大量捕杀，现在野生的梅花鹿越来越少，因此梅花鹿也是我国珍稀保护动物。

老虎

虎总是让人充满恐惧同时又使人着迷，因为它们生来就是出色的杀手，而它那毛茸茸的斑纹的确又使人感到可爱。头圆圆的，一双"发射"冷光的眼睛，虎视眈眈；一条粗壮的尾巴如同一条钢鞭。它眼观六路，耳听八方，鼻嗅千里，性情凶猛，力气超群，走起路来威风凛凛，怒啸时声震山河。很多动物都害怕它，一看见它即逃之夭夭，逃不脱的则成了它的美味珍馐，连人也有谈虎色变的情况。

我国有东北虎和华南虎两个亚种虎。东北虎分布在吉林、黑龙江两省，生活在长白山、小兴安岭等处，可以说是虎中老大，耳大身长。它皮毛淡黄而长，斑纹也较疏淡，胸腹部和四肢内侧是雪白的毛，显得干净漂亮，尾巴又粗又肥，点缀着黑色环纹，更增加了它的俊伟。它经常在深草丛中休息，不会爬树，但游泳的本领可不低。虎生性昼伏夜出，独

　　华南虎分布在华中、华南、华东和西南，是世界虎类分布的中心地带，所以国外有叫它"中国虎"，也有叫它"厦门虎"的。华南虎比东北虎个头小、体重轻，身着棕红色带有黑色条纹的皮毛，油光发亮，尾巴也没有东北虎的粗壮。由于南方天气炎热，华南虎白天不爱出来。为了避暑，它一天两次游泳，顺便饮水。别看它的个头没东北虎大，但游泳的本领可比东北虎强，能横渡大江大河，甚至能游过窄的海峡，厦门、香港都曾有过老虎。

猞猁

　　猞猁长得很像家猫，但个儿却比家猫大。产于亚洲和欧洲。在我国，它们生活在北方各省和青藏高原。猞猁有两个最显著的特点：

　　一是尾巴特别短，只有普通猫的一半，而且上半截为黄色，下半截为黑色。

　　二是两只耳朵特别尖，并长着耸立的笔毛。耳壳和笔毛可以朝发声方向活动，但是，剪去猞猁耳朵上的笔毛，便会影响它的听觉，因此，猞猁的笔毛起着收集声音的助听器作用。

　　猞猁的毛皮通常是淡黄色及灰褐色的，也有一些是棕红色的，上面长着许多暗色斑点，有点像小豹。

　　猞猁栖息在树林中。白天，它们大多在枯树洞或树根处睡大觉，夜晚才出来捕食，它们是一些我行我素、独来独往的家伙，一般喜欢单独活动。它们性情凶狠，动作敏捷，能游泳、善爬树，抓捕较大的鸟和兔、鼠、鸡等小动物吃，有时也盗食羊甚至伤害人。

　　近年来，猞猁数量越来越少，现已被列为国家二级保护动物。

骆驼

　　世界上的许多沙漠地带，荒漠无边，渺无人烟。在沙漠里旅行，最好的旅伴就是骆驼了。

　　骆驼是哺乳动物中最能忍饥耐渴的动物。骆驼的外貌非常特殊，弯弯的脖子，小小的脑袋，肥大的蹄子，且掌蹄又宽又大，长着软软的肉垫，富有弹性，因此，走起路来稳稳当当，耐热又耐冷。最为奇特的是，骆驼背上有一副自然的肉鞍，这叫"驼峰"，内部积存着大量的脂肪，在营养缺乏时供给能量。骆驼不怕风沙，这是因为它的鼻子和眼睫毛的结构非常奇特，鼻孔里面有瓣膜状的东西，一有风沙，就将鼻孔关闭，而双重的眼睫毛像神秘的卫士能将风沙挡住，因此，风沙根本奈何不了它。

骆驼能在缺水达 20 天左右的时间内行走自如,这与它具有耐脱水和在短时间内能恢复水分平衡的奇特本领有关。它能脱水达体重的 30%,但却不会死去,而且这时若有水,它又能大量饮入。有趣的是它喝的水量正是它失去的体重。骆驼还有个奇特的本领,即在缺水达体重的 1/4 时,其血量仅减少 1/10,而且它能将快要排出去的尿,在体内"加工"成蛋白质。

骆驼全身是宝,肉可食,皮可制革,驼骨、驼血和驼峰等是补药。驼蹄与熊掌齐名,是上佳食品。骆驼不仅耐渴耐饥,还能耐酷热和寒冷,因此,被誉为"沙漠之舟",是人类沙漠旅行的好伙伴。

河马

河马是哺乳纲,偶蹄目,河马科。身体长约 4 米,重约 4 吨,只比非洲象稍轻一些,但它与象比起来,是名副其实的矮子。它脚短头大,身体圆滚滚光秃秃类似水桶。

河马分布在非洲的各大河川流域,甚至广及地中海的尼罗河沿岸。河马只有在日落后才进食,白天它就在水中呆着,它们的食物包括各种禾本科植物,但它们不是反刍动物。河马也是群居的动物,领地范围由雄河马自己界定。河马的尖齿对进食毫无用处,它是打架时使用的利器。

河马还有潜水的本领,当它遇到危险时,可以全身潜入水底,最多可以潜 10 分钟左右。河马的皮肤几乎无毛,皮下脂肪很厚,达 50 厘米。河马利用腿足游泳。河马很喜欢泡在水里,每天可以在水中呆上十七八个小时。它泡在水里的时候,只把眼睛、鼻子和耳朵稍稍露出水面,这样,听得见声音,看得见东西,呼吸也可以照常进行。若河马离开水的时间一长,它体内的液体就会被迫通过皮肤分泌出来,但这种汗液很奇怪,色呈红色,像血一样在浑身上下流,会让人误以为河马受了重伤呢。河马的胃口很大,每天都要吃 100 千克以上的草料。河马的牙也很有趣,每天磨损多少,第二天就会长出多少。

别看河马长得又大又丑,却是一种很胆小的动物。在晚上,人们拿着几支手电筒突然照它的双眼,会使它大吃一惊,赶忙掉过头去,跌跌撞撞,撒脚快跑。河马一般不危害人类,可以群居在人类村庄附近的河流处。人类曾大量捕杀河马,河马过去广泛分布在非洲热带地区,现在只在中非和东非的一些地方,还比较多见。

金丝猴

灵长类中最漂亮者莫过于金丝猴。有关专家比较了全部近 200 种灵长类动物,没有一种能与中国金丝猴媲美。

金丝是指猴子身上披着金黄色丝样的毛,长达30多厘米,金丝猴的名字由此而来。这种猴子的鼻骨极度退化,即俗话所说的没有鼻梁子,因而形成上仰的鼻孔。

金丝猴脸为乳白色,在头顶上生有黑褐色毛冠,两耳藏在乳黄色的毛丛里,棕红色的面颊由橘黄色衬托。脸和腹面乳白色,而四肢外侧却为棕褐色,色泽向体背侧渐深,从那深色毛区中,伸展出缕缕金丝,犹如贵夫人的金色斗篷。金丝猴的体毛五颜六色,风雅华贵。雄猴威武雄壮,雌猴婀娜多姿,被称为美猴王。

金丝猴生活在海拔1400~3000米的阔叶林和针阔混交林,以家族方式结群生活,最大的群体可达600余只,在灵长类中,如此庞大群体亦属罕见。它们主要在树上生活,也到地面找东西吃。主食有树叶、嫩树枝、花、果,也吃树皮和树根,爱吃昆虫、鸟和鸟蛋。

金丝猴是国家的一类保护动物,分布在我国的云南、四川、贵州等地,特别珍贵。

狒狒

狒狒生长在非洲,是最大型的猴子,重达54千克,体长90厘米以上。狒狒的头很大,幼狒狒生下来时鼻子并不很长,但随着身体的成长,会逐渐变得细长而突出。它们的脸看起来很像狗脸,脸上光滑无毛。雌狒狒的吻部较短,雄狒狒吻部较长。大部分狒狒的体色是浅灰褐色,但也有一部分狒狒的体色呈红色和棕色。它们成群生活,每群一般有20~60只。在一个狒狒群里,由一只年龄较大、身体强壮和经验丰富的雄狒狒当"狒王"。狒狒有时会吃小羚羊,但通常吃更小的动物,例如蝎子。狒狒也喜欢吃蔬菜和水果,因此常常损害农作物。

狒狒的生活很有规律,晚上一起睡在树林里,早上7点钟左右起来,然后一起到外面寻找食物。狒狒懂得用石头作武器,一旦遇上敌人,它们就在地上抓起石块投掷过去。

狒狒常常沿着固定的线路去找水源饮水。这是一件十分危险的事情,因为那些狡猾的狮子和蟒蛇往往会在水源处"等候"着它们。因此·每一次取水都是狒狒群一次计划周密的战斗行动。它们总是由最强壮和最勇敢的雄狒狒组成"开路先锋",其余的狒狒则躲藏在水源附近的树上。一旦遇上狮子扑来,打先锋的狒狒就同敌害进行顽强的搏斗,同时,周围树上的狒狒一起大声吼叫助威,并向"敌人"投丢石头和果实。在团结战斗的狒狒群面前,狮子往往只好狼狈而逃。

蜂猴

在我国有一种蜂猴,它们白天睡觉,夜晚活动,眼睛特别大。它们的第二脚指甲,像鸡的爪尖一样是尖的,其余的指(趾)甲却都是扁平的,与人指甲相仿。这种猴子的行动非常缓慢,不会蹿,也不会跳,只会一步一步地爬行,其行进速度与乌龟相比不相上下。

蜂猴生活在热带或南亚热带密林里,白天蜷伏在树洞或隐蔽的地方睡觉,夜晚活动。蜂猴的食性很杂,吃野果和昆虫,常把熟睡的小鸟从窝里掏出来,连毛带骨咀嚼下肚。碰到鸟蛋当然也不放过,弄碎蛋壳以后,用舌头把蛋白和蛋黄舔光。

蜂猴体重只有1.5千克,体长不过30多厘米。可是这种动物极难驯服,牙齿锋利,非常凶狠,它们的武器就是牙齿,如果谁去抚摸它一下,蜂猴会认为是不怀好意,是"敌人"侵害,会一反常态,相当敏捷地用牙齿回敬"敌人"。

蜂猴没有一定的繁殖期,一年四季都可以交配,怀孕期5个月,每产一仔,分娩多在夜间。

蜂猴在我国分布仅限于云南南部和广西南缘,数量本来稀少,近20年来不断开发热带及亚热带森林,以及人们的滥捕,这种动物已濒临绝灭,是国家一类保护动物。

吼猴

在动物界,猴子并不擅长叫,一般只会发出稍高音调的叫声。不过,在南美洲热带丛林中却生活着一种特别的猴子,叫声像雷鸣一般,远在4~5千米以外都能听到,是个名副其实的大嗓门,因此人们把它称为"吼猴"。不同种群的吼猴,各有一定的居住领域,并以树木等作为界标,彼此严格遵守。在边界线上,还有吼猴站岗守卫。万一两个"家族"的吼猴遇上了,它们便不约而同地发出震耳欲聋的吼声,向对方发出警告:不准超过边界。因此,吼声成了它们自卫的武器。吼猴只有雄性的会吼,雌性则不吼叫。它们同种群之间相处十分融洽,当遇到敌害时,雄猴齐声发出巨大的吼声,以威胁警告敌方,使敌人因胆怯而退避,以达到集体自卫的目的。吼猴之所以能吼声如雷,是因为它的喉咙中有一种奇特的舌骨器官——盒式共鸣器。吼猴收缩胸部肌肉,压出空气,通过共鸣器上端的一个口,由喉部发出扩大音量的吼声。开始时,它发出的是时断时续的咆哮声,接着便会像一连串隆隆的雷鸣声。

黑猩猩

类人猿有四种：黑猩猩、大猩猩、红毛猩猩、长臂猿。它们都可以活很多年，没有尾巴，都能直立行走。有与人相似的平坦的胸部和牙齿，其遗传因子的构造和结构也与人相像。类人猿是与人类关系最密切的动物。大猩猩是最大、最强壮的类人猿，但性格却很温和。黑猩猩很机灵，但它们要危险得多——甚至能杀死鹿和猴子来吃！

黑猩猩是最聪明的类人猿，它具有比其他动物更为发达的大脑。正因为它大脑发达，所以它能用面部表达喜怒哀乐等多种表情，能用四肢表现复杂多样的行为，能把树枝用树藤绑在一起做成床，在床顶用树枝搭起伞状顶棚以避风雨。经过动物学家仔细研究发现，黑猩猩所具有的智力水平相当于两三岁的儿童，而4岁是黑猩猩一生中最聪明的时期，不过，它只是掌握得快，过不了多久便会忘记。

由于黑猩猩有似人的大脑，很像人，所以黑猩猩曾被人用火箭送入太空，通过它在太空的反应，了解宇航员进入太空后会有什么反应。人们还利用黑猩猩模仿能力很强的特点，教它多种多样的演技，让它为人们做精彩的表演。

红毛猩猩

红毛猩猩是最大型的树栖哺乳动物，也是唯一一种完全生活在树上的大型猴类，它们以水果为主食。

红毛猩猩无尾，手臂明显比腿部长，双臂展幅可达2.25米，雄性与雌性体形完全不同，成年雄性首领脸上具有异常的脂肪赘疣。它们的生活步调十分有规律，黎明6点半左右起床，晚6点就寝，用白天大部分的时间寻找食物并进食，只有午休时才会停止活动。

红毛猩猩和大猩猩以及黑猩猩一样。同为与人类关系最近的3种大型类人猿。红毛猩猩的前额略微凸起，眉弓不太明显，双眼很小并且离得很近，手臂极长，很适合在林间活动。红毛猩猩多以水果为食，主要的有无花果、木菠萝等。另外，为了补充养分，有时它们也吃一些富含矿物质的泥土。最有趣的是，它们有时竟吃树皮，这在其他的猴类中是非常少见的现象。

长臂猿

长臂猿顾名思义,是一种臂很长的猿类。当猿站立时,两臂下垂,而手背着地有余,中国有多种长臂猿。有白眉长臂猿、白颊长臂猿、白掌长臂猿和黑冠长臂猿等。

在云南的原始森林里,每日拂晓不时传出悦耳的鸣声,此起彼伏,优雅动听,犹如歌咏比赛。那是白颊长臂猿每天必需的引吭高歌。

长臂猿生活在热带或亚热带森林里,从体型看,是树栖动物,善于攀爬,更善用长臂抓住树枝,利用摆动的力量,一下能把身体抛出10余米,如此两臂交替摆荡,行进速度极快,可谓疾如飞鸟。

长臂猿以家庭集居的形式生活,全部成员5~7只,由一对夫妻和它们的子女组成。

1000多年以前,长臂猿的分布,自南向北可达到长江流域。由于人们不断砍伐森林,破坏了长臂猿赖以生存的自然环境,分布区急剧缩减。现在,只有云南省的南部和西部,以及海南岛局部地区,尚存为数不多的长臂猿。

虎鲸

虎鲸是海洋中生活的大型哺乳动物。身体呈流线型,表面光滑,皮肤下面有一层很厚的脂肪层,用来保持身体的热量。背上长有一鳍,能在水中保持平稳,四肢退化,前肢变为一对鳍,后肢已经消失。

虎鲸是用肺呼吸的,经常要浮出水面换气,所以它的鼻孔生在头顶,鼻孔朝天并有开关自如的活瓣。当虎鲸浮上水面时,活瓣就可打开,进行呼吸;同时鼻孔里喷出泡沫状的气雾。很多人以为这是一股水柱,其实这是它呼出的热空气,一旦接触外界冷空气后就凝结成小水珠而形成了雾柱。虎鲸是胎生动物,喜欢群居,

虎鲸

一夫多妻,几乎终年都可交配。它的皮可制革,肉可食,肝可制鱼肝油,具有重要的经济价值。

虎鲸的性格非常凶猛,胆大狡猾,残暴贪食,是海洋中最凶残的猛兽。它们长着一口锋利的牙齿,在海中专门袭击海豚、海豹、海狮、海象等大型动物,甚至袭击巨大的蓝鲸。由于它们凶如猛虎,所以被称为虎鲸。

海豚

海豚属于海生哺乳动物,是一种身材小且呈流线型的齿鲸类,通常有轮廓分明的喙

海豚

形吻部。海豚体形似鱼,一般体长 4~5 米以下,背部呈青黑色,腹部呈白色。以小鱼、小虾、乌贼、蟹等为食,分布在太平洋、大西洋和印度洋,常群游海面,追逐船只。海豚以形态优美、聪明、好嬉戏、对人友好而著名。最熟知的是普通海豚和宽吻海豚。亚里士多德、伊索、希罗多德等早期作家著作中提到的作为儿童坐骑或营救落水者的海豚,就是这两个种。多数海豚主要以鱼类为食,好群栖,常几只到几百只成群。

海豚精力充沛,喜爱玩耍,爱出风头,常常做出一些高难度的跳跃,在海面炫耀大自然赋予它们的力量。海豚是游泳能手,每秒可游 15 米,能把鱼、船只远远地抛在后面。游得这么快,仅凭它流线型的体态是不够的。

科学家们经过长期的观察、研究,发现秘密就在海豚的皮肤上。海豚的皮肤很柔软,皮肤外层生有无数中空突起,好像一根小圆管子,管子里充满了海绵物质。游泳时,整个皮肤表面能按水流作波浪起伏,变得和水波的形状一致,这就减少了 90% 的水的摩擦阻力。看来,海豚那种具有特殊组织构造的皮肤,是它游泳速度快的主要原因。

海豚是一种进化到高等阶段的哺乳动物,它的脑子的重量比人脑还要重一些,而且

还像人脑一样,大脑中有深浅不同的沟。所以海豚很聪明。人们常常训练它来表演精美的节目,如打乒乓球、跳火圈等。人们还常常利用它高度发达的大脑,来训练它完成一些水下作业。经过训练的海豚,可以侦察到鱼群的行迹,海底矿藏所在,甚至还能承担海港警戒、潜艇侦察、抢救遇难者以及寻找海上失事的飞机及海底沉船等任务。

海豹

海豹种类众多,分布于北半球和南极大陆附近的温带及寒带海洋中。海豹长着胖墩

海豹

墩的纺锤形身体,圆圆的头上长着一双又黑又亮的圆眼睛。它们的鼻孔是朝天的,嘴唇中间有一条纵沟,很像兔唇,唇上还长着短短的胡须。海豹短胖的前肢非常灵活,能抓住猎物而摄食,还会抓痒。海豹平时浮在水上睡觉,冬天则在冰下生活。人们常会在冰面上看到一个圆孔,这就是海豹为自己开的呼吸孔。海豹和人类一样用肺呼吸,但它们可以在水中待较长时间而不呼吸。这与它们体内的血液含量、肌红蛋白和呼吸频率有着密切的关系。血液含量和肌红蛋白越多,储存的氧气也就越多,加之较低的呼吸频率,就使海豹能在水中长时间地活动了。

海豹虽然名字中有个"豹"字,但是它们没有一点豹子的迅猛和凶狠。在岸上,它们性情温和,行动迟缓,这使得它们往往无法摆脱被捕杀的命运。小海豹的毛皮非常珍贵,人类为了取得小海豹的毛皮而残忍地杀死它们。在海中,海豹的敌人是那些凶狠的鲨鱼及鲸鱼,而在陆地上,人类是它们最大的敌人。

海豹在岸边产仔,一胎产1仔。小海豹身上长着柔软的纯色毛。雌海豹对幼仔非常

慈爱,时刻都精心看护着幼仔。海豹成群在岸上晒太阳的时候,几只雄海豹负责看守海豹群的安全,雌海豹则将小海豹搂在怀中。一旦发现危险来临,雌海豹会立刻抱着小海豹逃入海中。

海豹凭借它们光滑的流线型身体,成了高超的游泳专家。它们没有足,却长有灵活的鳍肢,在水下可以随意地保持极快的速度或优美的姿势。这使它们能够非常迅速地改变游动方向,这使得它们能够发现并追逐快速游动的鱼群,以及逃避敌人的追杀,例如鲨鱼、虎鲸和北极熊。海豹还是优秀的潜水员,它们靠屏住呼吸和减慢心跳来节省氧气。有些海豹可以在水下待 70 分钟,而象海豹能够潜到水下 1000 米或更深的地方。

海狮

全世界共有 14 种海狮。它们的吼声像狮子一样,而且有些种类雄海狮的颈部长毛也跟狮子很像,所以叫海狮。它们长着圆圆的脑袋,憨态可掬,全无陆地狮子的霸王气势。鳍状四肢如翅膀一样,后肢还可以转向前方。大部分海狮长着浓密的短毛,毛色深浅不同,有黄褐色、褐色。雄海狮的身体一般比雌海狮长。

海狮

海狮虽然在陆地上生育和休息,但它们大部分时间都喜欢待在海里,尤其喜欢寒流带来的冰冷海水。这种海水带来数量庞大的鱼群,可以满足它们摄食的需求。

海狮和海豹看起来非常相似,但它们可不像海豹那样笨钝,在陆地上行动起来非常灵敏。海狮的前鳍相当有力,可以把身体前部支撑起来;后面的鳍肢能够起到脚的作用,通过不断拍打推动身子前行,甚至它们还可以挥动着双鳍迅速疾行。

当经过一次成功的捕食而饱餐一顿之后,海狮便会离开水面,到陆地上养精蓄锐。它们有时会在太阳底下躺上几个小时,有时会在海滩上慵懒地滚来滚去。然而,在这悠闲时刻,危险却还是存在的。因为逆戟鲸经常会突然从水中冒出来,捕获离它们最近的动物。

海狮非常擅长游泳和潜水,它们有时口中吐着泡沫,在水中追逐嬉戏。海狮易与人类亲近,记忆力非常好,可以通过不断的熏陶学习,掌握一定的杂耍本领。

海象

海象是北极地区仅次于白鲸和格陵兰鲸的大型海兽。它们的特征就是无论雌雄都长着一双长长的獠牙，沿着嘴角向下伸出。海象的躯体是圆筒状，全身皮肤厚实而又褶皱丛生，脑袋长得又小又扁，脸上长满像刷子般坚硬的短胡须。一双小眼睛埋在皮褶里几乎难以看见。海象生有4只宽大的鳍脚，2只后鳍脚可以向前弯曲，帮助它们一拱一拱地在海滩上爬行。

海象

海象的长牙朝下生长，最长的可达1米，它们对海象非常有用，是生存的工具。海象潜入海底时，可以利用长牙把海底泥沙中的蛤蜊挖出来，再用宽大灵活的前鳍收集在一起，运到海面上以便食用；当海象攀登浮冰或山崖时，长牙则成了它们的攀登工具；当它们把猎物用前肢压住时，长牙则又成了它们的杀敌武器；海象还用长牙在冰上开洞以便呼吸；或者用长牙作杠杆，将庞大的身躯弄到海岸或冰上去。另外，海象的长牙也是它们在家族中一种身份的象征。

海象身体的颜色能发生非常奇妙的变化。在陆地上是棕灰色，到海中则变成灰白色。因为当海象浸泡在北极寒冷的海水中时，血管收缩，皮肤颜色便变为灰白色；而当海象来到陆地上后，它们的血管就膨胀，血液循环加快，因此就变成棕灰色；当盛夏时节，海象晒太阳时，表皮血管膨胀散发体热，全身则会呈现玫瑰红的颜色。

海象聚集在一起时，每群常常数以千计，每只海象一天要吃掉3000只蛤蜊，因此它们必须生活在可供食用的水生贝壳动物非常丰富的地方。它们食贝的方法相当奇特：当它们把贝类从泥沙中挖出，聚集到一起之后，就会浮出水面用鳍脚将贝壳揉碎，被去了壳的贝肉下沉比壳要慢，所以它们一低头，一张嘴就可以吃到干净的贝肉了。

海象经常一上岸就集体卧倒在岸边休息，场面颇为壮观。海象的体型庞大，而且它们的鳍状脚不能很好地用于行走，所以海象在陆地上行动比较困难。当它们成群结队地在海滩上晒太阳时，会尽可能地占据所有的空地。有时，为了抢占一个好的地盘，海像彼此之间会产生争斗，它们用长牙和强有力的脖子互相攻击，战胜者将战败者驱赶走，并占领夺来的地盘。

海獭

　　海獭是海洋哺乳动物中最小的一种,体长约 1 米,重 40 多千克,头小,躯干肥大呈圆筒形,前肢短,后肢长,鳍状,善于游泳与潜水,常采食海胆、海贝等。当采到海贝时,它往往用两个前肢各抓一个海胆,用力碰撞使壳碎裂,然后舐吸海胆的内脏。对海贝这类有坚硬外壳的食物,海獭会同时从海底捡来石块,连同海贝一起挟在前肢下松弛的皮囊中,浮上水面后立即仰游,然后用石块作砧,将海贝壳击碎,吞食贝肉。海獭喜欢栖息于近岸岩礁处,活动范围较固定。

海獭

　　海獭白天活动觅食,日落安息。它们有个非常有趣的习惯,喜欢寻找海藻丛生的地方睡觉。睡前要在水面上连连打滚,将海藻缠在身上,有时甚至用前肢抓住海藻,以免沉睡中被海浪冲走。海獭喜欢结群而居,睡觉时也靠得很近,还有几只海獭担任守卫工作,一旦有情况,便可立即发出尖锐的警报声。海獭体表的毛极为浓密,尤其是背中央的毛比貂皮还密 4 倍,非常珍贵。它也很爱惜自己的皮毛,饱食之后或临睡之前总要精心梳理、擦洗。海獭的皮脂腺极为发达,全身的毛上都有一层它自己分泌的防水物质,所以在海中生活却滴水不沾。

动物谜踪

动物为什么有尾巴？

这没有一个系统的答案。不同的动物，尾巴对它们来说有不同的用途。袋鼠在跳跃和休息时用它们的大尾巴来维持平衡，尾巴就如"三脚架"一样担当了它们的第三条腿。猴子用它们的尾巴吊在树上，就好像把尾巴当成了另一条手臂。

啮齿类动物也有帮助它们保持平衡的长尾巴，而松鼠还可以把它的尾巴当成掩蔽物。海马的尾巴是它们仅有的"肢"，海马通过让尾巴围绕着躯干旋转，来使自己在水里保持平衡。

鸟的尾巴有双重作用，即在飞翔时起到平衡和控制这两个作用。而有些种类的雄鸟把它们的尾巴当作展示品来吸引雌性——孔雀的尾巴就是一个极好的例子。

水中的动物用它们的尾巴来帮助自己在水中向前推进，蝌蚪也是如此，而当它们长大后失去尾巴成为青蛙或蛤蟆时，就会采用更多陆生的生活方式。

牛的尾巴帮助它们驱赶苍蝇和清除残留的排泄物，而马的尾巴也起到同样的作用。所以看起来这些动物的尾巴是为了保证动物的舒服和整洁。

尾巴也能用于传递信息：当兔子被惊吓而开始猛跑时，它通过上下来回地晃动其白色的尾巴来警告其他兔子有潜在的危险。

像猫和狗这样的家养动物，尾巴的状况会告诉主人它的感觉。狗摇尾巴表示高兴，而当猫变得特别亲热（或找食物）时会竖着它们的尾巴并发出咕噜咕噜的声音来引起注意。

哺乳动物中最长寿的是哪一种？

对绝大多数的动物来说，预期寿命是毫无意义的，因为许多动物一出生就夭折了，除非是人工圈养的动物，否则只有极少数能够寿终正寝。不过有关单个动物寿命的可靠记录却被人们保存了下来。

有记载的寿命最长的动物是印度洋塞舌尔群岛上的乌龟,其中一只乌龟活了超过152岁,被载入《动物吉尼斯大全》一书。

如果能侥幸不被送上餐桌的话,帘蛤(产于北美,蛤的一种)是世界第二长寿的动物,它能活150年。

哺乳动物中寿命最长的物种当数人类,有的人能活到110多岁。其次是亚洲象,曾有一只亚洲象活到过78岁。

口袋地鼠是寿命最短的哺乳动物,一般的口袋地鼠只能活20个月。

猫看得见颜色吗?

猫有一个确定的色觉值,但不像人的那么清楚。猫可以看见蓝色和绿色,但对红色不是很敏感,而且它们所看到的这些颜色色泽较弱或没有特点,就像我们在黄昏或拂晓时看东西一样。然而,猫是捕猎动物,因此有更好地适应运动和低光的视觉能力。

眼睛里有两种类型的感受器——视杆细胞和视锥细胞。视锥处理色觉并对蓝色、绿色或红色光波做出反应。视杆细胞对暗光很敏感,并因此更像是行动探测器。猫有着特别敏感的视杆细胞,这让它们能察觉到在光很暗的环境下图像的微小变化,从而使它们拥有"夜猫眼"的名声。

鲸为什么要喷水?

一望无际的大海波涛汹涌,人们却很容易发现活动在几千米范围内的鲸类。原来,鲸有一个缺点使自己很容易暴露,那就是鲸喷的水柱。

通过鲸喷出的水柱的高度、形状和大小,人们可以辨别鲸的种类和大小,例如9~12米高的水柱一定是蓝鲸喷的。从远处进行观察,就能发现鲸类并判别其种类。

现在有77种鲸生活在海洋里,主要可以分为须鲸、齿鲸两类。须鲸有11种,分布于全世界的海洋中,地鲸、鳁鲸、露脊鲸等都属于须鲸。它们是一种以水中生物为食的大体积动物。它们的牙床上没有牙齿,只有刚毛,这可以帮助它们把小鱼和鳞虾等从水中分离出来。它们利用脑袋上的两个呼吸孔进行呼吸。齿鲸包括66种,其中包括深受人们喜爱的海豚。与须鲸不同,齿鲸长着尖尖的牙齿,主要用来捕获鱼类和乌贼等食物,而不是用于咀嚼食物。齿鲸的呼吸孔合二为一。齿鲸除了分布于全世界的海洋中外,南北美洲、亚洲和非洲的某些河流、湖泊中也有分布。

从名字上看,很多人都以为鲸是鱼。其实,鲸是哺乳动物,而且还是地球上最大的哺乳动物。鲸在很久以前就是一种完全意义上的哺乳动物,而且是唯一生活在水中的哺乳动物。一开始,它们是生活在陆地上的四足哺乳动物,后来才到海中生活。它们在漫长的岁月中逐渐适应了水中的生活。为了适应海洋的生活环境,它们的身体成为光滑的流线型,而尾巴则变得非常有力,像桨一样,前肢进化为鳍,掌部和趾数都发生了变化,为了呼吸方便,鼻孔居然跑到了脑袋的顶端。

鲸的体长 1.25~30 米,体重 23~150 000 千克。大鲸像一条巨型鱼,因为脖子短,头与身体好像直接连在一起。骨骼也是从头到尾逐渐变细,像鱼类一样。蓝鲸有 30 米长、150 吨重,是到目前为止世界上发现的最大的动物。它的舌头能毫不费劲地支撑起一头小象,蓝鲸的庞大由此可窥一斑。像一般的哺乳动物一样,鲸是胎生动物。在出生时,幼鲸的头是朝前的。幼鲸一般是在水中被生下来的,刚出生的小幼鲸的鳍还不硬,但是它们一出生便能在水中游泳了。在繁殖地,鲸过着群体生活而且有着非常严格的规则,所有的鲸都会自觉遵守。幼鲸总是跟妈妈一起玩耍,有时还要骑在妈妈的背上,依靠妈妈的力量浮出水面。

那么,鲸为什么要喷水呢?原来,尽管生活在水中,鲸仍旧要呼吸大气中的氧气。鲸有一个很大的肺,如蓝鲸就有一个重约 1 500 千克的大肺,如此大的肺,能容纳 15 000 升空气。这样大的肺容量,对鲸来说大有好处,鲸只需过一段时间到海面上呼吸一下空气就可以了。但是这个时间不能太长,一般过了十几分钟后,鲸就要再次浮出水面,呼吸空气。

此外,鲸还有一个独特的鼻子。与别的哺乳动物不同,鲸的鼻子外面没有鼻壳,头顶两眼的中间就是鼻孔开口的位置。有的鲸有两个鼻孔,但是靠在一起,有的鲸干脆将两个鼻孔合并成一个鼻孔。

鲸在呼吸空气时,先要排出肺中大量的废气。由于压力非常强大,喷气时能发出像小火车的汽笛声那么大的声音。废气冲出鼻孔时,强大的气流把海水带到空中,就像有喷泉出现在蓝色的海面上一样。在寒冷的海洋里,肺内的空气较空气中的温度高,肺中呼出的热空气遇冷凝结成小水珠,也能形成喷泉。在深水里,鲸的肺中的空气在巨大的压力下强烈地压缩,压缩的蒸汽在扩散的时候,也能形成喷泉。

由此可见,鲸喷水是为了呼吸空气中的氧气,产生美丽的喷泉是由其奇特的身体构造所造成的。

斑马身上为什么有条纹?

斑马的外表在动物家族中很具神秘色彩。斑马属于马科,同科动物还有驴和真正的马。斑马生活在非洲,站立时身高 1.2 米左右。斑马的身高指的是斑马的肩部到地面的距离,马的身高也是这样测量的。

斑马通常以家族式群居的方式生活。一个家族中,有一匹公马,几匹母马以及马驹。许多这样的家庭通常又聚集在一起形成一个拥有上千匹斑马大群落。有时,斑马群喜欢与羚羊群凑在一起,与它们一起四处游荡,寻找可吃的草。

斑马分三种,每一种都拥有自己独特的条纹图案:细纹斑马的肚皮为白色,条纹细,颜色深;山斑马身上的条纹比较粗,在腰背部有三条非常宽的条纹;普通斑马条纹之间的间距比较大,条纹从腹部中央开始,经过背部,再终止于腹部。有时在宽条纹之间的空隙中还有些非常细的"影条"。

斑马家族中曾经还有一位成员,叫作斑驴,斑驴的样子与现存的其他三种斑马非常不一样。斑驴的条纹只分布在头部、颈部和身体前部的 1/4 部分,而身体的后部分是纯棕色的。由于人类的过度捕杀,19 世纪早期,斑驴从地球上彻底消失了。

斑马的条纹有什么作用呢?它能够帮助斑马逃脱猎食者的追捕。如果有狮子想把斑马当作晚餐的话,斑马的条纹可能会迷惑它。

在动物的世界,有些动物选择了与环境相同的颜色作为自己的肤色。比如绿色昆虫一生中大部分时间都呆在树叶上或草地里,绿色的外表使它的身体与周围环境融为一体,很难被天敌发现。

另一些动物,比如树蛙和环斑蛇,采用了"混隐色"来保护自己。斑马也是其中一员。

可以想象一匹普通的黑马站在你的眼前,单一的颜色在背景的衬托下使得它的轮廓格外鲜明。当你清楚地辨认出马背的曲线和身体的形状时,毫无疑问,这就是一匹马。

但斑马的外表就比较迷惑人了,黑白相间的条纹打断了轮廓线,这也就隐藏了斑马的体形。当斑马奔跑起来之后,移动的图案更加具有欺骗性。如果狮子看不清眼前的东西是什么,它就不会认为这匹斑马可以成为自己的晚餐了。

条纹图案是如何形成的呢?科学家们认为,斑马的祖先与现在普通的马类似,身上没有条纹。关于斑马祖先外貌的猜想众说不一,但大多数都认为没有条纹的斑马应该是深色或是黑色的(起初,斑马很可能是黑底白纹,而不是现在的白底黑纹)。

斑马条纹的形成过程有可能是这样的:由于基因突变,一些小马驹生出了浅色的条纹。因为这些条纹起到了保护的作用,所以带条纹的马就更容易存活下来,进而生出更多带有条纹的小马驹。这又是一个自然选择的例子。

随着一代又一代的筛选和进化,带有条纹的马驹越来越多,最终进化成了今天的斑马。

骡子为什么无法繁殖后代?

大家都知道,小虎崽是老虎妈妈生的,小狗是狗妈妈生的,小猴子是猴妈妈生的,这在自然界中是再正常不过的事了。但是这个世界上也有一些事情是违反常规的,听了之后你会觉得很奇怪。就拿最常见的家畜骡子来说吧,它是无法繁殖后代的,也就是说骡子并不能生出小骡子。这是怎么回事呢?

我们人类以及一些哺乳类动物,都是由受精卵发育而来的。雄性动物的生殖器官会产生精子,而雌性动物的生殖器官则会产生卵子,受精卵是精子和卵子结合后的产物,这是繁殖后代应具备的最基

骡子

本条件。而骡子的生殖能力却属于先天的不足:我们看到的公骡和母骡虽然具有构造较完善的生殖系统,但它们的生理机能却并不正常。据科学家研究分析,这是因为骡子的体内缺少一种激素而造成的。由于这种激素的先天缺乏,致使公骡的生殖器官无法产生成熟的精子,母骡虽然能产生卵子,但因为它的体内缺乏助孕激素,致使卵细胞不能健康发育,还没等到成熟就因衰弱而死。

那么,没有生育能力的骡子为什么不会绝种呢?

原来,骡子是一种名副其实的"混血儿"。

一头公驴和一匹母马交配后生下的后代就是"马骡",而一匹公马和一头母驴交配后生下的后代就是"驴骡"。所以你要是仔细观察就会发现,骡子身上有许多地方既像驴又像马。它的体形同马接近,但叫起来的声音却似驴;它的耳朵很长,颈上的毛、尾巴又同马、驴有所不同,介于两者之间;它的体形高大,肌肉筋骨强健,继承了其"父母"各自的优点。此外,它的耐力、抗病能力、适应性都强于马、驴,且寿命较长。因此,人类一般把骡子用于驮东西、拉车、耕地等,它是人类的好帮手。

鸡为什么爱吃小石子?

鸡为什么喜欢啄食小石子呢? 其实,它们只不过是利用沙石来帮助消化食物罢了。

大家知道,食物在胃里被消化之前,我们人或猫狗等动物总是要用牙齿先把它嚼碎。可是,鸡与其他鸟类一样没有长牙齿,这样一来,在消化食物的过程中它就需要有硬质的

鸡

东西来帮助磨碎食物,这种硬质的东西就是小石子。当我们在杀鸡的时候,剖开鸡肚之后,可以发现里面的肌胃或者说砂囊,俗称鸡肫。这是鸡储存石子的场所。鸡肫是极坚韧的,其内壁还有一层黄色而且坚韧的皱皮。

当食物进入鸡肫之后,它们就和小石子混合在一起。在鸡肫里面,沙石和食物反复摩擦,食物就逐渐被磨碎了。

鸭子为什么不怕寒冷?

北风呼啸,天寒地冻,却依然有鸭子在湖面游动,满不在乎地寻觅着食物。正因为如此,古人有诗云:"春江水暖鸭先知。"对此,人们不禁要问:为什么鸭子不怕寒冷?它的脚不怕冻吗?

在家禽中,鸭子是最耐寒的。曾有人做过一个低温实验,鸭子在 $-100℃$ 的低温中仍能正常生活。经过调查研究,科学家们发现鸭子有着奇妙的适应构造和特殊的生理功能。

鸭子

首先,鸭子没有汗腺,皮肤中却有肥厚的脂肪层,而这正是理想的绝缘层。这样一来,它就有了天然的"保温设备"。

其次,鸭子遍体的羽毛也有很好的保温功能。在羽毛的保护下,挡住了外界冷气的侵入。鸭子还有一层保温性很好的贴身绒毛。绒羽像棉花一般松软,被人们视为防寒佳品,它的羽轴柔软,羽上的小枝纤弱,不结成羽片。鸭尾巴上的皮脂腺非常发达,能分泌出许多的油脂,也有助于鸭子防寒。羽毛上抹上这种油脂后,羽毛就非常干燥,而且不沾水、不变形。

再次,鸭子的体温比人类的体温高出四五度,一般都有 40℃ 左右。鸭子的心脏和血管系统发育良好,血液中含有较多的红细胞,红细胞内有相当丰富的血红素。鸭子的血红素不容易与氧发生反应,因此细胞组织中的氧含量很少。这样就加强了呼吸、循环系统的机能。此外,鸭子呼吸很快,每分钟高达 20 余次,心跳更频繁,比人的心率快 4 倍,每分钟达 250 次。鸭子的新陈代谢旺盛,这使得它能够产生大量体热,从而保证了鸭子不怕寒冷。这样,即使是在严冬,鸭子也不会觉得冷。

另外,科学家发现,许多禽类(例如鸭、雁、鹅等)的足部都有一套奇妙的动、静脉网。动脉血管和静脉血管在这种结构中紧紧地交织在一起,就像一张网。当这张网中有温度较高的动脉血流过时,就发生了热交换,一部分的热量从动脉血传到了静脉血,静脉血将这部分热量带回体内,另一部分热量用来维持足部的温度。这套精巧的系统保持了鸭子的体内热量,它使鸭子的体温恒定,不致被低温冻伤。

在长期的进化过程中鸭子形成了它特有的耐寒特性。人类将野鸭驯化成了家鸭,也就是现在的鸭子。由于饲养条件非常好,骨骼增重了,脂肪变厚了,羽毛也丰满了,鸭子也不再会飞翔,耐寒性随之得到了极大的提高。

通过对鸭子的研究,许多原理也应用到了实际生活中,例如羽绒服、保暖内衣的发明等等。

青蛙为什么对死去的昆虫无动于衷?

每当夏夜来临之时,田间就会传来阵阵蛙鸣。这时小伙伴们就会趁着天没全黑,溜到田间去捕捉青蛙。小伙伴们每个人手中都拿着一根线,线的一头绑了一只小虫子,在青蛙的眼前晃呀晃呀,一会儿就捉住了一只青蛙。我在一旁看得手痒痒,也跃跃欲试,就从一个小伙伴那儿拿过绳子,把食物放在青蛙的嘴边,只等它一张口,我就大功告成了。可是面对放在嘴边的食物,青蛙丝毫不为所动,半天也不理不睬的。我正纳闷呢,小伙伴提醒我:"你要在青蛙眼前晃动几下,它才吃呢!"我半信半疑地来回晃动绳子,没几下,青蛙就一下咬住了虫子,上了当。我美滋滋地抓住青蛙,向小伙伴们炫耀手中的战利品。

儿时的我们不懂什么是益虫,什么是害虫,并不知道小小的青蛙原来是"田间卫士"。实际上它们是消灭害虫的"干将",一个月就能吃掉 2000 只害虫,平均每天能捕食 70 多只害虫。一年四季,青蛙除了冬眠以外,能消灭害虫多达 1.5 万多只。所幸那时的我们只是贪玩,后来都把青蛙放了回去,让它们继续保卫我们的庄稼。可是,长大后我常常想,为什么青蛙对一动不动的虫子不感兴趣,而是做出一副"君子不受嗟来之食"的样子,非要自己去抓那些空中飞来飞去的昆虫呢?

后来我在翻阅一些书籍时发现,科学家们早已做过类似的调查研究。青蛙通过眼睛得到外面世界的信息。科学家发现,青蛙的视网膜极为复杂。它是由 3 层各自分开的神经细胞组成,外层是约有 50 万个细胞的神经节细胞层;中层是约有 300 万个细胞的双极细胞层;内层是约有 100 万个细胞的感受细胞层。内外三层细胞分别执行着不同的任务。

外层的神经节细胞的结构和体积变化十分复杂,共有 4 种不同的变化。有一种叫作"边缘侦察器"的最小的细胞,只能感觉到树干、湖岸和天空等比周围环境较暗或较亮的物体的边缘;有一种只对有弯曲边缘的昆虫等或者青草的尖端有感知的较大的细胞叫"昆虫侦察器";另一类细胞叫"事件侦察器",它对目标的移动、亮度的变化、光源的熄灭和开启等做出反应;还有一类数目最少、体积最大的细胞叫"光强减弱感受器",当光线减弱的时候,它就会对沼泽中阴影的暗色部分做出反应。

当猛禽的影子进入青蛙的视野或者一只昆虫从其眼前掠过时,这 4 种神经节细胞中的许多双极细胞由纤长的支线连成一个巨大的网,可以收集从感受细胞传来的信号,使青蛙立即做出反应,并采取快速的行动:跳进水中以保安全或是扑向眼前的昆虫,饱餐一顿。

只有对它有意义的事物青蛙才能发现。青蛙的眼睛把搜索到的事物的信号快速传给大脑,而大脑得到的信息实际上是 4 种图像重叠的记录,有点类似于 4 色套印的图案那样。就是这些生理特点,使青蛙的眼睛对静态的事物没有任何反应,而对动态的事物却十分敏感。

呼吸时,青蛙鼻孔的瓣膜会时开时闭,下巴不停地颤动起落,当颤动一停,青蛙就一跃而起,用长长的舌头卷住昆虫。无论昆虫往哪个方向飞,飞得有多快,青蛙都能看得清清楚楚。青蛙的"侦察器"的灵敏度是相当高的。

设计工程师们根据青蛙的这些生理特点,研制出了几种仪器,从某种程度上来说,这些仪器是青蛙眼睛的仿制品。例如其中的一种仪器就能准确地发现正在运行中的船只和飞机,并在测位器显示屏上形成无线电回波,还能记录下一切有用的东西。整个过程都不用担心仪器把船只或飞机与其他目标搞混。

如今,这类仪器在海港和机场得到了广泛的使用。海港或机场的调度员的重要工作就是正确区分正在航行的船只或正在飞行的飞机,使它们相互之间错开航行或飞行,不要相撞。

青蛙眼睛的仿制品还被用来制造自动控制机。例如,前不久,一种机器蟾蜍模型在

美国的加利福尼亚大学被设计出来。大量的真蟾蜍习性的资料被录进了机器蟾蜍的人造大脑中,所以,机器蟾蜍能有目的地行走、蹦跳,在水中游泳,更重要的是它还会捕捉昆虫。

随着科技的日新月异,这一研究领域有了更加长足的进展。人类将不断地探索动物的各种习性,从中汲取有益的因素,从而更好地为人类社会服务。

蛇怎样吞下比自己的头大的食物?

有一个"蛇吞象"的寓言故事,说蛇张大嘴巴,想吞下一头巨象。这是一个讽刺故事,主要是指那些贪心的人。蛇当然没有办法吞下一头象,可是蛇却真的能吞下比自己的头大得多的食物。

许多人害怕蛇,担心蛇会冷不丁地攻击自己。其实,蛇并不是见人就咬。它的眼睛又圆又亮,却是高度近视,除了活动的物体外,蛇根本看不见别的东西。有一种很毒的眼镜蛇,人若静止不动地站在它的面前,它就不会咬人,如果跑动起来,它反而要追着咬。

由于没有外耳和鼓膜,蛇听不到空气中传播的声音,但内耳却很敏感,能感知人或动物接近的脚步声。蛇探测气味不是利用鼻子,而是利用舌头。在蛇紧闭嘴的时候,通过口前方的小孔,舌头也能伸缩自如,不断吸进周围空气中的微粒并对这些微粒进行检测。分叉的舌面粘到这些微粒后,就会把它们送到腭部的犁鼻器,以此判断是否是食物。有的蛇在眼与鼻孔之间还有个对温度非常敏感的凹陷的小坑,点燃的香烟或火把都会成为这类毒蛇攻击的对象。

蛇的用途很多。蛇肉可以食用,蛇毒、蛇胆可以用来制药。在印度尼西亚还有一种蛇喜欢吃田里的稗草,农民们利用它们来除草。希腊有一种蛇,能吐丝结网,像蜘蛛一样,而且,这种网非常结实耐用,不怕海水腐蚀。除此之外,蛇还能像狗一样看家。

蛇身的长度从十几厘米到十几米不等,随种类的不同而各不相同。但它们有相似的外形,都是又长又细的。蛇的生活环境也不尽相同,因此为了适应环境,不同的蛇在体形上也会有一些改变:生活在树上的蛇为了能更方便地盘住树,它们的尾巴变得很长,如树王蛇;有的蛇生活在地底下,它们的身体就变得非常圆滑,使它们能在地下自由地前进;生活在陆地上的蛇为了能更好地附住土壤和岩石,它们的腹部生出许多的鳞片,例如草原响尾蛇;生活在海里的蛇为了更好地产生前进的动力,就把自己的尾巴变成了平平的,样子像划船用的桨,例如海蛇。

很多蛇都长着十分漂亮的鳞片,通常都闪闪发光,仔细看过去,镶嵌得非常精细。这些五颜六色的鳞片还有两个作用:一是伪装,使蛇与周围的环境融于一体;二是向其他的动物发出警告："我很危险,不要靠近我!"

除了五颜六色的鳞片外,蛇也会用别的伪装来躲避众多的敌手。随着环境的不同,蛇的颜色也会发生许多改变,例如:树上的蛇是绿色或棕色的,沙地中的蛇则变成了黄色和浅棕色。还有一些蛇靠外形轮廓来迷惑敌手,它们的身上常长出一些斑点或条纹。有些蛇的颜色十分鲜艳,除了恐吓敌手外,还有一个功能,就是当它快速移动时,它的颜色变化很快,趁敌手眼花缭乱之际溜之大吉。

蛇属于爬行动物,既没有腿,也没有眼睑和外耳。那么它是用什么方法来前进的呢?据观测,蛇前进的方法有很多:一些蛇将身体扭成"S"形,沿着曲线前进;一些蛇则是一拱一伏地前行,前半部向前伸,后半部则稳住;另外一些蛇,身体不仅庞大而且肥硕,行动十分缓慢,行走方式也比较独特,前半部分身体的皮肤使劲拱,后半部分的身体再跟上来。

蛇的舌头是分叉的,有许多功能,例如味觉、嗅觉和触觉等。它们的舌头能将周围环境中的气味微粒收进嘴中。这些微粒通过蛇的口腔壁上的洞穴进入大脑,进行分析之后,蛇就能辨别出各种味道。在这一过程中,位于洞穴上的雅各布森器官起了重要的作用。

有些蛇还有一个叫热坑的感觉器官,这个器官非常敏锐,例如蟒蛇和响尾蛇。热坑可以准确地探出热能。在黑夜里,蛇利用热坑能探明温血动物的位置,甚至能判断出猎物的准确位置。根据热坑的原理,科学家制成了现在我们常见的红外线探测仪。

蛇的种类不同,繁殖方式也不一样。一般的蛇繁殖后代采用卵生的方式。蛇蛋并不需要母蛇的照料,只需放在一个温度、湿度都合适的隐蔽之所,就可自行孵化。但在整个孵化期间,母蛇必须用身体缠绕着蛇蛋以此控制蛇蛋的温度,在这一过程之中,母蛇比较辛苦。

还有一些蛇也是卵生蛇,但这些蛇蛋没有壳,只能被保持在体内,等幼蛇完全成形后,才能离开母体。

有专家考察蛇岛时,曾亲眼见到蝮蛇吞吃的鸟儿的体积比蛇头要大十几倍。在中国海南岛捕获过一只蟒蛇,发现它能吞食整头小羊、小牛。即使普通的蛇,它吞食的老鼠也比自己的脑袋要大。

蛇的嘴巴怎么能够张开这么大呢?人类的嘴巴张到最大,夹角也只有30°,可蛇的嘴巴的夹角却能达到130°!原来,蛇头部的骨骼和其他的动物不同。首先,蛇头部连接着下巴的几块骨头是可以活动的,而别的动物却是固定不动的,因此,蛇的下巴可以向下张得很大。其次,蛇左右下巴之间的骨头以韧带相连,连接成可活动的榫头,可以向两侧张大,而人的下巴处的骨头没有榫头,左右是整块。因此,蛇的嘴巴上下左右都不受限制,在一定程度内可以张得很大,要吞食比它的嘴巴大得多的东西当然毫不费力。

我们拿把烧火的钳子为例,它的夹角不可能拉成180°。但是,若将这把夹钳拆成独立的两片,中间用一物体撑住,用几根橡皮筋缠绕在两者之间,那么,它的夹角不仅能拉成 180°,而且可以拉得更大。

这样,我们就非常容易理解蛇的嘴巴为什么能张得如此大。可是,那些动物又是怎样被蛇吞下去的呢?原来,在吞食前,蛇会在嘴里对捕获物进行一番加工:动物被挤压成长条以适应蛇的体形。蛇嘴里有钩状牙齿,靠着这些牙齿,食物顺利地进入喉头。由于没有胸骨连接肋骨,蛇的肋骨可以自由活动,所以食物可以从喉头长驱直入地进入肚子,我们可以很清晰地看到蛇的肚子被胀大了。同时,蛇还会分泌出大量的帮助吞咽的唾液,它的作用就像润滑油一样。

通过这些奇特的构造,蛇可以毫不费力地吞下比自己的头大的食物,并且消化掉。

1982 年 10 月 21 日,在香港新界地区,有人发现一只大蟒的腹部鼓出,似乎是一头小牛的形状。大蟒不能动弹,胃部已经被牛腿撑破。警方发现后,请来一名捉蛇专家。捉蛇专家往蟒身上淋水,不一会儿,大蟒便转动腹部,拼命张大口,将整只小牛吐了出来。吐出的小牛已经死去,但是身躯仍然十分完整。

鱼为什么能浮沉自如?

在海洋世界,鱼儿在水中自由自在地游动,它们一会儿上升,一会儿又潜到水底,动作灵活而又优美。是什么使得鱼游得如此轻松、浮沉自如的呢?

通过对鱼的身体结构的研究,科学家们揭开了这一奥秘。首先,是鱼的鳍起了必不可少的作用,背鳍和臀鳍主要是防止鱼向两侧面倒和摇晃的。在一个试验中,除去鱼的背鳍和臀鳍,再把鱼重新投入水中,鱼就歪歪斜斜的,不能保持稳定的姿势。它呼吸时,不断喷出的水流带来一些作用力,而它的腹部前方一对胸鳍可以抵消这一作用力,鱼划动胸鳍,就能保持其在水中的稳定状态。

为了能在水中游动自如,鱼体形演变成了现在的样子,两侧扁平,前后呈流线型,适宜在水中运动。除此之外,鱼的体内有囊状鳔,鳔里充满了气体,是鱼在水中调节浮沉的主要器官。鱼的头部有一根很短的气道。鳔除了可以直接通过气道呼吸气体外,鱼的鳃瓣中的丰富的红细胞也可以在水中直接摄取溶解在水中的气体。

鳔在鱼的体内发挥着非常重要的作用,我们可以做一个实验:拿一只金属球,向里面充气体,充满气体后,金属球浮在水面上;把金属球中的气体排空,金属球就像秤砣一样,直沉水底。

鱼鳔的作用还不止如此,鱼依靠鳔内充气的多少,可以控制和调整自己在水中的位置、在水下的不同深度;通过变化鳔内气体容量,可以使自身的比重与周围水域内的密度保持一致,以此使它在水中保持稳定的姿态。

另外,鱼通过尾部运动以及水从两侧鳃盖的缝隙喷射出去产生的反作用力,可以在水内迅速地浮沉。

以上就是鱼在水中浮沉自如的原因。科学家们将这些原理用于潜水艇上,获得了巨大的成功。目前,进一步的研究工作还在进行中,相信在不久的将来,会有更多更好的产品造福于人类。

蝉为什么要"引吭高歌"?

炎炎夏日,树上的蝉总是叫个不停,令人心烦意乱。细心的人会发现,蝉刚开始叫的时候是低沉的"咚咚"声,然后逐渐变成烦人的噪音,震耳欲聋。天气越热它们叫得越欢,而且时间还越长。可是只要一到傍晚,凉风一吹,蝉们就默不作声了。

有意思的是,古代文学家为了抒发自己的情怀,常常以蝉为诗,他们认为蝉只吃树上的露水,不沾俗尘,是一种十分高洁的动物,所以常用它喻指自己的品行高洁,从而来咏叹自己的怀才不遇。

尽管如此,人们对蝉的认识还是从它的噪声开始的。在动物世界中,蝉可算得上是一个出色的"鼓手"。在它的腹部两侧各有一片薄膜,叫作声鼓,一块盖片覆在其外。里面不仅有鼓膜,还有一个完整的扩音系统,由1个音响板、2片褶膜和1个通风管组成。蝉在高歌时,你不要以为它是用锤敲鼓,相反它是使肌肉徐徐颤动,拉动鼓膜,振动空气,又在褶膜里使发出的颤音扩大,然后从音响板上将颤音反弹回来,音量就变得更大。接着,只要一张开穴上的盖片,鼓声就传扬出来了。

蝉为什么要如此"引吭高歌"呢?原来,这嘹亮的歌声是求偶的表现,希望引起其他蝉们的注意,这标志着它就要举行"婚礼"了。一般成年雌蝉都不会发出声音,只有成年的雄蝉才会引吭高歌。

蝉可算得上是世界上最长寿的一种昆虫,然而它却要在地下度过绝大部分时光。幼虫一般要在地下生活2~3年,长的可能要5~6年。现在,科学家所了解的寿命最长的蝉是美洲的17年的蝉和13年的蝉,也就是说它们每隔17年或13年才孵化一次。蝉所遵循的生命循环是十分奇异的,所以科学家叫它周期蝉。

蝉的幼虫从地下钻出来的时候,会在地面上留下一个个小圆洞,像蜂巢一样。这时的蝉还没有翅膀,最为坚强有力的是前腿。它们爬上树梢或草丛,蜕掉一层浅黄色的蝉衣后,就变成了有翅膀的蝉。

成年后的雄蝉很快就会发出求偶的鸣声,这些声音对雌蝉来说,就像是一种美妙的爱情乐曲,从而使"婚礼"的进程加快了。受精后的雌蝉会把嫩枝劈开,把卵产在枝叶内。完成延续种族的任务后,雄蝉和雌蝉于几个星期后就死去了。

虽然成年的蝉死去了,但生命依然在循环不息。嫩枝内的受精卵不久便孵化出来,新一代的生命又开始了。

美国的科学家发现,蝉至少有 20 个不同的族群,各自根据自己的生命周期进行繁殖。因此,每年都有不同族的蝉出现,这样来看 17 年的周期似乎也就不长了。

也许很多人会问,蝉为什么要大半生都过着暗无天日的地下生活呢？蝉在地下度过漫长的幼虫时期,通过树根得到水分和营养,这样就可以几度寒暑。生物学家认为,蝉的这种繁殖方式有一定的自然保护意识。因为这样可以使蝉少受鸟类等捕食动物的攻击,从而保存了有生力量。

英国科学家于不久前证实了蝉和蟋蟀等能担任天气预报的工作。原来,蝉和蟋蟀频繁发出的特殊声音与气温有很大关系。科学家们据此绘制了一张图表,从而可以预报第 2 天早晨是冷还是热。

夏日,人们早已熟悉了蝉的聒噪,然而细细了解蝉之后,才发现居然有这么多的学问。看似很寻常的一件事,背后竟蕴藏着如此深奥的道理,看来大千世界还有无数的奥秘等待人类去发现。

蚯蚓怎么能穿透硬土？

蚯蚓在很大程度上是一个地洞挖掘者,而它们依靠我们称之为蠕动的方式寻找土中能让它们身体挤进去并能运动的裂缝。如果泥土里含有丰富的食物,它们基本会吃出一条路来。

在冰冷或干燥的天气里,很多蚯蚓的洞挖得会比平时更深,然后停止进食,蜷曲成球状等待更温暖和更潮湿的环境以便回到以前的生活状态。当我们在坚硬干燥的土中找到它们时,我们必须记住蚯蚓在更潮湿和更软的土中活跃的样子。蚯蚓的洞壁因为蚯蚓的运动而被压扁,并涂满了黏液和尿液,形成了一个光滑的涂层,这对蚯蚓来说会比仅在土里更舒服。

蜗牛是怎样繁殖的？

蜗牛是螺类大家族中的一员。它浑身全是肌肉,不需要骨骼支撑身体,它的头部有两对触角,眼睛则长在其中后面一对的顶端,外套腔顶壁分布着许许多多的微血管,相当于我们人类的肺,是用来呼吸空气的。蜗牛的背上背着一个螺旋形的硬壳,当它爬行时就从壳中伸出软软的身体,用宽大扁平的足慢慢地蠕动着向前。

蜗牛的家就在背上,它走到哪里就把家搬到哪里,这真让我们人类羡慕。它平日最喜欢待在潮湿的地方,如果没有什么事的话,大部分的时间都是躺进自己的"家"里美美地睡觉,尤其是在阴雨连绵或是酷热难耐的时候。蜗牛的这个"家"神奇极了,它的管径形的构造能够反射外面的光线,将之投射到蜗牛的眼睛里,这样蜗牛在"家"里也能将外面的世界看得一清二楚。据说,胃窥镜这种医疗器械就是在蜗牛的启示下发明的。在这个地球上,蜗牛是当之无愧的"贪睡者",每年它不仅要睡上一个冬天,还要再睡一个夏天,在睡觉之前,它会为自己修一个洞,然后用自己分泌的黏液封住洞口,这样它就可以"高枕无忧"了。

你一定会说,蜗牛可真够懒惰的呀。其实不然,它的贪睡是达尔文所说的"适者生存"的最好体现。冬季气候寒冷,食物短缺,冬眠可以使动物的新陈代谢变缓,这样不吃东西也不会感到饥饿,蜗牛也就不会因找不到食物而饿死;而夏眠则是抗御干旱和酷热的最好办法,特别是生活在热带沙漠地区的蜗牛,它们用夏眠这种方法来缩食,并保持身体内的水分。蜗牛的耐饥能力十分惊人,有的蜗牛能在壳内一连睡上 3~4 年。

每年的春秋两季是蜗牛最重要,也是最忙碌的日子。它们每天拖着螺壳四处游荡,伸出触角,开始寻找"意中人"了。它们东嗅嗅,西找找,一旦遇到自己的"意中人",就蠕动着迎上前去,开始它们的"幸福生活"。

蜗牛是雌雄同体的,也就是说蜗牛长着雌雄两个生殖器。在一年中最温暖的季节里,体内会产生精子,而且产生卵子的速度也非常快。但是它不能自我受精,而要靠异体受精来繁衍下一代。

两只蜗牛的"求爱"情景非常有意思。它们先是互相以触角和嘴碰触,然后还要表演一段慢动作的"舞蹈"。大约两个钟头后,它们开始将小石块投掷到对方身上,表示更进一步的亲热。最后,它们将刺颈紧紧合在一起,彼此使对方通过生殖小孔受精。

蜗牛为什么长着雌雄两个生殖器,还要异体受精呢?它自我受精可不可以生出小蜗牛呢?这些问题真是有趣而深奥。原来蜗牛在交配和产卵期间,就会把外来的精子贮藏起来,而自身产生的精子则会退化,这样就可以顺利地完成异体受精。蜗牛能够完成如此繁杂的繁殖过程,主要得益于其体内特殊的生物钟。当然这只钟并不总是那么精确,有些时候蜗牛也会自我受精生出后代来,不过这种概率是微乎其微的。到目前为止,还没有人知道蜗牛身上这只奇特的钟是怎样为它提供信息的,但有一点可以肯定,正是这种特殊的繁衍方式,才使得弱不禁风的蜗牛能够在地球上生生不息。

大约经过 1~2 个月,交配后的蜗牛开始产卵,它们一般将卵产在树下、草根间等比较潮湿的地方,然后挖坑将这些受精卵埋起来,任其自然孵化。大约几星期后,小蜗牛破土而出了。刚刚来到世间的蜗牛宝宝的样子同自己的"妈妈"简直像极了,只是它们身上的螺壳比起妈妈的来略显单薄稚嫩。小蜗牛一出生就要独自面对这个世界,它们的步态虽然迟缓而笨拙,但却坚定地向前爬去。

昆虫在水中是怎样呼吸的?

大家知道,人在水里是不能呼吸的。但是,地球上有很多昆虫却是生活在水下的。只要是生物都要呼吸,那么水下昆虫是怎样进行呼吸维持生命的呢?

生物学家们对昆虫的进化过程进行研究,发现昆虫的祖先是有鳃的。只是在它们离开海水到陆地上居住时,鳃才慢慢退化消失了,取而代之的是一种用来呼吸水面以上空气而不呼吸溶解在水里氧气的新器官。而那些从陆地重新回到水里生活的昆虫,为了适应水里的生活环境,必须改变呼吸空气中氧气的呼吸系统。水生昆虫们为了能在水中呼吸,慢慢演变出各种各样巧妙的办法。

通过水肺进行呼吸便是其中的一种。水肺是一种昆虫所带的气泡,这个气泡具有与鳃类似的作用。它与昆虫身上的气门连接在一起,使动物能够在水底呼吸空气。水肺里的氧气被昆虫逐渐消耗时,气泡里的氧气压力逐渐降低,当这种压力降到比附近水里的氧气的压力小得多的时候,水中较高浓度的氧就会渗入水泡内氧浓度较低的气体中,通过这种方式水肺可以补充消耗掉的氧气。通过这样不断地消耗,不断地补充,昆虫从它的水泡里所获得的氧,要比水泡里的原有氧气多得多。一只昆虫把从陆地上呼吸的氧气带到水里,大概只够它使用 20 分钟,然而由于水泡可以不断从周围的水中补充到氧气,因此它在水里的生存时间可以长达 36 个小时。

使用潜游通气管呼吸空气是另一种比较常见的办法。水中的幼虫就是用这种方式呼吸空气的。潜游通气管长在它们身体后部,这样,它们吸取空气时,只要浮到水面上,把这根管子伸出水面就行了。潜游通气管的口上有一些瓣膜,在水里的时候,这些瓣膜是紧闭的。当潜游通气管的尖端露出水面后,瓣膜就自动张开。这主要是因为水对瓣膜的外部表层有一种吸力,当通气管伸出水面时,水的吸力作用可以使瓣膜的叶片向外向下展开,从而使这根管的呼吸孔露出来,它就是这样呼吸到空气的。水虻幼虫的通气管与上文提到的稍有不同。在它的通气管的尖端长了一些扁状细毛,这些细毛围成一个圆圈。幼虫浮游于水面时,细毛会在水的作用下向外展开,使幼虫牢牢定在水面上,这时呼吸孔随之张开。当呼吸结束幼虫再次潜到水里的时候,扁状细毛又自然地向里弯曲,形成一个储备空气的气泡。

还有一些以蜉蝣、蜻蜓和石蚕蛾的幼虫为代表的昆虫用气管呼吸。这类昆虫仍然保

动物百科

留了陆上昆虫具有的气管,所不同的是,它们的气管与鳃相连,因为鳃可以过滤溶解水里的大量氧气。这些鳃像稀疏的羊齿叶子一样,有的从腹部向外延伸,有的则是由胸部和头部向外延伸。蜻蜓幼虫的构造与此稍有不同。它们的鳃长在消化管后端,呼吸时需要借助身体外壁的伸缩来完成吸水排水的过程。这些鳃的作用是可以把氧气通过鳃的表面送入气管。大部分蜉蝣的幼虫长有 7 对鳃,一般为椭圆形扁甲状,覆盖在腹部两侧。其中除了第 7 对是静止的以外,其余位置靠前的六对则是不停颤动的。第一对像橹那样摇晃,接着后面几对依次颤动,有点像"多米诺骨牌效应"。这样一来,水可以源源不断地流到鳃里,到达最后一对鳃时把水放出。此时,水里的氧气已被全部吸收,这时蜉蝣便会去寻找新的含氧水。当水里含氧量较高时,蜉蝣的鳃颤动的节奏较慢。如果水里氧气较少,鳃便会加速颤动。这时,在幼虫身体两侧出现晕轮形状的东西。

还有一些昆虫无须浮出水面就可以吸取空气中的氧气。一种名叫水蝎的水虫是它们需要的典型代表。这种昆虫的腹部长着一个针状的不能伸缩的呼吸管。有些甲虫和蝇类的幼虫,也能够在水里呼吸空气。它们的特殊之处在于,它们需要的空气是从水生植物的细胞空隙里取得的。有一种蚊虫长在沼泽地带,它的幼虫也有一个尖针状的通气管,它就是通过把这根通气管刺入香蒲和菅茅之类的水草组织内部来吸取空气的。除了上述几种昆虫可以在水里呼吸空气外,寄生虫也有这种本领,它们使用的是宿主积存的空气。

由此可见,水生昆虫虽然生活在水下,但仍能通过各种各样的办法进行呼吸。这使人们不得不对它们的生存本领发出由衷的赞叹。通过对它们的研究,说不定人类很快就可以发明一种比目前的潜水设备更轻便的潜水器呢!让我们拭目以待吧!

老虎与狮子谁更厉害?

在动物世界里,人们常常称狮子为"兽中之王"。但同时,老虎也被称为"百兽之王"。许多好奇的人对此非常疑惑:"王"只能有一个,谁是真正的王?老虎和狮子谁更厉害呢?

自地球上出现人类以后,在与动物打交道的过程中,虎、狮的狰狞面目总使人类退避三舍,它们被描述成强大而且凶猛的野兽。一些文学作品也常以它们为素材,借题发挥,大肆宣扬它们的凶猛。于是人们头脑中就有了虎、狮非常厉害的印象。

狮子被称为王,可能主要是因为它威武的外形。雄狮颈上的鬣毛又长又密,作为狮子的象征,显得雄壮而且有王者风范。此外,雄狮的吼声名列兽类之首,不仅洪亮,而且震人心魄。科学家在非洲考察狮子时,就曾见到狮群里的雄狮常常头向前,伸长脖子,发出隆隆的声音,同时夹杂着低嚎声。非洲野外最惊人的声音就是这种狮吼声,声音能传到几千米外。在漆黑的夜晚,狮吼声更令人毛骨悚然!老虎深沉的啸声,与狮吼相比,不可望其项背,至于其他动物的叫声,那更是无法与之相提并论。

而老虎为什么被称为王呢?这是因为在食肉猛兽中,老虎的威力最大,山林中各种野兽遇到老虎,无不避而远之,连比较凶狠的动物(例如东北黑熊等)见了它都要溜之大吉。

事实上,只要对动物稍有了解,就会知道,狮子主要产于非洲,而老虎却主要生活在亚洲,两种食肉猛兽各霸一方,根本没有一较高下的机会,怎么能分出谁强谁弱呢?

其实,即使在它们各自的领地,它们也并不是最强大的。在非洲,狮子遇到比自己高大的大象,或是更凶猛厉害的犀牛、公野牛等,也要退避三舍。狮子在与野牛、长颈鹿进行搏斗时,有时也会受伤,例如被踢断肋骨或肩胛骨等。狮子受伤以后,只能留在狮群中,让伙伴们养着。而老虎碰上雄象以后,也只能躲在一边。因为即使是最凶猛的老虎,也承受不了象鼻的攻击。同样,老虎也不敢轻易进犯雄性野猪等凶猛的野兽。

由此可见,无论是老虎还是狮子都不适合"王"的称号。而且,它们从没有决过胜负,究竟谁更厉害,不得而知。

猫为什么喜欢吃鱼和老鼠?

猫为什么特别喜欢吃鱼和老鼠呢?原来,猫是夜行动物,夜视能力取决于猫摄取的牛磺酸的多少。如果长期得不到这种牛磺酸的补充,夜视能力将会降低。而鱼和老鼠体内含有大量的牛磺酸,所以猫爱吃鱼和鼠。

猫吃鼠还有一个原因:老鼠也在夜间活动,且个头较小,适宜于猫捕捉,这样它们自然成了猫的美食,这也是大自然生物链中一个正常现象,就像狼喜欢吃兔子一样。

不知道大家有没有注意到,猫睡觉时喜欢把耳朵挤在前肢下,这样一方面可以保护它的耳朵,另一方面是为了及时听见老鼠在地上走动的声响,以便及时采取行动。

鲸在冰冷的水中会被冻坏吗?

一到寒冷的冬季,人如果没有做好御寒工作,在室外停留的时间过长,或是长时间接触冷水就会感冒。陆地上的人尚且如此,那长年栖息在海洋中的温血动物会因为海水太冷而被冻坏吗?

显然,我们的担心是多余的。大自然给海洋温血动物装备了一个极好的中间隔热层,即一层厚厚的皮下脂肪。譬如海豚、海象、海狗和鲸等都属于这类动物。

我们平常看到鲸时都习惯称它为"鲸鱼"。其实,鲸和我们人类一样,都是胎生的哺乳动物。它并不属于鱼类,而且它还是地球上最大的哺乳动物。

早在5 000万年以前,唯一完全生活在水中的哺乳动物就是鲸。它们最早的生存形态是一种陆地上有四只脚的哺乳动物,后来因为地质运动,鲸转入海洋生活。长年累月地受到海洋环境的影响,鲸的尾巴变成有力的桨,前肢进化为鳍,前臂退化,掌部变长,趾数增加,鼻孔居然跑到了脑袋的顶端以便呼吸。鲸逐渐进化成现在的样子,身体变成了光滑的流线型,这一切的变化都是为了更好地适应海洋生活的环境。

如果我们详细地了解鲸,就会发现一个奇特的现象:鲸身体有很多部位都堆满了脂肪,而脂肪层的厚度相当可观,有的地方竟达半米厚。脂肪厚的部位都是身体不大活动的地方,而尾巴是怎样一个情况呢? 如果尾巴的脂肪也很多的话,就会妨碍尾巴做大幅度的剧烈运动。事实上,鲸整个身体是前重后轻,离尾巴越近,脂肪层就越薄,最后几乎完全消失。那么在冰冷的海水中,鲸的尾巴会不会被冻坏呢?

让我们把话题转移到人类上来,就能慢慢理解鲸的这个问题了。人类有这样一种设备,叫作热交换器。例如进入锅炉的水通过管子的表面与由锅炉排放的废气发生接触。水吸收了废气的热量,达到了预热的效果,从而节约了许多燃料,否则废气所带走的热量就会白白浪费掉。

同样的道理,海水虽然寒冷,但鲸也有特殊的防御装置。鲸体内的热血经过动脉血管流向尾巴,流经途中遇到静脉血,此时的静脉血已经冷却。因为鲸尾巴部位的动脉和静脉是互相贴在一起的,本来动脉血中的热量应传送到鲸周围的水里,而它却把热量传给了静脉,这样静脉血再返回到躯干时就已经被加热了。如此一来,造物主就给鲸配置了体内热交换器,使鲸不会因为尾巴没有脂肪保护层而受冻。

根据达尔文进化论的观点,世间万物经历了几千万年乃至几亿年的进化,早已使自身各方面的条件符合了自然的生态环境,正所谓"物竞天择,适者生存"。

什么动物吃饱了还是会饿死?

我们人类若是不进食会饥饿而死,但是有种动物即使吃得饱饱的还是会饿死,那就是生长在中南美热带丛林里,永远吊在树枝上的树懒。高温多湿的环境对树懒而言最为舒适,它的主食是树叶及树果,吃下去后借由胃中的细菌进行清化。到了雨季,雨林因为终日不见阳光而气温下降,树懒也会因低温降低而使陈代谢迟缓,最后失去吸收养分的体力。就算吃了足够的食物,也会因无法消化吸收而"饿死"。

鸟类会倒退飞行吗？

动物的行进方向通常是固定的，不论是人、狗还是鱼，都是往前行进。像螃蟹横走不过是特例，人类虽然也会倒退走，毕竟不是常态。

鸟类为了适应千变万化的生存环境及本身羽翼的不同，衍生出多种飞行模式。鸟类的飞行姿势大约有直线飞行、波浪飞行、盘旋和定点振翅等几种，飞行方向一般也是往前飞，唯有蜂鸟是可以倒着飞的。

蜂鸟的体型和蜜蜂相似，以采花蜜维生。在采花蜜的时候，它可以做出一种叫作"空中静止"的动作。蜂鸟的翅膀1秒可以挥动70~80下，速度非常快。所以，蜂鸟不需停留在花上就能吸食花蜜，接着便可以朝后飞行。不过蜂鸟只能倒飞极短的距离，不可能连飞几米远。

鹦鹉学舌时知道自己在说什么吗？

鹦鹉第一次开口说话往往会让主人兴奋不已。有些鹦鹉甚至可以背诗。当我们看到鹦鹉说话时，都会忍不住想一想，鹦鹉知道自己在说什么吗？它仅仅是在模仿声音呢，还是比我们大多数人想象的更智慧？

亚西·派佩伯格博士发现，鹦鹉学舌不仅仅是模仿那么简单。鹦鹉（还有些同种的鸟类，比如长尾小鹦鹉）与许多其他动物不同，它们的声带很适合模仿人类的语言。派佩伯格博士还发现，成群的小鹦鹉会学着成年鹦鹉的样子进行交流。这也解释了鹦鹉学舌的动机，是为了得到主人的赏赐。

但是说话与交流完全是两码事。因此，派佩伯格博士在美国西北大学进行了一系列实验，试图弄清楚鹦鹉到底能够学会多少。1977年，她从宠物店买来一只非洲灰鹦鹉，取名埃利克斯（非洲灰鹦鹉是鹦鹉中的学舌能手）。起初，埃利克斯看起来与普通的鹦鹉没什么区别。可是后来，事实证明埃利克斯是一只非常聪明的鸟。

派佩伯格博士让埃利克斯呆在笼子里，用托盘托着一把钥匙拿给它看。"钥匙！"埃利克斯说道，然后派佩伯格博士便把钥匙递给它。派佩伯格博士对待埃利克斯与普通的主人对待自己的宠物鹦鹉不太一样，只有当埃利克斯正确地叫出某个东西的名字时才会得到博士的奖赏。

派佩伯格博士说，过去没人相信鹦鹉能分辨物品，但现在，埃利克斯可以辨认出100多种物品，包括纸张、玉米和软木塞等等。

埃利克斯学会了辨认事物之后,下一步就是教它合成词:不仅是"钥匙",还是"蓝色的钥匙"。埃利克斯很快就学会了各种颜色的名字。如果在它面前放一把红钥匙和一把绿钥匙,再问它:"它们之间的区别是什么?",它会立即回答:"颜色!"

当问到不同点时,埃利克斯还可以答出"形状"或者"材料"。不过它读不好"材料"这个词,派佩伯格博士说,它说"material"时,发音像是"matter"。

接受了多年的训练后,埃利克斯有点厌烦了。它先认出钥匙,把它叼在嘴里,然后又扔在地上。如果它实在玩腻了这些旧玩具,埃利克斯会要求换换花样。如果你给了它太多钥匙,它会说:"我要软木塞!"——这可是它自学的。

如果你在它面前放些新玩意儿,这个好奇心十足的"小伙子"甚至还会喊着:"快告诉我那是什么!"如果这时你让它说出这件物品的颜色,它通常会尝试着猜。派佩伯格博士觉得,这是因为埃利克斯想要得到这件物品。事实上,为了让埃利克斯愉快地练习辨认,派佩伯格博士的助手们逛遍了玩具店,到处搜罗各种各样的小玩意儿。

不过对埃利克斯来说,训练的过程也是艰苦的。有时它就像一个受了委屈的 2 岁小孩儿,大喊着:"我不!"有时,它为了证明自己才是主角,会大声宣布:"我要走啦!"然后就从研究人员眼前大步离开。

有些人认为派佩伯格博士的实验并不能证明鹦鹉可以掌握一门语言。他们的理由是,埃利克斯之所以说话是为了获得奖赏,它毕竟没有主动地与人类交谈。

对于这种观点,派佩伯格博士回答说,虽然埃利克斯不能像人类一样运用这门语言,但它至少在利用词和句子来表达自己的想法。这也就是说,在这个小家伙的大脑里,一定潜藏着某种复杂的思想。

还有件趣事:埃利克斯能叫得出香蕉、草莓和葡萄。一次,它看见了一只苹果。它大喊起来:"我要香莓!"把香蕉和草莓合在一起,埃利克斯为这种它没见过的奇怪的水果造了一个新词。

大雁飞行时为什么要排队?

大雁是冬候鸟。一到秋冬季节,大雁就从西伯利亚一带,成群结队来到我国南方过冬。

在长途迁徙过程中,雁群的队形组织得非常严密,它们常常排成"人"字形或"一"字形,飞行时还不断发出"嘎、嘎"的叫声。

大雁每小时能飞 69~90 千米,但由于飞行的路程太长,因此一般需要 1~2 个月才能到达目的地。在长途飞行中,大雁会利用上升的气流来滑翔,从而节省体力。前面的雁

大雁

鼓动翅膀,形成微弱的上升气流,后面的雁就利用上升气流的冲力滑翔。一只跟着一只,这样就形成了整齐的"人"字形或者"一"字形队伍。

此外,排成"人"字或"一"字形队伍,也是大雁集群本能的体现,这样有利于防御敌害。

鳄鱼追捕猎物时能跑多快?

如果鳄鱼疾驰起来它们能跑得非常快。最快的速度纪录曾达到每小时 17 千米。一般它们能达到每小时 14 千米的速度,而这个速度已经打破了人类的平均速度,特别是在鳄鱼只跑很短的距离时。但它们并不经常追捕猎物,它们以更狡猾的方式捕食——躺着等待它们的猎物。鳄鱼有非凡的加速能力,因此它可以在猎物有反应之前猛扑向这个猎物,不管它怎么尽力逃脱。

不要认为你可以通过爬树来逃过鳄鱼的嘴,耐性好是它们的优点之一,如果需要的话它们会张着嘴在树下等上一个星期。

鲨鱼真的能隔着很远都能闻到水里的血腥味吗?

当然能。鲨鱼对水中的血腥味极为敏感,水中一丝一毫的血液都能把鲨鱼吸引过来。

鲨鱼的鼻孔连通嗅球,将嗅觉信号传回大脑。通过对鲨鱼大脑的研究,科学家们得出结论:鲨鱼极端依赖于自己的嗅觉。鲨鱼大脑的重量和体积只占整个身体很小的比例,但大脑的 70% 都专注于嗅觉功能。

尽管引起嗅觉和味觉的物质分子非常相似,但嗅觉和味觉这两种感官还是彼此不同的。不同的感觉器官会刺激分泌不同的激素和激发不同的生理链式反应,引起不同的生理行为。嗅觉能触发从性行为到觅食行为等不同的情绪上的或是行为上的反应,而味觉只能简单地触发接受或是拒绝食物的反应。

事实上,强有力的证据证明,鲨鱼攻击人类的行为大多是由于错误的辨识或是反射行为所致。许多此类攻击案例都发生在能见度较低的场合中,比如在晚上或是海水混浊的区域。

血腥味可能使鲨鱼误把人类当作是海龟或海狮,而激起它捕食猎物的冲动,但是氯丁橡胶或是防晒油的糟糕味道可能使鲨鱼拒绝以该猎物为食。

被鲨鱼攻击的人数要远远大于被鲨鱼吃掉的人数。可是,又有谁希望自己能有幸被鲨鱼尝上一口呢?

金鱼能活多久?

在理想状态下,普通鱼缸里的金鱼能活 30 年甚至更久。鱼缸限制了金鱼的体型,如果养在池塘里的话它们可能就会最大限度地生长,有的金鱼体长能达到 60 厘米左右。

金鱼经常在成长过程中变换身体颜色,最后形成完整的颜色图案。事实上,金鱼饲养员的一大技能就是预测哪一条金鱼能长出最漂亮的颜色来。

金鱼和鲤鱼十分相近,同时也非常耐寒。只要整个池塘不是完完全全地被封冻住,金鱼就能在水中经受住严寒的天气。

锦鲤鱼也是一种饲养在池塘中的鱼类,相比金鱼,它们的体型更大,外表也更精致美丽。锦鲤鱼是野生鲤鱼的近亲,但是经过日本金鱼玩赏者长期的人工饲养培育,终于使锦鲤鱼的体形和颜色同人们预想中的一样奇异美丽。在日本,一流的锦鲤鱼在拍卖会上能拍得一大笔钱。锦鲤鱼的寿命也很长,但是不如一般金鱼耐寒。

浑身带病菌的苍蝇为何不会生病?

苍蝇喜欢在垃圾堆、腐烂的尸体上活动,它浑身沾满病菌,到处传播,对人类产生很大的危害。尽管如此,苍蝇却从不感染细菌,这是怎么一回事呢?

经过研究,意大利科学家莱维蒙尔尼卡博士发现,苍蝇的免疫系统会发出 BF_{64} 和 BD_2 两种球蛋白,将侵犯自己的病菌杀灭。这两种球蛋白射向病菌,就像原子弹和氢弹一样,与敌人同归于尽。BF_{64} 和 BD_2 球蛋白总是一前一后地从免疫系统里出来,从不错乱,而且制造和发射都很快,能在短时间内把敌人消灭。

苍蝇并不是随便发射这两种球蛋白的，只有当细菌繁殖得特别快时，系统才会工作。一般情况下，苍蝇会尽快地将细菌排出体外。

生物学家和病理学家经过研究，发现苍蝇一般只用 7~11 秒钟就可以将食物进行处理、吸收养分，最后将废物排出体外，细菌还没来得及繁殖子孙就已被苍蝇排出了体外。这种处理方法，速度之快、效率之高，令别的动物望尘莫及。一般说来，哺乳动物从进食到排便，短则几十分钟，长则几个小时；而人类一般要 24 小时才排便一次。所以当人们吃了带有病菌的食物后，病菌、毒素不能及时排出体外，病菌便会给人体造成危害。而苍蝇这种独特的本领使它不会感染细菌而生病。

科学家对苍蝇进行研究后，发现 BF_{64} 和 BD_2 比青霉素的杀菌力还要强千百倍。如果有朝一日能从苍蝇体内提取 BF_{64} 和 BD_2，那么，这将会造福于人类。由此可以说苍蝇也并不是有百害而无一利的。

冬天的时候苍蝇和蚊子去哪儿了？

在严冬到来之际，许多成年苍蝇相继地死去，但也有一部分经受住寒冷而活了下来，其中就包括喜欢集群活动的粉蝇。粉蝇的体型要比家蝇稍大，虽然和家蝇分属不同的科，但是也和家蝇一样喜欢在人类的生活环境中出没活动。你在春季里看到的苍蝇就有可能是已经完全长成的粉蝇。

粉蝇的幼虫寄生在一些蚯蚓体内，成年粉蝇为黑白前（一种散发着恶心气味的乳草属藤本植物）授粉。黑白前、粉蝇以及所寄生的蚯蚓都原产于欧洲南部。由于绝大多数人把蚯蚓当作鱼饵来饲养，于是寄生在蚯蚓体腔内的粉蝇的幼虫也跟着寄主漂洋过海从欧洲来到了北美地区。

当天气开始转冷的时候，一部分成年粉蝇就飞进屋内，到处寻找缝隙或孔洞来躲避严寒。当某天显得较为暖和时，粉蝇就又出来四处活动，因为对它们来说，这时候春天已经来了。

蚊子的种类繁多，仅在纽约的威切斯特郡这个地方，就达 42 种之多。同时，所有的蚊子都要冬眠——更准确地讲是越冬。

有些蚊子是"成虫越冬"，即成年蚊子躲在墙角和地下室等阴暗潮湿的地方度过寒冷的冬季。一到早春，它们就从墙角裂缝等各个隐蔽处出来，沐浴在温暖的阳光下，饱餐一顿人畜的鲜血，然后开始产卵。

有些蚊子是以卵的形式过冬的。夏天时，雌蚊子把卵产在水中。这些卵在水中随着温度降低而冷冻，直至来年温润的春雨普降，卵才会解冻并孵化。少数蚊子以幼虫的形式越冬。蚊子的幼虫——也就是孑孓是栖息在水里的。有的孑孓似乎能抵御严寒,在水中安全越冬。

蚂蚁有骨头和血液吗?

蚂蚁没有骨头。它们的骨骼由一种叫作甲壳质的蜡状化学物质组成。甲壳质覆盖在蚂蚁身体的外部,所以你会发现蚂蚁把它们的骨头穿在了外面。

昆虫确实有血液,但只是用它来在体内运送食物。而人类用血液传送氧气。蚂蚁有一个简单的心脏来将血液泵到它们身体的顶端,但它的心脏是由一个简单、细长的管道构成的。

昆虫也有肌肉吗?

昆虫不仅有肌肉,而且还极为强壮。普通人只能举起比自己体重略重的重量,一只昆虫却能举起相当于自己体重 20 倍甚至更多倍的重量。

和人类不同,昆虫的"骨骼"长在体表,肌肉的附着点却在身体内侧,连接在几乎没有内张力的表皮上(皮肤的一层组织结构)。肌纤维相互交错结合成肌肉系统,构成昆虫力量的源泉。

昆虫的肌肉组织非常复杂,以昆虫的翅膀为例,一只翅膀的振动可能需要 5 组不同的肌肉群从身体的不同部位牵扯和拉动。这样的肌肉结构使得昆虫的翅膀不仅能上下活动,还能够迎风适当地旋转扭曲一定的角度。

真的虎毒不食子吗?

老虎在人们的心目中,一直是凶恶的象征。可是如此凶恶的老虎,也有舐犊之情,"虎毒不食子"就是最好的证据。随着科学的日益发达,人们产生了疑问:老虎真的虽毒不食子吗?

老虎喜欢独居。和人类不同,对老虎而言,孤独不是痛苦,而是一种享受。老虎一般独居在自己方圆百里左右的领地里。吼叫是独居的老虎彼此间打招呼的方式,它们自己领地的气味也各不相同。老虎的嗅觉不太灵敏,尽管它的分泌物气味呛人,但它还是一遍遍加强警戒,以防不速之客的打扰。老虎的气息强烈,一般可以维持三周,毗邻而居的

"母子情深"图

异性老虎很容易察觉这些气味。

只有在求偶季节,雄虎和雌虎才会走到一起。一般而言,雄虎比较主动,它朝雌虎的领地慢慢靠近,直到结合。然而这场"婚姻"非常短暂。很快,雌虎便把雄虎逐出门去,雄虎对雌虎也全无一丝留恋。

有些时候,母虎一胎产崽可达5~6只。对享受孤单的母虎来说,这么多的虎崽是一种负担,于是便吃掉其中体弱的几只小虎。母虎对于已被自己吃掉的虎崽并不感到伤心,它认为只有这么做,少量体格较强的幼虎才能更健康地存活下来。按照自然界的生存法则,保留下来的小老虎往往免疫力最强。正因为这样,母虎只不过是在按规律办事,与它的狠毒无关,这避免了让一窝小儿女全都饿死的状况。

此后两年,在虎妈妈的带领下,幸存下来的孩子会体味生活的艰辛,它会学会日后离开妈妈后自己生存下去的必备技能。等到小虎能独立生活时,就离开妈妈。雌虎的繁殖力低,约2~5年才生育一次。老虎的平均寿命约为11年。

正因如此,老虎才会以强者的姿态展现在世人面前,才会顽强地在残酷的"自然选择"中生存下来,而且一代比一代强。

现在,随着人类社会的发展,老虎赖以生存的地盘不断地被人类剥夺,老虎的数量变得越来越少。据考察,分布在外高加索、伊朗等地的里海虎,分布在印尼的巴厘虎和爪哇虎都已经灭绝。而印尼的苏门答腊虎、中国的东北虎和华南虎也已经濒临灭绝。分布在孟加拉国、印度、尼泊尔和中国云南等地的孟加拉虎却仍然数量众多。

有些动物也会掉乳牙吗?

因为到了一定年纪乳牙会像树叶那样掉落,所以在英语中,乳牙更科学的名称是

"deciduous teeth"，直译过来就是"脱落性的牙齿"。

哺乳动物——当然也有少数例外——都有两副牙齿。哺乳动物繁盛兴旺的一个关键就在于牙齿为适应不同食物种类而产生的特化现象。拥有两副牙齿——通常由不同类型的牙齿组合而成——为哺乳动物生长发育和改变食谱提供了更大的适应性。哺乳动物的牙齿可以分为基本的三类：门牙、犬齿和臼齿。门牙用来切割、咬断和啃噬食物，像海狸坚硬耐磨的门牙终其一生都在不断地生长；犬齿用来咬住、刺穿和撕裂食物，比如狗和老虎的犬齿就十分发达；臼齿用来咀嚼研磨食物，比如牛的臼齿。

当哺乳动物的幼仔不断生长发育时，它们最初的食物就是母亲的乳汁，这时幼仔们根本用不到牙齿。随着所吃食物的变化，幼仔最初的牙齿开始萌发生长，当它们吃一些固体食物的时候，最初的牙齿能派上点用处。然后，当幼仔的下颚发育到普通成年动物水平的时候，它的乳牙开始掉落，恒牙开始萌发，以此来适应成年动物的食谱变化。

有的哺乳动物一生的牙齿不止两副，而有的则一副都没有。比如须鲸的牙齿就根本不会从下颚萌发出来。

以白蚁和蚂蚁为食的食蚁兽根本不需要牙齿。有的食草动物有一副一生都在不断生长的臼齿。还有以粗糙的植物为食的大象在自己漫长的一生中一共有 6 副牙齿。

被动物吞下肚的猎物是死于同一种原因吗？

鸬鹚肚子里的鱼很可能是窒息而死的。不然的话，鸬鹚胃里的胃酸也会干扰鱼鳃上的氧气交换，令鱼缺氧而死。

巨蟒、王蛇、蚺蛇以及其他蟒蛇都是先将猎物绞杀之后再吃掉猎物。蟒蛇用身体紧紧缠住猎物，蛇身越勒越紧，等猎物窒息而死之后才将其吞食下肚。其他蛇类则是将猎物生吞下肚，使猎物在蛇腹中窒息死亡。其实猎物是因为在窒息的同时在蛇的胃里溺死的。

同一窝生的小猫只能有同一个父亲吗？

不是的，同一窝小猫也可能会有好几个父亲。事实上，任何一种一生就是一窝和在一次繁殖周期里面能怀孕生产数次的动物，产下的幼仔都可能有好几个父亲。这种繁殖生育形式的术语叫作同期复孕。

当处于繁殖周期时，雌猫因受到刺激而排卵，此时便需要在卵子排出卵巢前交配。一般而言，雌猫会在排卵前交配数次，因而在卵子排出之前，生殖道中就能存留有来自不同雄猫的精液。但是同时有好几个父亲的情形并不十分常见。

在野外,通常只有一只处于支配地位的雄猫与雌猫交配,因此所有的小猫通常只有一个父亲。如果要确定一窝小猫各自的父亲是谁,则需要用它们的 DNA 做亲子鉴定。

浣熊在"就餐"前是在洗食物吗?

在吃食物前,人类一般会对食物进行清洗,以保证卫生。可是,科学家们却发现了一种有趣的现象:美洲的浣熊也很讲究卫生,在就餐前,它们也会"清洗"食物。

浣熊虽然被叫作熊,长得却不像熊。它身躯和四肢细长,鼻子长长的,脸上有黑斑,身上的毛有很多颜色。它那肥大的尾巴像小熊猫一样饰有黑白环节。

浣熊是单独的一科动物,即浣熊科。它们大都栖居在树上的洞里,白天睡觉,夜里觅食。浣熊是杂食动物,几乎什么都吃,包括粮食、水果、蔬菜、鱼、蛙、兔、鼠、鸟和爬行动物等等,有时还出来偷吃人类饲养的鸡鸭,甚至垃圾堆里也有它的食物。

由于浣熊是夜行动物,因此在北美洲,猎人们常常在晚上带着猎狗去捕捉浣熊。浣熊喜欢在水面或水中觅食。猎狗沿着被风刮落的果子前进,或者在河流和小溪中跟踪,准能找到浣熊的踪迹。通常,浣熊发现了猎狗后,总是迅速上树或潜逃以避免搏斗。

猎狗若发现了浣熊,便会一面迅速追击,一面嗥叫;对于爬到树上的浣熊,猎狗也会狂吠不止,直到主人前来。猎人们常常爬到树上活捉浣熊。但是,若直接用手去抓浣熊

浣熊

的身体或尾巴,一不小心就会被浣熊咬到。为此,在活捉浣熊时,有经验的猎人总是带着一只麻袋,整个儿地把猎物套进麻袋再带回去,这样,就不怕被它咬着了。

可是,猎狗若遇上一只大雄浣熊,那么,遭殃的肯定是这只猎狗。因为浣熊有很好的水性,在水中,它会爬到猎狗的头上,将猎狗的脑袋压入水中,或者用前爪猛击狗头。浣熊的前爪非常有力量,受到它的袭击后,猎狗就透不过气来了,直到最终被淹死。

浣熊喜欢凑热闹,即使处于闹市中心,它也毫不畏惧,照样大模大样地活动。而且,它很喜欢闪光的东西。根据浣熊的喜光习性,猎人们常常在陷阱上悬挂锡纸,浣熊见到锡纸反射出的亮光,准会跑过来。

不少人只把猿猴类动物当作智慧动物,而加拿大动物学家亨克·戴维斯却指出,浣熊也是一种智慧动物。在安大略省古埃尔大学工作期间,他做了许多实验以证明这种小兽也会数数。

他曾教一个叫罗基的小浣熊数数。他在 5 只透明的有机玻璃立方体容器中放上数目不等的葡萄,再让小浣熊从中选出装有 3 个葡萄的容器。其他的容器中的葡萄则是 1～5 个。后来,他又用小铃铛代替葡萄。在实验中,罗基还有奖赏。如果做对了,它就能得到可吃的葡萄或可玩的小铃铛。实验证明,小浣熊的确很聪明,它发生错误的次数很快减到最低限度。

浣熊虽然吃的东西很多,可是它在吃东西前,总是喜欢把食物浸到水里不厌其烦地冲洗一通。"浣"就是洗的意思,浣熊的名字由此得来。

浣熊也像人一样爱清洁吗?经过仔细观察,人们发现,浣熊并不是见水就洗;就算是洗,它们所用的水往往是泥水,要比它逮到的食物脏得多。可见,爱清洁并不是它们浣洗食物的原因。对此,一些动物学家这样解释:浣熊只是喜欢玩水中的食物,从中它们能得到很多乐趣。

最近,美国的两位学者沃特松和格瓦特对浣熊进行调查研究,发现浣熊在自然界里并不清洗食物。它们非常聪明,喜欢智取食物。它们个子很小,体长 76～91 厘米,重 7～13 千克。有时,它们一起去猎取树上的鬣蜥蜴。它们会分工,一般分成两队,一队爬上树,负责把鬣蜥蜴吓下树来。这些还没睡醒的鬣蜥蜴一落地,正好落入另一队浣熊手中。浣熊还会跑进果园,爬上树,摇落果实。它们有时跑到浅水里,将鱼赶进自己用掌踏成的水坑中,然后捉鱼吃。

到了动物园,浣熊失去了自由,不能再去水中猎食鱼、虾和蛙了,它的本领得不到施展,只好模仿以前自己"在水里猎食"的动作,而在人们看来,它们似乎是在洗东西。

由此可见,浣熊清洗食物并不是因为卫生,也不是因为玩耍,而是天性使然。

浣熊的肉味鲜美,皮毛柔软,可制衣帽,是一种重要的狩猎兽。

牛吃的草是绿色的，可为什么牛奶是白色的？

动物所吃的食物的颜色并不决定着最后从它体内排放出来的东西的颜色！要知道一头牛有 4 个胃（瘤胃、网胃、重瓣胃、皱胃），这样才能确保草料中的成分被彻底地分解。当你把一些东西分解成分子，它将不再有任何的颜色。

所以，真正的问题是，为什么牛奶是白色的？牛奶是由脂肪（一种叫酪蛋白的高蛋白）、复杂的钙化物和维生素所组成的乳状液。然而这些东西没有一个是白色的。牛奶的白色外观来自乳液中的物质对光线的反射。

奶牛

就牛奶而言，由于光的所有波长都被反射了，没有任何颜色的光线被吸收，因此牛奶看来就像是白色的。

群鸟投火是要自尽吗？

1957 年，英国人吉恩在其专著《印度野生动物》中最早向世界公布了"群鸟投火自尽"的现象。这本专著是吉恩对印度贾廷加村及其周围地区动物的情况进行了详细调查后写下的，他的发现震惊了整个生物学界，贾廷加村也因此名声大噪。群鸟自杀的过程与飞蛾扑火这样的"自杀行为"相似，但表现得更为复杂，这让生物学家们兴趣顿生。

20 世纪中叶，吉恩来到了贾廷加村，亲眼目睹了群鸟自杀的全过程。那是一个夏天的夜晚，天上没有星星和月亮，夜黑得吓人。吉恩静静地等待着，耳边时时响起树木被南风吹动的呜呜声。一会儿，村里有人点亮了一支火把，然后又有很多火把被点亮，等点燃了上百支火把后，只见成群的小鸟突然从村子的北面飞来，一只接着一只扑向了火把。群鸟一只压着一只，一群跟着一群，向火把扑去，有的当即就死了，没死的也被烧成重伤，而且拒不进食。就这样，追光而来的小鸟无一幸存。

1977 年，印度科学家森古普塔博士也慕名来到贾廷加村，并对这一奇怪的现象做了长期的研究，在广泛的调查和反复的实验中发现了一些规律。森古普塔发现，群鸟自杀的现象发生在每年的八九月份，是在刮南风和村子里有灯火的时候，并且这些鸟总是由北向南，逆风飞向村庄。因此，他认为这种现象是定时、定地以及定方向的。

森古普塔博士向印度、美国和欧洲的 50 多位著名鸟类学家发出了信函，向他们谈了自己的看法。他认为,贾廷加村处在一个断裂带上,四周极有可能蕴藏着丰富的磁铁矿,这些地质因素可能会导致地磁感应和地心引力的瞬间变化。群鸟自杀的根本原因便在于此。森古普塔博士还认为,还有一些因素对群鸟集体自杀有一定诱发作用。如气候条件,特别是白天和夜晚的变化,季节的变化,风和大气压的变化。鸟类在这些特异的地磁场和气候变化等多种因素的影响下,惶恐不安地从栖息处逃了出来。就在这时,贾廷加村又突然由漆黑变得灯火通明。在这种条件下,本来已经头昏脑涨的鸟儿们便演出了以上那幕悲剧。

森古普塔的看法遭到了一些科学家的反对。印度的一些林学家认为,地磁异常和气候条件异常并不足以解释群鸟集体撞火自杀的行为。他们认为,鸟类的集体自杀完全是因为灯火突然点亮才引起的。他们甚至设想,其他地方也能像贾廷加村一样,只要有灯光突然出现,鸟类也一定会蜂拥而来。

这些科学家还试图用实验的方法证明自己看法的正确性。他们在贾廷加村外竖起了一座高高的钢塔,钢塔的顶部装有几只大功率的灯泡,灯泡亮起时,整个村子被照得亮如白昼。可一连过了几个月,只有几只鸟儿飞到了灯塔上,而不像科学家们期待的那样,鸟儿们会大群大群地飞来。

当然,森古普塔的解释也得到了众多科学家的支持。美国纽约州立大学的沃尔克特博士做的一个非常有意思的实验有力地支持了森古普塔的结论。沃尔克特博士将微型线圈缚在信鸽的身体上,再用无线电遥控的方式改变信鸽身上线圈的磁场方向。实验发现,本来头脑清醒的鸽子突然变得惊慌失措,辨不清方向。

不过,也不能就此认为森古普塔的理论可以准确地解释群鸟投火自尽的现象,因为他没能解释另外的很多问题。比如,他虽然断定是地磁场的异常和气候条件的变化引起了群鸟的自杀,但他没有对这些因素为什么会引起鸟类自杀做出科学的、详细的说明。诸如此类的问题还有很多。

猫头鹰真的能把头转一圈吗?

不,它们的头并不能自始至终地转一圈,因为那可能会伤害到它们的神经系统。但是猫头鹰能把它们的头转到一个远大于其他动物能达到的角度。

鸟类的视野范围能从一个很小的角度转变到一个完整的360°。这对于它们来说,无论是作为捕食者还是被捕食者都是一个很好的技能。被捕食类动物趋向于在头两边各长一只眼睛来提供给它们360°的视野,帮助它们扫描到更多事物,从而发现即将到来的危险。猎食类动物的眼睛趋向于长在更靠近头正面的地方,来给它们一个很宽的双眼视野,使它们拥有一个很强的判断力,判断大小和距离并看清其中的细节。这也使眼睛能在光线弱时看得更清楚。

猫头鹰对前方有 60°的视野,但对后面有一个大约 130°的盲区。其他大多数鸟的视野都属于这两个极端。因此,猫头鹰会将它们的头以更大的角度旋转来抵消这个大盲区。

蜻蜓"点水"是为了好玩吗?

雨后的池塘上,常常能看到许多蜻蜓在飞翔,纤细的身躯、透明的翅膀在阳光下摇曳生姿,真是美极了。偶尔,蜻蜓平展双翅停在一株草上休息,又立刻飞开了。仔细观察,我们会发现蜻蜓一次次地不断地把尾部插入水中。其实,对于蜻蜓这一行为,人们早就注意到了,古诗"点水蜻蜓款款飞"就是最好的证明。

在昆虫的世界中,蜻蜓堪称是最出色的飞行家。因为蜻蜓在做急速的冲刺飞行时,速度高达每秒钟 40 米。而且,即使连续飞上 1 个小时,它也不觉得累。

尽管身体很纤细,蜻蜓却有一颗滚圆的大脑袋,它的脑袋可以任意转动,头部的一半几乎被一对大复眼所占领。这对大复眼非常发达,每只复眼都由 1 万多只小眼组成。因此,疾飞中的蜻蜓能清晰地看到 9 米外的活动的昆虫的各个部分,甚至能看清千米之外的同类。

人们常常能看见蜻蜓点水,科学家们研究表明,这实际上是蜻蜓的产卵动作。蜻蜓为什么要把卵产在水中呢?这要从它的食物说起。蜻蜓专门捕食蝇、蚊、小型蛾类、稻虱等昆虫。1 小时内,1 只蜻蜓能消灭 20 只苍蝇或 840 只蚊子。而水中蚊子的幼虫——孑孓和蜉蝣的幼虫等可以成为蜻蜓的幼虫的食物。所以,蜻蜓把卵产在水中。

蜻蜓的卵是在水里孵化的,在变成成虫以前,一直都生活在水中。幼虫也有 3 对足,但不像我们平时所见的蜻蜓能飞翔的翅膀。它的下唇可以折曲,顶端是捕捉食饵的工具钳。休息的时候,口被折曲的下唇全部遮盖起来。它的主要食物是池塘中的蜉蝣或摇蚊等昆虫的幼虫。我们称这种蜻蜓的幼虫为水虿。经过一年半,它们蜕皮十多次,然后爬出水面,蜕最后一次皮而变成蜻蜓。

全世界大约有 5 000 多种蜻蜓,中国约有 300 种。蜻蜓的飞行也预示着天气的变化。蜻蜓一般喜欢在下雨之前或雨后初晴时出来。俗话说:"蜻蜓飞得低,出门带蓑衣。"就是说,蜻蜓在低空成群飞舞时,预示着阴雨天气。这是因为,此时的空气湿度大,小昆虫翅翼很湿,没有办法飞得高,而蜻蜓正以小昆虫为食物。此时,正是蜻蜓捕食的大好机会。

根据蜻蜓的这些特征,人们总结出一些规律:小暑前后,红蜻蜓在田野低空成群地飞行,预示着不久就是干旱高温天气。立秋前后,黄蜻蜓在田野低空盘旋,意味着很快就会有一段连绵阴雨天气了。

飞蛾投火是自取灭亡吗?

自古以来,飞蛾扑火的故事就使人浮想联翩。《梁书》中有佳句"如飞蛾之赴火,岂焚身之可吝"。飞蛾真的愿意送死吗?它为什么喜欢扑火呢?

夏天的晚上,点亮一盏灯,就有许多的小青虫、甲虫和蛾子等飞过来,绕着灯光转圈,直到最后死去。灯光熄了,这些小虫立刻就飞散了。重新点亮灯时,四面八方的昆虫又飞了回来。

以前,人们认为这是昆虫的喜光性,正是由于昆虫的趋光性,它们才会以身扑火。昆虫对紫外线的反应特别灵敏却看不见红色光线。利用这种特性,人们常将一盏紫外光灯挂在野外来诱杀飞蛾。他们在灯下放置一水盆,飞蛾飞过来时,最终死在水盆里。

现在,飞蛾扑火之谜已经解开了。原来,这是飞蛾辨认方向的一个方法。有些昆虫依靠食物、同类个体的气味、湿度的大小和温度高低来确定活动的方向。飞蛾则是利用光线在夜间辨认方向的。

经过长期观察和实验,科学家发现飞蛾在夜间飞行时,是依靠月亮的光线来确定方向的。月光总是从一个方向投射到飞蛾的眼里。在逃避敌手的追逐,或者绕过障碍物转弯以后,飞蛾只要再转一个弯,月光就仍从原先的方向射来,于是飞蛾就很容易找到方向。

飞蛾之所以绕灯光转,是因为它把灯光当成了月光,因此,它误用灯光来辨别方向。月亮距离地球很遥远,飞蛾只要同月亮成固定角度就可以确定自己的方向。可是,灯光离飞蛾很近,飞蛾本能地保持固定的角度,所以它只能绕着灯光转圈,直到最后死去。

从飞蛾扑火的故事中,科学家得到了启发。有一种远程导弹,导弹头部安装有类似飞蛾的眼睛,它以一定的角度对准一颗明亮的恒星,发射后,导弹的眼睛始终与恒星保持着一定的角度。导弹一旦偏离了航向,这个人造眼睛就会把这种偏差传到导弹的电脑装置,然后重新修正航向,以此保证导弹不偏离预定的飞行轨道。

蚊子都吸血吗?

蚊子种类有上千种,但真正对人类有害的只有少数几种。蚊子平常以花蜜或植物汁液作为食物,虽然我们从没看过蚊子吸花蜜,但实际上,雄蚊终其一生都只吸花蜜,不吸血。雌蚊吸血是为了产卵的需要,它们必须吸食人类或动物的血液,卵子才能成熟。

野外的蚊子吸食人血或动物血液,那养在实验室的蚊子呢?其实很简单,只要时间一到,工作人员就义无反顾地将手臂伸到饲养箱中,让蚊子吸个痛快。虽然一听就让人全身发痒,但据说这种舍身养蚊的方式,并不像想象中那么可怕。

天花板上的细丝是通常意义上的蜘蛛网吗?

蜘蛛网是蜘蛛吐丝编织出来的。家庭中,天花板上落满灰尘的丝状物可能是由许多在织网过程中被弃用的牵引丝积聚而成的。

几乎所有的蜘蛛都会吐牵引丝。在两地间爬行的过程中,蜘蛛借助腿上的黏性吸盘抓住物体表面,每隔一定距离就将身体里分泌出的牵引丝粘在任何可以粘附的地方,一路拖曳出长长的蛛丝来。如果有天敌轻轻地落入自己的蛛网,蜘蛛就能沿着这条预留好的退路迅速逃生。编织圆形蛛网的蜘蛛也利用牵引丝侦测是否有捕食性昆虫落入蛛网之中。除此之外,牵引丝还能起到桥梁的作用,方便蜘蛛在树和树之间爬行穿梭以及安全地渡过溪流。

如果一只蜘蛛产生了想在空中漫步一回的冲动,它还会把若干股牵引丝纺在一起,借助风力在空中飘来荡去。

动物也有感情吗?

动物有感情吗?它们也像人类一样懂得爱或悲伤吗?一些老派的科学家们否认了动物具有情感,他们认为动物之间不存在爱。

其实,这些研究人员之所以会表示怀疑,部分原因是由于他们的职业习惯。他们认为给非人类生物的身上强加一些人类的特性是毫无科学证据的。

但是,科罗拉多大学生物学家马克·贝科夫则积极倡导动物情感论。他指出,现在越来越多的事实证明动物也有感情。

一名专门研究黑猩猩行为、习惯的灵长类动物学家在坦桑尼亚对一群黑猩猩研究时,记录了一件非常令人感动的事情。在黑猩猩的群落里,一个女首领弗洛到了50岁时去世。弗洛的儿子弗林特非常伤心,第二天,它坐在母亲的尸体旁边,整整坐了一天。有时候,它甚至抓住母亲的手,呜咽几声。它的兄弟姐妹们试图让它回到群体中来,但它丝毫不为所动,它独自居住在群体外,并且停止进食,情绪也日渐低落。终于,原本年轻健康的弗林特在母亲去世3个星期后也死了。

在阿根廷海岸附近,一只露脊鲸在水中自由自在地游来游去,许多雄鲸在它身边绕来绕去。最终,它选中了其中一头雄鲸作为自己的配偶。两头鲸并排在水中游动,用鳍状的肢互相抚摸着,俨然一对恩爱的夫妻。它们一起在水中打滚,仿佛在互相拥抱,它们一会儿浮上水面,一会儿又潜入水中,动作完美,又非常协调,很快就消失在人们的视线之外。

俄亥俄州立博林格大学的神经科学家雅克·潘克谢普在《情感神经科学》一书中指出,感情很难用科学手段来进行研究,因为它是一种无形的东西。他认为,正是因为以上原因,导致许多研究人员不愿意谈论动物情感的问题。潘克谢普认为人类大脑与其他动物之间有非常相似的地方,因此,动物不仅拥有感情,而且还非常丰富。

但是,除了那些具有本能性质的感情以及可以预见的行为外,科学家们很难预测动物可能拥有的复杂的情感。贝科夫长期对丛林狼、狐狸及其他几类动物进行观察,30年后,贝科夫认为他可以准确地说出动物的感受。他同时认为,动物不会像人类那样对感情进行过滤,因此,动物的感情较人类的感情更容易理解。

许多对动物情感论持怀疑态度的人,也承认动物有恐惧的感情。他们认为恐惧是比较初级的感情,而爱和悲伤是二级感情。恐惧不需要任何有意识的思考,是一种本能,好像许多动物与生俱来都具有这种本能。恐惧过后,就是一系列可以预见的行为,例如逃跑、搏斗、呆住或装死等反应,都是为了逃避敌害或危险所必需的。例如:小鹅虽然从未见过老鹰,但是有老鹰形状的黑影从头上飞过,它们会本能地寻找地方来把自己隐藏起来。

对动物感情论持怀疑态度的人仍然坚持否认除恐惧以外的动物的感情。神经科学家勒杜在他编撰的《情感大脑》一书中一针见血地指出:或许鲸会做出一些恋爱的举动,但是没有人能够证明它的这一心理活动。他认为动物有无感情问题归根到底是动物是否有意识的问题。

得克萨斯农业和机械大学生物学家贝恩德·伍尔西格对生活在阿根廷海域附近的露脊鲸的多情举动进行了观察,之后他说:"露脊鲸的行为只能看作是动物交配策略的一个典型例子。"但是,他仍然无法否认露脊鲸的这种行为也可能是由于它们之间存在着感情。

现在越来越多的动物学家认为动物具有情感,之所以会出现这种新的局面,主要是越来越多的人愿意接受研究人员取得的观察结果。贝科夫编辑了一本名为《海豚的微笑》的书。在此书中,贝科夫收录了许多动物研究人员撰写的个人报告。这些动物研究人员几乎都是将整个职业生涯都倾注在研究一种或几种动物身上,包括猫、狗、黑猩猩、鱼、蝾螈和鸟等动物。这本书出版以后,许多科学家都开始研究这方面的问题。

同时,动物情感论的研究获得了新的进展。行为神经科学家史蒂文·西维在宾夕法尼亚葛底斯堡学院对老鼠进行长期的研究后,发现老鼠在处于兴奋的状态时,大脑会释放出大量的多巴胺。而人类在处于快乐或兴奋的状态时,也能释放这种神经化学物质。西维还做了一个实验,他把老鼠分成一对对的,然后分别放在特殊的树脂玻璃制成的房子中。一会儿,老鼠们就尽情地玩耍起来。一个星期以后,西维将老鼠们分开,但是它们仍然表现得十分活跃,还不时地走来走去。随后,西维给老鼠喂了一种可以抑制多巴胺的药物后,所有的活动都停止了。潘克谢普认为这就证明老鼠的确能分泌一种与快乐情绪有关的多巴胺,因此老鼠也应该具有情感。

其实,快乐也是动物显而易见的一种情感。小猫、小狗等小动物在快乐的时候会发出欢快的叫声或摇摇尾巴,一看就是十分兴奋的样子。而且,动物在相互嬉戏的时候,也能表现出十分明显的兴奋之情。

目前,科学家们已经在寻找一些科学证据来证明动物有感情,并取得了一定的成效。致力于情感生物学研究的科学家们发现,动物的大脑与人的大脑有许多相似的地方。情感好像是位于大脑皮层下的一些区域所产生的。目前,科学家们已经确定最重要的情感区域是一个位于大脑中央的杏仁状的结构。神经科学家在对老鼠的实验中发现,当刺激这个杏仁状结构的特殊部位时,老鼠会进入一种极度恐惧的状态。而且,这个结构一旦被破坏,老鼠在遇到危险时不会表现出正常的行为反应,也不会出现心跳加快等生理变化。

争论动物有无情感有什么重要性呢?科学家认为如果动物之间确实存在感情的话,那么,就会对今后人和动物将会存在的相互作用产生深远的影响,例如人类究竟应该怎样对待动物等一系列的问题。

真的存在野人吗?

野人问题一直是世界几大谜团之一。是否存在野人?野人是什么样的?野人与人类是什么关系?野人是怎样生活的?各种史籍中若隐若现的记载,以及当今世界各地不时传来的关于野人的消息,一次又一次地引起人类对这个谜团的更大兴趣。

历史上关于野人的记载,在西方最早的是巴比伦时代的叙述史诗《吉加美斯》:"阿鲁鲁创造了艾亚班,他的身体完全披着毛,甚至毛长到头上。"塔吉克人至今还称野人为"艾亚班"。在中国,远在3000多年前的西周初年,就有西南某少数民族捉到红毛的野人,把它进贡给周成王。此外,战国时代的《山海经》、楚国爱国主义诗人屈原的《山鬼》、南朝刘义庆编著的《幽明录》,以及明朝李时珍的《本草纲目》等都有这方面的记载。

在印度和尼泊尔,野人被称作"雪人"。早在公元前326年,关于雪人的传说就已经开始流传。一个多世纪以前，俄国有人声称，他们看到过一种与人类相似的动物，这种动物也是直立行走，一身白色的毛，正像传说中的雪人。1920年，苏联官方首次宣布已经有足够的证据可以证明雪人是确实存在的。

1986年，意大利著名登山家梅斯纳在攀登喜马拉雅山时，无意中遇到了雪人。据他描述，雪人身高约2.1米，一头浓密的头发，腿短胳膊长。在月光下，梅斯纳还发现，雪人的眼睛又小又亮，牙齿很白，皮肤很黑，二者形成了极为强烈的反差。随后几年的时间里，他专心追踪、研究雪人，一心想把它弄个水落石出。可惜他后来研究的结果却令人颇为失望。他认为，所谓的雪人其实是喜马拉雅山的棕熊。

英国动物学家克罗宁却认为雪人是巨猿的后代，它在世界上是的确存在的。克罗宁说，巨猿于700万年前出现，200万～100万年前在喜马拉雅山地区达到鼎盛时期，后来逐渐进化发展成今天所见的雪人。1992年，法国科学考察团对中亚的哈萨克斯坦境内高加索深山里的巨型野人做了一次实地跟踪考察。他们还随身配备了红外线录像机、摩托车驱动滑翔机、微型直升机、麻醉枪等现代化设备。这些设备可以保证科学家们安全而准确地捕捉雪人的踪迹。这种巨型野人被称作"阿尔玛"，它直立行走，约2米多高，全身的毛很长，而且全是红色的。它的头部不能独立自如地前后左右转动，而只能随着整个身躯慢慢转动。它的脸形介于巨猿和"尼安德特人"之间。阿尔玛的栖息地一般在海拔3000～4000米的山上，常在夜间活动。

1993年8月，据《湖北日报》报道，7名美国科学家通过高科技的夜透镜和空中热能探测仪追踪发现，在太平洋西北部的茂密树林里，生活着的这种毛茸茸的野人至少有214个。1994年，3名欧洲研究人员声称，他们在巴基斯坦北部吉德拉尔山区发现了野人活动的痕迹。根据他们的介绍，这种动物几乎全身长毛，唯独脸上没有毛。还有人说，"大毛人"鼻子又大又扁，眉骨突出，前额后缩，脖颈又粗又大。

1949年之后，中国科学界也曾3次对野人进行考察。一次是1959年，科学家在西藏登山运动中，曾对当地雪人进行过考察。第二次是1962年，在云南西双版纳密林中考察队用了半年的时间，考察了那里的野人。第3次是考察神农架山区，这是中国首次对野人进行有计划的、有组织的、较大规模的科学考察活动。其中对神农架野人的一系列追踪最有价值。据统计，到目前为止，人类已经114次看到过野人，被看到的野人共有138个，另有几个被当场打死的野人。而看到过野人的人数约360人左右，他们包括生物学家、工程师、医生、记者、教师、农民、林业工人等等。

目前，学术界对于是否存在野人，有两种截然不同的观点。反对者的理由之一是至今没有活捉到野人。它们行踪不定，行动迅速，因此很难跟踪。而根据找到的那些脚印、骨头、毛发和头发，也根本无法判断野人身体的真实情况。反对者的理由之二是，从考察手段上看，科学家们基本上都是以生态环境为着手点，来寻找奇异动物的踪迹。因此，发现和掌握它的生活规律需要一段很长的时间。而且地理条件和气候变化具有很大的不可预测性,因此,要想考察野人非常不容易。所以,这些野人到底是直立古猿的后代,还是巨猿的后代,或者是猩猩、熊等等,在目前都是无法确定的。

赞成者也有理由。他们认为,野人能够像人一样用两条腿走路,头部也能前后左右地灵活转动,全身长毛,头发披在肩上,脸形与现代人相似,眼小嘴宽,没有犬齿,牙齿是白的,脚约40厘米长。尤其神农架野人行动灵巧,反应快,已具有较强的思维能力。除此之外,有人还用多种高科技手段对它的毛发进行测定和分析后发现,其毛发宽度、皮质细胞等都与已知动物不同。根据所有这些信息,就基本可以判定野人应该属于高级灵长目动物。因此,科学家认为,野人是古代巨猿后代的可能性极大。如果这一点能够得到证实,野人就将填满从类人猿到人类的进化史上缺少的那一环节。这在动物学和人类学上都将具有非凡的意义。

总之,到目前为止,关于野人的说法仍然是各执一词、莫衷一是,没有定论。看来,在未来相当长的一段时间内,野人仍将是一个谜。

恐龙灭绝之谜

依据达尔文的进化论,一些科学家认为恐龙自身种族的老化,以及在与新兴哺乳动物的进化竞争中的失败导致恐龙最终灭绝。

还有一些观点则认为慢性食物中毒导致了恐龙的灭绝。原来,曾在中生代遍布全球的苏铁、羊齿等裸子植物,为了保护自身的生存和繁衍,在自己体内产生了一些有毒的生物碱,如尼古丁、吗啡、番木鳖等,一些食草恐龙吞入这些植物,也就相当于吞下了"毒药",在食物链的作用下,食肉恐龙也间接中毒。这样恶性循环下去,毒素在恐龙体内越积越多,由于毒素侵袭,恐龙神经变得麻木,直到最后导致了整个种群都消失灭绝。

另外类似的观点,还有氧气过量说、便秘说等等。但这些观点都是纯粹基于生物学角度来看问题。现代科学家们认为,这些观点的不足之处在于:生物学意义上的物种灭绝是需要一个极为漫长的过程的,而人们目前已经掌握的资料显示,恐龙是在距今大约6500万年"很短"的一段时期内突然灭绝的。因此,这些生物学假设现在受到很大质疑。

现在,支持宇宙天体物理变化导致恐龙灭绝这种观点的科学家越来越多。1979年,美国加州大学伯克利分校著名物理学家、诺贝尔奖获得者路易斯·阿尔瓦雷兹提出了著名的"小行星撞击说",为人类开辟了一条探讨恐龙灭绝之谜的新道路。

1983年,根据各自的研究,美国物理学家理查德·马勒、天文学家马克·戴维斯、古生物学家戴维·罗普和约翰·塞考斯基以及轨道动力学专家皮埃·哈特等人,共同提出了"生物周期性大灭绝假说",也叫"尼米西斯假说"。他们的观点是,地球上类似恐龙消失这种"生物大灭绝"是具有周期性的,在地球上大约以 2600 万年为一个周期。其原因在于银河系中的大多数恒星都属于双星系统,太阳当然也不例外,它有一颗人类从未见过的神秘伴星——"尼米西斯星"。"尼米西斯星"在太阳系的外围,大约每隔 2600 万~3000 万年运转一周。在其影响下,冥王星外飘荡着的近 10 亿颗彗星和小行星就会脱离原来的轨道,组成流星雨进入太阳系,其中难免有一两颗不幸撞击或者落在地球上,而也许正是这概率极小的偶然,使一些生物遭到灭顶之灾。

还有一些科学家认为,太阳系在银河系中的"死亡穿行"是恐龙灭绝的主要原因。众所周知,九大行星在太阳系中围绕着太阳旋转,而太阳系则又以银河系为中心旋转,旋转一周需要 2.5 亿年。在受从中心释放出的强烈放射性物质的影响下,一块"死亡地带"在银河系的一部分地区形成了。距今 6500 万~7000 万年前,太阳系刚好在这个"死亡地带"中穿行,放射性射线袭击了所有的地球生物,恐龙也在这次灾难中惨遭灭顶之灾。

另外一些科学家的观点是,6500 万年前这场灾难的罪魁祸首是人们根本无法看见的宇宙射线。苏联科学家西科罗夫斯基称,太阳系附近一颗超新星的爆发导致了恐龙的灭绝。据科学家们推算,在距今 7000 万年前,一颗非常罕见的超新星在距太阳系仅 32 光年的地方爆发。爆发释放出的巨大能量和许多宇宙射线向整个宇宙发散,包括地球在内的整个太阳系都未能幸免于难。强烈的辐射把地球的臭氧层和电磁层完全摧毁了,地球上大多数生物都没能幸免于这场"飞来横祸"。在宇宙射线的侵蚀下,就连庞大的恐龙都几乎完全丧失了自我防御的能力,只能在眼看着自己的身躯慢慢坏死的恐惧中痛苦地死去。那些躲在洞穴或地下的小型爬行动物和哺乳动物,作为幸存者而生存了下来。

此外还有一些观点认为,地球本身的改变造成了这场灾难。科学家们发现,大约每 20 万年地球上就会有一次地磁磁极反转的现象发生。在这可能长达 1 万年的漫长岁月中,地球会暂时得不到磁场的保护,这时宇宙放射性射线就会袭击地球,从而成为恐龙这样的地球生物纷纷灭绝的原因。

最近的科学研究发现,恐龙的灭绝实际上也是一个持续了几十万年的过程,与此同时,恐龙至少经历了两次大规模的死亡。因此,所谓恐龙突然灭绝的这个突然不是绝对意义上的。而对地球产生短期影响的"飞来横祸"和地球自身的突变,不可能持续几万年,甚至几十万年。看来,这些观点都无法成为解答恐龙灭绝之谜的完满答案,因此人类暂时还无法证实或推翻这些科学的"推断"和"假设"。

海豚为何会群体搁浅?

很久以前,人们就发现海豚会在海岸处搁浅。实际上,直到 20 世纪 70 年代,所有关于鲸类的信息都来自在海岸上发现的鲸类尸体。这种动物大多数都是死于海中后,被冲到岸上,但有一些在搁浅时,还仍然活着。当群体动物一起发生搁浅事故时,非常引人注目,而这种现象在巨头鲸以及伪虎鲸中尤为常见。

在某些情况下,群体搁浅直接由某个特定原因造成。从 1989~1992 年间,沿着西班牙的地中海海岸、法国、意大利、希腊,数百只条纹原海豚由于受到麻疹病毒的传染而被冲到岸边,而且多氯化联二苯(PCBs)的含量也很高。据分析,这些动物由于食物短缺而变得虚弱,开始消耗鲸脂储备,而污染物以惰性状态贮存于鲸脂之中,因而降低了它们的免疫力。据记载,沿着北美东海岸,疾病曾引起了许多种群的大规模死亡,特别是宽吻海豚。

造成活着的群体搁浅的原因还不甚明了。虽然疾病缠身和年老体弱可以解释一些个体搁浅的原因,但很明显这并不会导致整个群体的搁浅,所以合理的解释可能是,大多数搁浅的群体仅仅是因为跟随着某位领袖——通常会是位年老而富有经验的领袖(在母系群落的种群中,一般是雌性)。目前据我们所知,群体搁浅的种群都趋向于形成相当稳定的群落,而且它们生活在远洋,所以对浅滩区域并不熟悉,很容易失去方向感。其他解释这种现象且较有说服力的说法包括:海豚内耳被线虫类寄生虫感染,影响了它们的平衡性或者回声定位的能力;声波扰乱效应,例如水底爆破或者磁干扰;海豚在追逐猎物到达不熟悉的区域或浅水区域之后,迷失了方向。

狐猴为何会使用"方言"?

世界各地的人都说方言,这些方言不仅反映了地区和社会背景,而且常常对社会接纳产生影响。长期以来,有研究表明像蜜蜂、蛙类、鸟类和哺乳动物这些多样性的动物也会使用"方言",不过对这些发现还有争议。然而,现在地球上最小的灵长类——马达加斯加鼠狐猴就在使用"方言"。

灰鼠狐猴栖息在马达加斯加西部的落叶林里,它们聚集在森林中适合生活的场所,如安全的树洞里。长期的捕获、放生和再捕获,无线电的追踪数据,再加上用 8 个微随体标签来确定的 161 只灰鼠狐猴的基因型,这一切都表明在一片森林的一个种群有可能是由分散的邻居联络而构成的,一个小群约有 35 只。年轻的雌性似乎和母亲待在一起,或者很靠近母亲,而年轻的雄性会向别处迁移。

狐猴

在这种分散的社会当中,个体会使用一系列种类丰富的不同声音进行社会互动。像其他社会性动物一样,鼠狐猴的叫声揭示了关于个体性别和身份的信息。但是不仅个体的叫声不一样,各个相邻的群体之间也通过不同的方言进行交流。

在繁殖季节,处于繁殖活跃期的雄性会发出一种颤抖的叫声进行交配性的展示,而这种叫声是所有叫声当中最复杂的。这种叫声频率在 13~35 千赫之间,持续 0.3~0.9 秒,由一组有序的音节序列组成,而这是一种宽波段的被调整过的音节,像鸟的歌声一般。这种叫声大约 1 分钟重复 1.5 次,具体次数取决于发声者的动力以及雌性和与之竞争的雄性反应的积极程度。同一地点的雄性会发出与其他个体不同的颤声,这种叫声总体上是同一种旋律的,不过不同群体的旋律不同。

此外,这些狐猴似乎也有意识地保持这种"方言"上的差异。实验室的研究表明,年幼的雄性在玩耍的时候会试图制造十分多变的颤声,不过当它们达到性成熟以后,这种叫声就会固定下来,相对于非同伴的个体来说,这种声音与同伴的叫声更相似。从出生地搬迁到新地点的雄性还会改变它们的叫声,使之与其邻居的叫声更加接近。

一个棘手的问题就是,"方言"究竟为什么而存在? 一种来自社会生物学的答案认为,迁移到新环境的个体如果表现出一种开放的发声系统的话,它有可能受到本地个体比较少的攻击和比较多的接纳。如果是那样的话,人类和其他灵长类的方言可能有一种相似的生物性功能。

大象怎样"埋葬"自己的同伴?

1978 年 12 月,在调查非洲象的分布时,一位动物学家曾声称他无意中遇到一场大象的葬礼。据他说,在距离密林不到 70 米的一片草原上,一头雌象被几十头大象围着。那是一头患了重病连站都站不住了的老年雌象。过了一会儿,老象蹲了下来,低着头,不停地喘着粗气,偶尔扇动一下耳朵,发出一种低沉的声音。附近的草叶被围在四周的象用鼻子卷成一束,投在雌象的嘴边。可这只雌象已经任何东西都吃不下了,只是艰难地支撑着身体。最后,终于支持不住的雌象倒在地上死了。这时,一阵哀号从周围的象群发出,为首的雄象用自己的象牙掘松地上的泥土,并用鼻子把土块卷起投到死象身上。其他的大象纷纷仿照这只雄象,把石块、泥木、枯草、树枝用鼻子卷成团,投到死象身上。不大一会儿,死象就被完全掩埋了,一个土墩在地面上堆起。为首的雄象用鼻子在土墩上加土,同时用脚踩踏土墩。其他的象也跟着它去做,将那土墩踩成了一座坚固的"坟墓"。最后,只听雄象发出一声洪亮的叫声,听到"命令"的象群马上停止踩踏,开始绕着土墩慢慢地走。就这样一直走到太阳下山,象群才耷拉着头,甩着鼻子,扇着耳朵,恋恋不舍地离开土墩,往密林深处走去。

人们对这场罕见的"大象葬礼"议论纷纷。有的动物学家从生物进化的角度对大象这种神秘的"殡葬"行为进行解释。就像前述动物学家观察的那样,群居的大象可能会对死去的同伴表现出某种怜惜,它们可能掩埋伙伴,或者为其收尸。有时候,大象也许会用长长的鼻子,把象骨和象牙卷起来放到某一个集中的处所去,即它们的"公墓区"。但有的时候,可能因为象牙是大象生命的某种象征物,所以大象会将死去同伴的象牙拿走。但是,一些科学家仍然认为,目前还缺少足够确凿的资料证实大象有真正的"殡葬"行为。所以,人类还是持谨慎态度来看待"大象葬礼"为好。

布加莱夫斯基兄弟是苏联探险家,他们曾经追寻"大象墓园"这个传说,去非洲的肯尼亚寻找象牙。据说有一天,在一座高高的山顶上,他们看见有许多白花花的动物尸骨堆在对面的山上,一头大象正摇摇摆摆地走到骨堆旁边,哀叫了一声后便倒地而亡了。兄弟俩惊喜万分,确定那里就是大象的墓地,于是立刻向那里奔了过去。但他们却在途中遭到野兽的袭击,又遇到深不可测的沼泽,只好无功而返。

既然已经看到了那块神奇的地方,布加莱夫斯基兄弟为什么又会功亏一篑?由于无法确证是否真的有人去过那里,所以人们对有关大象墓园的传说一直持怀疑态度。更多的学者则认为,自从被列入贵重商品的行列后,象牙在非洲的地位就显得日益重要,而且流传的那些有关动物生活习性的神秘说法,也日益变味走样。特别是当猎杀大象的行为被法律禁止后,一些偷猎者为了达到自己不可告人的目的,故意渲染所谓"大象墓园"的传说,以探险、科学考察为幌子,肆意捕杀大象、攫取象牙,事后却声称象牙是自己在"大象墓地"中找到的。

所以,要想更好地了解大象、保护大象,人类亟待进行一次真正意义上的科学考察。

长颈鹿的脖子为什么这么长?

长颈鹿是世界上最高的动物,它们的身高一般高达4~5米。其实,长颈鹿主要是脖子比较长,几乎占了其整个身高的一半以上。是什么造成长颈鹿如此长的脖子呢?

让我们先对长颈鹿的长脖子做一番了解,据统计,一般雌性长颈鹿身高4.3米,雄鹿为5米左右,也有的有6米多,光它的脖子就有2~3米。但其长脖子的构造与老鼠、兔子等动物一样,都只有7块颈椎骨,并无特别之处。

那么,长脖子的秘密在哪里?对此,科学家们提出了许多看法。

一位法国生物学家认为,长颈鹿的脖子并不是一开始就那么长,只是由于自然条件变化,地上的牧草不能满足它们生存的需要,因此,它们便开始寻找高树上的叶子来充饥,它们努力伸长脖子来获取树上的嫩叶子,所以脖子就越来越长了,而且又把这种变化遗传给了下一代,5 代之后,它们的脖子就变成了今天的样子。这就是"用进废退"的理论。

有许多科学家提出质疑,德国的魏斯曼教授和日本学者木村一郎认为,生物遗传不受环境因素影响,它是不变的。对此,木村一郎提出了一个理论,被称为"中性突变",遗传基因在长颈鹿群体内的随机交配中进行随机组合,已经突变成"长颈性"的基因,固定并积累下来了,因此长脖子的长颈鹿就越来越多,到后来只剩下了长脖子的长颈鹿。

达尔文认为古代的长颈鹿并不都是长脖子,也有一些是短脖子,它们以地上的草和树上的叶子为食物,后来地球气候干燥,大面积的草和树因为不适应环境而枯死了。脖子比较长的鹿由于能吃到更多的食物,从而存活了下来,而脖子短的鹿因得不到足够的食物而饿死了,最终脖子比较短的鹿灭绝了。

也有人认为,长颈鹿的长颈长腿以及头顶上的两只大眼睛,能帮助它侦察、发现敌情,在敌害和猎人靠近前迅速逃走。

长颈鹿的长腿能使它迅速逃离危险之地。它两侧的两脚同时举步,在右后脚抬起时,右前脚也随即离开地面。这样能避免四只脚互相碰撞,步子能跨得很大。没有障碍时,它行走的速度能达到每小时 6000~7000 米,而奔跑时能达到每小时 56000 米。运动的时候,长颈鹿的长脖子能平衡及协调步伐的节奏。

然而,长脖子带来的未必都是好处。例如,在喝水的时候,长颈鹿首先曲膝,张开前腿,然后上下摆动脖子,随着摆动的速度加快,幅度也越来越大,直到最后头部碰到水面。这样一次喝的水约有 10~15 升。饮水时,长颈鹿最容易遭到猛兽的正面攻击,因此,每饮一次水,它们都要立起身体 4~6 次,这当然也是为了休息。因此,长颈鹿经常较长时间不饮水,而且即使长达几个月不饮水,它们也能正常生活,因为它们的食物中含有大量的水分。

到目前为止,关于长颈鹿的脖子为什么这么长的观点还没有得到证实,但随着科学的发展,长颈鹿长脖子的原因总有一天会揭晓的。

骆驼为何如此耐干旱?

骆驼素有"沙漠之舟"的美称,它是常年穿行于沙漠地带的人的必备工具,也是他们的忠实伴侣。骆驼之所以在沙漠中受到如此"器重",与它能耐干旱酷热的特性有关。那么,到底是什么使骆驼有如此能耐呢?

许多游牧民族能在沙漠中生存下来,靠的就是骆驼。骆驼早在几千年前就被驯服,并被用作重要的驮畜。骆驼可以在炎热和缺少水源的条件下，日行 30 千米以上。同时骆驼的奶、肉、皮对人类都很有用。

骆驼的身体结构非常适应干旱酷热的沙漠生活。骆驼的四肢长，两个脚趾岔开，脚柔软、宽大，脚底有宽厚的纤维质弹性脚垫，有利于在平坦松软的沙地或雪地上行走。它的肘部、膝盖和前胸长着 6 个角质垫，休息时，蹲伏在地上就不会被灼热的沙砾烫伤。骆驼两眼的长睫毛是双重的，能像帘子一样挡住沙子，不被风沙迷眼。它的耳朵外布满细毛，能阻挡风沙侵入。骆驼灵敏的视觉和嗅觉能让它轻而易举地发现距离很远的水源，带领在沙漠中迷路的人找到水草丰美的绿洲。寒冷的沙漠夜晚，骆驼依靠蓬松的皮毛保暖。炎热的白天，骆驼的体温可以随外界温度的升高而自动调节，避免自己被晒伤。

有的学者认为，骆驼抗旱的关键在于它的驼峰内贮存着大量胶质脂肪，驼峰可以随着气温而增大或缩小。天气炎热时，驼峰里的脂肪被消耗得差不多了，驼峰就变得又低又软；到了秋天天气转凉，驼峰又渐渐鼓起来。骆驼不吃不喝时就靠驼峰里的脂肪氧化分解来补充营养、能量和水分。据统计，贮存在驼峰中的 1 克脂肪经过氧化后，可产生1.37 克水。因此，假定一只骆驼的驼峰中有大约 40 千克的脂肪，也就相当于骆驼贮存了50 多千克的水。

还有学者认为是骆驼的肝脏在起作用，才使得它特别能耐干旱。骆驼的肝脏的作用可以使大部分尿素得到循环利用，这样，骆驼体内流失的水分大大减少，尿中毒的情况也不会发生。

另外，科学界还有一种"水囊"说，这是由意大利自然科学家蒲林尼提出的。他认为骆驼的胃有三个室，其中最大的一个叫瘤胃，瘤胃里有许多肌肉带将瘤胃分隔成几个部分，起到了"水囊"的作用。在取水方便时，骆驼能利用"水囊"贮存一些水；不方便时，则可以取出贮存的水用以解渴。

然而"水囊"说很快就被美国生理学家施密特·尼尔森推翻了。通过解剖，他发现"水囊"其实很小，根本起不到贮水器的作用，而且它并不能真正地与瘤胃的其他部分隔离开。他认为骆驼耐旱的秘密在于骆驼本身经得住脱水。在沙漠中，失去 12% 的水，人就会中暑死亡，而骆驼即便失去相当于体重 25% 的水时，也不会妨碍它的生存，只是体重略微下降。对此尼尔森是这样解释的：人失去的水来自血液，人一旦失水，血液浓度就会大大提高，心脏的负担就加重了。而骆驼失去的水却是来源于它的体液和组织，而不是血液，因此不会有什么危险。而且骆驼即使严重脱水，一旦补充水分，就会马上恢复。

尼尔森对骆驼为何耐旱的解释看起来很合理，但也有很多人不同意这种说法，并且似乎也不是没有道理。例如日本学者太田次郎曾写过一本名为《生命的奥秘》的书，他在书中表示，骆驼出色的保水能力才是它耐旱的主要原因。因为骆驼很少出汗，体温也很稳定，只有在最热的时候才稍微出点汗。

最近,科学家又有新的发现:骆驼呼出的空气的湿润度较低。据研究,骆驼独一无二的鼻子是这个系统的关键所在。一般动物在呼气时,由于排出的空气温度和体温相同,肺部的水分被大量带出。而骆驼呼出的空气温度比体温低。由于冷空气比热空气含水汽量少得多,因此,骆驼通过呼吸丧失的水分比一般动物少45%。

尽管目前人类对骆驼为何抗旱已经提出了多种不同的解释,但似乎并没有人能够提出一种足以征服各家学说,彻底解释这一现象的理论。"沙漠之舟"的秘密对于我们而言仍是迷雾重重。

候鸟迁飞的真正原因是什么?

曾经有这样一个说法:"衡阳有回雁峰,故雁飞万里,至衡阳即北归。"王勃也有诗说"雁阵惊寒,声断衡阳之浦。"说的都是大雁迁徙的情景。

然而令人想不到的是,我们熟悉的大雁竟然不是"本国鸟"。雁的老家在西伯利亚一带。每年秋冬季节,它们成群结队地向南迁飞,主要沿两条路线飞行:一条路线经由我国东北经过黄河、长江流域,到达福建、广东沿海,甚至远至南洋群岛;另一条路线经由我国内蒙古、青海,到达四川、云南,甚至远至缅甸、印度。它们虽然选择了温暖的地方越冬小住,但对故土念念不忘,第二年春天,又经过长途跋涉飞返故乡西伯利亚。

每年秋天,北雁南飞是鸟类世界里一道独特而美丽的风景。像大雁这样因季节而迁徙的鸟类,我们称之为候鸟。而这种因季节不同而变换栖息地的习性则叫作季节性迁飞。

迁飞不是候鸟的专利,有些昆虫也有迁飞的习性。美洲有一种君主蝶,外形非常漂亮,被喻为百蝶之王。每年秋天,这种蝴蝶便成群地从北美出发,飞越3000多千米的距离去南方过冬。冬天,它们在墨西哥、古巴、巴哈马群岛和加利福尼亚南部生活,到第二年春天又开始北飞。在途中它们会进行繁殖,随着老的一代死亡,新一代君主蝶被孵化出来以后,又沿着父辈的路线飞往南方过冬。君主蝶就这样一代接一代地传下去。

鸟类和昆虫为什么会具有这种迁飞的特性?它们每年又是怎样迁飞的呢?

科学家们推测,候鸟随季节迁飞的原因可能有两个:一是因为冬天北方寒冷,南方温暖,候鸟迁往南方可以躲避严寒;二是为了寻找充足的食物源。因为秋季以后,北方一派肃杀的景象,万物失去生机,食物非常缺乏。候鸟到南方可以找到比北方丰富得多的食物。但这些说法都不足以让人信服,比如,为什么其他鸟类不迁飞呢?它们不也需要寻找食物吗?另外,既然南方温度适宜、食物丰富,为什么候鸟不在南方留居,却要在来年春天辛苦地迁回北方呢?这些问题都得不到很好的解答。

另一个问题是,候鸟是怎样准确无误地按照一成不变的路线往返于南北方的栖息地?它们在迁飞过程中靠什么来定向?这是一个十分有趣而又难解的问题。视觉定向对于短距离飞行虽然适用,但对于长距离飞行就不够了。

关于鸟类怎样定向的问题,科学家提出了许多推测。有人认为鸟类可以根据太阳的位置来定向,按照这种说法,由于太阳位置移动而产生的那部分时差,鸟类又是通过什么办法补偿的呢?因此,科学家认为,候鸟体内可能有一种能够精确计算太阳移位的生物钟存在,利用这个生物钟,它们能对白天的时间进行校对。但这也有问题,因为在没有太阳的夜晚,这种说法就无法解释了。于是,又有了星星定向的推测。可是没有星星的夜晚,它们仍旧照飞不误,这样星星定向的推测也被排除了。因此科学家又转而研究地球的磁场、偏振光、气压、气味等是否与候鸟的定向有关。

目前,科学家已经初步确认,蝴蝶的季节迁飞是遗传因素作用的结果,但自然界多种鸟类和昆虫季节性迁飞的谜仍没有完全解开。人们期待下一步的研究能使我们揭开大自然更多的奥妙。

鸽子是如何导航的?

许多鸟倘若被风吹离航向或被放至某个遥远的地方,它们会展现出一种返巢本领。关于它们是如何做到这一点的,人们对数种鸟类进行了研究,但大部分集中在鸽子身上,因为原鸽的家养品种不但易于饲养,而且对实验条件适应能力强。

原鸽的返巢本领最初为古埃及人所用,他们把原鸽作为信使这一传统一直持续到电报和无线电时代的到来。而即使随后出现了新的通信手段,信鸽仍为人们所用,"二战"期间正是它们传递的信息挽救了许多士兵和飞行员的生命。今天,鸽子的导航能力主要用于鸽赛运动。

对于某只被放至别处的动物来说,成功地返回原处需要既有正确把握方向的能力(即相当于拥有一个指南针),又有清楚究竟往哪个方面前进的能力(即相当于拥有一幅地图)。目前已有大量的实验证据显示了鸟类(以及其他动物)在返巢或长途迁徙时是如何导航的。但人们了解相对较少的是,它们一开始是如何成功定位所处位置在巢的哪个方向的?

当鸟在巢附近时,可利用当地的地标作为线索,距离略远后,离巢 10~20 千米为能利用熟悉地标进行导航的最大范围,到了 80 千米时,需要借助其他的导航线索,在这个范围,鸟的定位能力似乎大大下降。不过从这个距离返巢通常还是可以成功,但比较耗时,鸟似乎有点盲目地四处飞行,直至看到所熟悉的地标。

关于导航所用到的因素,大部分证据通过如下方法获得:将鸟放入笼中,只给它们提供有限的线索(如只让它们看到夜空的一部分);人为改变它们的位置感(如安上镜子);将它们置于受控的实验条件下(如人工提前或推迟对它们而言的天亮或天黑时间)。

在昼间,太阳很明显是决定方向的首选。鸽子有一种内部时钟机制,使它们可以利用太阳在天上飞行。夜间,它们通过类似的方法来利用月亮,并且还能利用星座,其中最重要的是北半球的北斗星。然而,当所有这些视觉线索都被遮蔽时,人们通过雷达跟踪发现,它们仍然能够利用地磁场正确把握方向,但它们通过什么方式认识和利用地磁场则依旧是个谜。至今尚未发现鸽子体内有哪个器官具有此功能,只是发现头骨和颈部肌肉的许多地方有含铁丰富的物质。

保持一个固定的方向相对容易,而定位所处位置在巢的具体方位则要困难得多。鸽子被放到一个它之前不曾到达过的地方后,一般会先绕几圈,然后再沿着基本正确的方向出发。它这么做似乎是在先弄清楚自己身处何方,再决定该飞往何处。

大致而言,对于这种本领的解释,目前有 3 种假设。一种假设认为鸽子利用太阳的位置来确定飞行的方向。这种方法的前提是它们能够记住在营巢地太阳位于地平线以上的高度,并且自身具有精确的生物钟。然而,那些改变鸽子时钟机制的实验表明,受影响的只是"指南针",而不包括"地图"。

第二种假设认为,磁场在地球的各个地方均不相同,这可能为鸽子所用,尽管没有人知道如何利用。但将磁性较小的磁铁附于鸽子身上后,发现干扰的仍只是"指南针",而对"地图"几乎没有任何影响。

第三种假设认为,鸽子通过嗅觉找到回巢之路。在这方面 个有名的例子便是,鲑鱼在海上生活数年后能够利用出生地河流的气味返回原地进行繁殖。在实验中,嗅觉受到削弱或面临某种强烈气味(如将某种气味物质涂抹于喙上)的鸽子其导航能力表现得弱于正常的鸽子。然而,这些发现虽可说明嗅觉在它们的导航中扮演着一定的角色,却无法证明它们是全凭嗅觉来完成远距离的返巢的。

总之,大量这方面的实验产生了诸多存在冲突的结果,而且发现其中有许多实验无法在不同的实验室条件下重复。唯一可接受的结论是,鸟类借助多种不同的线索来实现导航和定位,有些线索有待于进一步发现。

鲨鱼为何不会患癌症?

鲨鱼是一种典型的大型肉食性动物。它们非常贪婪,海洋中的各种动物,甚至海鸟等统统都是它的腹中美食,甚至它还吃自己的同类。这一切都得益于鲨鱼高超的游泳技术、灵敏的感觉器官和一副好胃口。现在的鲨鱼约有 350 多种，分布在全球各个大洋的水域里。每一种动物能够在大自然"物竞天择"的规律下生存下来，自然有其先天和后天的优势，鲨鱼也不例外。

天性凶残的鲨鱼是当今最大型的鱼类之一，和鳐鱼、银鲛同属软骨鱼类。它在地球上出现的时间比恐龙和人类还早，至少有 3.5 亿年。

科学家们通过对鲨鱼的研究，发现鲨鱼很少得病，更不会患癌症，即使在海洋污染相当严重的今天，鲨鱼仍不会受到疾病的侵袭。许多科学家都试图揭开鲨鱼抵抗癌症的秘密，以求给人类治疗癌症带来福音。

经过多年深入研究，美国一些科学家发现了一种非常奇怪的物质，这种物质几乎存在于鲨鱼所有的细胞中。这种物质是一种效果奇佳的"抗生素"，能够杀死几乎所有外来的病原体微生物。因此，科学家们推测，鲨鱼之所以具有超强的抗病能力，正是因为有了这种神奇物质的保护，科学家将这种物质命名为"鲨鱼素"。

"鲨鱼素"的杀菌本领是任何现有的抗生素都比不上的，其最大的特点就是能够快速有效地杀菌。癌症的重要诱因是病毒的侵袭，而鲨鱼靠着"鲨鱼素"能成功抵御病毒入侵，从而得以成功地摆脱癌症的侵袭。

目前，癌症这种恶性疾病严重危害着人类的健康，其发病率也在逐年升高，已经成为许多国家中居民死亡的第二号杀手。科学家们一直在攻克癌症的道路上努力探索着，他们不断研究一些从来不得癌症的动物或植物，试图从它们身上得到一些启示。因此，他们当然希望能将鲨鱼素应用到癌症的治疗中，但这需要极高的技术条件。值得高兴的是，研究人员已经发现，鲨鱼素的分子结构与引发冠心病等病症的胆固醇极为相似。目前，科学家们已经成功合成了这类物质，看来人类在与癌症的对抗中更为主动了。

中国大百科

植物百科

马博⊙主编

导 读

　　植物世界在这个蔚蓝色的星球上可以说是人类诞生、生长的摇篮。它们孕育了漫长的古代文明，又哺育了人类的成长壮大，将来仍是人类幸福的床榻。就说森林吧，人类取得火，吃上肉，构木为巢，都是从原始森林开始的；就说草原吧，人类学会蓄养牲口和种植庄稼就是在大草原上开始的。现代文明的城市，绿草坪也以昂贵的价格，像神奇的充满生机与人情的地毯一样，遮盖了工业社会残遗的炉渣与灰尘，多彩的地球仍然是以绿色和蓝色为基调，这是多么令人高兴的事！

　　植物世界是很有趣的，引人神往的。就说自然界的花草树木，只要有一颗种子，只要有水分，能和泥土亲近，它们就会毫不犹豫地、不容任何阻拦和压抑，长出一片片绿色，开出五颜六色的花，结出千姿百态的果。它们很老实，一旦出生，就牢牢地站在那里，不管是沃土肥壤，还是瘠土沙地；不管是平原谷地，还是山巅崖畔；不管是攘攘人间，还是寂寞旷野……它们仿佛不知道怨天尤人、自暴自弃、玩世不恭、沉沦不起、无可奈何之类的词汇。它们安于上帝的安排，却又不辜负自然母亲的希望；它们安于既定的命运，又坚强地在自己的天地里生长。它们眼观六路，耳听八方，却又默默无言，把最美的诗写在花上、叶上，把最珍贵的知识藏在累累的果实里。它们会不知不觉地欣欣然地生活一辈子，然后又在自己脚下的土地上养育新的生命。

　　中国是世界上植物资源最为丰富的国家之一，仅高等植物就有3.2万余种。北半球寒、温、热各带植被的主要植物，在中国几乎都可以看到。木本植物有7000多种，其中乔木2800余种，水杉、水松、银杉、杉木、金钱松、台湾杉、福建柏、珙桐、杜仲、喜树等为中国所特有。水杉是一种高大乔木，被列为世界古稀名贵植物。金钱松产于长江流域山地，叶子簇生在短枝上，状如铜钱，春夏苍绿，秋天变黄，是世界五大庭园珍贵树种之一。中国食用植物有2000余种；药用植物3000多种，长白山的人参、西藏的红花、宁夏的枸杞、云南和贵州的三七等，均属名贵药材。花卉植物种类极多，"花中之王"——牡丹，为中国固有，它花朵型大、多瓣，色彩艳丽，被推崇为中国的"国花"之一……

　　本卷《植物百科》部分结合中国的实际，为广大读者展现了一个丰富多彩的植物世界，给大家一个全面了解植物世界的好机会。书中配有大量精美的插图，使读者在愉快的阅读中掌握多种不同植物方方面面的知识。

沙漠植物

也许你会认为,在严重干旱,自然条件极为恶劣的沙漠中,不会有太多的植物能生长,其实不然,在浩瀚无际的大沙漠里,还生长着1000种左右的野生植物,其中包括不少经济价值较高的商用木材、药用植物、纤维植物等,让人感到无比惊奇。

由于沙漠缺水,所以沙漠里的植物大多数根系都非常之发达,以增加对沙土中水分的吸取。主根深、水平根(侧根)广,水平根可向四面八方扩展很远,不具有分层性,而是均匀地扩散生长,避免集中在一处消耗过多的沙层水分。如灌木黄柳的株高一般2米左右,而它的主根可以钻到沙土里三米半深,水平根可伸展到二三十米以外,即使受风蚀露出一层水平根,也不至于造成全株枯死。如此庞大的根系除了用来吸收水分外,还有固沙的作用。

沙漠中水分稀少,蒸发量却大得惊人,许多植物为了减少水分的丧失,演化出特殊的形态,如仙人掌的叶片进化成针状的小刺;而为了储存更多的水分,茎部则变得肥厚而多汁。白刺、沙拐枣的枝条呈现灰白色,可以抵挡强烈的阳光;沙冬青的叶表面有一层蜡质或灰白色毛;梭梭、柽柳的叶成鱼鳞状;霸王的叶退化等等。

还有许多植物是含有高浓度盐分的多汁植物,可从盐度高的土壤中吸收水分以维持生活,如碱蓬、盐爪等。

在沙漠中,由于雨季短暂,有些植物在1~2个月里就可以迅速发芽、生长、开花、结果,在相当短暂的时间里完成它的生活周期。沙漠植物都必须抢在有水的时候繁衍下一代,也为了吸引动物替它们传宗接代,往往会开出十分艳丽的花朵,为荒芜的大地带来缤纷亮丽的花季。

沙生植物在代谢途径上也有独到之处。如景天、落地生根、仙人掌等植物,白天气孔关闭,夜间开放。夜间二氧化碳由气孔进入体内形成苹果酸,贮于细胞液内;白天苹果酸再脱羧放出二氧化碳,参与光合作用。这条代谢途径对于它们的生存具有重大意义,因为这类植物生长在干热缺水的环境里,面临的重大问题是水分,而水不仅是光合作用的原料,也是生命活动不可缺少的物质。因此这类植物体内贮存水分,减少蒸腾是战胜干旱,获得生存的必要措施。白天气孔关闭,既可减少水分的过度蒸腾,又可利用前天晚上吸收的二氧化碳进行光合作用。而在夜间空气湿度较高,光照很弱,这时气孔打开吸收二氧化碳,既能提供白天光合作用的原料,又能减少水分损失。这也是此类植物适应环境的典型生理表现。但这类植物二氧化碳进入植株体内受到限制,其光合作用是很弱的,因而其生长速度非常缓慢。

菜中灵芝——沙葱

又名野葱、山葱。是生长在内蒙古、甘肃、新疆无污染的沙漠边缘或山石缝隙中的一种野生蔬菜;不仅营养丰富,风味独特,无论凉拌、炒食、做馅、调味、腌渍均为不可多得的美味。属纯天然绿色保健食品。

经专家测定:沙葱含丰富的植物蛋白、膳食纤维和人体所需矿物质、维生素等多种营养成分,据蒙药典记载:沙葱具有降血压、降血脂、开胃消食、健肾壮阳、治便秘之特殊功效。食之能治赤白痢、肠炎、腹泻、胸痹诸疾。被誉为"菜中灵芝"。

菜中灵芝——沙葱

沙葱在降雨时生长迅速,干旱时停止生长,耐旱抗寒能力极强,半年不降雨,遇雨后仍可快速生长。叶片可忍受$-4 \sim -5$℃的低温,在$-8 \sim -10$℃时叶片受冻枯萎。地下根茎在-45℃也不致受冻。生长适宜温度$12 \sim 26$℃,不同生育时期对温度的要求不同。发芽期最低$3 \sim 5$℃,抽苔开花期对温度要求偏高,达$26 \sim 30$℃。长时间高温(35℃以上)干旱条件下,叶片纤维素多,食用性变差。根系生长温度高于地上部分生长温度。沙葱属长日照、强光照植物。弱光条件下,沙葱生长细弱,呈淡绿色。沙葱生长要求较低的空气湿度($30\% \sim 50\%$)和通透性较强的湿润土壤。耐瘠薄能力极强。

沙葱植株呈直立簇状,株高$15 \sim 20$厘米。根为白色(新根)或黄白色(老根);茎为缩短鳞茎,根茎部略膨大;叶片呈细长圆柱状,叶色浓绿,叶表覆1层灰白色薄膜;叶鞘白色,圆桶状。叶片含纤维素极少,花苔长$15 \sim 25$厘米,白色伞房花序,种子呈半椭圆形。

翡翠珠帘——绿之铃

绿之铃的茎非常细长,可长至90厘米,匍匐下垂,在茎节间会长出气生根,但不具攀缘性;细长的绿茎上长着一颗颗绿色圆珠状的叶子,宛如在盆上挂着一串串的铃铛,故有佛串珠、绿葡萄、绿之铃之美称,相当可爱。绿之铃的花朵着生在茎节间抽出的花梗上,属于单生的头状花序，花是白中带紫色的筒状小花，每年早秋前后开花，花朵很小。

有些植物的外观特殊可爱，很容易让人兴起一股非带它回家不可的冲动，绿之铃就是有这样的魅力！很多园艺初学者在初次栽种植物时，常常毫不犹豫地选择了绿之铃，但一段时间后便发现，原来晶莹剔透的叶子慢慢腐烂掉落，植株渐渐枯死，从此便对栽种植物没有信心，其实都是因为不了解其习性，"溺"爱过头了！

翡翠珠帘——绿之铃

绿之铃是属于菊科的多年生草本植物，原产于南非。叶肉质，圆球形至纺锤形，叶中心有一条透明纵纹，尾端有微尖状突起。茎悬垂或匍匐土面生长，因此多被当成吊盆植物栽培。成株会开白色小花，但观赏价值不高。

栽种绿之铃失败最主要的原因，就是浇太多水了，绿之铃的原生环境较干旱，所以叶子呈肉质化，具贮存水分的功能，因此对水的需求较少，除非介质已经很干燥，否则不需浇水。栽培介质需排水佳，若是使用栽培土需再混入蛇木屑、珍珠石等能增加排水性的介质。绿之铃喜欢温和的直射阳光或整日明亮的场所，若光线低则新长出的叶子形状细长，且叶子间的间距也越拉越大，失去观赏价值。生育适温约15～25℃，夏季的高温会使生长停顿，必须将植株移至通风且有遮阴处，并勿浇太多水。

有生命的石头——生石花

在自然界中，生物的拟态现象是普遍存在的。说起拟态，人们都说昆虫是拟态的高手，其实，在植物王国里，具有拟态避敌本领的也大有"人"在。

在干旱而多砾石的荒漠上，生长着一类极为奇特的拟态植物——生石花。它们在没有开花时，简直就像一块块、一堆堆半埋在土里的碎石块或者是卵形石。这些"小石块"有的灰绿色，有的灰棕色，有的棕黄色，顶部或平坦、或圆滑，有些上面还镶嵌着一些深色的花纹，如同美丽的雨花石；有的周身布满了深色斑点，好像花岗岩碎块。生石花的伪装简直惟妙惟肖，甚至使一些不明底细的旅行者真假不分，直到想拾上几块"卵石"留作纪念时，才知道上当。这些"小石块"就是生石花肉质多浆的叶子。

每年6～12月份，是南半球的冬春季节，也是生石花类植物生命交响乐中最动人的乐章。每天中午都有鲜艳夺目的花朵从"石缝"中开放，黄色、白色，还有玫瑰红色，花冠大

如酒盅。

在这个季节，一片片生石花艳丽的花朵覆盖了荒漠，远远望去犹如给大地盖上了一床巨大的花毯。但当干旱的夏季来临后，荒漠上又是"碎石"的世界了。

有生命的石头——生石花

据植物学家调查，世界上这类貌似小石块的植物有100多种，都属于番杏科，而且是生长在非洲大陆的南部，颇为珍贵。它们虽然十分弱小，而且充满了汁液，吃上去味道不错，却成功地模拟了无生命的石块，骗过了强大的天地——食草动物，保护了自己的生命。

生石花的茎很短，常常看不见。变态叶肉质肥厚，两片对生联结而成为倒圆锥体。品种较多，各具特色。3~4年生的生石花秋季从对生叶的中间缝隙中开出黄、白、红、粉、紫等色花朵，多在下午开放，傍晚闭合，次日午后又开，单朵花可开7~10天。开花时花朵几乎将整个植株都盖住，非常娇美。花谢后结出果实，可收获非常细小的种子。生石花形如彩石，色彩丰富，娇小玲珑，享有"有生命的石头"的美称。陈设案头，显得十分别致新颖，令人观之叹绝。

生石花喜欢阳光，生长适温为20℃~24℃，春秋季节宜放在南向阳台上或窗台上培养，此时正是其生长旺盛期，宜每隔3~5天浇1次水，促使生长和开花。生石花的生长规律是3~4月间开始生长，高温季节暂停生长，进入夏季休眠期，秋凉后又继续生长并开花，花谢之后进入越冬期。当春季开始生长时，原来的老植株逐渐萎缩并被新长出的植株所胀裂。此时要减少浇水，保持盆土略干燥些，并忌直接向植株上喷水，以防伤口感染引起腐烂。入夏后移至室内半光处，避免强光直射，同时要及时开窗通风降温，并要控制浇水，才能使其安全度夏。入秋后要逐渐增加浇水量，并施少量复合肥料，以利孕蕾开花。花谢后又要逐渐减少浇水，冬季更要严格控制浇水，以识持盆土干燥些为好。越冬期间要放在阳光充足处，室温保持在10℃以上即能安全越冬，但最好将其放在室温15℃以上的房间。生石花根系发达，故宜选用深盆栽培。盆土可用腐叶土4份、石灰质材料（贝壳粉、蛋壳粉、陈灰墙屑等）3份、河沙3份混匀配制。栽植不能过深，否则易引起植抹腐烂。繁殖生石花，采用播种和分株均可。家庭繁殖生石花，因需要的数量不多，可直接分栽从老株缝隙中抽生出的幼小植株。此法既简便易行，又可缩短繁殖时间。

沙漠玫瑰——天宝花

天宝花是近年新兴起来的室内栽培植物。天宝花又名沙漠玫瑰、小夹竹桃，原产非洲的肯尼亚、坦桑尼亚。是多年生肉质植物,株高可达2米。根肥大成肉质根。茎粗壮,分枝多,叶色翠绿。在南方可于春秋开花两次。如果养护得当,在春夏秋三季均可见花。盛花时,叶片大部分脱落,花满枝头,其姿态优美,树形古朴苍劲,优雅别致。根、茎、叶、花均有较高的观赏价值,是目前流行的高档室内栽培佳品。

沙漠玫瑰——天宝花

沙漠玫瑰喜干燥、阳光充足的环境,耐干旱但不耐水湿,耐炎热但不耐寒。生长适温为20~30℃。家庭栽培时,宜放置阳光或散射光充足的地方,宜用肥沃、疏松及排水良好富含钙质的沙壤土。5~12月时是它的花期,花有红、玫红、粉红、白等颜色。南方温室栽培较易结实。

生长期宜干不宜湿。夏季高温期,可根据土壤状况表土干后即可浇水。一般3天浇水一次,盆中不能积水,否则根部易腐烂。在每年春季生长旺盛季节施用2~3次氮肥,花前可施用2次含钙、磷的复合肥。冬季干旱季节,植株进入休眠期。如果温度低于10℃,则落叶,这时应控制浇水,保持土壤干燥。

沙漠玫瑰的主要用播种及扦插方法繁殖。播种以春季为佳,用点播法,以便于出苗后管理。播种前,一定要对基质进行消毒。出苗后,注意播盘中基质不能过湿,否则可能根部腐烂而造成大批幼苗死亡。扦插以生长旺盛季节为好。把枝段剪成10厘米左右,下端浸放水中,把切口处的黏液稀释,以防胶结而影响发根。可插入沙床或直接插入已消毒的栽培基质中,约15~30天可生根。在繁殖时,建议用播种方法繁殖,这样植株根茎能自然膨大形成良好的株形。扦插苗则不能,还会大大降低观赏价值。

另外,在栽培中,沙漠玫瑰枝条易徒长,影响株形美观,可用嫁接的方法改变其株形。可在植株一定高度按一定形状将枝条全部剪下,再取剪下的枝条的上端,用劈接法进行嫁接。经嫁接处理的植株株形美观,开花后则花枝紧凑,观赏性强。

沙漠玫瑰的叶斑病较重,严重时可造成大批叶片脱落,可用25%的多菌灵可湿性粉剂500倍液,50%的托布津1000倍液防治。

沙漠玫瑰的主要虫害是介壳虫。发生严重时导致叶片全部脱落,植株生长点坏死,甚至植株死亡。家庭栽培要注意观察,一旦发现马上用棉签蘸水将其擦除。也可在产卵期和孵化期用40%氧化乐果乳油1000~2000倍,或50%杀螟松乳油1000倍喷雾1~2次。进行病虫害防治时,要注意用药安全。

沙漠玫瑰无论花、叶、茎，还是它的形，均优雅别致，自然大方，别具一格，特别适合家庭室内及阳台装饰，为室内栽培之佳品。

沙漠英雄花——仙人掌

仙人掌科植物为了适应干旱沙漠生活条件，植物体呈多汁肉质，以贮藏水分；叶形成针状，以防水分大量蒸发。这些植物称为仙人掌植物。仙人掌植物原产美洲或非洲，国内大量引种，少数亦为野生。作为观赏植物仙人掌品种繁多，许多珍贵品种已成为人们桌上宠物。

仙人掌类植物原产干旱或半干旱地区的仙人掌类植物，常具有在于旱季节休眠的特性，雨季来临时，它们迅速吸收水分重新生长，并开放出艳丽的花朵。它们的叶子变异成细长的刺或白毛，可以减弱强烈阳光对植株的危害，减少水分蒸发，同时还可以使湿气不断积聚凝成水珠，滴到地面被分布得很浅的根系所吸收；茎秆变得粗

沙漠英雄花——仙人掌

大肥厚，具有棱肋，使它们的身体伸缩自如，体内水分多时能迅速膨大，干旱缺水时能够向内收缩，既保护了植株表皮，又有散热降温的作用。气孔晚上开放，白天关闭，减少水分散失。茎秆大多变成绿色，代替叶子进行光合作用，制造食物。通常根系发达，具有很强的吸水能力。正是这些形态结构与生理上的特性，使仙人掌类植物具有惊人的抗旱能力。

别看仙人掌的奇形怪状加上锐利的尖刺，使人望而生畏，但它们开出的花朵却分外娇艳，花色丰富多彩。如长鞭状的"月夜皇后"，开白色的大型花朵，直径达五六十厘米。被人们喻为"昙花一现"的昙花，就是原产中、南美洲热带森林中一种附生类型的仙人掌类植物。

仙人掌以花取胜还只是培养者喜爱它的一个原因，而形状、颜色各不相同的刺丛与绒毛也受到许多观赏者的宠爱。尤其是一些鲜红、金黄的刺丛与雪白的绒毛品种，更是

千姿百态。难怪有人称它们为"有生命的工艺品"呢。

墨西哥素有"仙人掌之国"的名称。仙人掌是墨西哥的国花。相传仙人掌是神赐予墨西哥人的。仙人掌有"沙漠英雄花"的美誉。仙人掌类植物全世界有两千多种,其中一半左右就产在墨西哥。高原上千姿百态的仙人掌在恶劣环境中,任凭土壤多么贫瘠,天气多么干旱,它却总是生机勃勃,凌空直上,构成墨西哥独特的风貌。什么病虫害都别想侵害它。它全身带刺,具有顽强的生命力,坚韧的性格,有水、无水、天热、天冷都不在乎,在翡翠状的掌状茎上却能开出鲜艳、美丽的花朵,这就是坚强、勇敢、不屈、无畏的墨西哥人民的象征。为了展示仙人掌的风采,弘扬仙人掌精神,每年8月中旬都要在墨西哥首都附近的米尔帕阿尔塔地区举办仙人掌节。节日期间,政府所在地张灯结彩,四周搭起餐馆,展售各种仙人掌食品。

在每100克可食仙人掌中,约含维生素A220微克,维生素C16毫克,蛋白质1.6克,铁2.7毫克,可以产生25千卡~30千卡的热量。近年来,许多国家已开始用仙人掌治疗动脉硬化、糖尿病和肥胖病,并且取得了很好的效果。据说,这主要是由于仙人掌所含的维生素能抑制脂肪和胆固醇的吸收,并可以减缓对葡萄糖的摄取。

仙人掌在我国作为药用首载于我国清代赵学敏所著的《本草纲目拾遗》。据该书记载,仙人掌味淡性寒,功能行气活血,清热解毒,消肿止痛,健脾止泻,安神利尿,可内服外用治疗多种疾病,清代刘善术著的《草木便方》中记载,仙人掌苦涩性寒,五痔泻血治不难,小儿白秃麻油擦,虫疮疥癞洗安然。《本草求原》载:寒,消诸疮初起,洗痔。《陆川本草》记载有消炎解毒,排脓生肌的作用,用于疮痈疖肿咳嗽的治疗。《岭南采药录》记载:仙人掌焙热熨之,用于治疗乳痈初起结核。《闽南民间草药》中说:用仙人掌鲜全草适量,共捣敷患处,治透掌疔。《广西中草药》载:仙人掌止泻,治肠炎腹泻。《闽东本草》载:能去痰,解肠毒,健胃,止痛,滋补,舒筋活络,疗伤止血。治肠风痔漏下血、肺痈、胃病、跌打损伤。《湖南药物志》记载:仙人掌消肿止痛,行气活血,祛湿退热生肌。《中国药植图鉴》记载:仙人掌外皮捣烂,可敷火伤,急性乳腺炎并治足胝。煎水服,可治痢疾。《分类草药性》载:专治气痛,消肿毒,恶疮。《贵州民间方药集》载:仙人掌为健胃滋养强壮剂,又可补脾、镇咳、安神。治心胃气痛、蛇伤、浮肿。从资料记载可以看出,仙人掌治疗疔疮肿毒的作用显著。现有报道除用于痢疾、哮喘、胃痛、肠痔泻血外,还用于肾炎、糖尿病、心悸失眠、动脉硬化、高血压、肥胖症及肝病的辅助治疗。

仙人掌生长在热带,对强光有很强的吸收作用,强光中有我们说的可见光和不可见光,而电脑和手机的电磁辐射也是不可见光容易被吸收。另外它的刺会发出负离子,中和正离子的有害作用。实际上放在电脑显示器附近的仙人掌的针刺上只能吸灰。不过,它确实喜欢这种辐射,在辐射源附近它生长得会很好,特别是在有阳光照耀的时候。所以小的盆栽仙人掌同样可以吸收,只是量的问题,你可以多摆几盆。另外电脑辐射的最强地带是键盘,所以在键盘旁边放一盆比较适合,不过手就要特别小心了。在电脑的显示屏的后背也是辐射较强地带。

如何栽培仙人掌?

仙人掌从野生到被广泛移入室内栽培,它反映了城市居民选择盆花品种的一种趋势。因楼房面积有限、空气干燥,培养大型或比较娇嫩的盆花常常生长不好,只有选择一些小型、耐旱、管理简便而观赏价值又高的品种最为适宜,仙人掌类植物正好符合这几种要求。

室内盆栽仙人掌,以选择小型、花多的球型种类为宜,栽培中不能认为这类植物耐旱,而忽略对它的正常浇水与施肥。室内栽培,可在窗台上用铅丝与塑料薄膜营造一个高温、高湿的封闭式空间,大多数仙人掌在这样的条件下不仅生长快而且色泽晶莹。

盆栽用土,要求排水透气良好、含石灰质的沙土或沙壤土。新栽植的仙人掌先不要浇水,每天喷雾几次即可,半个月后才可少量浇水,一个月后新根长出才能正常浇水。冬季气温低,植株进入休眠时,要节制浇水。开春后随着气温的升高,植株休眠逐渐解除,浇水可逐步增加。每10天到半个月施一次腐熟的稀薄液肥,冬季则不要施肥。

在一般的住宅条件下,充分利用空间,培养几十盆各种各样的仙人掌,布置一个小小的"仙人掌花园"并不困难。当春夏之交,窗台上形形色色的仙人掌开放出琳琅满目的花朵,人们工作之余,在这样的条件下休息,不仅可以消除疲劳,而且可以说是一种对自然美的享受。

"荒漠卫士"——白刺

去过内蒙古以及西北地区的人们,一定见过一类叫作白刺的植物。也许你当时不知道它的名字,又或者熟视无睹,但它肯定在你的眼前视野中出现过。

白刺是一种典型的荒漠植物。它匍散的身躯,多而又密的分枝,护住一个个小沙丘、小荒坡。它不怕沙埋土掩,枝条在被沙埋土掩之后,极容易向下生出不定根,向上萌生不定芽,枝端也继续向上生长。这样沙积多高,它就爬高多少。它的枝条白白的,长着一簇一簇肉嘟嘟鲜嫩可爱的小叶片。这些鲜嫩的叶片营养丰富,本是牛、羊、骆驼喜食的很好的饲料,但无奈白刺它只肯一点一点地施舍给它们,因为小枝顶端几乎无一例外地都硬化成的枝刺不答应。白刺不炫耀它的花朵,它的花小,5个白色的小花瓣。许多小花组成蝎尾状聚伞花序,看上去密密的一小片。白刺结的果肉质多汁,里面含一粒种子,可称为浆果状核果,熟时暗红色,汁液丰富。白刺果实酸甜可食,可治肺病和胃病;也能用以酿酒和制醋；果核还可榨油。

"荒漠卫士"——白刺

在白刺的同属兄弟中，大白刺的果个头最大，直径15~18毫米，且酸甜可口，故有"沙漠樱桃"之称。如果让猪吃大白刺果，有催肥之效。人类现在都流行减肥，也许就不适合吃了。另外，还一种常见的叫小果白刺，又叫西伯利亚白刺。顾名思义，它的分布远及西伯利亚，在我国华北及东北沿海盐碱沙滩也有。它同白刺、大白刺的区别除果实小一半之外，叶片却以多一倍的数量簇生在一起，白刺、大白刺2~3枚簇生，小果白刺4~6枚。

无论白刺、大白刺，还是小果白刺，它们都是沙漠和盐碱地区重要的耐盐固沙植物。它们耐盐碱、耐沙埋；它们积聚流沙和枯枝落叶而固定的沙丘人们称之为白刺包。据观察，白刺包固定的沙丘和其他的沙生相比是最牢固有效的，别的植物的枝条多高傲地向上伸展着，只顾生长自己的，而白刺却不同，它用全身的枝条护压着沙丘，它要同沙尘暴做斗争。

白刺，真可谓沙丘的守护神，荒漠的卫士。

多肉植物——金琥

金琥别名黄刺金琥，是仙人掌科、金琥属中最具魅力的仙人球种类。栽桐中还有几个主要变种，如白刺金琥、狂刺金琥、短刺金琥、金琥锦、金琥冠等。

产地及习性：金琥原产墨西哥沙漠地区，现我国南方、北方均有引种栽培。金琥性喜阳光充足，多喜肥沃、透水性好的沙壤土。夏季高温炎热期应适当蔽荫，以防球体被强光灼伤。

金琥茎球状，球体深绿，密生黄色硬刺，球顶部密生金黄色的绵毛；花黄色，顶生于绵毛丛中，吕等大小，非常美丽壮观；果被鳞片及绵毛，种子黑色光滑。

金琥喜含石灰质的沙壤土，可用等量的粗沙、壤土、腐叶土及少量陈墙灰混合配制。每年应进行一次翻盆换土和剪除老根。3月中旬将球从盆中取出，剪除老根，勿伤主根。

剪好后,放在通风处晾4~5天,使剪口风干;翻盆使用的新培养土,宜用发酵后的畜、禽粪肥作基肥,加入煤灰、草木灰及少量动物骨粉等混合拌匀;盆要用阳光晒、蒸煮和喷药等办法进行消毒处理,以防烂球。

多肉植物——金琥

金琥性喜阳光充足,但夏季宜半荫,当气温达到35℃以上时,中午前后应遮荫,避免强阳光灼伤球体。在上午10时以前或下午5时以后,可将它置于阳光下,促使多育花蕾,并可避免过分遮荫,球体变长而降低观赏价值。越冬温度保持8~10℃,并保持盆土干燥。温度太低时,球体会产生黄斑。夏季防雨淋。

夏季是金琥的生长旺季,需水量增加。如遇干旱要勤浇水,时间最好是在清晨和傍晚,切忌在炎热的中午浇过凉的水,易引起“着凉”而致病。如中午盆土过干,可少喷水使盆面湿润即可,不能向球的顶部及嫁接部位喷水,以免积水腐烂。生长期内,半月左右施1~2次含氮、磷、钾等成分的稀薄肥液,结合浇水使用。有机肥要充分腐熟,浓度适当。

金琥生性强健,抗病力强,但夏季由于湿、热、通风不良等因素,易受红蜘蛛、介壳虫、粉虱等病虫危害,应加强防治。对红蜘蛛,用40%乐果或90%敌百虫1000~1500倍液喷雾防治。发现介壳虫、粉虱等为害时,可进行人工抹杀。

金琥寿命很长,栽培容易,成年大金琥花繁球壮,金碧辉煌,观赏价值很高。而且体积小,占据空间少,是城市家庭绿化十分理想的一种观赏植物。

养护金琥注意事项

(1)选用排水、透气性能良好的培养土。盆栽可用腐叶土2份、沙土4份、园土3份、腐熟鸡鸭粪1份混合配制,并在盆底放少量碎骨粉或贝壳粉作基肥。

(2)光照、温度要适宜。金琥喜阳光充足。生长季节需放在向阳处养护,夏季宜半阴,在强光直射下易灼伤。若长期放在光线不足的环境下,则球体会变长,缺乏生气,降低观赏价值。冬季也需放在室内阳光充足处,室温以保持8℃至10℃为好。最低也不得低于4℃。

(3)水肥要适量。春季和初夏,可适当浇水,并追施少量腐熟稀薄液肥和复合肥化肥。盛夏气温达38℃以上时,植株进入夏季休眠期,这时要控制浇水,停止施肥,待秋凉后方可恢复正常水肥管理。冬季更需严格控制浇水,保持盆土不过分干燥即可。金琥的繁殖,可用嫁接法。嫁接时,选2年生至3年生三棱箭作砧木,用直径约1厘米的金琥小球作接穗。嫁接方法同一般仙人球。嫁接成活后,经过几年的培养,球长得很大,砧木支持不住时,将球带一小段砧木(约 3 厘米至 5 厘米)切下,稍晒干后再行扦插。生根后上盆栽植,随即成为一株十分优美的仙人球。

沙漠的形象大使——巨人柱

仙人掌科植物。原产美国亚利桑那州等地。本种以挺拔高大著称,其垂直的主干高达 15 米。重达数吨,能活 200 年。茎干具有极强的储水能力。一场大雨过后,一株巨大的巨人柱的根系能吸收大约一吨水。

在沙漠里,作为"形象大使"的巨人柱仙人掌举着臂膀站在那里,可不是孤零零给活在不毛之地的秃鹰歇脚用的——它们饱含生命汁液,组成了沙漠里密布如林的"给养罐"。雨后数小时之内,很多仙人掌就会伸出新生的小根来,饱饮雨滴。这种植物手风琴一般的枝干结构可以吸收富余的水分而膨胀,正如钝尾毒蜥用超大号的膀胱来储水,可张可驰的尾巴里则塞满食物养分。在

沙漠的形象大使——巨人柱

最干燥的 5 月和 6 月,当上个冬季的雨水已成为大多数生命的遥远记忆,巨人柱仙人掌,还有个头比它们更大的南方同仁摩天柱仙人掌,就会给自己戴上华美的白色花冠,甘露满盈。这些花蜜滋养了鸟类、昆虫,尤其是蝙蝠,它们则为仙人掌传播花粉作为回报。花谢果熟,饱满多汁,受益的生灵就更多了,从鬣蜥到草原狐都得以补充食物和水分,坚持到夏季雷雨降临。进食完毕,动物们便退避到这片沙漠特有的那许多小型树木中间,小叶假紫荆、蓝花假紫荆、猫爪金合欢、铁木或是腺牧豆树,随便找一丛躲进去休息。一番消化之后,排出满是种子的粪便,落在树荫里——恰好就是巨人柱仙人掌和摩天柱仙人掌在柔弱幼年时成长所需的地方。假如生命在这里真的是命悬一线,一棵巨人柱仙人掌又怎能每年结出数百万粒种子、一活就是 250 年? 面对严酷环境,依然有各式各样的生物群落能够找到办法,活得欣欣向荣,远不止是苟且偷生。

沙漠的生命之魂——胡杨

胡杨是杨柳科植物,是一种杨树。它的奇特之处在于它有三种叶子,一种像杨树叶,一种像柳树叶,还有一种既像杨树叶又像柳树叶。胡杨叶子的这种异形现象在植物界是非常罕见,所以胡杨又叫异叶杨。

生活在沙漠中的唯一的乔木树种——胡杨,自始至终见证了中国西北干旱区走向荒漠化的过程。而今,虽然它已退缩至沙漠河岸地带,但仍然是被称为"死亡之海"的沙漠的生命之魂。

胡杨曾经广泛分布于中国西部的温带暖温带地区,新疆库车千佛洞、甘肃敦煌铁匠沟、山西平隆等地,都曾发现胡杨化石,证明它是第

沙漠的生命之魂——胡杨

三纪残遗植物,距今已有 6500 万年以上的历史。如今,除柴达木盆地、河西走廊、内蒙古阿拉善一些流入沙漠的河流两岸还可见到少量的胡杨外,全国胡杨林面积的 90% 以上都蜷缩于新疆,而其中的 90% 又集中在新疆南部的塔里木盆地——一个被称为"极旱荒漠"的区域。

胡杨虽然生长在极旱荒漠区,但骨子里却充满对水的渴望。尽管为适应干旱环境,它做了许多改变,例如叶革质化、枝上长毛,甚至幼树叶如柳叶,以减少水分的蒸发,因而有"异叶杨"之名。然而,作为一棵大树,还是需要相应水分维持生存。因此,在生态型上,它还是中生植物,即介于水生和旱生的中间类型。那么,它需要的水从哪里来呢?原来,它是一类跟着水走的植物,沙漠河流流向哪里,它就跟随到哪里。而沙漠河流的变迁又相当频繁,于是,胡杨在沙漠中处处留下了曾驻足的痕迹。靠着根系的保障,只要地下水位不低于 4 米,它依然能生活得很自在;在地下水位跌到 6~9 米后,它只能强展欢颜、萎靡不振了;地下水位再低下去,它就只能辞别尘世。所以,在沙漠中只要看到成列的或鲜或干的胡杨,就能判断这里曾经有水流过。正因为如此,有人将胡杨称为"不负责任的母亲",它随处留下子孙,却不顾它们的死活。其实,这也是一种对环境制约的无奈。

塔里木盆地的胡杨,特别是塔里木河沿岸的胡杨,是地球上胡杨最多的一片分布区,曾经十分辉煌。西汉时期,楼兰的胡杨覆盖率至少在 40% 以上,人们的吃、住、行都得靠

它。在清代,仍"胡桐(即胡杨)遍野,而成深林"。但从 20 世纪的 50 年代中期至 70 年代中期的短短 20 年间,塔里木盆地胡杨林面积由 52 万公顷锐减至 35 万公顷,减少近三分之一;在塔里木河下游,胡杨林更是锐减 70%。在幸存下来的树林中,衰退林占了相当部分。造成这种结局的原因,主要还是人类不合理的社会经济活动。胡杨及其林下植物的消亡,致使塔里木河中下游成为新疆沙尘暴两大策源区之一。有幸的是,人们已从挫折中吸取了教训,开始了挽救塔里木河、挽救胡杨林的行动。向塔里木河下游紧急输水已初见成效,两岸的胡杨林开始了复苏的进程。面积近 39 万公顷的塔里木胡杨林保护区已升格为国家级自然保护区;轮台胡杨公园也升格为国家森林公园;以胡杨林地主体的塔里木河中游湿地受到国际组织的关注,并列为重点保护的对象。第一次受到人类如此高规格礼遇的胡杨林,一定不会辜负人类的期待,将重展历史的辉煌!

维吾尔族人民给了胡杨一个最好的名字——托克拉克,即"最美丽的树"。它的美丽,源自它们面对干旱的顽强和悲壮,而保护和发展胡杨的美丽,则是我们人类不可推卸的责任和义务。

草药植物

草药用在医学和魔术上已经有上千年的历史了。而对草药的系统研究则要追溯到古苏美尔人。他们为香菜、百里香、月桂和其他很多种植物定义了它们的药学用途。这些植物直到今天我们还在自己花园中种植。

我国的第一本中国草药学书籍《本草纲目》写成于公元前2800年,其中描述了366种植物的药学功效。古代罗马人和希腊人都用植物作为药物、调味料、化妆品、熏香和染料。他们当中更迷信的人甚至把草药制成护身符,系在脖子下面的袋子里,防止邪恶病魔、幽灵以及生气的邻居对自己的诅咒。在荷马史诗《奥德赛》中,英雄用来抵御瑟斯咒语的攻击。在神话中,神奇的草药总是与赫卡特女巫或美狄亚女巫联系在一起。因为她们用这些草药制成毒药作为礼物赠给她们喜爱的人,或者用这些毒药毒死他们想要消灭的人。

草药的应用范围很广,很多种治疗方法都是基于一个原理:那就是上帝在设计每一款植物的时候对它在医药中的作用都有一个直观的印象,因此仅仅凭借观察植物的长相就能判断出它应该是做什么用的。植物花朵的颜色、根或叶子的形象、花瓣或茎干的肌理都可能显示这种植物的药物用途。例如,像秋麒麟那样的黄花植物可以治疗黄疸病。而有着红色叶子或根的植物则可以治疗血液疾病或创伤。紫色茎干的鸢尾植物被制成膏状,用来治疗挫伤。

如果一种植物长得跟某个人体器官相似,人们就认为这种植物能够治疗这个器官。疗肺草之所以得名就是因为它的叶子看起来就像人的肺部,因此也被用来治疗肺部疾病。而三叶獐耳细辛草因为形状像肝,被用来治疗肝部疾病。颤杨树叶用来治疗瘫痪一类的发抖症状,而花朵像蝴蝶一样的植物则被用来治疗蚊虫叮咬。

人们认为很多疾病都是超自然的力量造成的。但是同样,对于这样的疾病也有治疗方法。地方女巫或草药师也许会建议你佩戴用黑莓编成的花环预防邪恶幽灵;在自己大门的锁眼里塞上茴香防止幽灵进入你的房子;在地板上泼洒毛地黄汁则能保护自己不受小仙女的骚扰。草药的神奇功效也可以用在其他更实际的地方。例如,一个旅行者如果担心在马车上睡着了的话,就应该携带篓莴,它保证能够帮助你提神。寻宝人应该随身携带菊苣,能够帮助他打开锁着的大门和柜子。想生小宝宝的妇女应该在自己附近种植欧芹。

草药是植物整株，或一部分，常被用来作调味品（烹调用草药）或治疗健康问题（医用草药）。几千年以来，世界各地的人们都把草药用作药物。今天，成千上万的人使用草药治疗法来预防和治疗各种健康问题。其中常用的有：紫锥花、大蒜、生姜、银杏、人参等。

感冒特效药——紫锥花

紫锥花是一种生长于北美的野花，印第安人把它用于治疗伤口和呼吸感染。十九世纪后期以来，这种植物常被用于治疗感冒、梅毒等一系列病症。

紫锥花的主要作用据说是可以提高抵抗感染的能力。从它的根茎榨出的汁能提高人体的免疫能力。现在，许多人用它来预防和治疗感冒与流感。

感冒特效药——紫锥花

这种植物含有不少的活性化合物，包括菊粉、多糖和脂肪酸。其中的某些，看起来能加快白细胞的产生和提高它的活性，而白细胞的作用就是攻击和破坏血液中的细菌及其他致病侵入物。紫锥花还加快有助于控制免疫系统活动的化学物质 cytokines 的生成。

紫锥花的传统用法，包括治疗细菌、病毒和酵母引起的感冒和传染病都是有效的，它对消炎也有疗效。

人们正尝试把紫锥花作为治疗癌症等疾病的方法。一些实验研究发现，紫锥花刺激白细胞间介素、干扰素和肿瘤坏死因子（控制癌细胞生长的化学物质）的释放，但另一些研究没有此发现。紫锥花是否对人体具有抗癌作用尚不清楚，而且，用药标准及其毒性也不知道。

但是，使用紫锥花前最好同医生商量，特别是当您患了狼疮等自身免疫疾病或 AIDS、肺结核时。

温中止痛的良药——吴茱萸

主产长江以南地区的吴茱萸，别名曲药子、伏辣子、茶辣、臭泡子。生于温暖地带山地、路旁或疏林下。为芸香科灌木或小乔木，高 2.5~8 米。幼枝、叶轴、叶柄及花序均被黄褐色长柔毛。羽状叶对生;小叶 5~11,长椭圆形或卵状椭圆形,长 5~14 厘米,宽 2~6 厘米,上面疏生毛,下面密被白色长柔毛,有透明腺点。花单性异株,密集成顶生的圆锥花序。骨突果紫红色,有粗大腺点,每果含种子 1 粒。花期 6~8 月,果期 9~10 月。

温中止痛的良药——吴茱萸

吴茱萸的果实含吴茱萸碱、吴茱萸次碱、羟基吴茱萸碱、柠檬内酯、辛弗林、吴茱萸烯等。其味辛、苦,性热,有小毒。有散寒止痛,降逆止呕,助阳止泻的功效。用于头痛、疝痛、脚气、痛经、脘腹胀痛、呕吐吞酸、口疮等症。

经验方选:

①治脚气疼痛,人感风湿流注,脚痛不可忍,筋脉浮肿:吴茱萸 10 克,紫苏叶 10 克,槟榔 7 枚,陈皮(去白)30 克,木瓜 30 克,桔梗(去芦)15 克,生姜(和皮)15 克。上药研细,水煎,每日五更时服,每煎分 3~5 次服。

②治牙齿疼痛:吴茱萸少量,煎酒,含漱。

③治高血压:吴茱萸研末,每次取 18~30 克,用醋调敷两足心,最好睡前敷,用布包裹。一般敷一次,重的敷 2~3 次,即显示降压效果。

④治脘胁疼痛,呕吐酸水:吴茱萸 1 克,黄连 6 克,水煎服。每日 2~3 次,每日一剂。

⑤治呕吐便秘:吴茱萸 5 克,干姜 2 克,水煎,分 3 次服,每日一剂。

药食同源植物——金樱子

别名山石榴、糖罐子、黄茶瓶、灯笼果。为蔷薇科植物金樱子干燥成熟的果实,是一种由花托发育而成的假果,红熟时于 10~11 月间采摘,呈倒卵型,略似花瓶,长约 3 厘米,直径 1~2 厘米,外皮红黄色或红棕色,上端宿萼为盘状,下端渐尖,果皮外面有突起的棕色小点,系毛刺脱落的残痕,触之刺手。本品资源丰富,江苏、浙江、安徽、江西、湖南、四川、福建、广东、广西均有分布。

金樱子入药,历史悠久,中国历代本草均有记载,宋朝《嘉祐本草》《图经本草》《开宝本草》及明朝的《植物名实图考长编》提到它味酸,平温无毒,久服令人耐寒轻身、益气。

金樱子含有丰富的糖类和维生素 C,并含有苹果酸、枸橼酸及氨基酸,还含皂甙、鞣质及树脂类。其味酸、甘、涩、平、无毒。具有固肾缩尿、涩肠止泻,治滑精、遗尿、小便频数、脾虚泻痢、肺虚咳喘、自汗盗汗、绷带漏下等功能。用于移精、遗尿、尿频,崩漏带下,久泻久痢等症。

金樱子配芡实为水陆二仙丸,可治疗肾虚遗精。金樱子配党参、黄芪、茯苓、莲子肉、芡实、山药、白扁豆,薏苡仁、白术、甘草为加味参苓白术散,可治疗脾虚。本品还具有降低血清胆固醇及抑菌作用,其水煎剂用试管稀释法1∶3000～1∶200的浓度对流感病毒及痢疾杆菌有抑制作用。

金樱子除药用外,古代还有作为食用的记载。早在乾隆己丑,庚寅年歉收时,用其充饥以活命,田间农民在缺午茶时,以此果解渴。古方金樱酒具有滋补良效、味美,沿用至今。民间以此果片泡水,加适量糖作为饮料,酸、甜

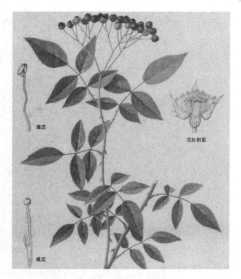

药食同源植物——金樱子

适口,有消食补益之功能,近代亦有配以野菊花为主要原料生产的樱菊精,远销香港。

80年代江苏省植物研究所用此果研制的金樱子棕色素,应用于糖果、饮料(清凉饮料,香槟酒)等食品的生产,获得令人满意的效果,90年代,中央卫生部将金樱子列入药食同源植物名录。

综上所述,金樱子是一理想的药食同源植物,大有开发利用之价值。

国际市场新药源——银杏

银杏也叫白果树,是地球上最古老的树种。银杏在中国很常见。在中国,银杏被视为神树,常种在寺庙的花园里。银杏叶子的形状像扇子,分成两半。银杏作为草药的历史可追溯到五千年前,是我国特有的多功能树种,它集果用、叶用、材用、观赏、文化、环保、防护于一体,可以说银杏浑身都是宝。特别是银杏果、叶有防治心脑血管病等多种疾病的神奇功效。因此,近年来,它成为医药、食品、保健、饮料、化妆等方面竞相开发的产品,成为高价多能的新资源、国际市场上的新药源。

对银杏经济价值的全面认识是从20世纪80年代开始的,据统计,到20世纪90年代,中国银杏制品的年销售额已达到了数十亿元人民币。这时的银杏又变成一种"经济树"。

银杏提取物中含有两种有效成分:生物黄酮和萜内酯。生物黄酮的作用相当于抗氧化剂,可以清除自由基(不稳定的氧分子),防止破坏细胞。它还能降低血小板凝聚,从而

国际市场新药源——银杏

阻止血液凝固。萜内酯的作用在于能改善循环和修复遭破坏的神经细胞。这样,既能增强血液循环(特别是脑部的)又能改善神经系统,就可以解释为什么银杏能预防或缓解老年痴呆症了。

银杏似乎能缓解由年老和动脉硬化症引起供血不足的症状。它可以增强大脑血液流动,从而增大对大脑的供氧量。对老年病人而言,银杏可以缓解眩晕、耳鸣和头痛的症状。据一些人报告,银杏可以缓解腿部疼痛(跛行),提高行走能力。银杏似乎仅对中等程度的失忆和痴呆病人具有疗效。

把银杏作为治癌手段的研究尚处于初级阶段。实验室("试管实验")研究表明,某些银杏中的化合物如苯酚,可以抑制人体某些肿瘤的生长。苏联对住在切尔诺贝利核电站泄漏地点附近的人的研究表明,银杏(一种抗氧化剂)能预防核辐射对 DNA(细胞的遗传成分)的破坏。银杏能否治疗癌症,还需研究证明。

但是,某些病人服用银杏后,反映有轻微头痛或肚子痛。服用银杏前,请询问医生,特别当您的循环系统有问题时。

银杏的盆景栽培技术

银杏也称白果,是远古时代遗留下来的植物活化石,为药、食、材兼用的经济植物。银杏生命力旺盛,树干挺拔,树态优雅,叶形美丽,既是经济价值较高的干果树种,又是优美的园林绿化树种,更是独特的制作盆景的良好材料。银杏盆景以其特有的形韵和深厚的文化内涵而深受人们的喜爱。

生长特性

银杏为雌雄异株的裸子植物,但不论是雌花还是雄花都是小而不明显,没有观赏价值。银杏的种子(不是果实)外观上没有特色,一般在 10 月底前完全脱落,观赏价值也不大。而且,银杏在北纬 24 度以南、年平均 20℃ 的地区是不能开花的。所以,银杏盆景应以观叶和造型为主。但银杏是落叶树,冬季落叶,其观赏价值大为降低,也极大地影响银杏盆景的市场价值。防止银杏冬季落叶,是银杏盆景生产的关键。制作优美的银杏盆景涉及银杏植株的培育、盆景制作和防冬季落叶等技术环节。

播种

银杏一般用种核(白果)作播种材料,但商品白果含水量太高,直接播种容易造成烂果。银杏种子在播种前需在室内晾干至含水量 30% 左右再进行播种。通常银杏种子要经过 1 至 2 个月的休眠期后才开始萌发,因而银杏的播种育苗有两种方式:一是在秋季直接将晾干的白果播于苗床,第二年春季种子萌发;二是在播种前 50 天将白果埋没在含水量 5%~10% 的湿河沙中,上覆盖塑料薄膜,进行催芽,然后在春季播种。苗床基质可用菜园土、河沙和复合肥按 50∶50∶1 的比例混合,堆成宽 100 厘米、高 15 厘米、长 300~500 厘米的苗床。播种时银杏的种核必需平放,覆土 3~5 厘米,播种后上盖稻草,秋播者每 7 天淋水一次,春播者每 3 天淋水一次,直至出苗。出苗后每天淋薄水一次,每平方米苗床每周施 0.3% 磷酸二氢钾 1500 毫升。

育苗

当幼苗高度达到 15 厘米以上时,应当带土上盆,同时剪去顶芽以促进侧芽萌发。苗盆可选用直径 15 厘米左右的塑料花盆或育苗袋,盆土要求有机质多且透水透气性良好。当侧枝长至 20 厘米时,可用细麻绳捆绑和弯曲,以便造型。盆栽幼苗在 5 至 10 月需置于荫棚内,以防止强光抑制生长和灼伤嫩叶。盆栽幼苗每 2 至 3 天淋水一次,以盆土湿润为宜。施肥以腐熟的豆饼或复合肥为主,于每年的 2 月和 8 月各一次。

定植及管理

当银杏苗离地 10 厘米、直径达到 1.5 厘米以上时,应带土移至大盆定植。定植盆底应有穿孔以防雨天渍水,最好是置于砖块之上。定植后每周淋透水一次。每年入冬用波尔多液涂抹主干以防蚁害,次年新枝长至 20 厘米以上时可根据需要进行定形,也可根据造型需要于每年早春萌芽前进行嫁接。

银杏在南方每年有春、秋两个生长季节,夏季由于高温、冬季则由于低地温而停止生长。所以,银杏的施肥应在每年的春、秋两个生长季节进行。同理,银杏的修剪一般在夏季和冬季进行。

冬季防落叶

银杏是落叶树,每年深秋以后叶片开始变黄而逐渐落叶,继而植株进入休眠。银杏落叶的原因既是由于低温的影响,又是其本身生理规律的结果。多年的实验表明,用人工方法推迟银杏的落叶是可行的。目前较有效的方法是在秋冬季寒流到来之前喷施保叶素,并用塑料薄膜覆盖增温保湿,以维持银杏的继续生长。

防止冬季落叶的另一有效方法是二次发梢技术,即人工处理使银杏提前落叶和当年第二次萌发新枝。一般是在银杏每年的第二个生长季节中(10月份),用药剂处理或人工剪叶,并进行长枝截短,促使侧芽萌发生长。二次发梢技术还必须配套施肥和保温措施,才能取得理想的效果。

每公斤售价 24 万美元——三尖杉

属三尖杉科三尖杉属常绿乔木,叶形似杉,但柔软不刺手,枝端冬芽呈三个排列,春天小枝分三叉生长,故名三尖杉。它树姿婆娑,端庄秀丽,形态奇特,叶背有两条银白色的气孔带,微风吹拂,银光耀眼,具有独特风姿。

三尖杉常自然散生于海拔500米至1100米的山涧潮湿地带,属于古老孑遗植物。该树种木材坚实,纹理直,结构细密,为高级家具、室内装饰的良材。种子可榨油,出油率高,可供工业使用。同时也是润肺、止咳、消积的良药。

经研究发现,三尖杉的根、茎、皮、叶内含多种生物碱,对治疗血癌(白血病)和淋巴肉瘤有特殊的疗效,故近年来,在医学界备受关注。其作用主要是由于三尖杉体内可提取出三尖杉酯碱和高三尖杉酯碱有效单体,对白血病的缓解率高达82%,而且安全有效。

每公斤售价 24 万美元——三尖杉

随着全社会老龄化的到来,慢性非淋巴性白血病多见于老年人,患者越来越多,并具有低龄化的发展趋势。环境的变化及现代家居应用的化学性装饰材料的增加,也导致我国白血病患者日益增多。

而目前对非淋巴性白血病主要采取以三尖杉酯碱和高三尖杉酯碱为主的联合化疗治疗方案,经临床使用多年证明,疗效显著。因此,对"双酯碱"的需求也进一步增加。据报道,100公斤至150公斤三尖杉干枝叶可提取1克"双酯碱"。在目前对癌症尚无更多特殊疗效的情况下，三尖杉更显珍贵，其在国际市场上每公斤的售价已经达到 24 万美元。

三尖杉现存自然资源稀少，加之三尖杉为雌雄异株，结实量少，因此天然更新极为困难。经过 10 多年的试验研究，摸索了一整套三尖杉种子的采收、加工、催芽、播种、育苗、造林技术，现正准备投入巨资大面积造林，开发三尖杉产业。这一产业的开发将对保存和发展这一珍稀树种，提高中药抗癌药的国内外市场占有率，减少癌症患者痛苦，起到积极深远的意义。

中药之王——人参

人参是珍贵的中药材，以"东北三宝"之首驰名中外，在我国药用历史悠久。长期以来，由于过度采挖，资源枯竭，人参赖以生存的森林生态环境遭到严重破坏，因此古代的山西上党参早已绝灭，目前东北参也处于濒临绝灭的边缘。

人参的学名 Panax 来自希腊文 Panacea，意指"万能药"。在我国，食用人参已有很长的历史，早在《神农本草经》里就将它列为上品。唐朝时人们就开始从朝鲜购入野生人参。中药材行业在经营中是按人参的品质情况及产地和生长环境不同，把人参分为野山人参、园参和高丽参 3 个品种。各种参里面按照加工方法还可以细分为生晒参、红参和糖参等。

人参是名贵补药，久服健身延年，有很大的医疗价值和经济价值，在我国药用历史约四千年。但是，由于长期过度采挖，天然分布区缩小，以"上党参"为代表的中原产区即山西南部、河北南部、河南、山东西部早已绝灭。

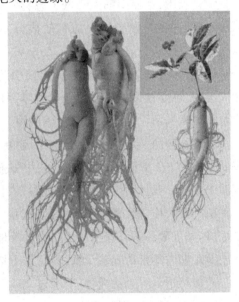

中药之王——人参

目前，东北的野生人参也极罕见，因此，保护本种的自然资源有其特殊的重要意义。

人参这类植物，大约有 700 种。生长在热带和气候温和的地方，常见于美洲和亚洲。人们相信，人参的根具有医疗特性。用于治疗的人参主要有两种：亚洲人参（亦称中国参或高丽参）和西伯利亚人参。美国另类医学常用到的一种美国人参，叫作西洋参。

中国人参中含有大量化学物质，它们共同作用产生良好的疗效。现已确定，超过十二种的人参皂甙可以提高精神、解除压力和提高体力及智力。人参中的其他化合物可以降低血糖和提高免疫系统能力。一些人相信，人参能对肾上腺产生作用，可被用作壮阳药和"减压药"（解除精神压力）。

西伯利亚人参用于预防感冒、流感和呼吸道感染。某些人声称它能增强精力和耐力。这种草药中的一组化合物五加甙，也有生理疗效。西伯利亚人参与亚洲人参一样，同样含有多糖。倡导者声称，人参可以提高肌肉耗氧能力，从而减少人体中的毒素。

人们食用人参已有很多年了，只是它的功效是被大大地夸大了。西方国家进行的科学研究，还没有得出很多可以确认人参这些生物活性的数据。过量食用人参会毒害身体，例如使人呕吐、出血甚至致死。试管实验显示，人参可以刺激免疫细胞和活化天生杀手细胞，来抑制肿瘤的生长。人们发现，一种人参皂甙化合物可以增强某种化疗药物顺氯氨铂预防卵巢癌扩散的能力。

1990年，韩国研究发现，食用人参的人患癌症的可能性小于那些不食用的。研究还发现，人参提取液和人参粉末的效果比新鲜的人参切片、人参汁或人参茶好。把人参加入日常食物中，也使南韩人降低了患胃癌的危险。中药产品不受（药品管理法规）管理。试验发现，许多人参产品中的有效成分不如它许诺的那样多；一些根本就没有含有人参根。

但是，人参作为一种刺激物，可能引起神经紧张或兴奋，因此，临睡前不要食用。食用人参时，不要饮用咖啡或其他含咖啡因的饮料。血压高或头痛的人亦避免用人参，因它可能加重病情。因此如果您考虑服用人参或其他中药，请咨询医生。

人参喜冷凉、半阴半阳之处生长，耐寒，忌强光直射。栽培时需搭设荫棚。参畦以上午8时前和下午6时后进阳光适宜，中午强光直射则会造成参叶焦枯。适宜在25℃以下气温中生长。森林腐殖土最适宜栽参，农田土加入充分腐熟的猪粪、堆肥等凉性肥料也可种植。要求柞、椴、棒等阔叶林地，土壤中性或弱酸性。农田栽参，前茬以种过禾本科及豆科，如玉米、高粱、谷子、大豆、小麦等地为好。根茎类作物为前茬不佳。栽种过人参的土地短期内不宜再栽参。怕积水，忌干旱。

人参种子采下来就播种，要经过20~21个月才能发芽，经过8~9个月催芽处理才能发芽。因人参种子有胚后熟、生理后熟两个过程，完成此过程需要一定的温、湿度条件。在田间条件下，将种子播在5厘米厚土中，土壤湿度35%左右，从播种到种子裂口，土壤的温度约为17~18℃左右为宜。此时土壤温度由高到低的变化大致可分为三个阶段：即播种到种胚目视可见圆点为第一阶段，此时平均温度21℃左右；从目视种胚可见圆点到点到占乳的1/2为第二阶段，平均地温在17.4℃左右；第三个阶段是胚占胚乳的1/2到裂口，此时胚乳仍继续生长一个阶段，再通过3个多月的低温（5℃左右），至春季气温上升至11.8~15.2℃时，20天左右萌发率可达90%以上。

泡酒珍品——地黄

别名酒壶花、山烟、山白菜、甜酒棵、怀庆地黄。属玄参科植物，为多年生草本，全株披柔毛及腺毛，基生叶丛生，叶片倒卵状披针形或倒卵状椭圆形，顶端钝，基部窄，下延成柄，边缘锯齿，叶面多皱，茎生叶无柄，花序总状；花萼钟形，尖端 5 裂；花冠宽筒状，稍弯曲，外面红紫色，内有黄色带紫条纹，尖端略呈 2 唇形；雄蕊 4，2 强；子房上位，花柱单一，柱花膨大。蒴果，上有宿存花柱，外有宿萼包蔽。

泡酒珍品——地黄

我国大部分地区都有栽培，药用部分为根。秋季采挖，洗净烘至七、八成干时，捏块，即为生地。将生地加黄酒，反复蒸晒，切片后晒干，即为熟地。

地黄的根内含烯醚萜苷类、糖类、多种氨基酸、磷酸、甘露醇、甾醇类、地黄素、生物碱、脂肪酸、梓醇、维生素 A 类等成分。

地黄有降低血糖、泻下及利尿、保肝强心、抗真菌等功效。民间多用于泡酒。

清热解毒药草——黄芩

别名山茶根、黄芩茶、黄金条根。香水水草。属唇形科植物，为多年生草本。株高 30～60 厘米，根圆锥形，断面鲜黄色。茎四棱形，叶交互对生，近无柄，叶片卵状披针形，有下陷的凹（腺）点，圆锥花序顶生，具叶状苞片；花萼唇形，上唇背部有盾状附属物，结果时增大；花冠唇形，蓝紫色或紫红色，花冠管细，基部弯曲，雄蕊 4 枚，稍露出；子房 4 室。小坚果 4，包围于增大的宿萼中。

黄芩分布在黑龙江、吉林、辽宁、河北、河南、山东、山西、内蒙古、甘肃等省区。生于向阳地山坡、路边、山坡草地。

清热解毒药草——黄芩

黄芩药用部分是根,春秋两季采挖,除去地上部分及泥土,晒至半干,撞去外皮,晒至全干。可清热解毒。

健脾补肾珍品——山药

别名淮山药、山药蛋、怀山。为草质藤本,属薯蓣科植物。药用部分是薯蓣的块茎。茎右旋,叶互生,至茎中部以上对生,稀叶轮生,形状变化较大,三角卵形,宽卵形或耳状3浅裂至深裂,中间裂片椭圆形或披针形,两侧裂片矩矩圆形或圆耳形,基部心形;叶柄长7.5~3.5厘米,叶腋间常有珠芽。花单性,雌雄异株,黄绿色;雄花序穗状,直立,2~4个腋生,苞片三角状卵形,花被6片,较小,椭圆形,背面具棕色毛和散生紫褐色腺点,雄蕊6枚,雌花序下垂,每花基部有2枚大小不等的苞片,子房下位。蒴果有3翅,果翅长宽约1.5厘米,半月形。

山药在我国各地都有栽培。朝鲜、日本也有栽种。它生长在林缘或灌丛中。春秋采挖,去掉外皮及须根,晒干或烘干,即为毛山药。将毛山药润湿闷透搓揉成圆锥状,切齐两头,晒干打光,为光山药。

山药的块根含有黏液质、胆碱、尿囊素和16种氨基酸多酚氧化酶、维生素C。珠芽中含脱落素、多巴胺、酚性化合物和山药素。山药有健脾补肾的功效,主治脾虚久泻、糖尿病,小便频繁及慢性肾炎等症状。

跌打损伤药草——罗裙带

别名水蕉、朱叶兰、扁担叶、文兰树。罗裙带为草本属石蒜科植物。它的药用部分是鳞茎及根部。

罗裙带株高达1米,鳞茎圆柱形,径10~15厘米,具多数须根。叶多数,肉质,带状披针形,反曲下垂,长可达1米,边缘波状,基部抱茎。花葶直立,高约与叶等,肉质,伞形花序顶生,有花10~24朵;总苞片2,披针形,外折,长6~10厘米,白

跌打损伤药草——罗裙带

色,膜质;苞片多数,狭条形,长3~7厘米;花白色、芳香,筒部纤细,直立,长4~10厘米,裂片6,条形,长4.5~9厘米,向顶部渐狭;雄蕊1。蒴果近球形,径约5厘米,淡黄色。

罗裙带分布在我国湖南、四川、福建、台湾、广东、广西等省区。各地都有栽培。生长在海滨、河旁沙地,和林下。全年都可采收,鲜用或晒干。

罗裙带的全草和鳞茎含石蒜碱、多花水仙碱、加兰他敏、文殊兰碱等多种生物碱。有抗癌、镇痛、消炎的作用。主治咳嗽、喉痛、牙痛及跌打损伤和消肿抗癌等疾病。

药用一把伞——天南星

别名一把伞、南星。为草本植物,属天南星科。药用部分是它的块茎。

天南星株高40~90厘米。叶一枚基生,叶片放射状分裂,裂片7~20,披针形至椭圆形,长8~24厘米,顶端具线形长尾尖,全缘;叶柄长,圆柱形,肉质,下部成鞘,具白色和散生紫色纹斑。总花梗比叶柄短,佛焰苞绿色和紫色,有时是白色条纹;肉穗花序单性,雌雄异株;雌花序具棒状附属器,下具多数中性花;无花被,子房卵圆形;雄花序的附属器下部光滑和有少数中性花;无花被、雄蕊2~4枚。浆果红色、球形。

天南星在我国大部分省区都有分布。印度、缅甸、泰国北部也有。生于山野阴湿处或丛林之下。秋、冬采挖,刮净外皮、晒干。

天南星的块茎含三萜皂苷、安息香酸、黏液质、氨茎酸、甘露醇、生物碱。果实含类似毒覃碱样物质。

天南星有祛风定惊、消肿散结的功效。主治中风半身不遂、癫痫、惊风、破伤风、跌打损伤,或虫蚁咬伤等病症。

蓝蝴蝶——鸢尾

又名鸟园、鸟鸢、川射干、扁竹、蓝蝴蝶。为草本属鸢尾科植物。药用部分是它的根茎。鸢尾在我国大部分地区都有栽培。生于山坡、草地、林下。春、秋采挖,去茎叶,切段、晒干。

鸢尾的根状茎含草夹竹桃苷、草夹竹桃双糖苷,以及3种异黄酮苷。有祛风利湿,解毒、消积,活血破瘀的功效。主治跌打损伤、风湿疼痛、咽喉肿痛、疟疾以及外伤出血等症。

蓝蝴蝶——鸢尾

别名三步跳——半夏

别名，地文、三步跳、半子、和姑、蝎子草、麻芋子。半夏为草本，属天南星科植物。药用部分是它的块茎。

别名三步跳——半夏

半夏株高15~20厘米。叶1~2枚，从块茎顶端抽出；叶柄长10~20厘米，基部常着生珠芽；叶片卵状心形，2~3年后的老叶为3全裂，裂片长椭圆形至披针形，中裂片较大。单性花同株，肉穗花序，花序梗比叶柄长，佛焰苞绿色或绿白色、下部细管状、不张开；雌花生于花序基部，贴生于佛焰苞；雄花生于花序上端，二者之间有一段不育部分、育部附属体长6~10厘米、细柱状。浆果卵形，绿色。

半夏除了在我国的东北、内蒙古、新疆、青海、西藏生长分布以外，全国各省区基本都有。国外的朝鲜和日本也有分布。主要生于山坡、草地、田中、路边、林下及石缝中。夏秋采挖除皮晒干为生半夏。

半夏的块茎中含天门冬氨酸、B-氨基丁酸、高龙胆酸及其葡萄糖苷、甲醛等。生半夏和制半夏有明显的镇咳、镇吐、祛痰作用，能抑制腺体分泌。主制喘咳痰多、呕吐、反胃等症。

清热解毒利湿——土茯苓

别名禹余粮、刺猪苓、冷板头、冷饭藤、狗朗头。土茯苓为攀援藤本植物，属百合科植物。药用部分是它的根茎。

清热解毒利湿——土茯苓

土茯苓为攀援藤本植物，属百合科植物。药用部分是它的根茎；地上茎无刺。互生叶、椭圆形、卵状披针形或披针形，长 3~13 厘米，掌状脉常为 5 条；叶柄常有 2 条卷须。秋季开花，雌雄异株；伞形花序腋生，花被 6 片，雄蕊 6 美；子房上位，3 室 1 个。株头 3。浆果球形，直径 7~10 微米，成熟时紫黑色。

土茯苓分布在华东、中南、西南及陕西、台湾等地。生长在山坡、丘陵灌丛中。全年都可采收、挖取根茎，洗净、除去须根、晒干，或趁新鲜时用硫磺烟薰，后切成薄片晒干。

土茯苓根茎含皂苷、鞣质、树脂等，皂苷元为薯蓣皂苷元。尚含生物碱、微量挥发油。土茯苓有清热解毒利湿的功效。主治湿热淋浊、疮疡、疥癣、梅毒等症。

食用美人蕉——姜芋

别名蕉芋、芭蕉芋、蕉藕、食用美人蕉、食用莲蕉。为草本属美人蕉科植物。药用部分是它的根状茎。

姜芋株高约 1 米,根状茎块状。茎通常紫色,具白粉霜。单叶互生、长圆形或卵状长圆形,长 10~25 厘米,顶端渐尖,基部楔形至圆形,全缘或浅波状,羽状测脉明显,边缘和叶下面常带红色。总状花序顶生,苞片长圆形,常披蜡质白粉;小苞片 2;花红色,萼片 3,长约 4 厘米,披针形,淡绿色;花冠裂片 3,长约 4 厘米;外轮退化雄蕊 3,长 5~5.5 厘米,花瓣状,退化雄蕊成唇瓣,顶端 2 浅裂,发育雄蕊 1,具花药。蒴果倒卵形,具小瘤体。

姜芋原产南美洲及西印度群岛,我国南部、西南部地区及安徽、浙江等省都有栽培。全年都可采挖,晒干或鲜用。

食用美人蕉——姜芋

姜芋有清热润燥、解毒消肿、健脾胃的功效,主治肝炎,神经官能症、高血压、遗精、遗尿,以及妇女月经不调等症状。

全株有毒的植物——曼陀罗

曼陀罗为一年生草本植物,属茄科。别名洋金花、风茄花、醉心花、狗核桃。原产南美洲、东南亚的热带雨林地区、中国的东西部各省区都有。

曼陀罗是从梵语音译而来,其意为"悦意花"。曼陀罗植株繁茂,阔叶浓绿,姿态洒脱,尤其是生在水滨、湖边,显得粗犷豪放、英姿绰约。它的花由 6 个洁白的花瓣组成、皎白妩媚、玉洁高雅、芳香扑鼻。一朵花虽然只开两三天,但其形如同一支支小唢呐,向上欲鸣,给人以生机勃勃之感。

我国栽种曼陀罗主要是供药用。花序、种子和叶都可入药。花的药名为洋金花、有毒,具有平喘、止咳、镇痛之功效。过去,常用它作外科手术的麻醉剂。此花全株有毒,种子的毒性最强,必须在医生指导下使用。

全株有毒的植物——曼陀罗

是地就长的草药——知母

别名,平胡子根、蒜辫子草。知母为多年生草本植物,属百合科。药用部分是它的根茎。

知母的根茎横走,上残留许多黄褐色纤维状旧叶残茎,下部有多数肉质须根。叶基生、长线形,长可达70厘米,顶端渐尖,基部常扩大呈鞘状。花葶单一,疏生鳞状小苞片,花2~6朵簇生,在花葶上排列呈穗状,淡紫色或淡黄白色,多于夜间开放;花被6枚,2轮,外轮具紫色条纹,内轮淡黄色;雄蕊3,子房3室。果长圆形。种子黑色。

知母广布于东北、河北、河南、山东、山西等省区。生于向阳山坡及丘陵地带。秋季挖取根茎、剪去地上部分,去净泥土晒干。

是地就长的草药——知母

知母的根茎含有6种皂苷,即知母皂苷 A1~A4 和 B1~4 此外尚含黄酮、鞣质、粘液、烟酸、胆碱及脂肪油等。

知母具有抗菌、降糖、解热等作用。用于治疗糖尿病以及慢性支气管炎等疾病。

知母是地就长,在全国各地不论荒山、荒坡、荒原、草原、沙滩、林间、丘陵、坡地都能生长,适应多种环境,并郁郁葱葱,也是封山绿化和改造水土流失的一个好品种。

补益抗痨佳品——黄精

别名鸡头黄精、黄鸡菜,鸡头、甜黄精。黄精为草本植物属百合科。药用部分是它的根状茎。

黄精株高 50~90 厘米。根状茎圆柱形,节间长 4~10 厘米,一头粗,一头细。茎叶轮生。每轮 4~6 枚,条状披针形,长 8~15 厘米,顶端拳卷或磨曲成钩。花序常具 2~4 花,呈伞形状,俯垂,总花梗长 1~2 厘米,花梗长 4~10 厘米;苞片膜质;花被乳白色至淡黄色,全长 9~12 微米,合生长筒状,裂片 6,长约 4 微米,雄蕊 6 枚。浆果直径 7~10 微米,熟时黑色。

黄精广布于东北、河北、河南、西北以及山东、安徽、浙江等省区。朝鲜、蒙古、俄罗斯的西伯利亚东部也有。生于林下、灌木丛或山坡阴处。春、秋季采收、洗净、蒸至油润、晒干或烘干。

补益抗痨佳品——黄精

黄精的根状茎含有黄精多糖甲、乙、丙,均由葡萄糖、甘露糖、丰乳糖、醛酸结合而成,另含 3 种低聚糖、氨基酸、锌、铜、铁等。

黄精,味甘,性微温,具有很好的补肺,强筋骨,降血糖,填精髓,延缓人体衰老的作用。据现代药理研究发现,黄精能增强人体 T 细胞的作用,因而可增加免疫功能。据统计,常食黄精者高血压、冠心病、糖尿病的发病率明显低于普通饮食者。由于黄精还有很好的抗结核菌作用,因而是极好的补益抗痨佳品。

黄精的主要用法如下:黄精煲鸭协助治肺结核。患者消瘦,咳嗽,间有潮热,乏力,舌质红,脉细数。可用黄精 60 克,白果(即银杏,去壳)12 枚,蜜枣 3 枚,鸭 1 只,约重 1 千克(宰好,去毛及肠杂)。与上药文火煲 90 分钟,食肉饮汤,每日一次,配合服抗痨药,有助于康复。

黄精膏服之益寿延年,明目补肾。可用黄精 36 克,枸杞子 15 克,冰糖 32 克,加水文火煲 90 分钟,熬成膏状,每日分两次服,每次两汤匙。由于黄精较滋腻,凡便溏、胃肠不适者忌服。

常用的化痰止咳药——贝母

又名平贝母、平贝。为多年生草本植物，属百合科。药用部分是它的鳞茎。

贝母的鳞茎园扁平，由 2～3 瓣鳞片组成。茎直立、高约 40 厘米。中部叶轮生，上部叶常成对或全为互生，条形，长达 15 厘米，宽 0.2～0.6 厘米，顶端卷曲成卷须状。全株有花 1～3 朵，单生于叶脉，花梗细，下垂；叶状苞片 4～6 片；花窄钟形，外面深紫色，内面淡紫色散有黄色方格状的斑纹，花被 6 片，长园状倒卵形，长 2～3 厘米，宽 0.5～1 厘米，外花被较内花被稍长；花柱有乳突；雄蕊 6 枚，较长被片短。果广倒卵形，有 6 棱。

常用的化痰止咳药——贝母

贝母多分布在东北三省，生于林下湿润之处。现在大量人工栽培。初夏采挖、去杂质、晒干。

新疆贝母，是一种与川贝、浙贝齐名的贵重中药材。其中包括：伊犁贝母、费尔干贝母、滩贝母等几个品种。统称为新疆贝母。除滩贝喜生于沙滩涯地外，其他三种贝母多生于草原山地及灌木丛下。伊贝主产于伊宁、霍城；费尔干贝母新疆许多地方都有分布；轮叶贝母主产于塔城地区；滩贝母生产于霍城、察布查尔。

早在清代，新疆贝母便已开发利用。当时以北疆地区的昌吉、齐台县为集散市场，通过古丝绸之路的北线，用骆驼运、马驮，远销天津等口岸，通称"古贝"。由于数量极少，价格昂贵。

过去，新疆贝母多为野生。为了适应国内医疗保健事业和出口外销的需要，医药科研部门在五十年代末期即开始人工栽培实验，并取得成功。今后贝母将继续不断地稳步增产。

常用的化痰止咳药。为百合科植物川贝母和浙贝母的干燥鳞茎。川贝母主产于中国的四川、云南、甘肃等地；浙贝母主产于中国的浙江浙江、江苏、安徽等地。川贝母味苦、甘，性微寒；浙贝母味苦，性寒。归肺、心经。功效化痰止咳、清热散结。主治热痰咳嗽、外感咳嗽、阴虚咳嗽、痰少咽燥、咯痰黄稠、肺痈、乳痈、痈疮肿毒、瘰疬等症。现代药理实验证明，贝母有镇咳、降压、升高血糖等作用。

气芳烈而性清凉——连翘

连翘是多年生落叶灌木，属木犀科植物。它的别名有兰华、绶丹、绶带、黄寿丹、黄花杆、黄金条等。

气芳烈而性清凉——连翘

连翘即是观赏植物，又是主要药材，连翘的花迎着早春绽放，它虽没有牡丹花雍容华贵，也没有月季花绚丽多姿，但它那黄澄澄、金灿灿的花朵缀满纤细柔韧的枝条，为人们描绘出一幅春意盎然的图画。人们称其种子"如雀舌样，极小，其子折之，则片片相比如翘，因此而称为连翘"。

连翘"气芳烈而性清凉"，它的药用部分是果实。在白露前采初熟的果，色尚青绿，晒干称为青翘；塞露前采熟果晒干，称为老翘。以青翘入药为佳。

连翘有清热解毒、消肿散结之功效，用于风热感冒、咽喉肿痛等疾病。

连翘用扦插、分株、压条和播种等方法繁殖均可。

滋补强壮药——枸杞

又名地仙、天精、仙人仗，是茄科植物，为落叶小灌木，生长于荒野，山丘和沙漠地。在我国大部分地区都有野生和人工栽培。枸杞的根、茎、叶、花和果实，都有一定的药用和食用价值，还可种植于庭院作观赏，可以说浑身是宝。

枸杞的种类很多。宁夏枸杞主要用于采果。大叶和小叶枸杞主要用于采食嫩茎叶，还有一种新疆枸杞，生于沙漠地，是骆驼的佳肴。

枸杞的根叫地骨皮，性寒、味甘淡，有益精气、凉血、退热、消渴、止血等功效。

枸杞的茎叶，俗称枸杞头，性凉、味甘苦，有消热毒，散疮肿，除明目等功效，用茎叶煮汤代茶饮，效果也很好。

滋补强壮药——枸杞

　　枸杞的果实称枸杞子,性平味甘,具有润肺清肝、滋肾益气,生精助阳、补虚劳、强筋骨的功效,是滋补强壮药并有抗衰老作用。目前,用枸杞制成许多种保健食品。

天青地红——三七草

　　三七因播种后三至七年方可采挖,植物形态为茎生三枝,枝生七叶,而得名三七。也有人以为是"山漆"在简化之后写为"三七"。

　　别名血当归、天青地红、见肿消、土三七、菊叶三七、破血草。为草本等科植物。药用部分是根部。

　　三七草株高 1~1.5 米,根肉质肥大成块状。茎幼时紫褐色,上部多 5 枝,具纵沟。叶互生,膜质,长 8~24 厘米,羽状深裂、裂片卵形或披针形,顶端渐尖,基部楔形,边缘具不规则锯齿,托叶有或无。头状花序顶生,排成疏伞房状,花序梗细:总苞圆柱形,苞片 2 层,内层条状披针形,外层短、丝状,花两性,管状,金黄色,顶端 5 裂;花柱基部消球形,分枝顶端钻状,有短毛。瘦果狭圆柱形,冠毛多数,白色。

天青地红——三七草

　　我国各地都有栽培,越南、日本也有。明代李时珍的《本草纲目》记载道:"此药始出南人军中,用以金疮要药,云有奇功。"可见,三七在云南民间应用年代久远。同时还记载道,三七有止血、散血、镇痛等功效。清代《本草纲目拾遗》记载道:"人参补气第一,三七补血第一"。近代科学研究,三七含多种皂甙,和人参所含皂甙类似,除此之外,还含 16种氨基酸,其中 7 种氨基酸是人体必需的。三七对冠心病、心肌梗塞、高血脂、高血压、脑血管病、风湿病及防癌抗癌等有良好的治疗作用。誉满中外的云南白药，主要成分是三七。所以，云南人称三七为金不换。

云南文山州是三七的发祥地。文山州几个县，很多人是种植三七的专业户。全国三七每年产量达二百多吨，其中半数以上产自云南文山州。

三七是我国医药宝库中一颗绿色的明珠，愿这颗明珠，为人类健康事业做出更加辉煌的贡献。

紫绒三七养护常识

繁殖方法

常用扦插法繁殖。在春、秋两季选取 10 厘米长的茎段，每段插枝要带一二片叶，插入草炭和砂的混合基质中。可数枝插于一盆，第一次浇足水，用塑料薄膜罩好，放于明亮光照下，以后每天视干湿情况向叶面喷一两次雾即可，过湿易腐烂，约 2~3 周生根。也可用水养法，要保证水温高于气温，几周以后即可生根。

栽培管理

全年要求充足的光照，但夏季要避免阳光直射，宜选择居室的南窗摆放。

强光会使叶片焦枯，最初叶片稍变白，不久就会发黑，呈现脱水干燥的状态。相反，光照不足其表面的紫色绒毛就会褪色，叶色也会变得暗淡。栽培土壤一般用园土、泥炭土、腐叶土按 2：1：1 混合配制。在生长期掌握宁湿勿干的浇水原则，一旦土壤干透，叶片就会萎蔫下垂，此时需立即浇水或喷水，以促使其恢复坚挺生长。切忌直接把水喷在叶面上，否则会出现色斑。叶面绒毛长期积水，叶片极易变质腐烂。

冬季保持中等水量，不然枝条会变得柔软弯曲。保持相对湿度 50%~60%。生长期可每周施肥一次，氮肥不要过多，以免引起徒长，且叶色淡化，多施磷、钾肥。施肥要注意一是肥不沾叶，二是施肥后控制盆土适当干些，这样植株叶片粗壮有力，紫色更浓。春、夏开花之际，花朵散发异味，可将整个花序剪去。

每年换盆一次。由于植株生长得快。应注意修剪和更新，可整成球形或悬崖式、斜坡式等增添美感。越冬时可用纸包好植株，扎好后再用塑膜口袋罩上，扎于盆口，置于室内即可。植株受冷后易腐烂。

药草之先——甘草

"十药九甘"，人们这样形容甘草在中药中的位置。甘草是中医使用最多的药材之一。可是你知道吗，甘草不产在山清水秀、气候宜人的南方，却偏偏分布于我国干旱寒冷的西北地区,如新疆准格尔盆地、塔里木盆地,甘肃河西走廊以及内蒙古、宁夏的沙漠地带。"梅花香自苦寒来",甘草真可谓西北植物中的一宝。

平时我们所说的甘草指的是乌拉尔甘草。它是一种多年生草本,高不过1米。根粗壮。羽状复叶,小叶3~8片。蝶形花紫色,稍带白色。荚果镰形或环形弯曲,密被刺毛或腺毛,在果序轴上排列紧凑。与甘草同属的兄弟姐妹在全世界13种左右,我国8种,有5种都生长在西北沙漠地区。除乌拉尔甘草外,光果甘草和胀果甘草也都具有同样的药用价值。光果甘草荚果比较平直、光滑无毛,在果序轴上排列疏散;胀果甘草荚果粗短、光滑鼓胀,里面大都只有两粒种子。

药草之先——甘草

甘草的干燥根及枝条都可入药。药性平,味甘。有补脾益气、清热解毒、祛痰止咳、缓急止痛、调和诸药等作用。用于脾胃虚弱、倦怠乏力、心悸气短、咳嗽多痰、痈疽疮毒、元腹、缓解药物毒性烈性等。中药配伍上有君、臣、使、佐之分。利用甘草作为许多中药的臣药、使药及佐药,可以缓解某些药物毒性烈性,还使苦药不苦了,便于患者服用。正所谓良药甘甜利于病。

从甘草中提取的有机化合物多达100多个,包括甘草甜素(甘草酸钾钙盐)、甘草甙等等。利用这些有用成分,人们开发出了许许多多的药品。甘草还在食品工业和烟草制造中有重要作用,例如某些蜜饯的香料和香烟的添加剂等。

甘草还是重要的固沙植物,它的根扎入沙地很深吸取水分。在很多地方,甘草与胡杨林、红柳为伴,共同把沙漠绿洲打扮更加美丽。不过,由于甘草在中药上的重要性,野生的甘草被毫无计划的滥采乱挖,许多地方资源已近于枯竭。而且使沙漠本来难得的植被遭到了破坏,沙尘暴又起。所以我们应该提倡人工种植甘草,甘草播种很容易出苗,据测算种植甘草比种植一般粮食作物,收入也更高出许多。

起死回生的灵丹妙药——灵芝

《水经注·江水》载:"天帝之爱好,名曰瑶姬,未行而亡,封于巫山之阳。精魂化为草,实为灵芝"。千百年来,中国人把灵芝视为吉祥之物,长寿的象征,是有传奇疗效,能起死回生的灵丹妙药。

传说,秦始皇统一中国后,四处寻求长生不老药。徐福向秦始皇说,东海有个蓬莱岛，那里住着神仙，岛上长着灵芝仙草，吃了后可以长生不老。秦始皇听后大喜，派徐福带领3000童男童女，乘船到东海去采长生不老之药灵芝。徐福带领人马去东海，采不到灵芝，因而，一去永不返。

神话故事《白蛇传》中的"盗仙草"一折，说的是白蛇和青蛇，在峨眉山修炼7000年思凡下山，下凡到人间，白娘子与许仙结为夫妻。过瑞阳节，家家撒雄黄，挂菖蒲，白娘子受克变成白蛇，许仙吓破了胆，昏死过去。白娘子为救活夫婿，飞身驾云到昆仑山，经历千辛万苦，盗到灵芝，救活了许仙。

起死回生的灵丹妙药——灵芝

《魏志·华佗传》裴松元注引中也提到一个灵芝的传说：有名樊阿者山中迷路，得仙人指点，服食灵芝之后，得享高龄且精力旺盛过人。在称为佛国仙山的四川峨眉山上有一处地质奇观——猪肝洞，在洞内岩石顶上，有一暗紫色巨石高悬，状若灵芝，相传，当年吕洞宾在此隐居即是靠饮此"灵芝"下滴的仙水而羽化成仙的。《峨眉县志》对此有记载："紫芝洞在罗目废县（注：罗目曾为峨眉治所，后废，今为罗目镇）之南，入山里许……昔纯阳居之。"

灵芝不仅编造了许多神话故事，在医药当中也有记载。1800多年前，最早的药典《神农本草经》中，灵芝是被列在人参之上的圣药。明代李时珍在《本草纲目》中也极为推崇灵芝，说灵芝能补中气、补肝气、益心气、益肾气。

1958年黄山有位老药农向毛主席敬献灵芝，郭沫若为此写出如下诗句：人间大跃进，灵芝动凡心，愿将千年体，献给英雄人。

近代，我国是世界上最早开展灵芝研究的国家。经过国内外研究证明，灵芝含有独特的高分子多糖，能增强机体免疫功能，改善血液循环，提高对心脑的供血供氧能力，提高细胞组织生理功能、安神、解惊、解毒，调节人体机能正常化，缓和器官老化，从而延年益寿。在临床上对防癌、抗癌及治疗肝炎都具有特效。灵芝还对高血压、糖尿病，心血管病具有调节功效。现代科学技术必将促进灵芝的开发利用。

灵芝属真菌植物，和蘑菇、鸡枞是一个家族。灵芝形态优美，细长的菌柄支撑着圆形或肾形的菌盖。菌盖闪烁着亮丽光泽，有着道道美丽的环形的花纹。野生灵芝比蘑菇、鸡枞难从寻觅。民间流传说，"要采到灵芝，要身穿白衣白裤，头戴白帽，脚穿白鞋，手牵白狗，怀抱白鸡，肩负白盐，身带灵宝符，才能采到灵芝"。随着科学技术的进步，实现了灵芝人工栽培。云南成桂生物制品基地建成规模较大的灵芝人工生产基地。云南世博园中的药草园里陈列着菌盖达53厘米的灵芝王，堪称灵芝之最。

天然抗生素——鱼腥草

鱼腥草又名蕺菜,为三白草科一年生草本植物,其叶嫩绿,形似鸡心,地下根茎分节,活像一支小藕。其味浓郁,呈鱼腥味,故名鱼腥草。

鱼腥草含一种天然的抗生素。现代医学研究表明,鱼腥草所含挥发油中的主要成分为甲荃正壬基酮、月桂烯、月桂醛等,还有栎素。药理试验有抗菌、抗病毒作用。动物实验证明有利尿、镇痛、止血、止咳、抑制浆液分泌、促进组织再生作用,栎素还能扩张血管,用于治疗心绞痛。目前已制成鱼腥草注射液,广泛应用于临床。

天然抗生素——鱼腥草

民间有不少用鱼腥草治病的单方验方,现介绍如下:

治扁桃体炎、咽炎:鲜鱼腥草泡水当茶饮,或烹食炒熟当菜吃。

治疗尿路感染,尿频涩痛:取鲜草50克或干品30克,煎服。

治肺脓疡:鲜草洗净炒菜吃,或用鱼腥草50克,桔梗12克,甘草6克,水煎服。

急性支气管炎、肺结核、咳嗽痰中带血:用鱼腥草30克,甘草6克,车前草30克,水煎服。

治多种皮肤病:用鲜品捣汁涂敷,或煎汁口服,均有清热消肿、除痱止痒的作用。用全草煎水外洗治天疱疮、脚癣。

痈疖发背、疗疮肿毒(不论已破溃或未破溃):用湿纸包裹鲜鱼腥草,置于灰火中煨熟,取出捣烂,涂敷患处。

子宫内膜炎、宫颈炎、附件炎赤白带及小腹痛:鱼腥草30~60克,蒲公黄、忍冬藤各30克,水煎服。

冠心病心绞痛:鲜鱼腥草的根茎每次用1~2寸放口中生嚼,一日2~3次,不但能缓解疼痛,亦能扩张冠状动脉血管。

治毒蛇咬伤:取鱼腥草62.5克,盐肤木根31.25克,黄仔叶根15.6克,飞扬草31.5克,煎水外洗用于毒蛇咬伤。

良药——车前草

相传西汉时有一位名将叫马武。一次，他率军队去戍边征战，被敌军围困在一个荒无人烟的地方。时值六月，那里酷热异常，又遇天旱无雨。由于缺食少水，人和战马饿死、渴死的不少。剩下的人马也因饥渴交加，一个个小肚子胀得像鼓一般，痛苦不堪，尿像血一样红，小便时刺痛难忍，点点滴滴尿不出来。战马拉尿时也嘶鸣挣扎。军医诊断为尿血症，需要清热利水的药物治疗。因为无药，大家都束手无策。马武有个马夫，名叫张勇。张勇和他分管的三匹马也同样患了尿血症，人和马都十分痛苦。

良药——车前草

一天，张勇忽然发现他的三匹马都不尿血了，马的精神也大为好转。这一奇怪的现象引起了张勇的注意。他便紧盯着马的活动。原来马啃食了附近地面上生长的牛耳形的野草。他灵机一动，心想大概是马吃了这种草治好了病，不妨我也拔些来试试看。于是他拔了一些草，煎水一连服了几天，感到身体舒服了，小便也正常了。

张勇把这一偶然发现报告了马武。马武大喜，立即号令全军吃"牛耳草"。几天之后，人和马都治好了。

马武问张勇："牛耳草在什么地方采集到的？"张勇向前一指，"将军，那不是吗？就在大车前面。"

马武哈哈大笑："真乃天助我也，好个车前草！"

此后，车前草治病的美名就传开了。

车前草又名车轮菜、广西人叫猪肚菜、灰盆草，云南人叫蛤蟆草，福建人叫饭匙草，青海人叫猪耳草，上海人叫牛甜菜，江苏人叫打官司草，东北人叫车轱辘菜。为车前科多年生草本。生长在山野、路旁、花圃、菜园以及池塘、河边等地。根茎短缩肥厚，密生须状根。叶全部根生，叶片平滑，广卵形，边缘波状，间有不明显钝齿，主脉五条，向叶背凸起，成肋状伸入叶柄，叶片常与叶柄等长。春夏秋株身中央抽生穗状花序，花小，花冠不显著。结椭圆形蒴果，顶端宿存花柱，熟时盖裂，撒出种子。

据现代科学分析，车前草嫩叶含水分、碳水化合物、蛋白质、脂肪、钙、磷、铁、胡萝卜素、维生素 C，还含有胆碱、钾盐、柠檬酸、草酸、桃叶珊瑚甙等营养成分。其性寒、味甘，具有利水通淋、清热明目、清肺化痰的功效。主治小便不利，暑热泄泻，目赤肿痛等症。除药用外车前草还可食用。可做成车前叶苋菜粥,车前草炖猪小肚,车前草西瓜粥,车前茶,车前叶萝卜粥等。

滋补强身的良药——何首乌

何首乌属蓼科植物,多年生宿根草本。何首乌肉质块根,外表黑褐色,内里紫红色,个别块根形状似男女胴体,这在植物根系中是极其罕见的,所以引起人们的惊讶和兴趣。何首乌是有名的中药,根、茎、叶均可入药。其根有补肝肾、益精血,乌须发之功能,是滋补强身的良药。

滋补强身的良药——何首乌

由于何首乌的块根形状特异,受到人们的钟爱,也引发出许许多多的传奇故事。李时珍的《本草纲目》就记载了这样一个何首乌的传说:有一个姓何的男人,年过50还未娶妻成家,头发已花白了,成天酒醉如泥。有一天晚上,醉眼中看到窗外有两根藤叶相交后又分开,分开后又相交,他感到十分惊奇。天亮后,他顺着两根相交的枝藤挖出两个块根,仔细一看,活脱脱的两个赤身裸体的男女。他上山砍柴时遇到一个山中老者,老者秘传给他如何服用挖出似一对男女的块根。他服了何首乌后不久,白发变成黑发,并娶妻生了儿子。消息传开后,因为他姓何,并因为头发首先变黑,人们就把这种植物和根叫何首乌,把枝藤叫夜交藤。

守护健康的万能药草——芦荟

百合科芦荟属植物,原产非洲,约有200种,大多可供观赏或药用。

大自然孕育了人类,也为人类的健康与美容准备了最神奇的药用植物——芦荟。有"守护健康的万能药草"的美称。

近几年来,世界上许多国家都掀起一股"芦荟"热,这主要是由于这种自古以来就被人们称为"奇珍异宝"的热带植物所享有的"灵丹妙药"的声誉越来越引起人们的兴趣。

现代科学分析,芦荟含有大量天然蛋白质、维生素、叶绿素、活性酶和人体必需的微量元素及芦莫大黄素等70多种成分。它具有催泻、健胃、通经、解毒、消肿、止痛、止痒、清热、通便、凉血、抗炎、抗菌、抗肿瘤、抗溃疡等药理作用,对肠胃病、肝病、糖尿病、心脏病、高血压都有不同程度的疗效;尤对各种灼伤、烫伤和晒伤有显著疗效,且有抑制过滤性病毒、霉菌和癌细胞的作用。

最近，芦荟在国外已进入超级市场，成为保健美容药物新星。在不少国家和地区，以芦荟为添加剂或原料的食品被誉为高级食品，美国的"芦荟三明治"是健身补品，售价昂贵；其芦荟果汁、芦荟沙包也很名贵。在日本，芦荟已成为千家万户餐桌上的保健食品，诸如芦荟饺子、芦荟糕点、芦荟白兰地酒等，应有尽有。

守护健康的万能药草——芦荟

芦荟在美容上也有神奇的功效，它的不少成分对人体皮肤有良好的营养滋润作用，可使头发黑而亮，加速皮肤新陈代谢，减轻面部皱纹生成，增强弹性，使皮肤光泽丰润，对皮肤粗糙、雀斑、疤疹、痤疮亦有疗效。美国、日本已应用科学技术对芦荟汁加以处理，生产出了一系列的芦荟美容化妆品，在超级市场上大出风头。我国福建、广东也已制成芦荟生发液、护发素投入市场试销，深受消费者欢迎。世界粮农组织在最近公布的一项调查表明，芦荟在所有野生果蔬所含的营养价值中含量最高，芦荟被誉为"二十一世纪的最佳保健食品"是当之无愧。

芦荟种类繁多，变异多样，现在估计有400多个品种，但常用的仅有以下几种：

巴巴芦荟

又称翠叶芦荟，是目前利用最广泛的一种。这种芦荟在中美洲的库拉索岛和巴巴多斯岛有广泛分布，它有"沙漠百合""真芦荟"等美称。叶面在幼苗期，有白色斑纹，成株后的叶表白色斑纹消失。叶片肥厚多肉，翠绿色。叶缘有齿。长成的叶片长80厘米，味道较苦。

中华芦荟

也叫斑纹芦荟，又叫皂质芦荟。茎短，叶近簇生，幼苗叶成两列，叶面和叶背都有白色斑点，长成后，叶斑不褪。叶基部较宽，深绿色，叶表面无蜡质白色粉层，味淡，汁的水份含量重，胶状质少。主要用于刀伤、烧伤、烫伤，无美容价值。我国南方许多地区有栽培。中华芦荟和巴巴芦荟十分相似，是巴巴芦荟传入我国后，经长期自然选择而形成的一个变种，对我国的气候条件有很强的适应性。

上农大叶芦荟

上农大叶芦荟是上海农学院植物科学遗传育种研究室从美国引入的巴巴芦荟选出

的栽培变异类型,幼苗期叶背面和叶面均有白色斑点,成株后白斑消失。上农大叶芦荟生长速度快,具有极大的开发利用价值。在盆栽条件下,分蘖能力极弱,主茎不分枝,因此自然繁殖慢。

木立芦荟

主茎明显,外形像直立的树木,叶面无斑,叶缘齿刻明显,单叶较小,品种因由日本伊豆群岛引进,所以又叫日本木立芦荟,我国东北地区也有栽种。主要用于内服。味道较苦。

青鳄芦荟

青鳄芦荟原产非洲,也叫好望角芦荟。因为开普芦荟的干块为棕黑色,质地疏松,和库拉索芦荟干块不同,所以被称为新芦荟。

芦荟鲜叶外用的使用方法

新鲜芦荟叶汁涂抹法

在芦荟植株下部剪取一小块芦荟叶片洗净,将芦荟叶的表皮撕去,轻轻地将芦荟液汁均匀涂于消毒处理后的伤口上,每隔一段时间涂抹一次。采用这种方法所用的叶片应随用随取,能保证芦荟叶汁新鲜无污染,治疗效果也比较明显。

敷贴法

取新鲜芦荟叶片一块,面积要略大于患处,将叶片两边小齿切除,再从上下表皮中间平行剖开,形成带有叶肉的两个薄片。将其平贴在经过消毒处理的患处,然后用纱布包好。生贴原生芦荟叶肉能使有效时间延长,一般可以隔半天左右,再换贴一次新叶,使用比较方便。

捣烂敷贴法

取新鲜芦荟一片,先切成小块,然后用消毒过的玉器或石器将叶块捣碎成糊状后敷于患处,再用纱布包好,每天换一次药。叶片捣烂后,叶肉和表皮中多种成分充分混合,其杀菌、消炎、消肿、解毒效果更好一些。但操作时要严格注意消毒,以免感染。

芦荟湿布法

将芦荟切碎加水 2 倍,再放入消毒纱布数块,浸没在芦荟叶汁水中,用小火煮 20 分钟,再将纱布和芦荟汁一起倒入洗净消毒过的广口瓶中加盖保存,随需随取。将芦荟汁浸纱布贴在患处,可以吸热消炎,止痛止痒,使用十分方便。

芦荟酒精浸出液

取适量新鲜芦荟,洗净、捣碎、放在两份无水酒精内浸泡一周,将芦荟内的有效成分浸出,再用纱布将芦荟残块滤出,将芦荟酒精浸出液装入棕色瓶内保存。

芦荟洗法

把芦荟当成浴剂来使用时,芦荟中所含的多种有效成分能够经由皮肤渗透促进血液循环,不仅具有美肌效果,对肩膀酸痛、神经痛都有效;对于肢端寒冷症者,芦荟浴液除温暖身体外,还能促进血液循环。将洗净芦荟鲜叶100克,切成片,包在纱布或滤布里,直接放入热水中,制成芦荟鲜叶擦汁,将擦汁放入洗澡水中充分拌匀,即可洗泡芦荟浴。

鲜芦荟叶外用注意事项

一般芦荟鲜叶的外用方法都比较安全,方法也简单易行。适宜外用的芦荟品种较多,如翠叶芦荟、中国芦荟、木立芦荟、皂质芦荟都可以取叶应用,其中以翠叶芦荟最为适用。芦荟鲜叶汁内含有一定量的草酸钙和多种植物蛋白质。使用前可做皮肤试验,方法十分简单,睡前将芦荟凝胶涂于上臂内侧或者大腿内侧柔软处,第二天早上若肌肤没有出现异常症状,就可以安全使用了。如果皮肤发红或者出现斑疹,可以用清水冲洗,千万不要用手去抓痒,以防感染。对其过敏者,应停止使用。

盆栽芦荟五注意

盆土要选用中性疏松的培养土。培养土用田园土4份,堆肥4份,沙或木屑2份混合而成。或用河泥晒干研碎,与猪粪混拌堆积发酵,待腐烂后再加适量的沙或木屑混合而成。

水分盆栽芦荟以盆土干爽为主,保持盆土见干见湿,切勿浇水过量。夏季,气温高,蒸发量大,一般需2天至3天浇一次水,早晚可叶面喷水,春季、秋季,保持以干为主,少浇一些水。冬季,也应以干为主,一般一个月浇一次水。

温度芦荟性喜温暖与阳光,夏季应防止烈日直射,芦荟又耐阴,可置室内通风良好的半阴处,深秋移到室内养护,仍需给充足的光照。冬季和初春要注意防寒,气温在5℃以下,要采取保暖措施,方法很简单,将植株连盆体用透明塑料袋套住扎紧即可,但要注意定时透风透气,以利正常生长。

施肥芦荟在生长过程中对氮、磷、钾的需要量大,通常需要通过追肥补充。盆栽的肥源,春季或秋季换盆时从新的培养土中得到,春夏气温适宜芦荟快速生长时在每月施肥一次,一般可施复合肥(空施),也可施腐熟的菜饼和豆饼等。但尽量不要接触到植株,以免分苗。

芦荟几乎没有什么虫害,病害也轻。一般病害主要有褐枯病等,一旦染病,应以通风、透光松土和除草等综合预防为主。发病严重的可用百菌清、菌特灵等农药防治。

像枪的植物——大蒜

大蒜(葱属植物),作为洋葱科的一种,几千年来都被用作食物和草药。大蒜长有像枪一样的长而平的叶子(大蒜在英语中的意思是"像枪的植物")。它的球茎由一簇分开的叫作丁香的瓣组成,外面包有一层像纸一样的皮。古希腊医生相信:大蒜对某些疾病,包括寄生虫感染、呼吸问题、消化不良和精力不够的治疗有帮助。

大蒜生成一种叫作蒜素的含硫化合物,蒜素一旦与酶作用,就转化成其他活性成分。

科学研究确信,大蒜能通过降低血液中胆固醇和甘油三酸酯的含量来预防动脉硬化症。它通过减少血小板粘连和溶解纤维蛋白(阻止结块的蛋白形成危害血细胞的网状)来防止血块生成。大蒜对细菌、病毒、真菌及肠道寄生虫引起的感染也有温和的预防作用。大蒜提取物能激活免疫系统,例如刺激淋巴细胞的繁殖、cytokines 的分泌和提高细胞活性。

象枪的植物——大蒜

一些研究显示,人多食用大蒜可以减少得胃癌、食道癌和结肠癌的可能性。动物实验表明,大蒜中的含硫化合物在某些酶的作用下能抑制活性,这就可以解释这种草药的抗癌特性。然而,适用于动物身上的剂量高得人体难以接受,而且,大蒜中的化合物会引发肝癌的恶化。

但是,何种形态的大蒜最好,目前还存在争论:是完全未加工的大蒜呢,还是加工成药片的大蒜;是存蒜呢,还是新蒜;是带有气味的大蒜呢,还是除去气味的大蒜。为了避免口臭或体臭,一些人喜欢选用肠衣包着的大蒜药片(它到小肠后才开始消化)。食用大蒜过多会引起心痛和气胀。

许多人只需通过饮食,就可以满足人体对大蒜的需求量。使用大蒜补品前,请同医生商量。因为这种草药阻止血液凝固,将要进行手术的病人服用前,一定要告诉外科医生。

消炎特效药——生姜

生姜是生长在印度、中国、墨西哥以及其他地区的一种多年生植物。它的根被用来生产生姜调味品、竹芋粉(一种淀粉)和姜黄。传统中医把生姜用来治疗消化不良、呕吐及咳嗽，已有几千年的历史了。印度医学认为生姜对消炎很有疗效。

生姜中的挥发性油（姜酚和姜烯酚）发出辛辣的气味，并产生对人体的治疗效果。生姜及其同类植物中也含有能产生生物活性的化合物姜黄素。生姜对人体的消化系统具有疗效，它可以增强消化肌，保护胃不受酒精或非类固醇消炎药对

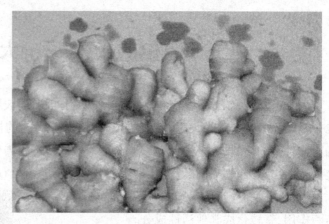

消炎特效药——生姜

它的刺激。父母们就常给小孩服用姜汁啤酒，用于消除胃疼。虽然人们对生姜如何控制反胃不清楚，但是都知道它能缓解呕吐。

目前正在进行把生姜作为治癌方法的研究。老鼠实验表明，生姜及其同类植物中的姜黄素能抑制皮肤癌的发育，并引发癌细胞的死亡。辛辣化合物可作抗氧化剂，这样就降低了破坏细胞、引发癌症的危险性。

但是，目前还没有证据表明，生姜对预防和治疗人体癌症具有疗效。服用生姜前，请询问医生。

活血圣药——龙血竭

血竭资源的探路人

千百年来，中华医学贤人历经研究和实践，证实了血竭在活血、止血等方面的独特功效，而将它作为中医伤科的重要药材。但由于完全依赖进口，价格昂贵，应用范围极其有限。

1972 年初，周恩来总理发出了"寻找南药资源及替代品"的指示，其中特别提到了血竭。

初春时节，地处昆明北郊黑龙潭的昆明植物园乍暖还凉。就在这样一个万木复苏的日子里，我国著名植物学家蔡希陶教授在自己的办公室里手捧周总理的指示，心中热血沸腾，一种神圣的使命感油然而生。

蔡教授点燃一支香烟，靠在沙发上闭目沉思。三十多年前，在滇南考察时的情景一

幕一幕在脑海中闪现：一天中午，考察队顶着酷暑走到一个傣族山寨，看到傣族山民的竹楼边挂着一条条形似干血的东西。山民告诉蔡教授这是从一种树干上流出来的树液，可用来止血。先生心中一喜，猛地从沙发上跳了起来："可能这就是'血竭'。"

活血圣药——龙血竭

就这样，年过花甲的蔡希陶教授立马带着考察队出发了，他们跋山涉水，砍竹子当拐棍，穿行于滇南的深山密林之中。历时三个多月，先生终于在孟连县一片石灰岩季雨林中找到成片的龙血树，足有 2800 多株，不少树干上还挂着干血状的血竭。

先生摘下一条条血竭样品，又小心翼翼地挖了 200 多株龙血树幼苗亲手把它们种到西双版纳热带植物园中。从此，用铁的事实推翻了外国人所说的"中国没有龙血树资源"的断言。

后来，蔡教授又组织科学工作者进行研制，并取得了令人欣慰的结果，加工提炼出来的血竭，经现代化学、药理、临床试验，品质优于进口名牌血竭。蔡希陶教授为此撰写的论文《国产血竭资源的研究》在国内外引起了巨大的轰动。

踏上"血竭"人生路

1978 年春天，著名作家徐迟的报告文学《生命之树长绿》，让青年刘剑心中刻下了"蔡希陶"这个令人敬慕而辉煌的名字，也让他从此认识了血竭，走上了血竭人生路。

刘剑出生在广东南海之滨一个清贫的中医世家，从小在父辈的身边得到耳濡目染，使他对中药产生了浓厚的兴趣。

父亲早逝，没给他留下什么遗产，却将正直善良、诚信做人、热爱医药事业的优秀品格传给了他，成为他一生最宝贵的财富。

当时，刘剑正在一家药厂当采购员，他手捧刊登《生命之树常绿》的报纸，读了一遍又一遍。蔡老植根于云南边疆这块植物王国的沃土之中，四十年如一日，用毕生的精力追求真理，用科学造福人民，无私奉献的精神深深打动了他的心。刘剑在日记上写下了这样一句话："走蔡老的路，学习蔡老，造福于民"。

1981 年初春，蔡老积劳成疾，而这时，由于历史的原因，蔡老的血竭科研成果还未能正式投入生产，蔡老最终带着深深的遗憾辞世。

　　已近而立之年的刘剑在长时期收购药材工作中,发现滇南及周边国家有着丰富的血竭原料资源。他决心完成蔡老未完成的血竭事业,生产出中国人自己的血竭产品。

　　就在这时,一位了解刘剑的朋友将自己在西双版纳获得的有关血竭的相关资料寄给了他,使他进一步增强了研制血竭的决心和信心。为此,他到广西中越边境龙州山区采来血竭原料,把自己关在家中八平方米的小屋中,如饥似渴地学习药品生产技术知识,用简陋的实验设备和收集来的龙血树脂原料土法上马,埋头进行实验研究,常常废寝忘食地熬到深夜。

　　功夫不负有心人。经过一千多个日日夜夜的摸索、拼搏,刘剑终于研制出了第一份血竭样品,并熟练掌握了血竭生产的工艺技术和工艺流程。

香味植物

能够散发出各种香味的植物,习惯上统一称为芳香植物,这种植物除了鲜艳的花朵和绿色的植株外,还能散发各种不同的芳香气味的植物,所以这类植物不但能美化、绿化环境,还能清新空气,给人以舒适的享受。

芳香植物兼有药用植物和天然香料植物共有属性的植物类群。在近代的科学研究中发现,芳香植物除了含有多种药用成分和香气成分外,还含有抗氧化物质、抗菌物质等,有些芳香植物释放出来的气味能杀灭细菌、病毒,驱逐蚊、蝇毒虫。芳香植物在医疗保健方面有着广泛应用的历史。早在1000多年前,《神农本草经》及其他医学专著中对这类植物就有"闻香治病""芳香除秽辟疫"的记载。

芳香植物为什么能散发出香味? 是因为在这些植物体内,含有一种挥发性的油脂类物质,随时散发在空气中,凡是具有芳香气味的这一类草本或木本植物,统称为芳香植物。芳香气味对植物体本身而言,有些可能是吸引昆虫前来传粉,有些也许是一种防身术,可以驱逐或杀灭敌害。

而对人类来说,则可以多方面利用芳香植物,为蔬菜、食品、化妆品、观赏以及香料工业和农业开拓新产品,这不仅深受人们的喜爱,而且还可以创造出比黄金还要高的经济价值。

排香草——藿香

又名排香草、合香,唇形科藿香属,多年生芳香草本。植株高40厘米~100厘米,夏季开花,花唇形,白色或紫色。

藿香的防疫治病有着久远的历史。早在《药品化义》一书中就指出:"藿香,其气芳香,善行胃气,以此调中,治呕吐霍乱,以此快气,除秽恶痞闷","香能和五脏,辛能通利九窍,若岗瘴时疫用之,不使外邪内侵,有主持正气

排香草——藿香

之力";《本草正义》中亦称藿香"可辟秽恶,解时行疫气"。

藿香还富含营养素和微量元素。它的嫩茎、嫩叶、嫩苗含有钙、胡萝卜素、蛋白质、纤维素及各种矿物质,可作为蔬菜食用,既美味可口,又是保健佳品。夏季常吃凉拌藿香,可预防感冒暑湿,养颜美容。

藿香的茎、叶可提取芳香油,供食品工业和化妆品工业作为香料。

藿香生长适应性强,耐寒、耐热,我国南北各地均可种植,不择土壤,耐肥、耐瘠。用种子或分根繁殖,极易成活。

驱除害虫的草——艾蒿

菊科,多年生草本植物。秋季开花,整株都有芳香气味,揉之,香气更浓。

中医学上以叶入药,性温,味苦,具有和营血、暖子宫、祛寒湿的功能。主治月经不调,带下等症。艾叶油有平喘、镇咳、去痰及消炎的作用。

驱除害虫的草——艾蒿

用艾绒制成的各种艾条、艾柱、烧灸身体相应穴位,可使热气内达而温通气血,透达经络,让血液更好地循环,从而治疗各种寒湿病症。

艾叶熏烟,具有很强的驱除害虫,杀灭病菌和抑制病毒的作用。实验证明,每平方米用艾叶 1~5 克进行熏烟 30~60 分钟,对各种皮肤真菌、腺病毒、鼻病毒、流感病毒、疱疹病毒都有不同的程度的杀灭和抑制作用。民间在端午节用艾束悬挂门上,以驱除害虫、毒气,有的还编成各种小饰物,佩带身上,达到辟邪除秽和健身的目的。实践证明,冬季或流感流行季节,每周用艾叶烟熏家居一两次,能使各种常见的致病细菌、病毒及真菌的数量显著减少,从而有效地预防各种呼吸道传染病的发生。

艾蒿的茎叶都可提炼芳香油,用于制作香料。

艾蒿的分布很广,我国各地均有,且普遍是野生的。

色香俱佳——香莳萝

亦称茴香,伞形花科莳萝属一年生或二年生。植株高约 50 厘米,夏季开花、花小,淡黄色,花期较短。原产于地中海沿岸地区及印度一带,据说是唐朝经丝绸之路传入我国。

香莳萝富含芳香油,茎、枝、叶均有香味,种子尤浓。据测,绿叶中含莳萝精油 0.15%,而在果实中含油高达 3%~4%。经分析,精油中含有茴香酮、柠檬萜、水芥菜萜等成分,可杀菌灭菌,预防上呼吸道感染。此外,莳萝精油还有健脾,开胃、消食以及镇静、治失眠等功效。

色香俱佳——香莳萝

香莳萝含有丰富维生素、蛋白质、草酸钙、矿物质、微量元素等,它的青苗和嫩叶可做蔬菜食用,素炒或凉拌均别有风味,也可将其切碎放置于鱼、肉、蛋等荤菜上,既去腥气,又添香味,色香俱佳,是家居和酒席上的常用菜。

香莳萝多生长在温热湿润的环境,但不耐高温干燥,也不耐寒冷,生长适温为 15℃~25℃。

散风解热香药草——薄荷

亦称苏薄荷、鱼香草,唇形科薄荷属,多年生草本,植株高 30 厘米~60 厘米,秋季开花,花唇形,红、白或淡紫色。

薄荷在中医药中用途甚广,以茎、叶入药、性寒,味辛,具有解表、散风解热的功能。主治外感发热、头痛、目赤、咽喉肿痛;用茎、叶煎汤熏洗,可治各种皮肤湿疹、漆疹。

薄荷富含芳香油,茎、叶均可提取薄荷油、薄荷脑,除在医药上有广泛的用途外,在食品工业和化妆品工业上也广为应用。

薄荷适应性强,对土壤要求不严,我国各地均有分布。性喜温暖、湿润,常生长在水旁、沟边,可作为潮湿低洼地的被植物,生长势强,很快即可覆盖地面。易于繁殖,用分株、扦插或种子播种均可。

香飘云天外——桂花

中秋月圆时节,一树树桂花盛开了。满树金黄细小的花儿,点缀着红叶娇艳的季节。更有那浓郁的芳香,"一味恼人香",袭人心怀,沁人肺腑。又在芳香中带有一丝甜意,使人久闻不厌。

有人说,香气浓郁的花,一般是"或清或浓,不能两兼"。然而,桂花却具有清浓两兼的特点。它清芬袭人,浓香远逸。它那独特的带有一丝甜蜜的幽香,常常使人遐想联翩,勾起种种美好的联想。传说桂花香飘万里,侨居外乡的人闻到桂花香,就能在你眼前浮现出家乡的山水,勾引起思乡之情。"天香生净想,云彩护仙妆"(朱熹)。所以人们给桂花起了个名字叫"九里香"。

香飘云天外——桂花

桂花不但芳香袭人,而且树枝挺秀,枝叶丰茂,冬夏常绿。若是南方庭园栽培,则是"丹葩间绿叶,锦绣相叠重"(陆游)。若在北方盆栽作室内摆设,也端庄高雅。

好一个桂花,不以艳丽色彩取胜,不以娇妍风姿迷人,却因"天香云外飘"得到世人的独钟。有人形容桂花香是:"清风一日来天阙,世上龙涎不敢香。"

吴刚伐桂的故事,是流传至今、尽人皆知的一个关于桂花的神话。

据明代段成式的《西阳杂俎》载:"月桂高五丈,下有人常砍之,树疮随合,其人姓吴名刚,西河人,学仙有过,谪令伐树。"这则神话说的是汉朝河西人吴刚,学仙修道时触犯天条,被罚在月宫砍桂树。但是,不论他怎样砍伐,树总是随砍随合,千万年过去了,吴刚每天都在辛勤地伐树,那棵神奇的桂树,依然如旧,生机勃勃。吴刚也只好长期过着"金风玉露伴素月,徒然销魂"的生活了。但据说,每逢中秋佳节,吴刚可以在树下稍稍休息,与人间共度团圆佳节。所以中秋节这一天,人们赏月时看不到吴刚弯腰举斧伐桂的影子。毛泽东在《蝶恋花·答李淑一》词中有:"问讯吴刚何所有,吴刚捧出桂花酒"的诗句,用的就是这个典故。至于吴刚捧出的"桂花酒",则相传是仙人的饮料。曹植有《仙人篇》:"玉樽盈桂酒,河伯献神鱼。"此处桂酒也就是桂花酒。

由于传说中月中有桂,所以月亮又称作"桂魄"。唐代诗人李商隐有诗句:"侵夜可能争桂魄。"宋代大文学家苏东坡有中秋词:"桂魄飞来,光射处,冷浸一天秋碧。"这两处的桂魄，都是明月的代名词。而传说中的月宫也叫"桂宫"。"桂宫袅袅落桂枝"。

在古代，桂花还是友好和吉祥的象征。战国时，燕、韩两国就以互赠桂花表示友好。

在盛产桂花的少数民族地区，青年男女还常以互赠桂花表示爱慕之情。

由于桂树花发于秋，古人又常用它来赞喻秋试及第者，称登科为"折桂"。据《晋史》载，晋朝郤某对策考第一。武帝问他，他回答说："臣今为天下第一，犹犹桂林一枝。"应试及第称"折桂"，即由此而来。宋人叶梦得在《避暑录话》中记载："世以登科为折桂，此谓郤说对策，自谓桂林一枝也，启唐以来用之。温庭筠诗：'犹喜故人新折桂'。其后以月中有桂，故又谓之月桂。而月中又有蟾，故又以登科为登蟾宫。"于是，"蟾宫折桂"，就成了旧时人们仕途得志、飞黄腾达的代名词。

也由于"蟾宫折桂"借寓仕途通达，所以唐宋以来，文人墨客和官宦之家都竞相种植桂花。至今各地还留有不少当时种植的古桂大树。

毛泽东的《蝶恋花答李淑一》就是用嫦娥奔月和吴刚与桂花的神话传说来表达对革命烈士的哀思。

有关桂花的文字记载，最早见于屈原《楚辞、九歌》"援北斗兮酌桂浆"，唐、宋以来，诗人墨客对桂花多作赞咏。李商隐的"昨夜西池凉露满，桂花吹断月中香"，杨万里的"不是人间种，移是月里来，广寒香一点，吹得满山开"。

桂花因叶色浓绿，花香馥郁，被评为我国十大名花之一，李时珍在《本草纲目》中对桂花记载道："花有白者为银桂，黄者为金桂、红者为丹桂"，把桂花白、黄、红三色分为银桂，金桂和丹桂。清代陈子的《花镜》按桂花花期不同而命名为"四季桂"和"月月桂"两个品种。

桂花是木樨科木樨属的常绿乔木。宋代范成大在《桂海虞衡志》中记载："凡木叶心皆一纵理，独桂有两道如圭形，故字从圭。""桂"名原来由此而来。桂树学名木樨。因丛生于岩岭之间，所以又叫岩桂。桂树枝繁叶茂，树冠圆整、树姿挺秀高挑，高可达 10 米。叶形椭圆，花大多着生在当年的枝条上。

桂树寿命很长，一般都可活一百多年，有的树龄往往高达几百年的。江浙一带老桂很多，杭州西湖满觉垅一带，满山都是老桂，连附近板栗树上的栗子也带桂花香味，所以杭州的桂花栗子是远近闻名的。每到桂花成熟季节，满觉垅的姑娘们在树下撑起帐子，小伙子们爬到树上用力摇晃。那金黄色的桂花，就像雨点一样纷纷落下，被称为"桂花雨"。此时那西湖边上的满觉垅，漫山漫谷，连绵数里地下着"桂花雨"，浓郁的香气中传出姑娘小伙子愉快的笑声和歌声，胜似天堂美景。

我国是桂花的发祥地，栽培历史悠久，陕西汉中圣水寺内有一株汉桂，树虽苍老，却依然花繁叶茂，芳香四溢，相传是西汉时期萧何手植，距今已有 1800 多年历史，岁岁开花，至今不衰。勉县定军山诸葛亮墓前两株开红花的"护墓双桂"，已有 1700 多年的树龄。鲁迅的绍兴故居中有一株百年四季桂。太湖之滨的光福桂花，已有六百多年的栽培历史。苏州城的大街小巷，每到中秋节前后，到处都洋溢着木樨花香，其中尤以怡园、留园为盛。留园桂树丛边的亭上，曾题有"闻木樨香"的匾额。

桂花是我国寺庙常见的花卉。桂花随同佛教传入日本。18 世纪后期传入英国，以后很快传遍欧洲各国。

普通的桂花多为八月桂，花香浓郁，花期短；另外还有金桂、银桂、丹桂、四季桂、月桂等桂花品种。有的花期短，有的香味淡；目前有一个新品种即：桂花中的珍品日香桂。

日香桂属桂花中的一个新品种，由于是 20 世纪 80 年代在四川发现的，因此在四川种植面积较大，浙江、安徽等地也有种植。日香桂是集园林绿化、美化、香化、彩化于一身的珍稀园林树木新品种。适用于广场、小区绿化、屋顶花园、道路、校园等园林工程；中小型株适合盆栽，用于香化居家环境；枝叶可作高档切花材料；日香桂栽培技术简单，应用范围广，是很有前途的新品种。

西洋山薄荷——香蜂花

由于它生长的地方柠檬样的香气扑鼻，常引来许多蜜蜂的缘故，所以取名为香蜂花。原产地是欧洲地中海两岸，日本人称它为"西洋山薄荷"，"香水薄荷"。瑞士的有名医生称它为"长生不老药"，英国人说"从 50 岁开始每天早上喝放有蜂蜜的香蜂花茶，就能活到 116 岁"。

西洋山薄荷——香蜂花

香蜂花新鲜的种子非常香，干燥叶也可使用，经常和蜂蜜混合食用，有促进消化和缓和嗓子疼痛的作用，也可用色拉，鱼料理中也可使用，叶子的提取法可美容，也可作入浴剂，干燥叶也可作药枕，新鲜的叶子可直接贴于虫咬处或创伤处，香蜂花茶可治慢性气管炎、感冒、头痛。还有降血压．发汗的作用。新鲜叶子精油含油率在0.1%～0.8%，含柠檬醛、香茅醛、丁子香酚、芳障醇，还有半烯萜、单宁、生物碱等。

长生不老药香草——鼠尾草

鼠尾草是欧洲十分古老的药用植物，使用已有 1000 多年的历史，古阿拉伯人将之称为长生不老药，在中世纪，甚至在故事中有这样一句有名的对句："既然拥有鼠尾草(撒尔维亚)的田园，人为什么还会死去?"后来，鼠尾草又作为香辛料蔬菜受人欢迎。它多用于赋香，可单独作成汁或作成调味汁、咖喱汁等加入到料理中，具有强的芳香，因略带苦味或涩味，因而适合于肉类和鱼类的调味。意大利人把它作为健康食品，常与面包和黄油一起食用。

在欧洲，常在鼠尾草啤酒、鼠尾草茶以及鼠尾草汤等饮料中加入柠檬汁或醋后饮用，茶叶传到欧洲后，人们把茶3份和鼠尾草1份混合起来饮用。鼠尾草也是齿磨粉和漱口剂的重要原料，可治疗更年期障碍和断乳期回奶，也可作苦味健胃

长生不老药香草——鼠尾草

药，对祛风，抗痉挛，收敛，杀菌扩张末梢血管，抑制发汗，降低血糖，促进胆汁分泌都有作用。

芳香药草之后——薰衣草

薰衣草又名拉文达，是一种馥郁的紫蓝色的小花。又名"香水植物"。原产地中海地区，性喜干燥，花形如小麦穗状，有着细长的茎干，花上覆盖着星形细毛，末梢上开着小小的紫蓝色花朵，窄长的叶片呈灰绿色，成株时高可达90厘米，通常在六月开花。每当花开风吹起时，一整片的薰衣草田宛如深紫色的波浪层层叠叠地上下起伏着，甚是美丽。

中古时期，薰衣草在西欧社会里已被医疗单位广泛地使用，在当时薰衣草的杀虫抗菌效果早被肯定;以前的人通常把薰衣草香包放在橱柜中，藉以驱虫。罗马人盛赞其抗

芳香药草之后——薰衣草

菌力,用薰衣草来泡澡和清洁伤口。

薰衣草属唇形科芳香植物,因为她的气味芬芳怡人,是药草园中最受喜爱的一种,素有"芳香药草之后"的称誉。由于她的香气浓郁,令人感到安宁镇静,具有洁净身心的功效,古罗马人经常使用薰衣草来沐浴薰香,希腊人则将薰衣草用来治疗咳嗽。

香草之秀——海索草

多年生草本,植株生长整齐,开蓝色花,全株有较浓的甜苦香味,晾干可制成香囊、香枕。有镇静、安神作用。

又能驱蚊又能吃——驱蚊草

多年生草本,株高 50 厘米左右,枝繁叶茂,白花成串,全株香气浓烈,室内放置数盆或门前栽种一片,令人心情舒畅,并有驱蚊作用。取其鲜叶与其他菜同炒或做汤,味道格外鲜美。

又能驱蚊又能吃——驱蚊草

七里外也香——柠檬罗勒

柠檬罗勒,也称七里香,一年生草本,枝叶丰满,全株长成半球形,直径约 50 厘米,摸其叶片,立感浓浓辛、甜香味,具有独特药用、食疗功能,用枝叶泡茶,用叶做菜,可促进食欲,并能治反胃、呕吐、消口臭,并可用于驱蚊蝇、香化环境。

七里外也香——柠檬罗勒

香料之王——中华香草

　　素有"香料之王"的称号,在世界久负盛名,它大量用于食品、烟草业及化妆、卫生制品的加香,其香精油价值甚高,据悉,美国向我国大量求购此精油,宁夏、甘肃等省区正在扩大种植,有关科研已向多层次、多领域里开发。

香料之王——中华香草

　　在东北地区,香草已成为时下城镇市场最为畅销的天然香料商品,种植者将干燥好的植株运到城里,每株1元,市民竞相争购,被视为香化居室、衣体、人体的珍品,是新开发的高效农业项目。随着香草作为一个新兴产业的闪亮登场,其销售渠道也十分繁多,已渗透到各个生活领域。香味促销日渐风行,香味医院相继出现,在花园、花店、宾馆、餐厅、百货商场,甚至连洗手间都置有香草,有的放在地上,有的摆在柜台,来增加温馨芳香的氛围。经销香草的摊店到处可见,香气四溢的香草不仅招来了更多的顾客,而且扩大了财源。香草与切花、干花、插花相组合，香味大增，售价也随之上扬，不少商人还把生意做到了国外，将一束束包装好的香草漂洋过海畅销东亚国家。

香草为豆科胡卢巴属一年生草本植物，株高40厘米，茎直立，花白色，成熟时植株放出袭人的香气，晒干置于房间，香味弥漫于空气中经久不退。香草为日中性植物，对光温反应不敏感，南北方都能种植，播种期随地区气候条件和耕作方式而异，北方多为春播，在清明前后，南方一年二熟或三熟地区，可与主作物套种、间作或复种，生育期80天左右，香草干株粉碎后可做面食的加香剂、着色剂、香草豆为咖啡的代用品。一般每公顷生产苗60~90万株，香草抗旱怕涝，在籽粒胚胎灌浆后种子蜡熟前收获、香气最足，过早收获香气不浓，晚则香气转化为干物质。

芳香浓郁谁能比——米兰

芳香浓郁谁能比——米兰

米兰是常绿灌木，为楝科、米仔兰属植物。主要品种有大叶米兰和小叶米兰两种。大叶米兰每年6~7月开一次花。小叶米兰则常开不绝，香飘不断。米兰树冠优美，枝叶茂密，叶色苍翠，米黄色的花朵从夏至秋，芳香四溢，令人感到神清气爽。人们称赞米兰"芳香浓郁谁能比，迎来远客泡香茶"。

小米兰可提取香精，所以它既是观赏植物，又是芳香植物，香精油是制造香水的原料。小叶米兰的花可重制成茶叶，茶叶香浓，鲜花还可以直接食用。

米兰的花、枝、叶均可入药。花药名为米仔兰，有行气解郁、疏风解表、清凉宽中、醒酒止渴之功效。米兰的枝、叶有活血、化痰、消肿、止痛的作用。

冬季绿姿不改——夹竹桃

花似桃，叶像竹，一年四季，常青不改。从春到夏到秋，花开花落，此起彼伏。迎着春风、冒着暴雨、顶着烈日，吐艳争芳，在平凡中见伟大，在朴实中饱含坚韧，这便是本篇的主角——夹竹桃。

夹竹桃的祖先在印度、伊朗，它是一种矮小的灌木，主干、枝条上有许多分枝，最小的小枝呈绿色。

夹竹桃的叶长得很有意思。三片叶子组成一个小组，环绕枝条，从同一个地方向外生长。夹竹桃的叶子是长长的披针形，叶的边缘非常光滑，叶子上主脉从叶柄笔直地长

到叶尖,众多支脉则从主脉上生出,横向排列得整整齐齐。

夹竹桃的叶上还有一层薄薄的"腊"。这层腊替叶保水、保温,使植物能够抵御严寒。所以,夹竹桃不怕寒冷,在冬季,照样绿姿不改。

夹竹桃的花有香气。花集中长在枝条的顶端,它们聚集在一起好似一把张开的伞。夹竹桃花的形状像漏斗,花瓣相互重叠,有红色和白色两种,其中,红色是它自然的色彩,"白色"是人工长期培育造就的新品种。

夹竹桃的花期很长,从 4 月~12 月都能开花、结果,是花卉家族中开花时间最长的一种花。至于夹竹桃的果实,可不像我们想象的那样是个桃形,它是一个与众不同的长柱形。人们喜爱夹竹桃,不仅喜爱它的四季常绿、三季花开,香气连绵,更喜爱它的卓越品质:默默无闻、坚韧不拔。

夹竹桃朴实,但并不好欺。它的叶、花和树皮都有剧毒,茎叶可以用来制造杀虫剂。人不能随便采摘它,昆虫更不敢贸然进犯。

此外,夹竹桃对二氧化硫、氯气、气化氢等有毒气体有较强的抵抗能力,可以栽种到环境污染比较严重的地方,净化、美化人类生存的环境。所以,人们常说:夹竹桃是坚韧的绿色环保战士。

随着人们的物质生活不断提高,会有越来越多的人注意用鲜花来美化环境。如果在客厅、书房或卧室里摆上几盆花草,可使环境显得雅致清新。然而,当你陶醉于多姿多彩、芳香扑鼻的鲜花时,可要小心提防鲜花中毒。如果在客厅中放一盆夹竹桃,即可观叶,又可赏花,确实逗人。但夹竹桃的叶、皮和果实中,均含有一种叫夹竹桃苷的剧毒物质,误食数克就会中毒,甚至死亡。

花如其名——夜来香

夜来香,别名夜兰香、夜香花,为萝科、夜来香属灌木。小枝披短柔毛,分枝柔弱,叶对生,卵状长圆形或宽卵形,全缘,基部心形凹陷,叶具短茸毛,有长柄,质薄,先端有小尖。花簇生,有短柄,生于叶腋,黄绿色,芳香,尤其在夜间。花萼5裂,花冠具短筒,花期5月至9月,果狭圆状锥形,渐尖,长7厘米至8厘米。该花木原产亚洲热带,我国南方各省区有栽培。喜温暖湿润和阳光充足的环境,喜肥沃的土壤,忌积水。适宜栽于庭院内和盆栽,其花既可欣赏,又香味扑鼻,还可供食用和药用。

花如其名——夜来香

这种花真如其名,晚上开花,香气袭人,然而它花开之时散发出强烈刺激嗅觉的微粒,如闻之过久,会使高血压和心脏病患者感到头昏郁闷不适,甚至气喘,失眠。

养护夜来香注意事项

配制盆土

夜来香喜疏松、排水良好、富有机质的偏酸性土壤。其盆土一般用泥炭土或腐叶土3份加粗河泥2份和少量的农家肥配成,盆栽时底部约1/5深填充颗状的碎砖块,以利盆排水,上部用配好的盆土栽培。

适宜环境

盆栽夜来香要求通风良好的环境条件,5月初至9月底宜放院内阳光充足或阳台上养护,其虽然喜阳光充足,但在夏季的中午应避免烈日暴晒。

施肥

在其生长过程中,应每隔10天至15天施一次液肥,4月下旬开始每半月施一次稀薄液肥,从5月中旬起即可保证不断开花,如能施用春泉883或惠满丰等高效腐殖酸液肥,则效果更好。

调水

其夏季是生长旺季,除施足肥料外盆土必须保持经常湿润,必要时一天浇2次水。若是幼苗,每天应向叶面喷水1次至2次。

适温

每年10月中下旬应将其移入棚室内,棚室温度要求保持8℃至12℃,如温度低于

5℃,叶片会枯黄脱落直至死亡。

换盆

换盆宜在春季4月初出室前进行,换盆时应去掉部分旧土和老根,换上新的培养土,并进行重剪,以促发新枝。换盆后要保持盆土湿润,但盆内不能有积水,换盆后若发现嫩叶略有下垂,要及时浇水。

调整株形

栽培管理中需搭设棚架,植株上棚后要及时打顶,促使多分枝,花开后要及时剪去残花梗,并加施肥料,花谢后应将枯干枝叶和过密枝条剪去。

治虫

其常有蚜虫和介壳虫危害,可用天王星、氯氰菊酯和快杀灵等防治,效果较好。

祥瑞之草——万年青

四季苍翠常青,结子殷红,红绿相映,经冬不凋,故称万年青。民间一切喜事无不用之,以为"祥瑞之草"。可它的汁液有毒,触及皮肤,奇痒难受,儿童误吃会引起咽喉肿痛,吞咽困难。严重时会使儿童声带麻痹而失音。

斑马叶万年青又叫大王黛粉叶、哑甘蔗,为天南星科多年生草本植物,茎圆柱形,肉质,茎上常有白色环纹,是叶片脱落后的痕迹。斑马叶万年青的叶呈长椭圆形,在绿色主叶脉的两侧叶片上散布着不规则的白色或鹅黄色的斑点和条纹,显得格外优美雅致,像斑马身上的斑纹,故有斑马叶万年青之称。

祥瑞之草——万年青

斑马叶万年青原产哥伦比亚,喜温暖潮湿气候,生长最适温度为25℃至30℃,冬季室内温度也应维持在15℃左右,最低10℃。盆栽用土可用腐叶土7份、壤土3份加沙1份混合配制。斑马叶万年青性喜半阴环境,忌直射阳光,可全年在室内栽培。耐水湿,可于盆底置一水盘,盘内放水,使水不断自盆底小孔浸润盆土。冬季则要节制浇水,温度越低越要注意少浇。冬季可能会有部分叶片变黄脱落,但只要不冻坏,翌春还可重新发叶。如放置室内过冬,生长较弱,有徒长的趋势,则可在生长季节放到室外半阴处培养一段时间,待生机恢复后再移回室内。施肥可在生长季节进行,看生势而定,每月一两次,多施腐熟液肥或复合肥,促使叶色青碧,但氮肥不宜多用。

其"花"为天南星科典型的佛焰苞肉穗花序。很少或不结种子,故难用种子进行繁殖。繁殖基本是无性繁殖,主要方法有组织培养和扦插法。组织培养繁殖成功系数大,成本低,但需要一定的设备和条件。扦插法是在春季将老茎剪成10至15厘米的小段,斜插于沙土中,保持湿润,待生根长叶后移栽上盆,也可在生长旺季将茎剪成有一二节的小段,长约五六厘米,晾几天待切口干爽后直接种于盆中,保持湿润,很快就可发根生叶。还可剪取带叶的茎段插在透明玻璃的水瓶里,以建筑装饰用的白米石将其固定,半个月左右便可见其长出洁白如玉的须根来,既可观叶亦能赏根。因其汁液有毒,操作中要注意勿使触及皮肤及口、眼。与斑马叶万年青同属的有30余个品种,亦有一定观赏价值,但本种为最大型者,其叶厚硬,具优雅美丽的斑纹和光泽,植株高大,茎粗壮,是理想的室内观赏佳品。

花叶万年青栽培有什么注意事项?

花叶万年青又称黛粉叶,为天南星科常绿灌木状草本植物,宽大黄绿色的叶片肯白色或黄白色密集的不规则斑点,有的金黄色叶片镶有绿色边缘,色彩明亮强烈,观赏价值高,是目前备受推崇的室内观叶植物之一。

花叶万年青原产美洲热带地区,喜高温高湿和半阴的环境,怕寒冷,忌烈日,适生于肥沃保水透气性好的酸性土壤中。

盆栽时,盆土可用腐叶土2份,锯末或泥炭1份,砂1份混合。由于它忌烈日,春秋除早晚可见阳光外,中午前后及夏季都要遮荫,应该保持40%~60%的透光率。若长时间光照太弱,会导致叶片褪色。花叶万年青生长的适宜温度为20~30℃。在生长期内,盆土要保持湿润,夏季气候干燥时,还要经常向周围喷水,向植株喷雾。放在室内观赏的,要常用软布擦洗叶面,保持叶片清洁,使之亮艳生辉。6~9月生长旺期,10天施一次饼肥水,入秋后可增施2次磷钾肥。由于它很不耐寒,10月中旬就要移入温室内,越冬温度要保持在15℃左右,土壤要间干间湿,不可过干,低于10℃或过湿,常会引起落叶,甚至茎顶溃烂。

花叶万年青主要用扦插繁殖,在7~8月气温较高时尤易生根。扦插时,取茎干2~3节为一段,切口用草木灰或硫磺粉涂敷,然后扦入或横埋入砂和蛭石各半的基质中,注意保湿,约经20天,可见带节处生根萌芽,带叶扦插时要罩膜保湿。由于它的汁液有毒,操作时不要使汁液接触皮肤,更要注意不沾入口内,否则会使人皮肤发痒疼痛或出现其他中毒现象,操作完后要用肥皂洗手。

家庭常用调味香料——豆蔻

肉蔻又名肉豆蔻,又称肉果,为肉豆蔻科肉豆蔻属植物。它是以假种皮作调味品以及作药材使用。肉蔻是世界名贵的香料植物。它的种仁含有挥发油,约占 8%～15%,脂肪油约占 25%～40%,淀粉约占 23%～32%。肉蔻的挥发油中主要成分含豆蔻醚、豆蔻烯、桧烯、樟烯、丁香酚、甲基异香酚、香叶醇等。

家庭常用调味香料——豆蔻

肉蔻具有特殊的香气,味温和而辛,略具甜味。其果仁肉豆蔻风味较肉豆蔻浓厚,但稍有苦味。肉蔻的衣微有辣味。肉蔻是家庭常用的调味香料。肉蔻原产印度尼西亚的马鲁古群岛,中国原来不产豆蔻(也许广东有产此物),而得长期依靠进口。1978 年中国引种育苗,1983 年开始开花结果。1986 年在海南省获得首次引种成功。我国广东、广西、福建、海南都有栽培。

肉蔻作为调味品,有矫嗅抑腥、赋味加香,增进食欲的作用。肉蔻作为药用,有暖脾胃、止泻行气、收敛等功效。同时也有抗血小板聚集以及防癌的作用。

名贵的天然香料——迷迭香

迷迭香为唇形花科迷迭香属之多年生常绿小灌本。原产于地中海盆地,西班牙西北方及葡萄牙。目前生产地为英国、法国、葡萄牙、西班牙、突尼西亚、摩洛哥、前南斯拉夫、意大利、南非、印度、中国及澳洲。经济栽培以突尼西亚、法国、西班牙及摩洛哥为主。叶狭长、针状、革质、暗绿色、叶缘反卷。茎方型,由叶腋着生白色小花为总状花序,花长 1.2 厘米。花色有蓝、淡蓝、紫、粉红及白色等,一般在 12～4 月开花,小花含多量花粉对蜜蜂之吸引力大,所生产之蜂蜜,品质佳。果实为很小的球型坚果,卵圆或倒卵形,种子细小,黄褐色,每公克有 1000 粒种子。作为经济栽培的迷迭香约有 24 种之多,依其生长习性,基本上分直立型及匍匐型二种。

直立型迷迭香

植株 1~2 米高,具健状茎,成熟后木质化,分支具有狭长革质之针状深绿色叶片(内侧有点灰色),叶缘有点反卷,叶片较匍匐型迷迭香大。直立型品种有开白色花,开浅蓝色花之(非常适合烹调及景观造园用);开蓝色花利用于比萨调味及鸡肉;开粉红色花及开紫罗兰色花(此品种能适应高温及多雨的生长环境)等。

匍匐型迷迭香

植株高 30~60 厘米,硬质茎,茎上着生密集且狭长之暗绿色叶片,横向弯曲伸长达 50~120 厘米。比直立

名贵的天然香料——迷迭香

型品种较不耐寒。匍匐型品种有开鲜蓝色花,及生长快速,开浅蓝色花之等品种。由于有扭曲及涡旋状的分支,因此为极佳吊盆及地被植物。

迷迭香的妙用

在众多香草中,迷迭香是人们十分熟悉的一种,据说具有神秘的力量,可保护教堂、死者、甚至使生产者免受恶魔之害。因此西方在圣诞节时多会在教堂及家中的柱子或门上装饰迷迭香。

原产地在南欧,其芳香宜人、风味绝佳、药效卓越,各方面的特性均受到绝佳的赞赏,利用范围极广。

西洋民间有很多关于迷迭香的浪漫传说,据说圣母玛莉亚在逃避追赶的途中,曾躲在迷迭香的草丛中,身盖麻布斗篷休息,在那当儿,原本白色的花朵,竟变成和玛莉亚身上的斗篷一样淡淡的蓝色;于是迷迭香神圣的芳香和这个传说传遍了整个欧洲,迷迭香也因此被视为可驱除恶魔的香料。

1370 年为匈牙利伊丽莎白女王所制作的匈牙利之水,便是以迷迭香为主要成分。当年呈送给女王的手写配方,现今仍保存在维也纳的皇家图书馆内。

药效:迷迭香的香味据说可常保年轻、增强记忆力、赋活细胞的生命力。此外,因具有传说中驱魔的神秘力量,经常被种植在教堂的庭园里,或被当作焚香来燃烧。

迷迭香蜂蜜酱

材料:蜂蜜 200~300 毫升、新鲜迷迭香嫩枝 2 枝

作法:

①取 6~7 厘米的迷迭香嫩枝 2 枝,洗净后擦干水分;

②蜂蜜以隔水加热的方式加热至 80 度左右;

③将迷迭香嫩枝放水瓶中,注入蜂蜜;

④放凉后盖上盖子,静置 7~10 天将嫩枝取出。

迷迭香香草浴

迷迭香常葆青春的功效是人们所熟悉的,作为沐浴剂来使用,可促进血液循环、舒缓筋肉的疲劳,并常保肌肤年轻与弹性,功效十分显著。

材料:干燥迷迭香适量、棉质或纱布材质的小袋

作法:利用碎布、手帕或纱布来制作小袋。将迷迭香放入布袋中,封口后,放入盛有热水的浴缸中即可。

迷迭香果冻

材料:新鲜迷迭香嫩枝 4~5 枝、水 400 毫升、蜂蜜 4 大匙、柠檬汁 1 大匙、洋菜粉 5 克装 2 包。

作法:将迷迭香嫩枝放置热水浸泡 5 分钟;蜂蜜、柠檬汁、洋菜液倒入具有迷迭香味的热水中搅拌。再倒入小杯子或模型中,放入冰箱中冷藏。

驱虫抗菌香料——土木香

土木香,别名祁木香、青木香。属多年生草本菊科。株高 1~2 米,全株密被短柔毛。基生叶椭圆形披针形,针状,头状花序排列成伞房状,花黄色,生于河边,水沟旁,田边等潮湿地。它的根含挥发油,二氢异土木香内脂等成分。有驱虫及抗菌的作用。人称它为除虫菊。可作驱蚊的原料。

天下第一香——茉莉

号称"天下第一香"。茉莉为常绿小灌木,属木樨科植物,花白色,每年 5 月至 10 月开花,芳香清雅,浓郁持久,深受人们喜爱。

茉莉原产印度、阿拉伯一带,中心产区在波斯湾附近,现广泛植栽于亚热带地区。主要分布在伊朗、埃及、土耳其、摩洛哥、阿尔及利亚、突尼斯,以及西班牙、法国、意大利等地中海沿岸国家,印度以及东南亚各国均有栽培。希腊首都雅典称为茉莉花城。菲律宾、印度尼西亚、巴基斯坦、巴拉圭、突尼斯和泰国等把茉莉和同宗姐妹毛茉莉、大花茉莉等列为国花。美国的南卡罗来纳州定为州花。花季,菲律宾到处可见洁白的茉莉花海,

驱虫抗菌香料——土木香

使整个菲律宾都散发着浓浓的花香。

茉莉花在 1600 多年前传入我国,现在全世界约有 40 个品种,我国有 27 个品种,常见的有木本茉莉、蔓性茉莉、宝珠茉莉、金茉莉等。茉莉花已成为我国八大名花之一。现在用茉莉花提起茉莉花香油,比黄金还贵。它是世界有名的芳香植物。用茉莉花香油制造的各种香水,闻名世界,如法国的茉莉香水、西班牙的茉莉香水、阿拉伯国家制造的茉莉花香水都是名牌产品。

如何使茉莉多开花

环境及光照:茉莉性喜炎热、潮湿、通风透气环境,需充足的光照。茉莉畏寒,南方地盆栽茉莉可在室外栽培越冬,北方在秋冬季需做好保暖工作,移入室内放在朝南方向。光照强则枝干健壮,叶色浓绿,花多而香,阳光不足则节稀花少而不香。

水分:茉莉不耐旱,但又忌积水,多雨季节要及时倾倒盆内积水,否则叶片易发黄。夏季炎热晴天每天要浇水两次,早晚各一次,如发现叶片卷垂应喷水于叶片,促进生长。

土壤:栽培茉莉土壤要肥沃的沙质和半沙质土壤为好,在 pH 值 6 至 6.5 的微酸性土壤种植,则根系茂密,生长健旺,如土质黏重,缺少有基质,肥力较低,通气性不良,则根系少,植株矮,茎叶纤细,花少而小。

施肥:盛夏高温季节是茉莉生长的旺期,多施有机肥和磷钾肥,如花生饼粉、骨粉、过磷酸钙以及多元素花肥,每月施两次。茉莉在夏季生长期常出现枝叶繁茂但不开花的现象,主要原因是施了过多的氮肥,造成枝叶徒长,遇到这种情况要控制肥水,增施磷钾肥,促使孕育花蕾,同时要注意把茉莉移到阳光充足、通风良好之处。

修剪：茉莉夏天生长很快，要及时修剪，盆栽茉莉修剪保留基部 10 厘米至 15 厘米，促发多数粗壮新梢，如新梢长势很旺，应在生长 10 厘米时摘心，促发二次梢，则开花较多，且株形紧凑。花凋谢后应及时把花枝剪去，减少养分消耗，也能促长新梢，使枝密、芽多、开花多。

天下第一香——茉莉

防治病虫害：茉莉常有螟蛾幼虫和介壳虫、红蜘蛛为害，以 7 月至 9 月最为严重，常蛀食花蕾，可用万能粉或杀灭菊酯加水 200 倍进行喷洒，每半月喷洒一次，即未发生病虫害也应进行喷洒，做到预防在先，喷洒时间以晴天上午 9 时和下午 4 时为宜，中午烈日不宜喷洒，防止药害。

花期养护：开花期不要喷水于花朵，防止提早落花和香味消失，降雨时应把盆栽茉莉移到避雨处。

肥水：夏季，茉莉花进入盛花期，要注意保持盆土湿润，茉莉花喜肥，每隔 3~5 天就要追施 1 次腐熟的稀薄液肥，或者在浇花市掺入少量的淡液肥。如盆土出现板结，松土后在施肥。秋天应适当地减少浇水量，并逐渐停止施肥。室外最低温度降到 5 度以前，将盆花移入室内阳光处。初入室时，要经常开窗通风，并要控制浇水。

修剪：花谚说："茉莉不修剪，枝弱花少很明显""修枝要狠，开花才稳"，但人们栽培茉莉花，往往注重肥水而忽视修剪，甚至越冬后的枯枝也舍不得剪去，以至于枝干细弱，叶片萎小、株型不雅、花也不盛。

茉莉花的修剪，除春季将越冬后的细弱枝条剪去，只留下粗壮基部以待新芽萌发外，夏季修剪很重要。花败后的枝条要及时留下 3~5 节，剪去顶梢，以促使萌发新亚。保证花旺。

茉莉从初夏即陆续开花，若管理得当，可出现三期盛花。

6 月上旬，茉莉陆续开出早花，但这批花一般小而少，要及时摘去，否则消耗养分过多，会影响其以后开花的质量与数量，并且延迟花期，影响观赏。摘花方法是连花摘去带叶嫩枝，促使新枝再发，枝叶茂盛。此时每周施 2 次淡肥水，并保持盆土湿润。

6 月下旬至 7 月上旬是第一期盛花，此时需加强肥水管理，薄肥勤施，每隔 2 天施肥 1 次，施以充分腐熟的有机液肥，肥水比例为 1：4。浇水要充足，一般每 2 天 1 次。通常浇水宜在早晨进行，而施肥则以傍晚为好。这样持续至 7 月下旬，由于肥水充足，可使花开大而多。

8 月上旬，第二期花形成，此时施肥要比之前略浓，一般以肥水各半为宜。为促使茉莉更好开花，还可向叶面喷洒过磷酸钙溶液。到 8 月下旬，逐步减少施肥，6 天至 7 天施 1 次，浇水仍需较多，保持 2 天 1 次。

9 月上旬至 10 月上旬，第三期花形成，此时应停止施肥，浇水量也要逐渐减少，由于天气已渐转凉，会影响花蕾的形成，因而这批花的数量较少，至 10 月中旬以后开花结束，只需保持盆土略湿即可。

香气浓浓的茅草——柠檬草

柠檬草是禾本特的香味。热带产的芒草有强烈的香味，这些统称为香茅，用于蒸馏精油的香料。柠檬草就是在热带栽培的香茅之一，制成香料原料后，用于食品的配香。柠檬草是因为它具有柠檬的香味，它的精油经常被用来作柠檬油的代用品。

柠檬草最先在印度栽培，在马来西亚栽培的历史也很长，荷兰人将柠檬草用于鱼料理的调味料，入汤、酒的配香，并同时强调其药用效果。传说 1666 年由葡萄牙人把柠檬草带入印度的，再由印度传到热带各地。1906 年左右，由于其香味高于香茅，马来西亚地方大大奖励栽培柠檬草。斯里兰卡后来全岛普及种植柠檬草。柠檬草在 1786 年传入英国。传入日本是大正 3 年，即 1914 年。柠檬草是多年生草本，高达 1.5 米，群生，茎生在地下有短短的一部分，有弯曲轮状的节，叶子由地下的茎开始密生，狭线形，先端上升，质硬呈灰绿色，叶长 1 米，幅阔 1.5 厘米左右，细长圆锥形花序，多数小穗分开，有柄的雄性花和无柄的两全花对生。

柠檬草适合种植于高湿、雨量充沛的场所，并且日照和降水最好适当交错，土质以砂质壤土最佳。繁殖为分株繁殖，种植期 4 月 ~6 月，开花期 8 月 ~10 月，采油用的最好在种植后过 3 至 4 个月进行第一次刈割，在这之后每 40 天到 50 天刈割一次，一年可进行 3 回 ~4 回收获，过三四年要移栽，调理用的叶子是利用叶的基部。热带亚洲柠檬草白色膨大的叶鞘下部作咖喱的配香，另外也作为腌菜的香味料，所以叶柄在市场上有卖。同时，它还用于果子露的配香，鱼料理的调味料，汤、甜酒的配香，也可代替茶喝。为此，欧洲现把它放在温室里栽培。柠檬草的茎叶，蒸馏后可得到精油。柠檬醛含量达 70% ~90%，可作为柠檬油的代用物，另外和马鞭草的香味近似，也叫马鞭草油。古印度还把瓷杯泡在浸泡柠檬草的水里，让杯子沾上草香，然后用它喝酒。他们把它叫作 Rho9de 杯。另外祭坛用的熏香、餐宴用的香料、寝具的赋香里都可使用。精油有时也可作为药用，印度人常用来内服治疗肠部的疾患，外用可治风湿病。马来人使用柠檬草时不和其他草混合使用，Semang 族的妇女生产后，喝柠檬草的煎汁，新加坡的马来人把它和其他强壮剂加在一起服用。

鲜草与干草的应用：柠檬香茅草全草均可使用，鲜草或干燥的植株叶片与茎秆均具有浓郁的柠檬香味，在亚洲地区之印度、越南、泰国等国家普遍的应用于汤类、肉类食品的调味料，例如将叶片加入咖喱中。在印度直接将香茅草揉碎置入清水，作为洗发水和盥洗用水之用。亦可作为增添非酒精性饮料、烘焙食品及糕点之香味。柠檬香茅茶饮冲泡方法：取约 3 公克干草或剪取适量鲜草(5~10 公克)，以 250℃ 热水冲泡，静置 5~10 分钟即可饮用，也可混合其他香药草使用。目前台湾中部农民亦有干燥加工制成香茅草枕头贩售。

香茅油的应用：香茅油可直接作为香水、化妆品及肥皂、乳霜等加工产品香精料。柠檬香茅精油属于半干性精油，芳香疗法上被认为对油性皮肤有帮助。由于柠檬醛可作为合成紫罗兰酮(ionones；香水及化妆品香精原料)之原料。因此，可自香茅油分馏出柠檬醛作为软性饮料、香皂、香水、化妆品及清洁剂之香精料，以及掩盖许多工业产品之不良气味等用途。

药用用途：传统或民俗医疗应用上香茅草被认为具有祛风及驱虫作用。中草药的归类上，将其其性味功能归为辛、温。作用为祛风除湿，消肿止痛。此外，相关的研究报告指出柠檬香茅精油具有镇静及抗微生物作用。蜿蜒香茅精油则具抗真菌作用。挥发性油具杀虫剂及诱突变作用。报告指出马丁香茅对真菌具毒性作用。目前，有些有机栽培的栽培管理上，采用稀释的香茅油作为有机趋虫药剂或种植香茅草作为忌避植物之用途，然实际的效果如何仍有待试验数据证实。

栽培环境：香茅草性喜温暖、多湿之全日照环境与排水良好的沙土地生长。在印度主要栽培区域分布于平均温度介于 18 至 29℃，平均年降雨量 70 至 410mm 及土壤 pH 质介于 5.0 至 5.8 之区域。每公吨鲜草之最高产油量气候环境为生长适温介于 25 至 30℃ 之间与平均年降雨量则介于 2500 至 3000mm 之条件。同时在氮肥用量每年每公顷约 186 公斤，磷肥 26 公斤/公顷，钾肥 384 公斤/公顷等肥料用量之条件。氮肥对植株地上部之鲜草产量作用较大，而钾肥则对香茅油产量影响较大。

防腐抑菌的香料——胡椒

被子植物，胡椒科。木质藤本，长数米以上。叶厚革质，阔卵形，长 10~15 厘米，宽 5~9 厘米，叶脉 5~7 条明显。花杂性，穗状花序短于叶，被片缺；雄蕊 2 枚，子房球形，柱头 3~4 枚。浆果球形，直径 3~4 毫米，熟时红色，干后黑色。胡椒果实为芳香植物，果晒干，为黑胡椒，脱果皮为白胡椒皆是调味品。

胡椒是一种原产于印度的重要香辛作物，又名古月、黑川、白川。它的种子含有挥发油、胡椒碱、粗脂肪、粗蛋白等，是人们喜爱的调味品。胡椒气味芳香，有刺激性及强烈的辛辣味，黑胡椒尤比白胡椒味浓。

胡椒的主要成分是胡椒碱，也含有一定量的芳香油、粗蛋白、淀粉及可溶性氮，具有祛腥、解油腻、助消化的作用，其芳香的气味能令人们胃口大开，增进食欲。胡椒性温热，善于温中散寒，对胃寒所致的胃腹冷痛、肠鸣腹泻都有很好的缓解作用，并可促使发汗，治疗风寒感冒。有胡椒的菜肴不易变质，说明胡椒还有防腐抑菌的作用，而且它可以解鱼虾肉毒。

防腐抑菌的香料——胡椒

天然食用香料——丁香

别名丁子香，为桃金娘科植物，是常绿乔木，它的叶、花、果及茎枝均可蒸取丁香油，作为芳香、镇痉及祛风剂，其主要成分含丁香油，油中主要是丁香油酚、乙酰丁香油酚等。它的含油量约 14%~21%。花蕾可入药，花蕾又称公丁香。

丁香原产印度尼西亚的马鲁古群岛，现在我国广东、海南、云南等省都有栽培。丁香是调味品，其香气浓郁，开胃并具有辛辣感，主要是丁香油和丁香酚的作用。丁香还可消除异味，添香曾味，是较好的天然食用香料。

丁香花芬芳袭人，为著名的观赏花木之一。欧、美园林中广为栽植。在我国园林中亦占有重要位置。园林中可植于建筑物的南向窗前，花时，清香入室，沁人肺腑。丁香还有杀菌和抗氧化的作用，可用于牙膏、肥皂、香水的原料。也可入药，有温脾胃、降逆气、祛风止痛等功效。

天然食用香料——丁香

我国栽培丁香历史悠久，据考证，至今已有二千多年，早在三国时期，大文学家曹植就曾在《妾薄命》中写道："坐者叹息舒颜，御金裹粉君傍，中有霍纳、都梁，鸡舌五味杂香，进者何人齐姜，恩重爱深难忘。"宋代王十朋称丁香"结愁千绪，似忆江南主"。历代咏丁香诗，大多有典雅庄重、情味隽永的特点。北宋周师厚《洛阳花木记》（1082）中记载，当时洛阳已栽培丁香。明代高濂在《草花谱》（1591）中记述了丁香的繁殖"接、分俱可"。清代陈淏子在其《花镜》(1688)中指出丁香"畏湿而不宜大肥"。20世纪30年代陈善铭发表了《中国之丁香》,对中国原产的22种丁香的分类、分布等做了详细的记述。

丁香宜栽于土壤疏松而排水良好的向阳处。一般在春季萌支前裸根栽植,株距3米。2~3年生苗栽植,穴径应在70~80厘米,深50~60厘米。每穴施100克充分腐熟的有机肥料及100~150克骨粉,与土壤充分混合作基肥。栽植后浇透水,以后每10天烧1次水,每次浇水后要松土保墒。栽植3~4年生大苗,应对地上枝干进行强修剪,一般从离地面30厘米处截干,第2年就可以开出繁茂的花来。一般在春季萌动前进行修剪,主要剪除细弱枝、过密枝,并合理保留好更新枝。花后要剪除残留花穗。一般不施肥或仅施少量肥,切忌施肥过多,否则会引起徒长,从而影响花芽形成,反而使开花减少。但在花后应施些磷、钾肥及氮肥。灌溉可依地区不同而有别,华北地区,4~6月是丁香生长旺盛并开花的季节,每月要浇2~3次透水,7月以后进入雨季,则要注意排水防涝。到11月中旬入冬前要灌足水。危害丁香的病害有细菌或真菌性病害,如凋萎病、叶枯病、萎蔫病等,另外还有病毒引起的病害。一般病害多发生在夏季高温高湿时期。害虫有毛虫、刺蛾、潜叶蛾及大胡蜂、介壳虫等。应注意防治。

位列"十三香"之首——花椒

外国人认识中国菜是从麻婆豆腐开始的。麻婆豆腐中的重要调味料就是花椒。它是中国特有的香料,因而花椒有"中国调料"之称。花椒位列调料"十三香"之首,为职业厨师和家庭主妇所青睐,尤以川菜中使用最为广泛。无论红烧、卤味、小菜、四川泡菜、鸡鸭鱼肉等菜肴均可用到它,也可粗磨成粉和盐拌匀为椒盐,供蘸食用。

花椒属于芸香科。落叶灌木,高1~3米,枝灰色,具小皮刺。奇数羽状复叶,小叶11~21枚,小叶片椭圆状披针形,长1.5~4.5厘米,宽7~15毫米,边缘具细齿。伞房状圆锥花序顶生,长3~8厘米;花单性,雄花蕊5枚,雌花心皮3枚。骨突果熟时紫红色,果顶有短喙。种子蓝黑色,有光泽。果可提取芳香油。

位列"十三香"之首——花椒

花椒气味芳香,可以除各种肉类的腥臊臭气,改变口感,能促进唾液分泌,增加食欲。日本医学研究发现,花椒能使血管扩张,从而能起到降低血压的作用。服食花椒水能驱除寄生虫。中医认为,花椒有芳香健胃、温中散寒、除湿止痛、杀虫解毒、止痒解腥之功效。

调和者——百里香

为多年生草本植物，植株小型，高约 20 厘米，植株具有爽快的香气和温和的辛味。茎下部呈匍匐状丛生，上部直立，四棱形，多分枝。叶对生，狭长椭圆形或披针形，长约 0.7 厘米，宽约 0.3 厘米，灰绿色，叶缘反曲。初夏开花，花白带红色，径 0.2 厘米，轮散花序顶生。种子小，圆形，1 克约有 6000 粒左右。

在 2000 年前罗马诗人的农事诗中，即有把百里香作为香料利用的记载。古希腊祭奠牺牲的勇士时，会在祭坛上点燃百里香，所以在希腊语中，百里香象征着高贵和勇敢。百里香早就以芳香草而著名，罗马人制作的奶酪和酒都用它作调料，并作为香料使用在汤和罐头中。百里香提炼的精油，具有明显的消毒和杀菌作用，可治疗胸部感染等症和受凉引起的胃痛和腹泻，并有抗痉挛、镇咳、治创伤等功效。也可作花坛植物布置。

调和者——百里香

百里香原产地广泛分布于地中海一带，经济栽培以南欧最多。百里香利用的历史很古老，英文 Thyme 即是从希腊文演变过来，意为具有勇气及可供奉神明之意，当时称赞一个人具有勇气可说他身上有百里香的味道，在厨艺中，百里香被称为"调和者"，意指能把食物中的味道拉在一起，这可能是它的味道温和又不太刺激之故，同时又有抗菌、防腐之效，古埃及把它当成防腐香油的成分之一来保存木乃伊。一般人很少听过百里香，更不用说看过它，因为它植株小叶片小，又趴在地上，看起来像杂草，却又不像杂草强健，水浇太多或是不小心受到摧残很容易死掉，但它的香气较柔和，不习惯其他香草浓烈气味的人，建议可先从百里香入门。

百里香用种子播种、分株或扦插繁殖。4 月或 9 月播种，播后 14~20 天发芽。春天播种的，9 月进行定植，定植距离约 20 厘米。生长速度比较缓慢，但第 2 年生长加快，并于 5~7 月开花。分株在 3~4 月，分株后即行种植。扦插在 6 月进行定植。种植注意不要过密，并注意浇水，但不要让土壤过于湿润，否则会降低精油的含有量。因生长旺盛，定植前要施足基肥，高温栽培困难，高湿则易产生腐烂。

高大的香树——樟树

　　乔木,高达50米;树皮幼时绿色,平滑,老时渐变为黄褐色或灰褐色纵裂;冬芽卵圆形。叶薄革质,卵形或椭圆状卵形,长5~10厘米,宽3.5~5.5厘米,顶端短尖或近尾尖,基部圆形,离基3出脉,近叶基的第一对或第二对侧脉长而显著,背面微被白粉,脉腋有腺点。圆锥花序生于新枝的叶腋内。果球形,熟时紫黑色。花期4~5月,果期10~11月。

高大的香树——樟树

　　苏州太湖东、西洞庭山和宜兴等地有野生大树,现苏南各地普遍栽培,生于土壤肥沃的向阳山坡、谷地及河岸平地;分布于长江以南及西南。

　　本种为江南温暖地区重要的材用和特种经济树种,根、木材、枝、叶均可提取樟脑、樟油,樟脑供医药、塑料、炸药、防腐、杀虫等用,樟油可作农药、选矿、制肥皂、假漆及香精等原料;木材质优,抗虫害、耐水湿,供建筑、造船、家具、箱柜、板料、雕刻等用;枝叶浓密,树形美观可作绿化行道树及防风林。油的主要成分为樟脑、松油二环烃、樟脑烯、柠檬烃、丁香油酚等。

香弥漫犹迷眼——金粟兰

　　"金银珍珠一串串,雏鸡争仰憩花间。鱼子怎撒绿丛中? 馨香弥漫犹迷眼。"花若珍珠,又似鱼子的金粟兰,浓香袭人,令人喜爱。

　　金粟兰,为金粟兰科多年生草本或亚灌木植物,原产我国南部。叶对生,圆卵形,绿色。茎直立或铺散生长,有茎节。株高30厘米至60厘米。穗状花序顶生,小花黄绿色如粟米,故名。花形亦像米兰,香味浓烈,为著名的香花。花期5月至10月,第一批花最香。因其花形似鱼子,故又叫鱼子兰。花形和花序又像串串珍珠,亦如鸡爪一般,所以又叫珠兰和鸡爪兰。金粟兰可植于庭院路边等处,也宜盆栽,置阳台、室内、走廊等处观赏。花可熏茶,即著名的珠兰花茶。常见栽培的还有白花品种,高达2米,干粗节大,易倒伏,应加以支撑物。

　　金粟兰生性强健,容易栽培。它性喜阴湿环境和肥沃、疏松的微酸性土壤,怕直晒,稍耐寒。其繁殖用分株法,在春秋进行,亦可将其茎节处已生根的枝段切下栽植。花后修剪并用液肥,以保株形美和来年多花。

香弥漫犹迷眼——金粟兰

金粟兰全草入药。味辛、苦。有活血驱虫、祛风湿、接筋骨之效,主治风湿病、跌打损伤、感冒、腹痛、偏头痛、肺结核、咳嗽、顽癣和疔疮等症。

世界香花冠军——依兰香

番荔枝科常绿大乔木依兰香,又名香水树,高10～20米,花期5～11月,花朵较大,长达8厘米,黄绿色,具有浓郁芳香气味,是珍贵的香料工业原材料,用它提炼而成的"依兰"香料是当今世界上最名贵的天然高级香料和高级定香剂,所以人们称之为"世界香花冠军""天然的香水树"等。

依兰香原产东南亚的缅甸、印度尼西亚、马来西亚、菲律宾等地,现广泛分布于世界各热带地区,国内广东、广西、福建、四川、云南、台湾等地有栽培,但在国内首次发现它却是一件十分偶然的事。20世纪60年代一个百花盛开的五月,一些植物学工作者在云南省西双版纳勐腊县调查植物,一天,他们刚走到边境上一个傣族寨子寨门时,一股浓烈的香味扑鼻而来,走进寨子,感觉整个寨子

世界香花冠军——依兰香

都弥漫在芬芳之中,调查队员们都觉得惊奇,于是便四处寻找,后来才发现几乎每幢竹楼旁都种有几株开满黄绿色花朵的大树,走到树下,捡起花瓣一闻,香气袭人,而且还发现寨子里的姑娘们把这种香花穿成串,戴在发结上,虔诚的佛教信徒们把香花放在圣洁的

水碗里,敬献在佛前,调查队员们随后采集了这种植物的标本,并查阅了大量相关资料,最后才确定这就是闻名世界的依兰香。

依兰香的发现引起了香料厂家的重视,随后便大面积地推广种植,并在西双版纳建立了依兰香基地。目前,在市场上以依兰香加工而成的化妆品、洗涤品层出不穷,而且十分畅销,供不应求。

珍稀植物

在 3 亿年前,地球上已经有许多种类的植物,其中有些植物极为茂盛。到了 30000 万年前,由于地球上发生了多次大面积冰川,灭绝了许许多多至今我们未能看到的植物,只有少数如银杏等植物,在我国侥幸地生存下来成为"活化石"。所以,珍贵和稀有以及濒危的植物资源,是大自然赋予人类宝贵的财富,理应受到保护。我国已建立许多自然保护区,确保珍稀植物的生存和繁衍。

中国林中的"巨人"——望天树

比一比中国树木中的"巨人",目前能摘取中国最高树木桂冠的,恐怕就只有高可达 80 米的望天树了。

望天树是 1975 年才由我国云南省林业考察队在西双版纳的森林中发现的。属于龙脑香科,柳安属。该属共 11 名成员,大多分布在东南亚一带,望天树是只有在我国云南才生长的特产珍稀树种。只分布在西双版纳的补蚌和广纳里新寨至景飘一带的 20 平方公里范围内。望天树的所在地,大部分为原始沟谷雨林及山地雨林。它们多成片生长,组成独立的群落,形成奇特的自然景观。生态学家们把它们视为热带雨林的标志树种。

中国林中的"巨人"——望天树

望天树是我国的一级保护植物。一般高达 60 多米,胸径 100 厘米左右,最粗的可达 300 厘米。高耸挺拔的树干竖立于森林绿树丛中,比周围高 30~40 米的大树还要高出 20~30 米,真是直通九霄,大有刺破青天的架势。

望天树生长很快,而且材质优良,材质坚硬、耐腐性强、纹理美观,是制造各种高级家具及用于造船、桥梁、建筑等的优质木材。

虽说望天树比生长在澳大利亚高 150 米的世界最高树杏仁香桉矮半截，比生长在美国高 142 米的世界第二高树的北美红杉也矮半个头，但在热带雨林中，它却是鹤立鸡群，高得惊人。在我国以至整个亚洲现存的热带雨林植被中，望天树也可算是最高的雨林群落和最高的树种了。

如果说望天树只是长得高，那当然不见得有那么珍贵，当然也无指望被列为国家一级保护植物了。它的名贵还在于它是龙脑香科植物，是热带雨林中的一个优势科。在东南亚，这个科的植物是热带雨林的代表树种之一，是热带雨林的重要标志之一。过去某些外国学者曾断言"中国十分缺乏龙脑香科植物""中国没有热带雨林"。然而，望天树的发现，不仅使得这些结论被彻底推翻，而且还证实了中国存在真正意义上的热带雨林。

望天树树体高大，干形圆满通直，不分杈桠，树冠像一把巨大的伞，而树干则像伞把似的，西双版纳的傣族因此把它称为"埋干仲"（伞把树）。同龙脑香科的其他乔木一样，望天树以材质优良和单株积材率高而著称于世界木材市场，据资料记载，一棵 60 米左右的望天树，主干木材可达十立方米以上。其材质较重，结构均匀，纹理通直而不易变形，加工性能良好，适合于制材工业和机械加工以及较大规格的木材用途，是一种优良的工业用材树种。

我国的望天树，是 1974 年在西双版纳州勐腊县境内的补蚌首次发现的。当时，植物科学工作者根据勐腊县林业局提供的线索，到补蚌进行考察，发现在森林茂密的沟谷边，这样的树成片分布，它一股劲地往上生长，占地面积很小，一亩地范围内往往矗立着 10 多棵，这里共有 100 多棵，形成了一个小小的群落。植物科学工作者从它的叶、花、果实的结构、形态，鉴定出它是龙脑香科的一个新种，并赋予它一个形象生动的名字——望天树，意思是"仰头看天才能看到树顶"。从此，在中国植物的目录中又多了"望天树"三个闪闪发光的大字。近年来，西双版纳旅游业日益红火，勐腊县自然保护局别出心裁，独辟蹊径，开发出新颖别致的旅游项目，即用网绳、木板、钢管等材料在高空将粗大的望天树连接起来，并美其名曰"空中走廊"。踏上晃晃悠悠的"空中走廊"，不仅可以体验到那种在高空摇荡的惊心动魄的刺激，还可以"会当凌绝顶，一览众山小"，从高空俯视整个热带雨林的全貌，感受大自然的神奇奥妙。

1996 年 10 月，世界野生生物基金会会长、英国爱丁堡公爵、菲得普亲王参观了西双版纳热带植物园，并亲手种植了一株望天树。如今，这株望天树已枝繁叶茂，亭亭如盖矣！

珍贵的孑遗植物——银杏

银杏，又名白果，是现存种子植物中最古老的孑遗植物。植物学家常把银杏与恐龙相提并论,并有植物界的大熊猫之称。银杏属于干果类,在诸多的干果中,银杏的经济价值排名第三。白果的价值主要体现在食用和药用。

食用白果,养生延年,银杏在宋代被列为皇家贡品。日本人有每日食用白果的习惯。西方人圣诞节必备白果。就食用方式来看,银杏主要有炒食、烤食、煮食、配菜、糕点、蜜饯、罐头、饮料和酒类。

白果的药用主要体现在医药、农药和兽药3个方面。明代李时珍曾曰:"入肺经、益脾气、定喘咳、缩小便。"清代张璐璐的《本经逢源》中载白果有降痰、清毒、杀虫之功能,可治疗"疮疥疽瘤、乳痈溃烂、牙齿虫龋、小儿腹泻、赤白带下、慢性淋浊、遗精遗尿等症"。明代江苏、四川等地曾出现了用白果炮制的中成药,用于临床。银杏外种皮含有大量的氢化白果酸和银杏黄酮。外种皮水溶性成分具有较好的镇咳祛痰作用,其作用性质与环磷酰胺及地塞米松类

珍贵的孑遗植物——银杏

似。外种皮醇类中间体对22种临床常见致病真菌的抑制有效率为81%。0.1%的氢化白果酸抑制25种临床致病真菌的有效率为92%。此外,外种皮提取物对苹果炭疽病等11种植物病菌的抑制率达88%~100%。醇提取物对丝棉金尺蠖3天内防治率达100%,同时可防治叶螨、桃蚜、二化螟等害虫。据《民间兽医本草》记载,银杏制剂可治家畜劳伤吊鼻、肺痈咳喘、肺虚咳嗽、尿淋尿血、母畜白带等症。山东牧畜医站研制的定喘汤,治疗鸡传染性喉气管炎,治愈率达95%。

银杏叶也具有重要的药用价值。到目前为止已知其化学成分的银杏叶提取物多达160余种。主要有黄酮类、萜类、酚类、生物碱、聚异戊烯、奎宁酸、亚油酸、蟒草酸、抗坏血酸、a-乙烯醛、白果醇、白果酮等。中国科学院植物所等单位于60年代用银杏叶研制出舒血宁针剂,经试验对冠心病、心绞痛、脑血管疾病有一定的疗效。同时,银杏叶也可以作为农药使用。将1kg叶加水20kg,煮沸30分钟,然后泡2至3天,取其药液喷红蜘蛛、菜青虫,防虫率达90%以上,而且无残留。

目前,用银杏叶提取物配制的护肤、护发等方面的产品达50余种。此外,利用银杏叶研制的银杏叶饮料、银杏桃果汁、银杏啤酒、银杏茶等保健品已在市场上流通,并取得了良好效果。

银杏的生态效益主要体现在:从栽培角度上看,银杏属于果树——干果;属于林木一用材树种、防护树种、抗病虫树种、长寿树种及耐污染树种。银杏适应能力强,是速生丰产林、农田防护林、护路林、护岸林、护滩林、护村林、林粮间作及"四旁"绿化的理想树种。

它不仅可以提供大量的优质木材、叶子和种子，同时还可以净化空气、涵养水源、防风固沙、保持水土、改善农田小气候，是一个良好的造林、绿化及观赏树种，对我国大江南北农林种植结构调整、平原农区林业的发展有重要意义。银杏木材优质，价格昂贵，素有"银香木"或"银木"之称。银杏木材质具光泽、纹理直、结构细、易加工、不翘裂、耐腐性强、易着漆、掘钉力小，并有特殊的药香味，抗蛀性强。银杏木除可制作雕刻匾及木鱼等工艺品，也可制作成立橱、书桌等高级家具。银杏木具共鸣性、导音性和富弹性，是制作乐器的理想材料。可制作测绘器具、笔杆等文化用品，也是制作棋盘、棋子、体育器材、印章及小工艺品的上等木料。在工业生产上，银木最适宜制作 X 线机滤线板、纺织印染滚、机模及脱胎漆器的木模、胶合板、砧板、木质电话等。

银杏还具有良好的观赏价值，银杏夏天一片葱绿，秋天金黄可掬，给人以俊俏雄奇、华贵典雅之感。因此古今中外均把银杏作为庭院、行道、园林绿化的重要树种。在我国的名山大川、古刹寺庵、无不有高大挺拔的古银杏，它们历尽兴沧桑、遥溯古今，给人以神秘莫测之感，历代骚人墨客涉足寺院留下了许多诗文辞赋，镌碑以书风景之美妙，文载功德以自傲。无怪乎人们惊叹古银杏与古文化紧密地连在一起。

银杏气势雄伟，树干虬曲、葱郁庄重。选取姿势优美的银杏，加工制成盆景，将大自然中银杏的雄姿浓缩在盆盎之中，古特幽雅、野趣横生，清供案头，令人怡情怡目。

银杏不仅是摇钱树，而且是文化树。据查，我国典籍中最早记载银杏树的，当推《上林赋》。其云："上千韧，达连抱，夸条直畅，实叶峻茂。"早在唐代，银杏就成为诗人讴歌的对象。欧阳修多次写到银杏。其诗云："鸭脚（银杏别名）生江南，名实本相符。降囊因入贡，银杏贵中州。"又云："鹅毛赠千里，是以其人。鸭脚虽百个，得之诚可珍。"作为一种文化树，银杏的价值首先在于"镇邪"。古人称银杏为"平仲"，本身就赋予银杏以"正直"的品德。一般说来，全国各地名山大川，古刹寺庵，大都有银杏，其文化背景传统文化中所追求的"中""平"的价值取向不无联系。郭沫若称赞银杏为"东方的圣者，中国人文的有生命的纪念塔"。其次，银杏有一种神奇的免疫力，能够抵抗和战胜许多疫病侵袭，因此它似乎有一种超乎一切战胜一切的生命力。文化现象中的银杏树实际上是"不朽"的象征。

人们常将松树作为不老的象征，其实银杏才是真正的"不老"的象征。银杏文化有一个发展过程。最初阶段银杏文化是正直、不朽的象征，"银杏留胜迹，思情代代传"，人们在银杏文化中发现了绵延千古的不朽价值。这时的银杏树乃是一种"长青树"。古人虽已认识到银杏的药用价值，但对银杏的认识却并不全面准确，《本草蒙筌》甚至错误地称银杏为"阴素之果，不可不防"。对银杏经济价值的全面认识是从 20 世纪 80 年代开始的，据统计，到 20 世纪 90 年代，中国银杏制品的年销售额已达到了数十亿元人民币。这时的银杏又变成一种"经济树"。从"文化树"到"经济树"反映了银杏文化价值的从形式到内容的发展。近来,人们开发出银杏盆景,突出了它的观赏价值。这就把形式(文化)和内容(经济)有机地统一了起来,银杏又变成了"观赏树",即艺术树。

银杏为什么能长寿?

银杏生长缓慢是长寿的一个原因。因为它的种子从萌发要经过30年左右的生长,才能进入盛果期,所以有"公德树"之称。在我国浙江省天目山,现在还有不少野生的古银杏。此外,银杏树体内含有多种有机酸等物质,具有杀虫和抑菌的作用,本身很少有病虫害,这也是长寿的原因之一。

植物界的活化石——银杉

在远古时代,银杉在地球上分布很广,但由于二、三百万年前大冰川的洗劫,各地的银杉都已灭绝,在德国、波兰和西伯利亚东部,距今6000万年的地层中都发现过银杉化石。而唯独我国广西、四川、地形复杂,受冰川的影响较小,才使有些银杉的树种得以幸存,成为今天的活化石——银杉。

银杉是我国特有的世界珍稀物种,和水杉、银杏一起被誉为植物界的"大熊猫""活化石"。

远在地质时期的新生代第三纪时。银杉曾广布于北半球的欧亚大陆,在德国、波兰、法国及苏联曾发现过它的化石,但是,距今200~300万年前,地球发生大量冰川,几乎席卷整个欧洲和北美,但欧亚的大陆冰川势力并不大,有些地理环境独特的地区,没有受到冰川的袭击,而成为某些生物的避风港。银杉、水杉和银杏等珍稀植物就这样被保存了下来,成为历史的见证者。

植物界的活化石——银杉

银杉在我国首次发现的时候,和水杉一样,也曾引起世界植物界的巨大轰动。那是1955年夏季,我国的植物学家钟济新带领一支调查队到广西桂林附近的龙胜花坪林区进行考察,发现了一株外形很像油杉的苗木,后来又采到了完整的树木标本,他将这批珍贵的标本寄给了陈焕镛教授和匡可任教授,经他们鉴定,认为就是地球上早已灭绝的,现在只保留着化石的珍稀植物——银杉。50年代发现的银杉数量不多,且面积很小,自1979年以后,在湖南、四川和贵州等地又发现了十几处,1000余株。

银杉是松科的常绿乔木,主干高大通直,挺拔秀丽,枝叶茂密,尤其是在其碧绿的线形叶背面有两条银白色的气孔带,每当微风吹拂,便银光闪闪,更加诱人,银杉的美称便由此而来。

银杉为古老的残遗植物,该种的花粉在欧亚大陆第三纪沉积物中发现。其形态特殊,胚胎发育与松属植物相似,对研究松科植物的系统发育、古植物区系、古地理及第四纪冰期气候等,均有较重要的科研价值。

各地发现银杉之后,地方政府和有关单位都很重视,并采取了一些保护措施。目前,已在广西花坪和四川金佛山建立了以保护银杉为主的自然保护区,开展了银杉的繁殖试验和引种工作。为了促进银杉的天然更新和扩大分布范围,建议在只有单株银杉生长,林分郁闭度较大、林下有幼树的分布点上,适当择伐部分生长较快的上层林木;或在有银杉生长的山脊两侧,择伐一些林木,以利银杉幼苗、幼树的生长。

植物国宝——水杉

"科学上的惊人发现——1亿年前称雄世界而后消失了2000万年的东方红杉,在中国内地一个偏僻的小村仍然活着!"这是1948年3月25日美国《旧金山纪事报》上登载的一条头号新闻。

这里所说的"东方红杉"或叫"黎明红杉"就是水杉。

1943年,植物学家王战教授在四川万县磨刀溪路旁发现了三棵从未见到过的奇异树木,其中最大的一棵高达33米,胸围2米。当时谁也不认识它,甚至不知道它应该属于哪一属?哪一科?一直到1946年,由我国著名植物分类学家胡先骕和树木学家郑万钧共同研究,才证实它就是亿万年前在地球大陆

植物国宝——水杉

生存过的水杉,从此,植物分类学中就单独添进了一个水杉属、水杉种。

水杉是世界上珍稀的孑遗植物。远在中生代白垩纪,地球上已出现水杉类植物,并广泛分布于北半球。冰期以后,这类植物几乎全部绝迹。在欧洲、北美、和东亚,从晚白垩至新世的地层中均发现过水杉化石。自从20世纪四十年代中国的植物学家在湖北、四川交界的磨刀溪发现了幸存的树龄约400余年的水杉巨树后,在湖北利川市水杉坝与小河又发现了残存的水杉林,胸径在20厘米以上的有5000多株,还在沟谷与农田里找到了数量较多的树干和伐兜。随后,又相继在四川石柱县冷水与湖南龙山县珞塔、塔泥湖

发现了 200~300 年以上的大树。

水杉属于落叶乔木,高达 35~41.5 米,胸径达 1.6~2.4 米;树皮灰褐色或深灰色,裂成条片状脱落;小枝对生或近对生,下垂。叶交互对生,在绿色脱落的侧生小枝上排成羽状二列,线形,柔软,几无柄,通常长 1.3~2 厘米,宽 1.5~2 毫米,上面中脉凹下,下面沿中脉两侧有 4~8 条气孔线。雌雄同株,雄球花单生叶腋或苞腋,卵圆形,交互对生排成总状或圆锥花序状,雄蕊交互对生,约 20 枚,花药 3,花丝短,药隔显著;雌球花单生侧枝顶端,由 22~28 枚交互对生的苞鳞和珠鳞所组成,各有 5~9 胚珠。球果下垂,当年成熟,近球形或长圆状球形,微具四棱,长 1.8~2.5 厘米;种鳞极薄,透明;苞鳞木质,盾形,背面横菱形,有一横槽,熟时深褐色;种子倒卵形,扁平,周围有窄翅,先端有凹缺。

产地的气候温暖湿润,夏季凉爽,冬季有雪而不严寒,年平均温 13℃,极端最低温-8℃,极端最高温 35.4℃,无霜期 230 天;年降水量 1500 毫米,年平均相对湿度 82%。土壤为酸性山地黄壤、紫色土或冲积土,pH 值 4.5~5.5。多生于山谷或山麓附近地势平缓、土层深厚、湿润或稍有积水的地方。为喜光性树种,根系发达,生长的快慢常受土壤水分的支配,在长期积水排水不良的地方生长缓慢,树干基部通常膨大和有纵棱。花期 2月下旬;球果 10 月下旬至 11 月成熟。

水杉是一种落叶大乔木,其树干通直挺拔,枝子向侧面斜伸出去,全树犹如一座宝塔。它的枝叶扶疏,树形秀丽,既古朴典雅,又肃穆端庄,树皮呈赤褐色,叶子细长,很扁,向下垂着,入秋以后便脱落。水杉不仅是著名的观赏树木,同时也是荒山造林的良好树种,它的适应力很强,生长极为迅速,在幼龄阶段,每年可长高 1 米以上。水杉的经济价值很高,其心材紫红,材质细密轻软,是造船、建筑、桥梁、农具和家具的良材,同时还是质地优良的造纸原料。

水杉素有"活化石"之称。它对于古植物、古气候、古地理和地质学,以及裸子植物系统发育的研究均有重要的意义。此外,树形优美,树干高大通直,生长快,是亚热带地区平原绿化的优良树种,也是速生用材树种。

中国的"鸽子树"——珙桐

珙桐,又名水梨子、鸽子树,是我国特有的第三纪孑遗植物。隶属于珙桐科珙桐属,除珙桐和光叶珙桐外,目前其本科本属内没有任何近缘植物幸存至今,故而有"植物活化石"和"绿色熊猫"之称,是国家一类珍稀保护植物。

珙桐是落叶乔木,多零星生长,极少成林,树干能长高到 20 多米,大树胸径可达 0.8米~1 米以上。叶片有点像桑树叶,花开时节,两片乳白色的苞片大小和形状极似鸽之两翼,而圆球形的花序像极鸽子的头部,远远望去犹如白鸽栖上枝头,山风吹动,像一群群跃跃欲飞之白鸽,蔚为壮观,因此又名为"中国鸽子树"。珙桐树极其长寿,树龄常达百年以上。开花期更可长达 5 个月。

中国的"鸽子树"——珙桐

约在 100 万年前,地球上植被十分丰富,珙桐及其家族曾繁荣一时,但在第四纪冰川侵袭后,许多植物惨遭灭绝。由于我国高山大川多,成了各种动植物的天然避难所,珙桐就是在我国中西部偏僻的山区幸存下来的古老植物之一,植物学家称它为"林海中的珍珠"。

珙桐自然分布带主要在我国西南部,海拔 700～2500 米的深山密林之中。尤以四川的峨眉山及雷波、马边等县最为集中。湖北的神农架、贵州的梵净山、湖南的张家界和天平山以及云南的东北部等地也有零星分布。

大熊猫的发现者法国神父戴维 1900 年前在四川穆平(宝兴)林区发现珙桐树,很快引起了欧美植物学家的重视,纷纷来川寻找珙桐。1900 年英伦园艺公司派遣植物学家威尔逊到中国搜集珙桐种子,1903 年至 1904 年几次将所采集的种子寄回英国繁殖。1897年,法国人法戈斯将他采集到的 37 枚珙桐树种子送回法国栽种,但只有一枚发了芽,在异邦的土地上生长良好,并于 1906 年开了花。英国的威尔逊也于 1903～1904 年寄种于英国育苗种植,并开了花结了果。在法戈斯、威尔逊之后,西方对"绿色熊猫"珙桐感到极大兴趣的专家、学者多了起来,采集到珙桐种子的人也多了起来。于是,珙桐种植风靡一时,珙桐不仅在一些著名植物园中扎下了根,而且很快出现在欧美的许多城市和街头,以后又陆续进入了普通居民的庭院,成了闻名中外的园林观赏树之一。

1925 年我国老一辈植物学家陈嵘教授赴鄂西考察发现了珙桐,又在 1927 年夏季专程到四川调查,在穆平一带采集珙桐种子寄往美国。

1954 年 4 月,周恩来总理在出席日内瓦会议期间,主人向他介绍庭院中那洁白的"鸽子"花是来自"中国鸽子树"(珙桐)开放的。周总理对这种奇特美丽的花十分赞赏,当即指示有关人员,一定要对珙桐的研究加以重视,让我们在城市和花圃中出现"白鸽展翅",也要有这象征和平友好的"鸽子"花。

叶奇花俏——鹅掌楸

鹅掌楸为落叶乔木,树皮灰白色。叶互生,叶形马褂状,具长柄,托叶与叶柄离生,叶片先端平截或微凹,近基部具一对或两列侧裂。花无香气,单生枝顶,与叶同时开放,两性,花被片9枚,3片一轮,近相等,药室内外开裂。雌蕊群无柄,心皮多数,螺旋状排列,分离,最下部不育,每心皮具胚珠2颗,自子房顶端下垂。聚合果纺锤形,成熟时心皮木质,种皮与内果皮愈合,顶端延伸成翅状,成熟时自花托脱落,花托宿存枝上。种子1粒至2粒,具薄而干燥的种皮,胚藏于胚乳中。

叶奇花俏——鹅掌楸

本属于中生代白垩纪时,在日本、格陵兰、意大利、法国都有化石发现,到了新生代第三纪时还有10多种,广布于北半球热带地区,至第四纪冰川期大部分种类灭绝,只剩下远隔太平洋遥遥相望的两个孤零同胞兄弟。中国鹅掌楸分布于我国和越南北部,北美鹅掌楸分布于北美东南部。1963年南京林业大学叶培忠先生以中国鹅掌楸为母本,与北美鹅掌楸进行杂交,育成杂交后代,表现为生长势超越双亲,而且落叶迟、抗性强。

怎样来区别这三种鹅掌楸呢?从叶片上分,中国鹅掌楸两侧通常各有1裂,向中部凹入较深,老叶背面有乳头状的白粉点;北美鹅掌楸两侧各有2裂至3裂,不向中部凹入,老叶背面无白粉;杂种叶形变异较大。从干、枝上分,中国鹅掌楸树皮灰白色,无显著凹槽,小枝灰色或灰褐色;北美鹅掌楸树皮紫褐色,有较深凹槽,小枝褐色或紫褐色。从花、果上分,中国鹅掌楸花杯状,径4厘米至5厘米,花被片外面为浅绿色,具有明显的黄纵纹,内面为黄色,聚合果长7厘米至9厘米,翅状小坚果先端钝;北美鹅掌楸花碗状,花被片内侧近中部为一橙红色的宽带,聚合果长6厘米至8厘米,翅状小坚果先端尖。杂交种花钟状,花瓣的边缘及基部黄绿色,中间为浅橙黄色,并带有较多的黑色斑点,果实较双亲为大。

铁树王——苏铁

苏铁又名凤尾蕉、避火蕉、金代、铁树等,在民间,“铁树”这一名称用得较多,一说是因其木质密度大,入水即沉,沉重如铁而得名;另一说因其生长需要大量铁元素,即使是衰败垂死的苏铁,只要用铁钉钉入其主干内,就可起死回生,重复生机,故而名之。

苏铁是分布在热带地区的裸子植物,它长得有点像棕榈树,所以也被称为原生棕榈。它是一种非常古老的裸子植物。在恐龙称霸的中生代,苏铁家族可是个旺族,据说当时的每三种植物中就有一种是苏铁,然而不知有什么内在的联系,当恐龙灭绝后,显赫的苏铁家族也逐渐衰落了,目前只剩下110余种。

苏铁是雌雄异株的植物。雌花和雄花分别生长在雌株和雄株的茎顶部。雄花序黄色,形如圆柱形宝塔,高耸于绿色丛中。雌花序黄褐色,呈扁球形,为绿叶所环抱。苏铁的种子形如鸟蛋,成熟时朱红色,俗称凤尾蛋。

铁树王——苏铁

俗话说"铁树开花,哑巴说话""千年铁树开了花"或"铁树开花马长角",比喻事物的漫长和艰难,甚至根本不可能出现。但实际上并非如此,尤其是在热带地区,20年以上的苏铁几乎年年都可以开花。苏铁雌雄异株,花形各异,花期6~8月,雄球花长椭圆形,挺立于青绿的羽叶之中,黄褐色的花球,内含盎然生机,外溢虎虎生气,傲岸而庄严;雌球花扁圆形,浅黄色,紧贴于茎顶,如淡泊宁静的处女,安详而柔顺地接受热带、亚热带阳光的照射。

云南省植物园内有三株巨大的铁树,一雄两雌,于20世纪80年代末从野外引种而来,是云南省迄今为止发现的最古老的铁树,树龄近千年,被广大中外游人誉为"铁树王",堪称稀世之宝。它们的学名叫篦齿苏铁,目前,这种植物已濒临灭绝,被国家定为二级保护植物。

冰山上的凤凰——雪莲

藏族老百姓将雪莲花分为雄、雌两种,据说雌的可以生吃,具有甜味,雄的带苦味。而植物分类学上将雪莲分为雪莲亚属和雪兔子亚属两大类。西藏产雪莲亚属13种,雪兔子亚属17种,共计30种。

雪莲花除产西藏外,在我国的新疆、青海、四川、云南也有分布。各地民间将雪莲花全草入药,主治雪盲、牙痛、风湿性关节炎、阳痿、月经不调、红崩、白带等症。印度民间还用雪莲花来治疗许多慢性病患者。如胃溃疡、痔疮、支气管炎、心脏病、鼻出血和蛇咬伤等症。在藏医藏药上雪莲花作为药物已有悠久的历史。藏医学文献《月王药珍》和《四部医典》上都有记载。

雪莲花具有生理活性有效成分。其中伞形花内酯具有明显的抗菌、降压镇静、解痉作用;东莨菪素具有祛风、抗炎、止痛、祛痰和抗肿瘤作用,临床上汉疗喘急性慢性支气管炎有效率为96.6%。芹菜素具有平滑肌解痉和抗胃溃疡作用;对羟基苯酮有明显的利胆作用。特别饶有兴趣的是雪莲花中所含的秋水仙碱,该成分是细胞有丝分裂的一个典型代表,能抑制癌细胞的增长,临床用以治疗癌症,特别对乳腺癌有一定疗效,对皮肤癌、白血病和何金氏病等亦有一定作用。对痛风急性发作有

冰山上的凤凰——雪莲

特异功效,12~24小时内减轻炎症并迅速止痛,长期使用可减少发作次数。

此外还具有雌激素样作用活性,能延长大鼠动情期和动情后期,而缩短间情期和动情前期。但秋水仙碱的毒性较大,能引起恶心、食欲减退、腹胀,严重者会出现肠麻痹和便秘、四肢酸痛等副作用。由于雪莲花中含有疗效好而毒性较大的秋水仙碱,所以民间在用雪莲花泡酒主治风湿性关节炎和妇科病时切不可多服。

"耻与众草之为伍,何亭亭而独芳! 何不为人之所赏兮,深山穷谷委严霜?"一千多年前,唐代边塞诗人曾经这样吟唱雪莲。雪莲,又称雪荷花,有通经活血的效果,主要分布在新疆、青藏高原和云贵高原一带。横贯新疆中部的天山山脉,冰峰雪岭逶迤连绵,海拔4000米以上是终年积雪地带,被称为雪线,雪莲花就生长在雪线以下海拔3000至4000米的悬崖峭壁上。由于生长环境特殊,雪莲三到五年才能开花结果,以往一直是一种难以人工栽培的名贵中药材。为了拯救这种罕见的名中药材,2001年有商家在天山深处的一个谷地建立了良好的人工种植雪莲的环境,于是我们才可以吃到如此大众化的补品。

虽然只是雪莲花的干制品,但它依然保留着雪莲花的香味和一定功效,烹制的时候需要浸泡一段时间,再连花带水入菜,让雪莲花味尽现。

雪莲种子在零摄氏度发芽,三到五摄氏度生长。幼苗能经受零下二十一摄氏度的严寒。在生长期不到两个月的环境里,高度却能超过其他植物的五到七倍,它虽然要五年才能开花,但实际生长天数只有八个月。这在生物学上也是相当独特的。雪莲形态娇艳,这也许是风云多变的复杂气候的结晶吧! 它根黑、叶绿、苞白、花红,恰似神话中红盔素铠。绿甲皂靴。手持利剑的白娘子,屹立于冰峰悬崖。狂风暴雪之处,构成一幅雪涌金山寺的绝妙画图。

雪莲的形态和生境

关于雪莲的形态和生境,贾树模一九三六年在《新疆杂记》中就有这样的描述:"雪莲为菊科草本……生雪山深处,产拜城、哈密山中"。雪莲在医药上应用以有数百年的历史。汉族人民多视为治疗风湿关节炎之珍品;维吾尔、哈萨克族则当作妇科良药。雪莲

种类繁多，如水母雪莲、毛头雪莲、绵头雪莲、西藏雪莲等。新疆雪莲，在《本草纲目拾遗》的记载中被视为正品。以天池一带的博格达峰所产者，质量最佳，并且有神秘色彩。过去高山牧民在行路途中遇到雪莲时，被认为有吉祥如意的征兆，并以圣洁之物相待。据传，这雪中之莲花，是瑶池王母到天池洗澡时由仙女们撒下来的，对面海拔五千多米的雪峰则是一面漂亮的镜子。雪莲被视为神物。饮过苞叶上的露珠水滴，则认为可以驱邪除病，延年益寿。

黄山第一绝——奇松

被誉为"天下第一奇山"的黄山，以奇松、怪石、云海、温泉"四绝"闻名于世，而人们对黄山奇松，更是情有独钟。山顶上，陡崖边，处处都有它们潇洒、挺秀的身影。

黄山无石不松，无松不奇。黄山最妙的观松处，当然是曾被徐霞客称为"黄山绝胜处"的玉屏楼了。楼前悬崖上有"迎客""陪客""送客"三大名松。迎客松姿态优美，枝干遒劲，虽然饱经风霜，却仍然郁郁苍苍，充满生机。它有一丛青翠的枝干斜伸出去，如同好客的主人伸出手臂，热情地欢迎宾客的到来。如今，这棵迎客松已经成为黄山奇松的代表，乃至整个黄山的象征了。陪客松正对玉屏楼，如同一个绿色的巨人站在那儿，正陪同游人观赏美丽的黄山风光。送客松姿态独特，枝干蟠曲，游人把它比作"天然盆景"。它向山下伸出长长的"手臂"，好像在跟游客依依不舍地告别。

黄山第一绝——奇松

黄山松千姿百态。它们或屹立，或斜出，或弯曲；或仰，或俯，或卧；有的状如黑虎，有的形似孔雀……它们装点着黄山，使得黄山更加神奇，更加秀美。

黄山松由于高寒、高照、云雾、岩山、风霜的影响，针对短密、树冠平整、自然造型、出奇于世。更奇的是它生长在花岗岩的峭壁上，云为乳，石为母，奇松皆石土，道出了黄山松的个性。峰越高，环境越险，松的形态就越美，只有在海拔八百米以上才能长成气盖非凡的黄山松。黄山松的根要比它的树干长好几倍。它分泌出的有机酸能溶解岩石，从中吸收养分。

中国著名的杉树——百山祖冷杉

百山祖冷杉系近年来在我国东部中亚热带首次发现的冷杉属植物,是我国最著名的杉树树种。百山祖冷杉仅分布于浙江南部庆元县百山祖南坡海拔约1700米的林中,在已知的50多种冷杉中,最为珍贵,目前在自然分布区仅存林木五株,其中一株衰弱,一株生长不良。已被列为国家一级保护植物。

百山祖冷杉属于常绿乔木,具平展、轮生的枝条,高17米,胸径达80厘米;树皮灰黄色,不规则块状开裂;小枝对生,1年生枝淡黄色或灰黄色,无毛或凹槽中有疏毛;冬芽卵圆形,有树脂,芽鳞淡黄褐色,宿存。叶螺旋状排列,在小枝上面辐射伸展或不规则两列,中央的叶较短,小枝下面的叶梳状,线形,长1~4.2厘米,宽2.5~3.5毫米,先端有凹下,下面有两条白色气孔带,树脂道2个,边生或近边生。雌雄同株,球花单生于去年生枝叶腋;雄球花下垂;雌球花下垂;雌球花直立,有

中国著名的杉树——百山祖冷杉

多数螺旋状排列的球鳞与苞鳞,苞鳞大,每一珠鳞的腹面基部有2枚胚珠。球果直立,圆柱形,有短梗,长7~12厘米,直径3.5~4厘米,成熟时淡褐色或淡褐黄色;种鳞扇状四边形,长1.8~2.5厘米,宽2.5~3厘米;苞鳞窄,长1.6~2.3厘米,中部收缩,上部圆,宽7~8毫米,先端露出,反曲,具突起的短刺状;成熟后种鳞、苞鳞从宿存的中轴上脱落;种子倒三角形,长约1厘米,具宽阔的膜质种翅,种翅倒三角形,长1.6~2.2厘米,宽9~12毫米。

百山祖冷杉产地位于东部亚热带高山地区,气候特点是温度低,湿度大,降水多,云雾重。年平均温8~9℃,极端最低-15℃;年降水量达2300毫米,相对湿度92%。成土母质多为凝灰岩、流纹岩之风化物,土壤为黄棕壤,呈酸性,pH值4.5,有机质含量3.5%。自然植被为落叶阔叶林,伴生植物主要有亮叶水青冈,林下木为百山祖玉山竹和华赤竹。本种幼树极耐阴,但生长不良。大树枝条常向光面屈曲。结实周期4~5年,多数种字发育不良,5月开花,11月球果成熟。

百山祖冷杉是我国特有的古老残遗植物,是苏、浙、皖、闽等省唯一生存至今的冷杉属中的珍稀物种,对研究植物区系和气候变迁等方面有较重要的学术意义。冷杉是裸子植物中的一个小家族,但家族成员也不少,仅中国就有20多种,其中7种被列为国家保护

植物。

著名的蕨类植物——桫椤

在绿色植物王国里,蕨类植物是高等植物中较为低级的一个类群。在远古的地质时期,蕨类植物大都为高大的树木,后来由于大陆的变迁,多数被深埋地下变为煤炭。现今生存在地球上的大部分是较矮小的草本植物,只有极少数一些木本种类幸免于难,生活至今,桫椤便是其中的一种。

桫椤又名树蕨,高可达 8 米。由于它是现今仅存的木本蕨类植物,极其珍贵,所以被国家列为一类重点保护植物。从外观上看,桫椤有些像椰子树,其树干为圆柱形,直立而挺拔,树顶上丛生着许多大而长的羽状复叶,向四方飘垂,如果把它的叶片反转过来,背面可以看到许多星星点点的孢子囊群。孢子囊中长着许多孢子。桫椤是没有花的,当然也就不结果实,没有种子,它就是靠这些孢子来繁衍后代的。桫椤顶部簇生的羽状叶,也长达 2 米多,整体看上去好像一把遮阳的巨伞。

著名的蕨类植物——桫椤

蕨类植物的孢子和一般常见植物的种子很不相同,一般植物的种子,落在适宜的土壤上,就能生根发芽,长成一棵新的植株。而蕨类植物的孢子落入土壤上之后,先要萌发长成一个心形的片状体,称为原叶体。原叶体是绿色的,下面生着假根,能独立生活。通常,在原叶体上长着颈卵器和精子器。有趣的是,当精子器成熟之后,里面的精子,个个长着许多鞭毛,它们可以在水中游动到颈卵器里和卵细胞结合形成合子,合子仍然不断吸收原叶体上的养料,继续发育而成为一棵新的蕨类植物。

在距今约 1.8 亿万年前,桫椤曾是地球上最繁盛的植物,与恐龙一样,同属"爬行动物"时代的两大标志。但经过漫长的地质变迁,地球上的中桫椤大都罹难,只有在极少数被称为"避难所"的地方才可追寻到它的踪影。闽南侨乡南靖县乐主村旁,有一片傻子带邸林。它是中国最小的森林生态系自然保护区,为"世界上稀有的多层次季风性傻子带原始雨林"。在那里有世上珍稀植物桫椤。桫椤名列中国国家一类 8 种保护植物之首。新西兰是桫椤产地之一。它也是新西兰的国花。

本种喜生长在山沟的潮湿坡地和溪边的阳光充足的地方,常数十株或成百株构成优势群落,亦有散生在林缘灌丛之中。桫椤在我国分布很广,从北纬18.5°至30.5°。最北的记录为四川邻水县,该地处四川盆地东部,属亚热带湿润季风气候,受地形影响,气候较同纬度的长江中下游地区偏高约2~4℃,具有冬暖、春旱、夏热、秋雨、湿度大、云雾多、日照少、干湿季节明显等特点。土壤多为酸性。

70年代末,在四川西部雅安市25公里的草坝合龙乡的核桃沟里,发现了成片稀疏生长的桫椤树。它们高约3米以上,径粗30厘米,生长在溪沟两旁的阴湿环境里,和杉木、芒箕蕨、狗脊等植物同居一处。据认为,雅安地区生长的桫椤,是我国桫椤分布的最北界。1983年4月,人们又在四川省合江县福宝区元兴乡甘溪口一带,发现了300多株桫椤,其中有的高达3~4米,树冠直径5米,树干直径10~20厘米。上述地区的桫椤堪称国宝。

桫椤科植物是一个较古老的类群,中生代曾在地球上广泛分布。现存种类分布区缩小,且具较多的地方特有种,是研究物种的形成和植物地理分布关系的理想对象。

桫椤也有不少用途。其茎富含淀粉,可供食用,又可制花瓶等器物。而且入药,中药里称之为飞天蟠蟒、龙骨风。有小毒,可驱风湿、强筋骨,清热止咳。桫椤体态优美,是很好的庭园观赏树木。

珍贵的树种——猪血木

猪血木是我国特有的单种属植物,目前仅残存在一个分布点上,而且仅有2株。

猪血木属于常绿大乔木,高15~25米,胸径60~150厘米;树皮灰褐色;芽被短柔毛。叶互生,薄革质,长圆形,长6~10厘米,宽2.2~2.5厘米,边缘具细锯齿;侧脉5~7对,在近叶缘处弧曲联结,侧脉和网脉在两面均甚明显;叶柄长5~7对,在近叶缘处弧曲联结,侧脉和网脉在两面均甚明显;叶柄长3~5毫米。花小,两性,白色,2至数朵生于叶腋,花梗长3~5毫米;萼片近圆形,长约2毫米,边有缘毛;花瓣倒卵形,长约4毫米;雄蕊约25,花丝细长,花药被丝毛;子房球形,3室,每室有多数胚珠,花柱长2~3毫米。浆果圆球形,肉质,熟时紫黑色,直径2.5~3毫米;种子每室2~4粒,扁肾形,亮褐色,具网纹。

珍贵的树种——猪血木

分布区极狭窄,根据过去调查见于广东阳春市八甲乡驳木和羊蹄刚岗附近保育林中有10多株,广西平南县思旺乡村北保育林中有2株。目前仅羊蹄岗尚残留2株,海拔为50~150米。其余植株均已砍掉。

猪血木为茶科单种属植物,兼具红淡经属和柃属的形态特征。对研究这些类群的亲缘关系以及它在厚皮香亚科中的发类位置等都很有科研价值。木材结构细致,不裂不挠,适于造船及建筑用材。

珍稀观叶植物——虎颜花

虎颜花,又名熊掌,属于野牡丹科虎颜花属,现为国家一级保护植物。本属植物只有虎颜花1种,仅原产于我国广东南部阳春市。由于其叶片硕大,叶形美观,耐阴性强,花蕾小巧玲珑、鲜艳欲滴,花和叶互相衬托,相映成趣,观赏价值高,可作为高档观叶植物用于室内和庭园观赏。室内观赏可用来点缀客厅、会议室、卧室、阳台、橱窗等;庭院栽培时常用于荫蔽处栽培或盆栽于花廊下摆设。

珍稀观叶植物——虎颜花

虎颜花为多年生常绿草本,具近木质化的短匍匐茎,直立茎极短;叶膜质,心形,顶端圆,边缘具细齿,上面无毛,下面密披绒毛,叶柄长,幼针叶柄密披红棕色毛,幼叶在光照度较低时呈红色。成熟叶大,长 20 厘米~30 厘米,直径有时可达 50 厘米以上,基部有 9 条叶脉,侧脉互相平行,与基出脉垂直。总花梗长,可达 20 厘米~30 厘米,钝四棱;单朵花小,花 5 数,组成腋生的蝎尾状聚伞花序,花期 1~2 月,长可达 1 个月以上。花萼漏斗形,具 5 棱,棱上有翅,裂片渐尖;花瓣暗红色,倒卵形,一侧偏斜,顶端渐尖;雄蕊 10 枚,5 长 5 短。花药线形,单孔开裂,长雄蕊药隔下延成短柄,末端前方具 2 小瘤,短者花药基部具小瘤,药隔下延成短距;子房卵形,上位,5 室,顶端具膜质冠,通常 5 裂,胚珠多数,特立中央胎座。蒴果漏斗状杯形,顶端平截,5 裂,膜质冠木栓化,宿存,5 棱形,种子小,多数,楔形,密布小突起,果期 3~4 月。

在鹅凰嶂 1.5 万公顷的范围里,科考队员们踏遍了山山水水,却只在保护区的核心区——鹅凰嶂山脚下不足 1 平方公里的区域内发现有少量的虎颜花分布。据介绍,这种"娇气"的植物极其脆弱,受人类活动威胁非常大,只要森林遭受破坏,就直接威胁着它的生存。

秀丽的蕨类植物——荷叶铁线蕨

中国特有变种。生于海拔约 200 米的湿润和没有荫蔽的岩面薄土层上、石缝或草丛中。仅发现于四川省万县和石柱县的局部地区,由于开辟公路及采挖作药用,现数量极少,仅残存于少数岩缝或岩面的薄土层上及杂草丛中,已陷入濒临灭绝的境地。本变种是铁线蕨科最原始的类型,在亚洲大陆首次发现。国家二级保护濒危种。它与大西洋亚

秀丽的蕨类植物——荷叶铁线蕨

速尔群岛产的肾叶铁线蕨和非洲中南部的细辛铁线蕨同属一个种群。因此在研究该种的亲缘关系以及植物区系、地理分布等均有重大的价值。全草为清热解毒、利尿通淋药,已有悠久历史;其植株形体别致优美,可供观赏。但资源极为有限,采掘频繁,应积极加以保护和发展。

植物界的"大熊猫"——金花茶

山茶花是我国特产的传统名花,也是世界性的名贵观赏植物。据统计,总数约有220种。而经自然杂交及人工培育的品种当在数千种以上。但以前,人们没有见到过花色金黄的种类。1960年,我国科学工作者首次在广西南宁一带发现了一种金黄色的山茶花,被命名为金花茶。

金花茶的发现轰动了全世界的园艺界,受了国内外园艺学家的高度重视。认为它是培育金黄色山茶花品种的优良原始材料。

金花茶属于山茶科山茶属,与茶、山茶、南山茶、油茶、茶梅等为孪生姐妹。金花茶为常绿灌木或小乔木,高约2~5米,其枝条疏松,树皮淡灰黄色,叶深绿色,如皮革般厚实,狭长圆形。先端尾状渐尖或急尖,叶边缘微微向背面翻卷,有细细的质硬的锯齿。金花茶的花金黄色,耀眼夺目,仿佛涂着一层蜡,晶莹而油润,似有半透明之感。金花茶单生于叶腋,花开时,有杯状的、壶状的或碗状的,娇艳多姿,秀丽雅致。金花茶果实为蒴果,

内藏 6~8 粒种子，种皮黑褐色，金花茶 4~5 月叶芽开始萌 2~3 年以后脱落。11 月开始开花，花期很长，可延续至翌年 3 月。

金花茶喜欢温暖湿润的气候，多生长在土壤疏松、排水良好的阴坡溪沟处，常常和买麻藤、藤金合欢、刺果藤、楠木、鹅掌楸等植物共同生活在一起。由于它的自然分布范围极其狭窄，只生长在广西南宁市的邕宁区海拔 100~200 米的低缓丘陵，数量很有限，所以被列为我国一级保护植物。为了使这一国宝繁衍生息，

植物界的"大熊猫"——金花茶

我国科学工作者正在通力合作进行杂交选育试验，以培育出更加优良的品种。近年来，我国昆明、杭州、上海等地已有引种栽培。

金花茶还有较高的经济价值。其花除作观赏外，尚可入药，可治便血和妇女月经过多，也可作食用染料。叶除泡茶作饮料外，也有药用价值，可治痢疾和用于外洗烂疮；其木材质地坚硬，结构致密，可雕刻精美的工艺品及其他器具。此外，其种子尚可榨油、食用或工业上用作润滑油及其他溶剂的原料。

著名的裸子植物——秃杉

秃杉是世界稀有的珍贵树种，只生长在缅甸以及我国台湾、湖北、贵州和云南。为我国的一类保护植物。最早是 1904 年在台湾中部中央山脉乌松坑海拔 2000 米处被发现的。

秃杉为常绿大乔木，大枝平展，小枝细长而下垂。高可达 60 米，直径 2~3 米，它生长缓慢，直至 40 米高时才生枝。枝密生，树冠小，树皮呈纤维质。叶在枝上的排列呈螺旋状。奇怪的是，其幼树和老树上的叶形有所不同。幼树上的叶尖锐，为铲状钻形，大而扁平，老树上的叶呈鳞状钻形，从横切面上来看，则呈三角形或四棱形，上面有气孔线。秃杉是雌雄同株的植物，花呈球形。其雄球花 5~7 个着生在枝的顶端。雌球花比雄球花小，也着生在枝的顶端。长成的球果是椭圆形的没有鳞片，苞片倒圆锥形至菱形。其种子只有 5 毫米左右长，带有狭窄的翅。

著名的裸子植物——秃杉

秃杉生长在台湾中央山脉海拔1800~2600米的地方，散生于台湾扁柏及红桧林中，在云南西北部和湖北利川、恩施两县交界处也有发现。其树的顶端稍弯，小花蕊多至30个以上，种鳞多达36个。贵州省也发现了不少秃杉。它们多集中分布在苗岭山脉主峰雷公山一带的雷山、台江、剑河等县。在成片的秃杉林中，有不少是百年以上的参天古树，高达三、四十米。

秃杉在台湾是重要的用材树种。它的树干挺直，木质软硬适度、纹理细致，心材紫红褐色，边材深黄褐色带红，且易于加工，是建筑、桥梁和制造家具的好材料。此外，它还是营造用材林、风景林、水源林、行道树的良好树种。

秃杉属于杉科台湾杉属。它只有一个"孪生兄弟"——台湾杉，由于它们长相相似，又分布在同一地区，因此，一般通称它们为台湾杉。但它们也还是有区别的，秃杉的叶较台湾杉的叶窄，球果的种鳞比台湾杉多一些。它们虽说都是珍稀树种，但比较起来，秃杉的数量更少，因此，秃杉被列为国家一类保护植物，台湾杉屈居于第二类。

我国特有的树种——金钱松

地质年代的白垩纪，金钱松曾经在亚洲、欧洲、美洲都有分布，更新纪的冰河时代各地金钱松都相继灭绝，唯有中国长江中下游残留少数，成为现今仅存于中国的单属单种特有植物。由于其特殊的分类地位，金钱松成为植物系统发育重要研究对象。这一宝贵的植物遗产被定为国家二级保护植物。

金钱松为落叶乔木，树高可达40米，胸径达1.5米，树干通直。树冠卵状塔形，雄壮美观，入秋叶色由绿转为金黄，形成美丽动人的景色，深为园林家所钟爱，成为江南地区园林观赏树种。枝分长枝与短枝两种类型，长枝上的叶螺旋状散生，短枝叶数十枚簇生，平展如铜钱，故名金钱松。线形叶，长3~7厘米，宽1.5~4

我国特有的树种——金钱松

毫米，叶下有两条灰色气孔带。球花生短枝顶端，雌球花单生，苞鳞大于珠鳞。成熟球果有短梗，卵圆形，长6~7.5厘米，直径4~5厘米，种鳞木质，卵状披针形，先端有凹缺，基部两侧耳状。种子卵圆形，具膜质种翅。

本种分布于江苏南部、安徽南部、浙江西部、江西北部、福建北部、四川东部和湖南、湖北等地。多生长于低海拔山区或丘陵地带，适宜温凉湿润气候。它的树干挺拔，叶子茂密,入秋后变成金黄色,非常漂亮,是世界著名的庭院树木之一。

台湾著名的树种——台湾杉

杉科。常绿巨大乔木,高达75m,胸径3.6m。叶四棱状钻形。雌雄同株。球果长椭

台湾著名的树种——台湾杉

圆形,直立,成熟时褐色。种子两侧具膜质翅。孑遗种。与秃杉的主要区别在于球果具15~21枚种鳞,种鳞背面无明显的腺体;果枝上的叶较宽,下方明显的弯曲。分布于台湾、云南、湖北、四川、贵州。生地海拔500~2300m处的山谷林中。缅甸北部也有分布。国家一级保护稀有种。

台湾杉为我国台湾的主要用材树种之一,心材紫红褐色,边材深黄褐色带红,纹理直,结构细、均匀。可供建筑、桥梁、电杆、舟车、家具、板材及造纸原料等用材。也是台湾的主要造林树种。

台湾"神木"——红桧树

红桧产于台湾高山森林中,人称"神木",它已经有3000岁了。二次大战被日本侵略者大量砍伐,许多巨型红桧毁于战争的需要。为了保护此珍贵树种,被定为国家二级保

护植物。红桧树属柏科,常绿大乔木,高达 60 米。树皮淡红褐色,条片状纵裂,仅分布于台湾海拔 1050~2400 米处的山地。

台湾"神木"——红桧树

红桧是裸子植物,与大陆常见的侧柏树同属于柏科,亲缘关系较近。其树皮条片状纵裂,淡红褐色。与侧柏类似,有交互对生排在同一平面上的鳞片状叶,鳞叶长 1~2 毫米。花单性,雌雄同株,雌球花生侧枝顶,有 5~7 对球果鳞片。

此树仅分布于台湾,是我国特有植物。材质优良又是重要经济林种。除就地保护外,也应大量种植。据悉沿海部分城市已获引种成功。

我国优秀的树种——福建柏

常绿乔木,高达 20 米。生鳞叶小枝扁平,三出羽状分枝,排列成一平面。鳞叶大,长 4~7 毫米,表面深绿色,背面有白粉。雌雄同株,单性;球花单生枝顶;雄球花有 6~8 雄蕊,每 1 雄蕊有 2~4 花药;雌球花有珠鳞 6~8 对,每 1 珠鳞有 2 胚珠。球果当年成熟,圆球形;种鳞木质,盾形,顶部凹下,中央有 1 尖头。种子卵形,长约 4 毫米,上部有 1 大 1 小的膜质翅。子 2,出土。花期 3~4 月,球果 10~11 月成熟。

目前,我国福建柏天然林资源极少,仅在福建省龙岩和湖南、广西交界的都庞岭东坡发现成片分布的福建柏天然林,我省金沙、大方两县交界处有集中分布。另在习水三岔也有小片集中分布。除了这些天然分布外,福建柏在福建安半林林场有较大面积的人工林;省内仅在一些科研教学单位及绿化上有小量应用。因此,福建柏的异地保护工作应进一步与林业生产相结合,进行引种栽培试验,扩大其分布区。

我国优秀的树种——福建柏

木材之王——天料木

天料木属。产于中国西南部至东部、特别是海南岛的珍贵用材树种。木材红褐色，木质坚韧，纹理致密，是造船、家具、水工及细木工用材。树高可达40米。树干通直。树皮灰褐色，平滑不脱落。小枝褐色。单叶互生，薄革质，椭圆形至长椭圆形，具波状钝齿。总状花序腋生，花细小，两性，花瓣外面粉红色，里面白色。蒴果纺锤形，为宿存萼片或花瓣所包围，顶部分裂。喜光，幼树梢耐庇荫。适生于年平均温度22~24℃，最冷1月份在15℃以上，年降水量1500~2400毫米，相对湿度75%~85%的地区。喜肥沃、疏松、排水良好的土壤，在坡度较缓、土层深厚、腐殖质丰富的土壤生长良好。根系发达，具抗风能力。红花天料木分薄皮、中皮、厚皮和硬皮4种类型。厚皮型生长快，适应性强，在此类型优良母树上采种。多用播种育苗，也可扦插。苗高1米左右、地径1厘米以上即可出圃造林。

木材之王——天料木

木材质坚韧，耐腐，颜色深沉红润，花纹瑰丽，它的心材还可代作降香，香味多年不减。百年不腐，坚硬如铁，入水不浮，压不变形，素有绿色钢材之称，特别是子京，还是工业、家具、工艺美术的特级木材。坡垒和青梅材质坚韧厚重，干燥后很少开裂，也不变形，材色艳丽，耐腐，耐晒，耐侵，又不受虫蛀，有"木材之王"的美誉。

黄帝手植柏——古柏

在桥山脚下,有轩辕庙一座。轩辕庙院面积约10亩。院内有古柏14棵,右侧有一株古柏特别粗,树枝像虬龙在空中盘绕,一部分树根露在地面上,叶子四季不衰,层层密密,像个巨大的绿伞,相传为轩辕氏所手植,距今5000多年。树旁有一碑楼,内嵌石碑一块,上写:"此柏高五十八市尺,下围三十一市尺,中围十九市尺,上围六市尺,为群柏之冠。

相传是轩辕黄帝手植,距今约有五千余年。谚云:'七楼八擤半,圪里疙瘩不上算,'即指此柏。"有人说,此柏是目前全国最大的一株,称为"柏树之王",被誉为"世界柏树之父"。

传说黄帝为了教化桥山群民从洞穴中走出,住在陆地上的房子里,便指挥大家大量砍伐树木,以至桥山及周围树木全被砍光。在一次山洪暴发时,居住在半山腰的人和房子全部被冲走冲倒了,悲痛的黄帝看到漫山遍野的沟沟洼洼,立誓今后再不乱砍树木了,并亲手栽下了一棵小柏树,臣民们深受感动,纷纷效仿,

黄帝手植柏——古柏

不几年,桥山林草茂密,郁郁葱葱,从此,植树造林便成了中华民族的优良传统,世世代代一直延续了下来。

抗癌稀有的杉树——红豆杉

红豆杉又称紫杉,也称赤柏松。属浅根植物,其主根不明显、侧根发达。是世界上公认的濒临灭绝的天然珍稀抗癌植物。是第四纪冰川遗留下来的古老树种,在地球上已有250万年的历史。

由于在自然条件下红豆杉生长速度缓慢,再生能力差,所以很长时间以来,世界范围内还没有形成大规模的红豆杉原料林基地。

由于红豆杉的提取物紫杉醇具有独特的抗癌机理,美国国立肿瘤研究所所长BRODER博士称紫杉醇是继阿霉素、顺铂以后,十五年来被认为是对多种癌症疗效好、副作用小的新型抗癌药物。二十世纪八十年代开始,美国、英国、俄罗斯、韩国、中国都相继开展了深入的研究。美国率先把研究成果应用于医学临床并在治疗各种癌症方面取得

了显著的临床效果。从此人类在抗癌领域中又取得了新的突破。所以到目前为止以至在今后相当长的时间内，人类同癌症做抗争的最有利的武器还只能是紫杉醇。

抗癌稀有的杉树——红豆杉

紫杉醇主要是从红豆杉的根、皮、茎、叶中来提取。由于提取工艺较为复杂，由其是在去除原液中的叶绿素的成分方面较为困难，在加之设备投资较大，尤其是原料来源缺乏，紫杉醇的规模性提取在我国发展较晚，二十世纪九十年代刚刚开始。

目前，全球每年大约死于癌症的病人在 630 万左右。仅美国、欧洲、日本每年就在 400 万人左右。治疗这些病人每年大约消耗 1500～2500 公斤紫杉醇。而全世界每年大约只能生产 350～500 公斤紫杉醇。其中美国可生产 25～50 公斤、中国只能生产 50 公斤左右。因此紫杉醇的市场开发、应用潜力巨大。同时大规模的培植红豆杉原料用材林基地，也蕴藏着巨大的市场商机。所以，红豆杉的身价也因此倍增。

在国外，加拿大的植源药物公司、美国的泰坦化学公司、美国的施贵宝（BNS）公司是应用红豆杉开发紫杉醇最早、技术实力最强、经济实力最大的公司。尤其是美国的施贵宝公司，二十年来一直独霸世界紫杉醇市场。该公司用作提炼紫杉醇的原料有相当数量是从中国进口，或通过其他途径获得，然后其产品紫杉醇针剂在返销中国从中获取暴利。

中国生产的紫杉醇（TAXOL）含量都在 98% 以上，出口价位一般在 800 元/克人民币，在国外每克紫杉醇被制成 33 克针剂，每支含紫杉醇大约 30 毫升，返销我国大约每支 2500 元/支人民币。也就是说我国的癌症病人，每使用一克进口紫杉醇相当于付出了 80000 元人民币，是黄金价格的 600 多倍。

正因如此，中国的野生红豆杉，在短短的十几年中遭到了史无前例的砍伐和破坏，野生存量锐减。有的地区甚至已濒临灭绝。因此，保护现有资源、人工扩大红豆杉资源总量，就摆在了有识之士面前。

具有"中国硅谷"之称的中关村，在 20 世纪末做出重大产业并组的同时，也把五大产业之一的生物制药提到了重要位置。相信具有相当综合实力的中关村生物制药，在不久的将来，也必将在应用红豆杉开发紫杉醇方面有更大的作为，给中国的亿万癌症病人带来福音。

保一方平安的神树——沙地云杉

沙地云杉是稀有珍贵树种，现全世界仅存十几万亩，全部生长在内蒙古自治区。集中成片的也只有 3 万多亩,又都集中在内蒙古自治区克什克腾旗。这片沙地云杉最大树龄有 500~600 年,最小的树龄也有 100 年之久。

沙地云杉能保存至今,有一个古老而神奇的传说。相传在很久很久以前,有一天,在太阳要落山的时候,忽然,天空中霞光万道,彩云飞舞,万鸟齐鸣。太阳落山后,天上的星星明亮闪烁,甚是迷人。这种奇特的景象,使当地民众兴奋不已,欢呼雀跃。第二天,当人们一觉醒来的时候,开门一看惊呆了,只见远处山坡上长满了高大挺拔的松树(沙地云杉)。惊奇之后,随之而来的是兴奋,因为这片森林将改变当地民众的生存环境和生存条件。

保一方平安的神树——沙地云杉

不久,来了一位德高望重的大喇嘛,他在森林内观望了许久,自言自语道:"宝地,宝地呀!"于是,他就在林间空地建造了一座喇嘛庙,从此,一年四季来这里朝圣的人络绎不绝,终日香火不断,真是兴旺得不得了。鼎盛时期,寺院里有喇嘛 30 多位。

又过了几年,大喇嘛决意离开这里,寺院里所有喇嘛跪拜送行,只见大喇嘛飘然向西方而去,消失在天地间。第二天天亮后,人们发现这片沙地云杉向大喇嘛离去的方向移动了很多,如果不想办法把这片森林锁住,这些沙地云杉就要离开这里了。众喇嘛发现这片森林里有一棵神树,也叫树王,就是它在带头移动。有人出主意说,做一条铁索链子,用它将树王锁住;这一招果然灵验,树不走了。

为保护好这片森林不遭砍伐和破坏,喇嘛制定了民规乡约,称这片森林都是神树,它能保护一方平安,谁要砍伐必遭灭顶之灾。因此,这片沙地云杉得以保存至今。

情趣植物

咬人的植物——树火麻

在云南西双版纳的森林里,有一种叫"树火麻"的小树,你别看它树小,人一旦触碰到它,它就会马上咬你一口,使人火烧火燎得难以忍受。就连大象也很怕它,大象一旦被"树火麻"咬伤,也会疼得嗷嗷叫。"树火麻"没有嘴,怎么会咬人呢?经科学家分析,原来它的叶子能分泌一种生物碱的物质,当人或其他动物触碰到它,它叶子上的刺毛就会蜇进人或其他动物的皮肤里,并分泌出碱质,使人疼痛难忍。有文献记载,可使小孩致死。据被树火麻灼伤过的人介绍,灼伤之后,只要在火上烤受伤部位,便可止痒止痛。

咬人的植物——树火麻

火树麻,茎秆直径在2厘米左右,株高2.5米,主要生长在低山沟雨林、石灰岩山雨林和其他灌木丛中。树火麻的茎秆有绿色和紫红色两种。这两种植物叶片很大,长、宽在

10~25厘米之间,叶片轮廓呈五角形,基部心形,掌状深裂,边沿长有不规则锯齿。茎秆和绿叶上,有螯毛和绒毛生长。

能产石油的树——橡胶树

地球上的石油资源有限,越开采越少,因为石油是动植物在地下埋藏了千百万年的时间才形成的。在石油资源日益三竭的今天,科学家们想:既然远古植物可以变成石油,那么从今天的植物里可不可以提炼出石油来呢? 于是他们开始四处寻找和培育能产石油的植物。

真是功夫不负有心人。经过多年的寻找,一位名叫梅尔温·卡尔文的美国科学家终于在巴西的热带雨林里发现了一种能产出"石油"来的树。这种能产"石油"的奇树名叫橡胶树,是

能产石油的树——橡胶树

一种高大的常绿乔木。人们只要在它的树干上打一个洞,就会有胶汁源源不断地流出来。这种胶汁的化学特性和柴油很相似,无须加工提炼,就可以当柴油来使用。安装柴油发动机的汽车,把它加入油箱,马上就可以点火发动,上路行驶。

橡胶树产的"油"不仅可以直接供汽车使用,而且产量还很可观。一棵树在六个月里分泌出的胶汁有二三十千克,一亩地如果种上六七十棵橡胶树,就可以产"石油"十几桶。种树能生产出宝贵的石油来,这对于那些石油资源匮乏的贫油国家来说,真是一个福音。

除了橡胶树,科学家还发现了一些其他能产"油"的植物,我国的海南省尖峰岭林区有一种油楠树,它的树干被砍伤以后,会流出淡黄色油状液体来,这种液体可以像石油那样燃烧,当地的人用它来点灯照明。

能帮人"采矿"的草——紫云英

在千奇百怪的植物界里,不但有一些植物能帮助人们找到矿藏,而且还有一些植物能帮助人类采矿呢。

说起人类发现植物能"采矿",还得从北美洲的"有去无回谷"的故事谈起。"有去无回谷"是一种神秘的山谷。可是到那里垦荒的欧洲移民,往往住不了多久,就会得一种莫

能帮人"采矿"的草——紫云英

名奇妙的怪病。患病的人,先是双眼失明,然后毛发脱落,最后因全身衰竭而死。因此,当地的印第安人给它起了"有去无回谷"的名字。

后来,科学家考察了这个神秘的山谷,揭开了它的谜底。原来,这个谷地里含有十分丰富的矿物——硒,植物在生长时吸收了大量的硒,人吃了含有大量硒的植物,就在体内聚集起来,引起中毒死去。

硒是一种很稀散的矿物元素,开采起来很费力,当人们弄清了"有去无回谷"致人死命的真相以后,就在那里种上了能大量吸收硒元素的植物紫云英,等到紫云英长成收获以后,将它烧成灰,便可以从中提取硒。用植物采矿的方法,人们不但得到了大量的硒,还节省了许多人力和物力。

粘胶式食虫植物——锦地罗

锦地罗是茅膏菜科的食虫植物,广泛分布于我国长江以南至海南。它的个体很小,一般只比壹元钱的硬币稍大;十余个叶片莲座状从中央伸向四周,通常它长在光线较为充足、水分丰富的疏林下,这里土壤通常很贫瘠,尤其缺乏氮素营养,因而伴生的草本植物不多;常常生有一些蓝藻在附近,蓝藻能自己固氮,只要水分充足就能在此生长。锦地罗的叶片绿色能进行光合作用,它的根系并不发达,到了花期从叶丛中间抽出一枝花葶,开数朵白色的花。

会"气死"的树——檀香

大千世界无奇不有,林海中的植物也千奇百怪。仅在西双版纳的热带雨林中,就有会"害羞"的草、想"吻天"的树、能"吃虫"的花、会"变味"的果、会"蓄水"的藤、腹中"藏粮"的树。除此之外还有一种有"妒忌心理",会因自己没有"邻居"旺盛,便哀怨而死的树。

会"气死"的树——檀香

这种会自己"气死"的树,名叫檀香,是一种珍贵的小乔木。这种树木原产于印度、马来西亚等热带地方,椭圆形绿叶对生,能开花结实,所开之花没有花,所开之花没有瓣,为圆锥状花序,核果球形。材质坚硬,带有香气,多用天制作器物,或提取香精。檀香房屋就是用檀香树材制作。檀香多数都已"气死",只少数扎根长成树材。据说,檀香树地下根长有许多吸盘,靠吸食与它为邻的某些树木的养料的本领,因此只好靠吸盘附着在草本植物飞机草、长春花的根部,过寄生生活。小檀香长大以后,光靠从草本植物根部吸取养分不能满足需要。于是,又把带有吸盘的根伸向紫株、南洋楹等乔木,以相邻的一些树木作为寄生,盘剥友邻的养分。由于檀香的吸盘根于地下盘剥,一些相邻的树种,会被它弄得"面黄肌瘦"怎么也长不旺盛。如果被檀香"盘剥"的树木,竭力与檀香抗争,抵制它的"盘剥",树势比檀香长得旺盛,柱香便会"生气",自艾自怨,慢慢"气死"。檀香喜好的寄主树,在西双版纳的雨林里土生土长,生命力极强,新引种的檀香虽有"盘剥"邻里的本领,但它怎么也长不赢寄主树,因此大多哀怨地"气死"。

陷阱式食虫植物——瓶子草

多年生食虫草本。无茎,叶丛莲座状,叶常绿,粗糙,圆筒状,叶中具倒向毛,使昆虫能进不能出。花葶直立,花单生,下垂,紫或绿紫色,4~5月开放。

瓶子草是比较矮小的草本植物,这个家族的成员只有9种。它们与猪笼草不同的是捕虫袋由一片叶子持续环绕而演变成的。瓶子草的相貌十分美丽,它们的瓶盖不像猪笼草那样平开,而是向上直立,人们比喻它是少女颈上一块漂亮的围巾。瓶盖内侧一面密生着光滑的刺毛,毛的尖头都朝下,瓶口的周围也是光滑的刺毛,昆虫吸食蜜汁时,很容易滑下瓶内的液池中,最终成为瓶子草的高蛋白营养品。

陷阱式食虫植物——瓶子草

　　瓶子草虽然没有像猪笼草那样捕虫袋高高挂起的那么风光。但它们捕虫的本领也毫不逊色。它们的捕虫袋在草丛中或斜卧，或直立，各具特色。从外形上看，有的像长长的号管，有的似短粗的牛奶瓶，有的如翘首仰望的鹦鹉，它们的颜色有翠绿、有嫩黄、有苍白、有绯红。瓶盖的形状和花纹也各不相同。有些瓶子草还发出芳香的气味，人们看了这些美丽可爱的瓶子，真是难以想象竟然是植物界的"职业杀手"。瓶子草成名最早，分布最广。从北美洲的加拿大到美国的东南部大西洋沿岸的湿草地上，都有它们的踪迹。

陷阱式食虫植物——猪笼草

　　猪笼草属于猪笼草科。人们比作《西游记》中，五件宝贝之一的"玉净瓶"，只不过"玉净瓶"是用来装人或装妖的，而在自然界中的"玉净瓶"则是一种十分有趣的食虫植物。

　　猪笼草又名猪仔笼，为猪笼草科多年生偃伏或攀缘半灌木，是有名的热带食虫植物，主产地是热带亚洲地区。猪笼草拥有一幅独特的吸取营养的器官——捕虫囊，捕虫囊呈圆筒形，下半部稍膨大，因为形状像猪笼，故称猪笼草。在中国的产地

陷阱式食虫植物——猪笼草

海南又被称作雷公壶，意指它像酒壶。这类不从土壤等无机界直接摄取和制造维持生命所需营养物质，而依靠捕捉昆虫等小动物来谋生的植物被称为食虫植物。

当昆虫飞来爬在瓶口时,瓶口周围以及盖的下面都有蜜腺分泌的蜜汁,昆虫吸蜜时很容易滑入囊中,跌落陷阱,囊的内壁长有许多向下生长的腺毛,在陷阱中很难向上逃脱。囊的底部三分之一是水或是消化液,昆虫就在捕虫袋中淹死并慢慢被消化吸收。

地球上共有 70 多种猪笼草,主要生长在东南亚,以及我国华南南部。从海边的灌木林到海拔 3500 米的高山草地都能见到它们的身影。在没有树木可攀时,它们的捕虫袋就躺在地面捕虫。为著名的观赏食虫植物。

圈套式食虫植物——捕蝇草

捕蝇草中文名茅膏菜,茅膏菜科捕蝇草属;别名落地珍珠、捕虫草、食虫草、草立珠、一粒金丹、苍蝇草、山胡椒;英文名 VenusFlytrap。是食虫植物中的一种。

圈套式食虫植物——捕蝇草

捕蝇草的株高比蒲公英或车前草稍高一些,它的叶子也像车前草那样几乎贴地而生。它有几枚至十几枚基生叶,看上去就像在餐桌上摆成一圈的怪模怪样的勺子。每一叶片都有长而宽的绿色叶柄,叶片中央的主脉从顶端伸出,成为一对近似半圆形裂片的中轴。这对裂片肉乎乎的,成 80 度角张开,很像一只河蚌打开"蚌壳"。裂片的外缘长着 14~20 个长齿,裂片内侧边缘有许多蜜腺,中部分泌大量红色的消化腺,正中央是三条鼎足而立的感觉毛。当昆虫爬上裂片吃蜜汁时,触动中央的感觉毛,一对裂片立即闭合,边缘的长齿也随即交叉搭合起来,把昆虫圈套起来,将它活活的困死。中部分泌出来红色的消化液慢慢地把昆虫的尸体消化吸收。大约经过 10 天或 30 天的时间,一对裂片像鲜花一样又重新张开。

捕蝇草没有眼睛和耳朵,但有"记忆"和判断的高超本领,能辨别真假猎物。风吹来的灰尘沙粒触动感觉毛时,裂片不会关闭。如果在 20~40 秒内,昆虫多次的触动,裂片才迅速合拢,长齿交叉搭合起来。人们对它不平凡的外貌和神奇的捕虫本领非常欣赏。

吸入式食虫植物——狸藻

狸藻属于狸藻科。一年生沉水草本植物,在池塘的静水中,因为它没有根,所以随水漂流。这种水草有 1 米长,叶子分裂得像丝一样。在茎上有很多扁圆形的小口袋,袋口

吸入式食虫植物——狸藻

上有向里开的小盖子。盖子上也长着绒毛。口袋里分泌消化液。这就是狸藻在水中布下的"陷阱"——捕虫袋。

狸藻在秋季，花茎伸出水面，上面开 3~6 多小花，花黄色有距，所以它的别名又叫黄花狸藻。

昆虫或幼虫碰到绒毛，盖子像活瓣就会迅速向中央内部弯曲，这时囊体将水排出，使囊内压力小于囊外，活瓣突然打开，猎物随水流吸入囊内，以吸入的方式被困死，最后被消化液消化吸收。

狸藻通常生于水稻田，池沼中，世界中大约有 200 多种，我国约有 17 种。分布在东南亚各地，在中国的中部和南部到处都可以找到。

会"流血"的树——麒麟血藤、龙血树、胭脂树

一般树木，在损伤之后，流出的树液是无色透明的。有些树木如橡胶树、牛奶树等可以流出白色的乳液，但你恐怕不知道，有些树木竟能流出"血"来。

我国广东、台湾一带，生长着一种多年生藤本植物，叫作麒麟血藤。它通常像蛇一样缠绕在其他树木上。它的茎可以长达 10 余米。如果把它砍断或切开一个口子，就会有像"血"一样的树脂流出来，干后凝结成血块状的东西。这是很珍贵的中药，称之为"血竭"或"麒麟竭"。经分析，血竭中含有鞣质、还原性糖和树脂类的物质，可治疗筋骨疼痛，并有散气、去痛、祛风、通经活血之效。

麒麟血藤属棕榈科省藤属。其叶为羽状复叶，小叶为线状披针形，上有三条纵行的脉。果实卵球形，外有光亮的黄色鳞片。除茎之外，果实也可流出血样的树脂。

无独有偶。在我国西双版纳的热带雨林中还生长着一种很普遍的树，叫龙血树，当它受伤之后，也会流出一种紫红色的树脂，把受伤部分染红，这块被染的坏死木，在中药

会"流血"的树——麒麟血藤、龙血树、胭脂树

里也称为"血竭"或"麒麟竭",与麒麟血藤所产的"血竭"具有同样的功效。

龙血树是属于百合科的乔木。虽不太高,约10多米,但树干却异常粗壮,常常可达1米左右。它那带白色的长带状叶片,先端尖锐,像一把锋利的长剑,密密层层地倒插在树枝的顶端。

一般说来,单子叶植物长到一定程度之后就不能继续加粗生长了。龙血树虽属于单子叶植物,但它茎中的薄壁细胞却能不断分裂,使茎逐年加粗并木质化,而形成乔木。龙血树原产于大西洋的加那利群岛。全世界共有150种,我国只有5种,生长在云南、海南岛、台湾等地。龙血树还是长寿的树木,最长的可达六千多岁。

说来也巧,在我国云南和广东等地还有一种称作胭脂树的树木。如果把它的树枝折断或切开,也会流出像"血"一样的液汁。而且,其种子有鲜红色的肉质外皮,可做红色染料,所以又称红木。

胭脂树属红木科红木属。为常绿小乔木,一般高达3~4米,有的可到10米以上。其叶的大小、形状与向日葵叶相似。叶柄也很长,在叶背面有红棕色的小斑点。有趣的是,其花色有多种,有红色的,有白色的,也有蔷薇色的,十分美丽。红木连果实也是红色的,其外面密被着柔软的刺,里面藏着许多暗红色的种子。

胭脂树围绕种子的红色果瓤可作为红色染料,用以渍染糖果.也可用于纺织,为丝棉等纺织品染色。其种子还可入药,为收敛退热剂。树皮坚韧,富含纤维,可制成结实的绳索。奇怪的是,如将其木材互相摩擦,还非常容易着火呢!

会害羞的植物——含羞草

含羞草原产于南美洲的巴西,是一种十分有趣的观赏植物。只要用木棒碰它一下,成对的小叶就会合并起来,再碰它几下,不但叶子全部合并,而且叶柄也下垂,好像十分害羞,因此称为含羞草。

其实含羞草不是真的害羞,这是植物的一种感震运动。过一会,叶柄又会竖起,叶片重新张开,同时它也受阳光影响叶片夜间闭合,到白天,又重新展开了。

植物的运动通常是由细胞内膨压改变造成的。大部分成熟的植物细胞都有一个很大的液泡。当液泡内充满水分时,就压迫周围的细胞质,使它紧紧贴向细胞壁,而给予细胞壁一种压力,使细胞硬胀,像吹满了气的气球一样。液泡内所含的有机和无机物质的浓度高低,决定渗透压的高低,而渗透压的高低可以决定水分扩散的方向。当液泡浓度增高时,渗透压增加,水分由胞

会害羞的植物——含羞草

外向胞内扩散而进入液泡,增加细胞的膨压,使细胞鼓胀;反之,细胞则萎缩。这种过程只能造成缓慢的运动,例如气孔的开合。

含羞草的叶子如遇到触动,会立即合拢起来,触动的力量越大,合得越快,整个叶子都会垂下,像有气无力的样子,整个动作在几秒钟就完成。它并不是有神经系统支配,而是叶柄基部和小叶柄基部一些细胞的细胞膜的半透性发生霎时的变化,引致迅速膨压变化之故。

在叶柄和小叶柄基部都有一个较膨大的部分,叫作"叶枕"。叶枕对刺激的反应很灵敏,在它中心的部分有许多薄壁细胞。这些细胞在静止时会将带负电荷的氯离子运向细胞内,而把阳离子向细胞外运送,使细胞膜和邻近地区保持一定电位差,叫作静止电位。当外界刺激超过某一定限度时,这种差异通透性会突然改变,带正电荷的钙离子大量涌进细胞,而钾离子却向反方向进行,使膜内电位增高,甚至成为正电位,于是产生了动作电位,这种现象叫作去极化。动作电位会传递,当细胞到达动作电位时,也就是产生去极

化现象时,细胞膜的差异通透性会消失,使原来蓄存于液泡内之水分在瞬间排出,使细胞失去膨压,变得瘫软。故当刺激小叶柄基部的叶枕,叶枕上半部薄壁细胞的膨压降低,而下半部薄壁细胞仍保持原来的膨压,引起小叶片沿着叶柄方向直立。而叶柄内的维管束,在叶枕合成一大管道,作容纳叶枕排出的水分。

含羞草这种感震运动,如果你用肉眼仔细观察,它的叶柄内部细胞有排水的变化。叶柄原来是淡灰绿色的,在受到振动刺激以后,叶柄下部马上收缩,颜色很快变成深绿色,而且有些透明,好像是一张纸被水浸湿前后的变化,这是受刺激后细胞内部发生的变化。科学家们也曾有过研究,但说法不一。也有人认为植物也有像动物那样的神经传导感觉,至今没有令人满意的结果。

含羞草的感震运动,是生物对环境适应性的一种具体表现。这种反应对含羞草的生存十分有利。因为含羞草原来生活在南方,它的叶子合并,叶柄下垂是一种自卫本领,这不仅能经受狂风暴雨的袭击,而且还能使爬在它身上的害虫非但不易吃掉它,反而容易被摔下来。

会"怀胎"的植物——红树

许多人看红树,一片绿林生机勃勃。奇怪它为什么叫红树?专家这样解释:在世界

会"怀胎"的植物——红树

的热带亚热带地区,一些生长在陆地的有花植物,进入海洋边缘后,经过极其漫长的演化过程,形成了在潮间带生长的红树林,这种在潮涨潮落之间,受到海水周期性浸淹的木本植物群落因其富含"单宁酸",被砍伐后氧化变成红色,故称"红树"。红树是湿地的特色

植物,全球共有 61 个品种:蜡烛果、秋茄树、木榄、海漆、榄李、海榄雌和银叶树等。不同的品种,展现出不同的生态特性。

在热带地区的海边,常常看到一大片枝叶茂密的红树林,每棵树都有强大的根系,有的粗跟像弯弓似的突出地面,盘根错节地固定着树干,还有从枝干上垂下来的气根,插入海滩的淤泥中,支撑着大树,在水面上成拱形的根有超大的皮孔,能吸收空气中的水汽,它们的叶子特别厚,可以反射阳光,减少水分蒸发。此外,它还有排盐的本领,从海水中吸入体内的过多盐分,会通过叶面上的排盐腺,排出体外。

红树林是由许多树种组成的,如红茄冬、海桑、角果木等等。红树的果实成熟后,暂不会脱落,其实里面的种子已经萌芽,它慢慢成长,形成一条条棒状的幼苗,一般长 20~40 厘米。当海风刮来,成熟的幼苗借助本身的重量,纷纷脱离母体,直落海滩,插进泥沙之中。幼苗下端很快长出侧根而牢牢固定在泥沙之中,成为一棵新的红树苗,加入红树林的行列。已经发芽的幼苗也可随海水漂浮到别的地方去生长发育。由于这种植物果实的种子是在树上萌发,也就是说在树上"怀胎",故称为胎生植物。在我国南部沿海,以及印度、马来西亚、西印度群岛和西非的一些海滩,都有红树林的分布。

怕痒的树——紫薇

紫薇属于屈菜科,人们俗称它"怕痒树",是树木中一种奇特的树种。紫薇为花叶乔木,又名无皮树、满堂红、百日红。由于花期特长,7 月至 10 月花开不断,故名百日红。

宋代诗人杨万里诗赞颂:"似痴如醉丽还佳,露压风欺分外斜。谁道花无红百日,紫薇长放半年花。"明代薛蕙也写过:"紫薇花最久,烂漫十旬期,夏日逾秋序,新花续放枝。"

北方人叫紫薇树为"猴刺脱",是说树身太滑,猴子都爬不上去。它的可贵之处是无树皮。物以稀为贵,世界上千树万木之中有几种是无皮的? 年轻的紫薇树干,年年生表皮,年年自行脱落,表皮脱落以后,树干显得新鲜而光滑。老年的紫薇树,树身不复生表皮,筋脉挺露,莹滑光洁。

怕痒的树——紫薇

紫薇树长大以后,树干外皮落下,光滑无皮。如果人们轻轻抚摸一下,立即会枝摇叶动,浑身颤抖,甚至会发出微弱的"咯咯"响动声。这就是它"怕痒"的一种全身反应,实是令人称奇。

紫薇属共有4个种,有赤薇、银薇、翠薇等。以花瓣蓝色的翠薇最佳,为圆锥花序,着生新枝顶端,长达20厘米,每朵花6瓣,瓣多皱襞,似一轮盘。花开满树,艳丽如霞,故又称满堂红。结果为蒴果,状如大豆,内有种子多粒,11月成熟。

紫薇原产中国,分布于长江流域,华南、西北、华北也有栽培,它的适应性很强。

紫薇耐旱、怕涝,喜温暖潮润,喜光,喜肥,对二氧化硫、氟化氢及氮气的抗性强,能吸入有害气体。据测定,每千克叶能吸硫10克而生长良好。紫薇又能吸滞粉尘,在水泥厂内距污染源200~250米处,每平方米叶片可吸滞粉尘4042克。因此,它是城市、工矿绿化最理想的树种,也可作盆景。

紫薇还具有药物作用,李时珍在《本草纲目》中论述,其皮、木、花有活血通经、止痛、消肿、解毒作用。种子可制农药,有驱杀害虫的功效。叶治白痢、花治产后血崩不止、小儿烂头胎毒,根治痈肿疮毒,可谓浑身是宝。

能"报时"的植物——时钟花

自古道"花开花落自有时",在西双版纳热带植物园里,你随处可见一种黄色小花,每到开花季节,每天早晨太阳升起时,大约九点钟左右,花朵就绽放,下午太阳落山时,大约六点钟左右,花朵就闭合,每朵小花每天都是这样,大约要持续一星期左右才凋谢。

能"报时"的植物——时钟花

这种美丽的黄色小花,就是时钟花科的草本植物时钟花。它来自遥远的南美洲。时钟花有多个品种,常见的有黄色时钟花和白色时钟花。时钟花为什么会按时开放? 因为它具有生物钟,生物钟是长期进化过程中,为适应环境变化而形成的,也是基因控制的遗传性状。其实,植物、动物和人都有生物钟。

18世纪,英国著名的植物学家林奈对植物开花时间做了很多观察和研究,然后在自己的花园里培植了一座有趣的"花钟":蛇床花黎明三点钟左右开花;牵牛花黎明四点钟左右开花;野蔷薇黎明五点钟左右开花;龙葵花清晨六点钟左右开花;芍药花清晨七点钟左右开花。

独木能成林的树——榕树

俗话说"独木不成林",可是在树木的大家庭里无奇不有,有一种榕树,一棵树的树冠投影面积,竟达一公顷之多,看去就像一片树林。

独木能成林的树——榕树

榕树是一种喜欢高温多雨、空气湿度大的常绿阔叶乔木,它遍布于我国热带和亚热带地区,常见于低海拔的热带林中和沿海海岸及三角洲等低湿地区。由于榕树的果实味甜,小鸟善食,坚硬不能消化的种子随鸟粪到处散播,在热带和亚热带地区的古塔顶上,古城墙上和古老屋顶上,都可见有小鸟播种的小榕树。在热带林的大树上生长的小榕树,也多数是小鸟播种的,这种树上有树的奇特现象构成了热带林的一大景观。

榕树寿命长、生长快,侧枝和侧根非常发达。它的主干和枝条上有很多皮孔,到处可以长出许多气生根,向下悬垂,像一把把胡子,这些气生根向下生长入土后不断增粗而成支柱根,支柱根不分支、不长叶。榕树气生根的功能,和其他根系一样,具有吸收水分和养料的作用,同时还支撑着不断往外扩展的树枝,使树冠不断扩大。据统计,一棵巨大的老榕树的支柱根可达 1000 多条。广东省新会县环城乡一棵生长在河滩的大榕树,树冠宽大达 6000 多平方米,树冠下有上千条支柱根,犹如一片茂密的"森林",由于这片"森林"距海不远,形成有名的"鸟类天堂"。

园林工作者受榕树生长特性的启发,别出心裁地对榕树的气生根和树冠进行诱导、整形,使它成为庭院绿化中的一种奇特景色和富有岭南特色的盆景。

能"假死"的植物——卷柏

蕨类植物中的一种卷柏,它有一种奇特的本领。如果将采下来的卷柏存放起来,它的叶子会因干燥而蜷缩成拳头状,看起来似乎已经干死了。其实它是"假死",一旦有了水分,蜷缩的叶子又重新展开,渐渐还阳"复活",继续生长。卷柏三番五次的"死"而复生,生而又"死",经历着曲折的、生生死死的艰难历程,所以人们称它为九死还魂草。

能"假死"的植物——卷柏

卷柏为什么具有九死还魂的本领呢?原来,卷柏生活在干燥的岩石缝里,很难得到充足的水分,长期进化而适应环境的结果,使他们形成了体内含水量极低的特点。遇到干旱的季节,卷柏便蜷缩成团,不再伸展,全身的细胞像是处在休眠状态,即使体内的含水量降低到5%以下,细胞内的原生质活动正常,所以卷柏照样能生存。雨季到来,卷柏吸水立即"苏醒"过来,又恢复正常的生命活动,枝叶重新展开,获得新生,它们的生命力真是顽强的很!

卷柏还是一种药,最明显的疗效是用于止血,治疗吐血、便血、尿血等疾病。

卷柏属卷柏科植物,是一种多年生小草,在我国也有分布,多生长在向阳山坡或岩石缝中。它一般株高5~15厘米,主茎直立,顶端丛生的小枝呈扇状分布。每当干旱缺水时,它的枝叶卷曲得像拳头,故又叫它"拳头草"。如果继续干旱下去,整个植株即会变得枯萎焦干,看上去好像已经干死了,可是只要一得到水,枝叶又会展开而复活;以后如再遇到干旱,它仍旧会"假死",遇水后照样又重新复活,因为它可以三番五次的"死"而复活,所以人们还称它九死还魂草、长寿草、长生不死草、万岁草。

干"死"了的卷柏为什么遇水又能复活呢?植物学家们发现,卷柏的细胞原生质有着与众不同的奇妙性能。一般植物因干旱而过度失水时,细胞中的原生质就会遭受破坏,因此有水时也不能恢复生活能力了;而卷柏的细胞中的原生质耐旱脱水性能很强,即使在失水时也不会受损,一旦得到水后便能恢复正常的生理活动,所以它不易于死。

卷柏不但是观赏植物,也是药用植物,全草入药,有止血、收敛功能。卷柏生用破血,可治疗经闭、跌打损伤、腹痛;炒用止血,炒炭可治疗吐血、便血、尿血等症。

没有叶子的植物——光棍树

光棍树属于大戟科植物。这种奇特的植物没有娇艳的丰姿，没有美丽的花朵，也没有潇洒的叶片，生得光溜溜的，却也很让人喜欢。因此，有人又称它"神仙棒"。

光棍树也是一种拟态植物，因为它把自己伪装得像棍棒一样。为什么光棍树仅有绿色的枝条而没有叶片呢？原来，在漫长的岁月中，植物为适应环境，都会发生变异，光棍树的故乡——非洲沙漠地区长年赤日炎炎，雨量极其稀少，由于严重缺水，许多动植物大量死亡，甚至灭绝。适者生存，为适应恶劣的自然环境，保水抗旱，原来枝繁叶茂的光棍树为减少水分蒸发，叶片就慢慢退化了，消失了，而枝干变成了绿色，用绿色密集的枝干代替叶子进行光合作用。植物不进行光合作用，是不能成活生长的，而绿色是进行光合作用的重要条件。这样，光棍树就得以生存了。但是，如果把光棍

没有叶子的植物——光棍树

树种植在温暖潮湿的地方，它不仅会很容易地繁殖生长，而且还可能会长出一些小叶片呢！这也是为适应湿润环境而发生的，生长出一些小叶片，可以增加水分的蒸发量，从而达到保持体内的水分平衡。

光棍树的伪装，骗过了许多草食动物的眼睛。有些食草动物认为它是个"穷光棍"，光秃秃的没有叶子，根本不屑一顾。不过，真要是对它下口，也没有什么好处，因为它还有一招，它的体内枝叶含有毒素，会"教训"那些胆大妄为的食草动物。

有趣的瓜——蛇瓜

蛇瓜，别名蛇豆、蛇丝瓜、大豆角等，葫芦科栝楼属中的一年生攀缘性草本植物，原产印度、马来西亚，广泛分布于东南亚各国和澳大利亚，在西非、美洲热带和加勒比海等地也有栽培，我国只有零星栽培，近年来山东省青岛地区种植较多。

蛇瓜以嫩果实为蔬,但嫩叶和嫩茎也可食。嫩瓜含丰富的碳水化合物、维生素和矿物质,肉质松软,有一种轻微的臭味,但是煮熟以后则变为香味,微甘甜。蛇瓜性凉,入肺、胃、大肠,能清热化痰,润肺滑肠,蛇瓜的嫩果和嫩茎叶可炒食、作汤,别具风味。蛇瓜少有病虫危害,可称为无公害蔬菜,具有一定的市场潜力。没有尝食过的人会觉其有一股腥味,不敢购买,但一经尝食后就会认可。

蛇瓜根系发达,茎蔓生,叶为掌状,绿色,有5~7个较圆的裂口,边缘有锯齿,叶面有细茸毛。雌雄同株异花,腋生,雄花为总状花序、白色。果实细长,末端稍弯曲,形状似蛇,故称蛇瓜。

有趣的瓜——蛇瓜

无根无叶的植物——天麻

天麻,原名赤箭,始载《本经》,宋代《开宝本草》始收载天麻之名。明代《本草纲目》中将二者合并称"天麻赤箭"。别名明天麻,还有神草(吴普本草)、独摇芝(抱朴子)、定风草(药性论)、合离草、离母(图经本草)之称。日本人称之为鬼箭杆、盗人脚等。它对眩晕、小儿惊痫等疾病有特殊的疗效。

天麻为什么无根无叶呢?因为天麻的生长过程神秘莫测,别具一格。

天麻是草本植物,生长在林区山间,初夏时节,从地面长出像细竹笋似的,砖红色的花穗,穗的顶端排列着黄红色的朵朵小花,看上去真像一支出土的小箭,所以人们常称它为"赤箭"。花开过后,结上一串果子,每个果子里有上万粒如沙尘那样的种子,随风飘扬,不见一片绿色叶子长出。细心采药的人,顺着这根"赤箭"往下挖,从地下挖出一些像马铃薯、鸭蛋、花生米那样大小的块茎,但找不到一条根,这些块茎就是珍贵药材天麻。

没有根、不见叶,全身没有叶绿素,不会进行光合作用,也无法吸收水分和无机盐类,那天麻是怎样长大的呢?原来,天麻生长时有它自己的秘诀"吃菌!"

在林子里到处蔓延着一种名叫蜜环菌的真菌,菌盖是蜂蜜色,菌柄上有环,蜜环菌由此而得名。蜜环菌的菌丝体到处钻营,无孔不入,专靠吸吮其他植物的养料为生,腐烂木材,危害森林,当遇到天麻时,菌丝也照例把块茎包围起来。没想到真菌这时占不到便宜了,天麻的细胞里有一种特殊的酶,能把钻到块茎里面来的菌丝当作很好的食料消化,吸收掉,这样,真菌反而成了天麻的食物!靠蜜环菌的喂养,天麻长大了,没有根没有叶一样过得很好。这样,在漫长的进化过程中,根和叶慢慢便退化了,就是现在,你在块茎的节间还可以依稀见到叶的痕迹一薄薄的小鳞片。可是,当天麻衰老的时候,生理机能衰退,已没有"吃菌"的能力,这时反而成为蜜环菌的食物。所以天麻和蜜环菌是共生的关系,前期天麻吃蜜环菌,后期则是蜜环菌吃天麻。

当人们摸到天麻的脾气后,只要把它的"粮食"——蜜环菌准备好,给它一个阴湿的环境,在平原也可以人工栽培天麻。

天麻虽然无根无叶,可它具有高等植物最大的特征:有复杂的开花、结实的器官,用种子繁殖后代。它属于兰科植物。兰科里不少植物都生得稀奇古怪,天麻恐怕是其中最退化、极有趣的成员之一吧!

植物界的"吸血鬼"——菟丝花

植物界中也有一种可耻的寄生虫,它们不愿自己进行光合作用,制造有机养料,而是通过窃取其他植物体内的营养来生存并繁衍,这种植物被人称之为"吸血鬼",在生物学

植物界的"吸血鬼"——菟丝花

上称为寄生植物。而那些被窃取养分的植物被称为"寄主"。寄主对这些"寄生虫"毫无办法,只能任其生长,有时甚至会被榨干营养,干枯而死。寄生植物因为不必制造养料,叶子也就慢慢退化了。菟丝子就是其中的一种。

菟丝子常常寄生在大豆身上,它茎干上的吸器可穿透寄生植物运送养分的通道,窃取养料。菟丝子的根在它刚长出来的时候还稍稍起点作用,一旦攀附住寄主,根便不起作用而慢慢地枯萎了。

林海牌叶伞——海芋

热带雨林中的植物,仪态万千,竞相显奇媲美。有笔直的"通天柱",有舵背的"躬腰老",有长须的"美须公",有弯弯曲曲的"爬地龙",还有一些植物,可遮风挡雨,有"绿叶雨具"之誉。

在被人称为绿叶雨具的植物中,有的巨叶植物又被某些学者冠以"林海牌叶伞"的美称。这些巨叶植物,生长在热带中,叶巨如伞,人们在林中突遇大雨时,常蹲在叶下避雨,或将叶片顶在头上当伞作帽。最有名的"林海牌叶伞",是天南星科植物——海芋。这种植物有矮粗的肉质鳞茎,株高可达 2～3 米,茎干有直立生长的,有匍匐于地的,多生长在阴湿沟谷、石山或密林下。那带有节痕、长有少数须根的茎干上端,生长着一轮具有肉质长柄的绿色巨叶。叶色碧绿生辉,叶脉显露。叶片有的长达 1 米,宽 50 米厘米,比农民常用的雨帽还要宽大。海芋之叶,可以用于搭盖临时棚房。人们在野外进餐时,砍几片芋叶铺在地上,可作绿色的"地桌",供人摆放食物

林海牌叶伞——海芋

进餐。烈日当空之时,那巨大的叶片又可以充当"遮阳伞",顶在头上遮阴,在森林里突然遇到变天下雨,吹两片海芋叶顶在头上,便成为一把不用花钱购买的绿叶雨伞。顶上这种雨伞,冒雨赶路也不会被雨淋湿衣服。

海芋,不仅会生长"林海牌叶伞",其根茎还富含淀粉。根可入药,淀粉可作工业原料。

林海中能生长"林海牌叶伞"的植物,除海芋外,还有与它同科属的一些天南星科植物,如假芋、大野芋、大千年大黑麻芋等。这些叫"芋"的植物也和海芋一样,有粗壮的分节肉质量鳞茎,长有雨帽般大小的绿叶。叶片有翠绿的、淡绿的、紫黑色的,都可用于遮阳挡雨。还有林中那些野芭蕉,叶片又宽又长,可捂折成钩状披在头上,暂作"雨衣"。

有"林海牌叶伞"之称的芋类植物,因叶碧而巨,四季常青,树型美观,已被人们引入庭院栽培,作盆景观赏。

"看似无花却有花"——无花果

在植物王国中,有果必有花,无花哪有果呢?"看似无花却有花"的植物有几百种,无花果是一个典型的例子。无花果不仅有花,而且有许多花,只不过是人们用肉眼看不见罢了。我们吃的无花果,并不是无花果的真正果实,而是它的花托膨大形成的肉球,无花果的花和果实却藏在那个肉球里面。所以从外表上看不见无花果的花,这种花植物学上属于"隐头花序"。如果把无花果的肉球切开,用放大镜观察,就可以看到内有无数的小球,小球中央有孔,孔内生长着无数绒毛状的小花。雄花、雌花上下分开,每朵雄花,每朵雌花结一个小果实,也藏在肉球内。因此,无花果的名字其实是名不符其实的。

"看似无花却有花"——无花果

永远向往光明的花朵——向日葵

生长古墙阴,园荒草树深。

可曾沾雨露?不改向阳心。

作为一种最普通最常见也最流行的小吃品,葵花籽(也叫瓜籽)早已风靡全球,每天每个时刻全世界的许多地方都有很多人在不停地嗑葵花籽。

菊科一年生草本植物向日葵,又名葵花、转日莲,原本是哥伦布发现新大陆时的一项新发现,因为在此之前,世界上没有任何关于向日葵的文字记载。16世纪初,西班牙人在秘鲁和墨西哥的山地上,看到满山遍野的向日葵,肥大的绿叶烘托着一个金灿灿的硕大花盘,他们认为是"上帝创造的神花",将它带回欧洲作为观赏植物种植。

人们都知道,向日葵整天朝太阳转,太阳在东边,它就头朝东;太阳在西边,它就头朝西,就是背阴处的向日葵也总是朝着太阳的方向,这是为什么呢?

永远向往光明的花朵——向日葵

向日葵能够跟着太阳转主要是因为在它花盘下面的茎部含有"植物生长素"。这种植物素具有两个特点：一是背光性，一遇到光线照射，背光部分的生长素会比向光部分多；二是能刺激细胞的生长，加快分裂、繁殖。

清晨，旭日东升，向日葵花盘下茎干里的植物生长素集中在西边背光的一面，并且刺激背光一面的细胞迅速繁殖。于是，背光一面比向光一面生长得快，结果整个花盘朝着太阳方向弯曲。

随着太阳在空中的移动，植物生长素在茎里也不断地背着阳光移动，像是跟太阳捉迷藏似的。这样，向日葵就老是跟着太阳转了。

这种性质在植物学上叫作"向光性"。很多植物的叶子都具有与向日葵一样的习性，总是向着太阳，这又可称"正向光性"。

所谓背阴处，就是指阳光不能直接照射之处，也就是光弱之处。光弱之处同样也有光的强弱的区别。绿色植物在一点光没有的黑暗之处是不能生长的。

也正因为这一点，热爱光明的俄罗斯人民普遍喜欢向日葵，并将它定为国花。

当你高兴地把一粒又香又脆的五香瓜籽送进口中，轻轻地一嗑，再"噗"的一声吐出瓜子壳时，是否会想到，原来向日葵曾有一段凄惨哀婉的故事：很久以前，有个名叫明姑的乡村女孩，天生心地善良，美丽聪明，但她的亲娘在她很小的时候就去世了，继母心如蛇蝎，常对她百般凌辱虐待。一天，因一件小事，她顶撞了继母几句，继母大怒，用皮鞭使劲地抽打她，但一不小心却打到了自己亲生的另一个女儿身上，于是，继母又气又恨。当天晚上，继母趁明姑熟睡之际，狠心地挖掉了她的双眼。明姑疼痛难忍，破门而逃，不久死去。后来，明姑的坟上就长出一种植物，并开出金灿灿的花朵，大小如盘，且始终向着太阳。它就是今天的向日葵。

直到今天，这个故事都还一直激励着人们反抗黑暗，痛恨残暴，向往光明，追求光明。

向日葵不仅老家在秘鲁，而且还是秘鲁的国花，这里面也有一段故事：传说印加族的起源是太阳神在的喀喀湖中的岛上，创造了一个女人和一个男人，并让他们二人结成恩爱夫妻，婚后子孙满堂，繁衍成一个新种族。太阳神吩咐他们带着新种族，迁居到一个有发展前途的地方定居下来，这个种族就称作"印加"，在印第安语中的含义是"太阳的子孙"。当时的印第安人称向日葵为太阳花，所以后来秘鲁人就奉向日葵为国花。

生长在树皮上的植物——槲蕨

寄生在树皮上，它的叶子可以进行光合作用，制造养料，它的吸器伸入寄主体内只吸取寄主的水分和无机盐，不吸取寄主的有机营养，所以称这种植物为半寄生植物。能寄生在高高的大树上，是鸟儿帮了它的忙。小鸟很喜欢吃槲的果实，但果肉富有黏性，有时粘在小鸟的嘴上，小鸟会在树皮裂缝间擦拭，这就无意间便给槲寄生在高高的大树皮上创造了繁殖后代的机会。

生长在树皮上的植物——槲蕨

开花后就死的草——竹

竹子虽然长得很高，其实它只不过是一棵空心的"草"。因为它的茎中心是空的，没有木质部,应该属于草本植物,所以人们可以称它为最高的草。春雨过后,竹子生长特别快,一天可长高90厘米,初出地面就是竹笋。最高的竹子,能生长高达37米。

开花后就死的草——竹

竹子不常开花,只有在营养不良或营养过剩时,经过多年的生长后才开花,以便在生命结束前结出种子。所以竹子开花后就意味着快要死亡了。

会变色的花——杏花、木芙蓉

植物王国中,有趣的是有些花,它们在开花的过程中,花朵的颜色会发生变化。杏花在含苞待放的时候,花朵是红色,开放后就逐渐变淡,最后会完全变成白色。

木芙蓉的花更为奇特,初开为白色,第二天变成浅红色,后来又变成深红色,到落花之时,变成紫红色。这些花色的变化,看来似乎很神秘,其实是因为植物体内的色素随着温度、酸碱度的变化而发生变化的。

会喷射"炸弹"的植物——凤仙花、喷瓜、含羞草

喷瓜、凤仙花、含羞草、荠菜、豌豆等植物的种子,它们成熟后,会自动从果实中喷射出来,落在不太远的地方,繁殖后代。

仙花的果实成熟后,果皮会自动裂开,把种子像枪弹似的喷射到2米远的地方去。在丰富多彩的植物界里,这种本领并非凤仙花所独有,有的植物本领比它还要大!

原产欧洲南部的喷瓜,它的果实像个大黄瓜。成熟后,生长着种子的多浆质的组织

会变的色的花——杏花、木芙蓉

变成粘性液体,挤满果实内部,强烈地膨压着果皮。这时果实如果受到触动,就会"砰"的一声破裂,好像一个鼓足了气的皮球被刺破后的情景一样。喷瓜的这股气很猛,可把种子及粘液喷射出 40~50 尺远。因为它力气大得像放炮,所以人们又叫它"铁炮瓜"。还有比喷瓜果实更有力气的果实吗?人们至今还没有发现。

它的种子不像我们常见的瓜那样埋在柔软的瓜瓤中,而是浸泡在粘稠的浆液里,浆液把瓜皮胀得鼓鼓地。当瓜成熟时稍一风吹草动,瓜柄就会自然与瓜脱开,瓜上出现一个小孔,紧绷绷的瓜皮把浆液连同种子从小孔里喷射出去,一直喷到几米远的地方,种子就这样传播出去了。

污水处理植物——凤眼莲

又叫水浮莲、水葫芦。是一种浮水草本植物。它的根能扎在泥中,也能随植株浮在水中。叶片倒卵形,基生成莲座状。为了飘在水上,叶柄在中部膨胀成囊状,就像个葫芦,在里面有气室。凤眼莲的花序穗状,由 6~12 朵花组成。花蓝紫色,像个裂开的漏斗。从根部生出的匍匐枝上萌生出新株。凤眼莲原产热带美洲,我国南北各地栽培或亦为野生。

凤眼莲富含蛋白质,是很好的青饲料。它还能迅速吸收金属元素,用来处理废水,净

中华传世藏书

中国大百科

植物百科

三三五

会喷射"炸弹"的植物——凤仙花、喷瓜、含羞草

化环境。由于其资源丰富,生长迅速,收获容易,所以用它来造纸可以减少木材的消耗。将其切割,发酵,进入沼气池还是一种十分清洁的能源。

凤眼莲繁殖迅速。在营养丰富的温水中,8~10天种群成倍增长,一棵水中的凤眼莲可以繁殖出60000棵新的凤眼莲,当然,它也有负面影响,比如堵塞河道、水面,并造成其他生活在水中的生物不能存活。滇池就是由于凤眼莲的过度繁殖而覆盖,后来人们不得投入资金利用机械的、化学的等手段进行治理,才使情况得以改善。

会预报天气的花——风雨花

云南西双版纳生长着一种能预报风雨的花,名叫"风雨花"(即红菖蒲莲)。每当风雨将至,它便精神抖擞,含苞欲放;风雨降临便迅速开放,任凭风吹雨打,依然亭亭玉立;而风雨过后,则色彩绚丽,花红似霞,映红深山老林、悬崖峭壁。当地傣家人称它是迎着风风雨雨开放的花,傣语叫"糯蝶罕花"。

会预报天气的花——风雨花

风雨花是一种"风雨指示植物",卵球形鳞茎,叶片扁平修长,深绿色。花粉红色,苞片淡紫红色,花朵形状似水仙,有六条长着丁字形花药的雄蕊,当它盛开怒放时,就像一根根细长的点燃的蜡条熠熠发光。风雨花产于热带、亚热带地区,以种子繁殖,但习惯上把鳞茎分株移植。风雨花还可药用,全草入药,民间用以治疗疮毒、乳痛等。

会"旅行"的植物——风滚草

在五光十色、奥妙无穷的植物界,许多植物都有着适应环境的奇妙本领,比如会"旅行"的植物就是一个有趣的例子。

当你在草原上漫步时,就可常常看到一个个草球在滚动,这便是被人们称为草原"流浪汉"的风滚草,它是草原上的"旅行家"。风滚草是草原上特有的一种植物类型,其中包括猪毛菜、矶松、刺藜、防风等十多种植物。每当秋季来临时,它们的枝条便向内卷曲,使整个植物体变为球形;茎的基部在靠近地面处也变得很脆,经大风一吹或被动物一碰,靠近地面处的茎便被折断,植物体脱离根部而随风在草原上滚动。

那么,这些草原上的"流浪汉"为什么要到处滚动呢?植物学家经过观察研究,揭开了其中的奥秘。原来,这些"旅行家"借助滚动来传播种子。植物学家们发现,风滚草果实开口的地方长着密密的茸毛,使其又轻又多的种子不可能一下子都撒播出去,只有在滚动中受到震动时,才能掉出几粒种子来。一棵风滚草就好比是一架天然的小播种机,经过滚动即可把种子撒播在广阔的草原上，从而保证了它们后代的繁衍。

会"旅行"的植物——风滚草

真是无独有偶，在南美洲有一种蕨类植物叫卷柏，当天气干旱时，它的根就会自动折断，然后全身蜷成一个小球，风吹来时，小球就随风滚动，到处流浪。当它滚到水分充足的地方时，就停下来重新生根，展开球形，恢复原来的面目，在新的环境下定居下来。当遇到天气干旱水分不足时，则再次收拾"行装"，又开始新的"旅行"。卷柏无水就"走"，遇水而"居"，真是植物王国里的一个奇妙"旅行家"，故人们称它为"旅行植物"。

会发光的树——栾树

1983 年,在中国湖南省南县沙港乡,人们发现了一棵能发光的杨树。这棵树的直径有 23 厘米。4 月 7 日,这棵树被砍伐并剥掉树皮之后,竟然在晚上发起光来,就连树根和锯下的木屑也一样放光。一根 1 米长、5 厘米粗的树枝,其亮度就相当于一支 5 瓦的日光灯,但随着树内水分的蒸发,亮度就一天一天地减弱。而树枝受潮以后,亮度又会增加。

会发光的树——栾树

在中国贵州省三都水族自治县的原始森林里,曾新发现了 5 棵罕见的夜光树。在没有月亮的夜晚,当地人会看到这样一幅奇景;在一棵大树的枝权上,有成百上千个两寸多长的月牙儿正在闪着荧光。当微风吹过的时候,千百个小月牙儿轻轻地摇啊摇的,好看极了。原来那小月牙就是"夜光树"上会发光的叶子。

植物为什么会发光呢? 这是因为这些植物体内有一种特殊的发光物质——荧光素和荧光酶。生命活动过程中要进行生物氧化,荧光素在酶的作用下氧化,同时放出能量,这种能量以光的形式表现出来。就是我们所看到的生物光。生物光是一种冷光,它的发光效率很高,有95%的能转变成光,而且光色柔和、舒适,科学家们正在研究。

会跳舞的植物——跳舞草

在我国南方的山坡野地里,就有这种奇妙的"舞草"。在无风的天气,只要有阳光照

会跳舞的植物——跳舞草

射到它,它就像鸡毛那样跳动,因此,当地人也称它为"鸡毛草""风流草"。跳舞草属蝶形花科,学名叫山绿豆。它高约1尺,为奇数复叶,有小叶3片,前边1片较大,后面2片较小。它对阳光很敏感,一旦受到阳光照射,后面的2片小叶就会迎着太阳舞动,恰似蝴蝶在花丛中飞舞,从朝阳东升一直舞到夕阳西下才停止,不知疲倦地舞动一整天。

据传说,古时候西双版纳有一位美丽善良的傣族农家少女,名叫多依,她天生酷爱舞蹈,且舞技超群,出神入化。她常常在农闲之际巡回于各族村寨,为广大贫苦的老百姓表演舞蹈,身形优美、翩翩起舞的她好似林间泉边饮水嬉戏的金孔雀,又像田野上空自由飞翔的白仙鹤,观看她跳舞的人都不禁沉醉其间,忘记了烦恼,忘记了忧愁,忘记了痛苦,甚至忘记了自己。天长日久,多依名声渐起,声名远扬。后来,一个可恶的大土司带领众多家丁将多依强抢到他家,并要求多依每天为他跳舞。多依誓死不从,以死相抗,趁看守家丁不注意时逃出来,跳进澜沧江,自溺而亡。许多穷苦的老百姓自发组织起来打捞了多依的尸体,并为她举行了隆重的葬礼。后来,多依的坟上就长出了一种漂亮的小草,每当音乐响起,它便和节而舞,人们都称之为"跳舞草",并视之为多依的化身。

另据传说,古时候有一傣族少女殉情自杀,死后便化身为跳舞草。所以,一旦遇到多情的小伙子高唱情歌,它就会随歌起舞。

跳舞草为什么会"跳舞"呢?原来,它的老家在热带,它很怕蒸发失水。当阳光照射时,它就以舞动的叶子抗拒酷热的阳光,这是为适应环境,谋求生存而锻炼出来的一种特殊本领。跳舞草可以入药,味淡微苦,有清热解毒、消肿散毒之功效,能治疗风热感冒、毒

蛇咬伤、痛疮毒等病症。

会翻身的植物——长生草

在砂岩的斜坡上或松树林里,常常生长着一种奇怪的草,它的样子好似观音菩萨身下的"莲座",人们叫它长生草。这种草有奇特的本领,它能像甲虫那样自己慢慢地翻身。

会翻身的植物——长生草

假如你稍加留意的话,就能观察到甲虫是如何翻身的。当甲虫背部朝地时,它就会用硬鞘翅支着地面而撑起身子,并舞动它的腿脚,慢慢地翻过身来;如果它的腿脚能抓到小草,翻身就省力和方便多了。说来十分有趣,长生草翻身与甲虫极为相似。

能预报火山爆发和地震的植物——报信花

火山爆发和地震等自然灾害对人类危害极大,因此人们正在积极探索对它们进行预测和预报。奇妙的是,科学家发现,一些"报警植物"却是人类开展这项工作的好帮手。

在印度尼西亚爪哇岛的潘格兰格活火山上生长有一种奇特的野花,对火山爆发极为

能预报火山爆发和地震的植物——报信花

敏感,能预报火山爆发。人们经过长期观察发现,在火山爆发前它就开出美丽黄色的花朵,这时人们就赶紧离开火山,因此大家叫它"报信花"。

植物不仅能预报火山爆发,而且对地震预测也大有帮助。美国科学家哥尔顿·杰可比发现,树木的年轮具有记录地震的作用。这位植物学家在阿拉斯加州的某地发现松树的年轮长得很不规则,相互挤在一起。于是他查阅了有关资料,果然1899年这里曾发生过大地震,并且地震后地面上升了。杰可比认为,由于发生地震后,树木的生长环境发生了很大变化,从而影响了树木的生长。比如,地面上升或下降,能改变地下水对树木的供应;地面的裂口会损坏树根,从而影响树木对养料和水分的吸收。这些环境变化,都会在树木的年轮上留下痕迹。因此,经历过地下断层活动时期的树木的年轮,将为人们预测地震,提供有益的数据。

我国科学工作者也调查了地震前植物出现的异常现象:1970年宁夏西吉发生5.1级地震前一个月,距震中60多公里的隆德县在初冬蒲公英就提前开了花;1972年长江口地区发生4.2级地震前,附近地方的山芋藤突然开花;1976年8月16日四川松潘地区发生7.2级地震前,平武县境内大面积箭竹开花死亡,使大熊猫遭到了灭顶之灾;1976年唐山大地震前,唐山地区出现竹子开花、柳树枝条枯死等不正常现象。这表明,在地震前植物会出现一些前兆反应。

日本学者对这些现象进行了深入一步的研究,从细胞学的角度观察和测定了地震前植物机体内的变化。如用高灵敏度的记录仪对合欢的生物电位进行长期测定,并认真分析了记录下的电位变化,发现这种植物能感知火山活动和地震前兆的刺激,出现显著的电位变化和较强的电流。例如,1978年6月10日和11日,合欢连续两天出现异常强大的电流,而当地在11日下午便发生了7.4级地震。余震持续10多天后,合欢的电流也随之变小。她认为,这是因为在地震前,地温、地下水、大地电位、磁场等均发生变化,植物通过根系能捕捉到这些变化,致使植物体内的电位也产生相应的变化。

这些研究还刚刚开始,科学家们预言,随着研究工作的逐步深入,结合其他手段,利用植物所发生的异常现象,肯定会对火山爆发预报和地震预报有着积极意义。

观赏植物

美丽的观赏植物，有观花的、有观叶的、有观果的，随着人们物质文化生活不断地提高，供人们观赏的植物，可以说是越来越多了，真是举不胜举。观赏植物的来源，一方面是人工培育出许多品种；另一方面会有更多更好看的野生植物被人们发现。如兰花，我国内地和台湾培育了不少品种，但有更多更美的野生种兰花，还默默无闻地生长在热带雨林之中。

万花敢向雪中出——梅花

相传隋代赵师雄游浮罗山时，夜里梦见与一位装束朴素的女子一起饮酒，这位女子芳香袭人，又有一位绿衣童子，在一旁欢歌笑语。天将发亮时，赵师雄醒来，却发现自己睡在一棵大梅花树下，树上有翠鸟在欢唱。原来梦中的女子就是梅花树，绿衣童子就是翠鸟，这时，月亮已经落下，天上的星星也已横斜，赵师雄独自一人惆怅不已，后用为梅花的典故。

万花敢向雪中出——梅花

春落梅枝头。每逢春寒料峭，瑞雪纷飞的残冬，梅花盛开了。清香馥郁、芬芳扑鼻。梅园里红梅、白梅、绿梅、墨梅，竞相开放。红的似片片朝霞，白的粉妆玉琢，绿的青翠欲滴，黑的庄重脱俗，使人目不暇接。那洁白素净的玉蝶梅，萼如翡翠的绿萼梅，胭脂点珠的朱砂梅，红颜淡妆的宫粉梅，浓艳如墨的墨梅，萼红瓣白的红梅，木蕊发红的骨里红，铁骨虬枝的龙游梅，枝若垂柳的垂枝梅，枝干和花蕊都向下，宛若探身弄影的照水梅……千姿百态、争丽斗妍,灿烂芬芳。随风飘动,像五彩云霞装扮着大地;风送幽香,点缀着残冬,使人间生出盎然春意。"烟姿玉骨,淡淡东风色,勾引春光一半出。"随着梅香的飘拂,那万物复苏、欣欣向荣的春天转瞬就要到了。

梅先天下春,这是梅最可贵之处。

梅花,不畏严寒,独步早春。它冒着凛冽的寒风,傲雪凌霜;它在冰中育蕾,雪中开花;它赶在东风之前,向人们传递着春的消息,被誉为"东风第一枝"。梅花的这种不屈不挠的精神和顽强意志,历来被人们当作崇高品格和高洁气质的象征。元代诗人杨维帧咏之:"万花敢向雪中出,一树独先天下春。"

梅花,是一种蔷薇科樱桃属植物,落叶乔木。别名又叫梅、春梅、干枝梅、獠。梅花分五瓣,花色有白、红、淡绿、淡红等。以白色和淡红色为主。花先于叶子开放,果实可分青梅(绿色)、白梅(青白色)、花梅(带红色)三种,除供鲜食外,还可制蜜饯和果酱。未熟的果经过加工就是乌梅。

梅原产我国,多分布在长江以南各地。我国植梅至少有三千多年的历史了。《诗经》里有"漂有梅,其实七分"的记载。1975 年在河南安阳殷代墓葬中出土的铜鼎里,发现了一颗梅核,距今已有三千二百年了。春秋战国时期爱梅之风已很盛,人们已从采梅果为主要目的而过渡到赏花。"梅始以花闻天下",人们把梅花和梅子作为馈赠和祭祀的礼品,到了汉晋南北朝,艺梅咏梅之风日盛。《西京杂记》载:"汉初修上林苑,远方各献名果异树,有米梅、胭脂梅。"又:"汉上林苑有同心梅、紫蒂梅、丽友梅。"晋代陆凯,是东吴名将陆逊之侄,曾做过丞相,文辞优雅。陆凯有个文学挚友范晔(即《后汉书》作者)在长安。他在春回大地,早梅初开之际,自荆州摘下一枝梅花,托邮驿专赠范晔,并附短诗:"折梅逢驿使,寄与陇头人;江南无所有,聊赠一枝春。""春"而且可以寄赠,自陆凯始,以梅花传递友情,传为佳话。

到南北朝,有关梅花的诗文、轶事也多了。《金陵志》云:"宋武帝刘裕的女儿寿阳公主,日卧于含章殿檐下,梅花落于额上,成五出花,拂之不去,号梅花妆,宫人皆效之。"这可能是用梅花图案美容的开端。

本文开台的隋人赵师雄在罗浮山遇见梅花仙子,故事美丽动人。说明当时人们也爱梅成风。

杭州孤山的梅花在唐时已闻名于世。诗人白居易在离开杭州时,写了一首《忆杭州梅花,因叙旧寄萧协律》,诗云:"三年闷闷在余杭,曾与梅花醉几场;伍祖庙边繁似雪,孤山园里丽如妆。"唐代名臣宋环在东川官舍见梅花怒放于榛莽中,归而有感,遂作《梅花赋》,诗中有"独步早春,自全其天","谅不移本性,方可俪于君子之节"等赞语。此外,如杜甫、李白等诸多名家均有咏梅诗篇。曾一度为唐明皇李隆基大加宠幸的江采苹,性喜梅花。据《梅妃传》记:"所居栏槛、悉植数枝……梅开赋赏,至夜分尚顾恋花下不能去。

上（唐明皇）以其所好，戏名曰梅妃。"

北宋处士林逋（和靖），隐居杭州孤山，不娶无子，而植梅放鹤，称"梅妻鹤子"，被传为千古佳话。他的《山园小梅》诗中名句："疏影横斜水清浅，暗香浮动月黄昏。"是梅花的传神写照，脍炙人口，被誉为千古绝唱。

南宋范成大是位赏梅、咏梅、艺梅、记梅的名家。他在苏州石湖辟范村，搜集梅花品种12个，并在1186年写成中国（也是全世界）第一部梅花专著：《梅谱》。1191年冬，词人、音乐家姜夔住在范成大石湖梅园中，正值梅花盛开。他自度新曲，填了两首咏梅词，名曰：《暗香》《疏影》，音节谐婉，极受范的赞赏。

元代有个爱梅、咏梅、艺梅、画梅成癖的王冕，隐居于九里山，植梅千株，自题所居为"梅花屋"。又工画墨梅，花密枝繁，行笔刚健，有时用胭脂作没骨梅，别具风格。其《墨梅》诗名扬天下："我家洗砚池头树，个个花开淡墨痕、不用人夸好颜色，只留清气满乾坤。"王冕还写过一篇《梅华传》，把《三国演义》中的"望梅止渴"故事改写成了一篇趣味盎然的童话：大将军曹操行军迷路，军士渴甚，愿见梅氏。梅聚族谋曰："老瞒（编者注：曹操小名）垂涎汉鼎，人不韪（不韪即不同意）之。吾家世清白。慎勿与语。竟匿不出。"王冕借赞扬梅花蔑视权贵的精神来暗喻自己的人格。

南宋爱国诗人陆放翁咏梅的词《卜算子》里写道："无意苦争春，一任群芳妒，零落成泥碾作尘，只有香如故。"借咏梅表现了诗人怀才不遇的寂寞和不论怎样受挫折也永远保持高风劲节的情操。毛泽东反其意而用之，作了《卜算子·咏梅》，指出："已是悬崖百丈冰，犹有花枝俏。俏也不争春，只把春来报。待到山花烂漫时，她在丛中笑。"洋溢着革命英雄主义和乐观主义精神。毛泽东另一首七律《冬云》中也赞扬了"梅花欢喜漫天雪"的不畏严寒、独步早春的精神。

除了众多的诗词吟咏梅花之外，我国绘画史上还流传着这样一段轶事：宋代著名画家宋伯仁，生平喜爱梅花。他为了画梅，种植了许多梅树。每当梅花开放，他从早到晚地在梅树下细致观察，并将梅花的低昂、俯仰、分合、卷舒，从萌芽到花开，从盛放到枯萎的各种形态，一一描绘下来，整理成一百幅图稿，定名《梅花谱》。后人为了赞誉他梅花画得"喜神"，称他的百梅图为《梅花喜神谱》。近代金石书画家吴昌硕，曾有诗说他"家传一本宋朝梅"。

梅花不仅在我国是珍贵花卉，在国外也很受人喜爱，但国外仍以东方栽培较多。日本的梅是我国传去的，朝鲜也有。日本还有"梅之会"的组织，并出版发行专门刊物《梅》。到19世纪传入欧洲，20世纪初传入美国，现在世界各国均有栽培，但不及东方国家之盛。

梅花相传到现在，已是花繁品茂。据1962年调查，已有230多个品种。主要分果梅和花梅两大系统。果梅可分青梅、白梅、花梅、乌梅等。花梅以观赏为目的，按其生长姿态分,有直脚梅类、杏梅类、照水梅类、龙游梅类;按花型花色分,有宫粉型、红梅型、玉蝶型、朱砂型、绿萼型和洒金型等。其中宫粉型梅最为普遍,品种最多。玉蝶型别有风韵,绿萼型香味最浓,尤以成都的"金钱绿萼"为好。

梅的故乡在鄂西、川东。据《本草纲目》引陶弘景的《名医别录》记载:"梅实生汉中山谷",而"襄汉川蜀江湖淮岭皆有之"。《花镜》上说:"古梅多著称于吴下、吴兴、西湖、会稽、四明等处,每多百年老干。"《花镜》在梅的注解中说:四川大渡河上游的丹巴县内,海拔 1900~2000 米的山谷地带,雅砻江流域会理县的海拔 1900 米的山间,都有野梅生长。广西兴安县山区、江西与广东交界的大庾岭,古代都是盛产梅的地方。广东增城市的罗浮山,历来以产梅花著称于世,"罗浮"后来就成了梅花的别名。

我国是梅的故乡,赏梅胜地很多,江南一带尤盛。而天下梅花之盛,莫过于苏州邓尉山和杭州西湖了。

苏州邓尉山及其附近山坞,遍植梅树,以梅著称。相传邓尉山因东汉太守邓尉隐居于此而得名。宋代淳事占年间,有高士查某在山坞大种梅树,后来山民就以种梅为业,越种越多,以致遍地是梅。据《光福志》载:"邓尉山里植梅为业者,十中有七。"清代诗人张诚有"望衡千余家,种梅如种谷"的诗。邓尉山附近的玄墓山、弹山、青芝山、铜井山等,也是千树万树的梅花连成一片。花盛开怒放时,满山盈谷,香气四溢,势若雪海,以至于清代巡抚宋荦即寓意在司徒庙西的山崖上,写下了"香雪海"三个斗大字,从此名著吴下。相传乾隆皇帝曾先后六次到邓尉山探梅赏景,并六赋《邓尉香雪海歌》的长诗。在万树梅花掩映的半山腰,有座"闻梅馆",又称"闻梅轩"。不远处一巨大岩石上有一"梅花亭",二者均为赏梅佳处。亭作五角形,铜鹤结顶,屋檐、石柱、石槛、瓦片均作五出梅花状。整座亭子借喻宋代隐士林和靖"梅妻鹤子"的典故。与周围梅花融成一体。亭旁,有乾隆皇帝于 1751 年来邓尉山赏梅时的手书碑刻一块。下得山来,山下倪巷村昔有清代潘遵祁的"香雪草堂"别墅。内有四梅阁,以宋代杨补之《四梅花巷》而得名。

梅开时节,满山皆白,像坠入云海,分不清哪是云哪是花,闪闪银波,在山间流光溢彩,奇丽无比。移目远眺,山上山下,银海荡漾,红绿相间,弥漫无际。真有"入山无处不春枝,远近高低路不知"的感觉。"邓尉梅花甲天下",邓尉探梅,已成为吴地春游的主要胜地。

杭州的孤山、灵峰、西泠并称"西湖三大赏梅风景区"。孤山在杭州西湖的里湖与外湖之间,因四面碧波萦绕、孤峙湖中,故名"孤山"。又因多梅花,也称"梅屿"。这里在宋代建有西太乙宫,清代康熙、乾隆时曾建有行宫,辛亥革命后改建公园,即今天的中山公园。孤山北麓有放鹤亭,是赏梅胜地,有诗云:"人们蓬岛是孤山,高阁清虚类广寒。里外湖光明似镜,有梅花处好凭栏。"灵峰位于杭州西湖西北,晋开运年间,吴越王在此建鹫峰禅院,北宋治平二年赐名"灵峰",寺后山巅有来鹤亭,与孤山放鹤亭遥相呼应,也是过去妙高台的旧址。宋苏东坡曾题诗壁上："灵峰山下宝陀寺，白发东坡义来到；前世德云今我是，依稀犹记妙高台。"寺院附近有古梅近百株，较别处早开晚谢。故有"灵峰寻梅"之景。

要说赏梅还数杭州超山味儿最浓。超山自唐代以来，广植梅林，有"十里梅花香雪海"之称。更有古梅两株，一唐一宋，闻名江南。每当超山梅开，香雪成海，蔚为壮观，香风十里，醉入心田，素有"超山之梅天下奇"的美名。如今超山的"唐梅"和"宋梅"，仍苍劲古朴，姿态奇特。如大明堂内的唐梅，虽是千余年老树，但其冠仍如伞，老枝扶疏，蓓蕾满枝，似有无限青春活力。在梅林上空，云烟缥缈，远处钱塘江水苍茫，山水梅林相互辉映。无怪乎近代金石书画家吴昌硕先生与超山梅林结下不解之缘，并作画题诗："十年不到香雪海，梅花忆我我忆梅；何时买棹冒雪去，便向花前倾一杯。"直至84岁高龄，他仍偕子吴东迈、门生王个移等人，手持木杖到超山赏梅。逝世后，其亲属遵其遗愿，在超山大明堂前香雪坞中筑陵安葬，以永居梅林。

此外，南京的梅园新村和梅花山，无锡的梅园，上海淀山湖畔的大观园、莘庄公园等，也都以梅花闻名。

梅树的寿命都很长，一般可活三五百年，甚至千年以上。世事沧桑，至今犹能保存下来的古梅，除了杭州超山的那两株"唐梅"和"宋梅"之外，最早的古梅当推湖北黄梅县的"江心古寺"遗址处的"晋梅"了。它饱经风霜，树干已成灰黑色，每年大寒开花，花开满树，整个开花期达冬春两季。还有浙江天台山"国清古寺"的一株"隋梅"，距今也有1300多年的历史。相传是佛教天台宗的创始人智凯大师亲手植的。这株隋梅虽数度枯萎，但如今经人们精心培育，已返老还童，枯木逢春。主干苍老挺拔，四周嫩枝丛生，几年前树上还结了数千个梅子。清人梁绍王在其所著《两般秋雨庵随笔》中也记载了这么一件事，其云："真州城东十余里淮提庵，有古梅一株，大可蔽牛，五千并出，相传为宋时物。康熙中，树忽死，垂四十年复活，枝干益繁，花时光照一院。"清嘉道年间名士阮元题其名曰：返魂梅。梅长寿不足奇，奇的是枯木能逢春。

所以梅有个特点是，愈老愈显得苍劲挺秀、生意盎然。历来有"老梅花、少牡丹"之说。

梅花的香韵一向为人们所倾倒，它浓而不艳、冷而不淡，那疏影横斜的风韵和清雅宜人的幽香，是其他花卉不能相比的。然而，更为可贵的，还是梅花的精神。梅的铮铮铁骨、浩然正气，傲雪凌霜、独步早春的精神，被人们誉为中华民族之魂。"朔风吹倒人，古木硬如铁；一花天下春，江山万里雪。"人们把松、竹、梅称作"岁寒三友"，尊梅、兰、竹、菊为"四君子"，赞赏梅花的高洁、典雅、冷峭、坚贞，视为知友、君子，梅都是当之无愧的。

亭亭玉立的白衣仙子——马蹄莲

马蹄莲原产非洲南部的河流或沼泽地中。性喜温暖气候,不耐寒,生长适温20℃左右。喜湿润环境,不耐干旱。冬季需充足的光照,光线不足着花少,稍耐阴。喜疏松肥沃、腐殖质丰富的沙质壤土。其休眠期随地区不同而异。在我国长江流域及北方栽培,冬季宜移入温室,冬春开花,夏季因高温干旱而休眠;而在冬季不冷、夏季不干热的亚热带地区全年不休眠。

马蹄莲又名海芋,像慈如那样的花,是天南星科多年生宿根草本植物。马蹄莲,花叶俱佳,有较高的观赏价值。其叶柄长而粗壮,叶片呈戟形,碧绿有光泽,青翠挺拔;花形奇特,为佛焰花序,呈漏斗状或马蹄状,故名马蹄莲。

亭亭玉立的白衣仙子——马蹄莲

洁白晶莹的马蹄莲,让人感觉到圣洁的宁静。它那像花瓣的大苞叶将黄色的穗花序环绕其中。花冠很小,其含蓄地挤挨在中央的花柱上,散发着微香。而花苞却很张扬地大开着,它的表现欲太强了,以至于大多数人都把它当成是花瓣,其实它只是变了形的一片叶子。

马蹄莲还有一个很美的名字叫"观音莲",在一丛青翠的叶片中,盛开着青翠可人的洁白花朵,似身着白衣的仙子亭亭玉立,微风过处,叶片轻动,花朵颔首,恰如南海观音踏浪而来。

马蹄莲的花形简单大方,花色洁白似雪,秀美绝伦,在绿叶映衬下,越发显得超凡脱俗,与众不同。在暑热严严的夏日里,如果有这样清新雅致的花姿可赏,会令人暑气顿消,烦躁的心情平静下来。

马蹄莲多为白色,近年来,已培育出多种颜色,有淡黄色、橙红色、甚至是蓝色等,别有韵味。送一束白色的马蹄莲给年轻的友人,是赞美对方纯洁、高雅、充满青春活力;黄色的马蹄莲则代表了精纯朴实,与朋友志同道合之意;送橙红色马蹄莲时,则是告诉对方"我对你有意思"。

空谷佳人——兰花

兰花是珍贵的观赏植物。其朴实无华,叶色长青,叶质柔中有刚,花开幽香清远,发乎自然,居"花草四雅"之首。因此人们将兰花尊为"香祖""国香""天下第一香"。兰花原生于深山幽谷之中,不为无人而不芳,不因清寒而萎缩,故有"花中君子"之誉。兰花,叶态优美,花姿娇媚,香馥幽异,是我国名贵花卉之一。所以,我国人民一直非常喜爱兰花,总结积累了不少养兰经验,如"春不出,夏不日,秋不干,冬不湿。"和《养兰中诀》。据不完全统计,目前全世界有七百多个属、二万多个种,每年还发现和培养出不少新品种。

空谷佳人——兰花

兰花属兰科植物,是被子植物中仅次于葡科植物。兰花以它美丽的外表和风芳的气味成为全世界最受欢迎的一种观赏植物,尤其在日本,每年都会开一次兰画展,专门展示这些珍奇花卉。兰科植物几乎都靠昆虫传粉,而且它们被认为是虫媒传粉的最高级类型,3枚花瓣中1枚演化成了唇瓣,并呈水平方向伸展成一个"降落平台",便于昆虫的起降,另2枚花瓣和3枚花萼尽量向四周展开,以便不妨碍昆虫采蜜。雄蕊与雌蕊长在一起,生成合蕊柱。

对有些不能散发香味的兰花来说,它们花朵的结构另有绝妙之处。它们的花朵外形因为它们传粉的雌性昆虫非常相似,而且能散发与雌性昆虫分泌的雌性信息素相似的化学物质,诱使许多"痴情郎君"来与这些花朵交配,雄虫发现上当受骗时,身上已沾满了花粉,等雄虫再次飞到另一朵"佳偶"上时,花粉被传播了。

兰花喜欢温暖潮湿,日照时间短,无煤烟尘埃污染的环境及深厚、疏松肥沃、透水良好的微酸性土壤。兰花一般采用分株法繁殖,也有用嫁接繁殖。

兰花单生或成总状花序开于茎顶,其中两"肩"上耸呈蝴蝶翅膀状者为名贵品种。如蝴蝶兰,花如其名,花似蝴蝶般轻灵飘逸,活泼可爱。在众多美丽的兰科植物中,蝴蝶兰独得"兰花之后"的美誉。

中国兰花主要为春兰、蕙兰、建兰、寒兰、墨兰五大类,有上千种园艺品种。

春兰:春兰又名草兰、山兰。春兰分布较广,资源丰富。花期为一年的2~3月,时间可持续1个月左右。花朵香味浓郁纯正。名贵品种有各种颜色的荷、梅、水仙、蝶等瓣型。从瓣型上来讲,以江浙名品最具典型。

蕙兰:蕙兰根粗而长,叶狭带形,质较粗糙、坚硬,苍绿色,叶缘锯齿明显,中脉显著。花朵浓香远溢而持久,花色有黄。白、绿、淡红及复色,多为彩花,也有素花及蝶花。

建兰:也叫四季兰,包括夏季开花的夏兰、秋兰等。四季兰健壮挺拔,叶绿花繁,香浓花美,不畏暑,不畏寒,生命力强,易栽培。不同品种花期各异,5~12月均可见花。

寒兰:寒兰分布在福建、浙江、江西、湖南、广东以及西南的云、贵、川等地。寒兰的叶片较四季兰细长,尤以叶基更细,叶姿幽雅潇洒,碧绿清秀,有大、中、细叶和镶边等品种。花色丰富,有黄、绿、紫红、深紫等色,一般有杂色脉纹与斑点,也有洁净无瑕的素花。萼片与捧瓣都较狭细,别具风格,清秀可爱,香气袭人。

墨兰:墨兰,又称报岁兰、拜岁兰、丰岁兰等,原产于我国广东、广西、福建、云南、台湾、海南等。我国南方各地特别是广东、云南的养兰人最喜栽培与观赏。春剑:春剑常称为正宗川兰,虽云、贵、川均有名品,但以川兰名品最名贵。花色有红、黄、白、绿、紫、黑及复色,艳丽耀目,容貌窈窕,风韵高雅,香浓味纯,常为养兰人推崇首选。

兰花作为我国最古老的花卉之一,也是我国十大名花之一。它是香、花、叶"三美俱全",观赏价值很高的植物。兰花代表着高贵与雅致,自古以来,就倍受诗人与画家们青睐。他们把兰花至于松、竹、梅之上,认为"竹有节而无花,梅有花而无叶,松有叶而无香,唯兰独并有之"。最受人崇敬的是兰花之"德"。兰花原来大多是生长在热带雨林、深山幽谷之中,以草木为伍,既无牡丹之丰容,又无桃李之明艳,但却"不固清寒而委琐","不为无人而不芳"。因此,兰花又有"空谷佳人"、君子、雅士、幽人等美称。张学良将军酷爱兰花,写诗称赞:"芳名誉四海,落户到万家。叶立含正气,花研不浮华。常绿斗严寒,含笑度盛夏。花中真君子,风姿寄高雅。"

当今所称的中国兰花——国兰,古代称之为兰蕙。正如北宋黄庭坚(1045~1105年)在《幽芳亭》中对兰花所做的描述:"一干一花而香有余者兰,一干五七花而香不足者蕙"。

我们中国人观赏与培植兰花,比之西方栽培的洋兰要早得多。早在春秋时代的二千四百年前,中国文化先师孔夫子曾说:"芝兰生幽谷,不以无人而不芳,君子修道立德,不为穷困而改节"。他还将兰称之为"王者之香",这句话流传至今,足以证明中国兰花在历史文化上所占的地位。

但有关孔子时代对兰之描述,有不同的看法。有人认为,春秋时代的卫国在河南北部(今滑县一带),鲁国在山东,孔子在河南北部到山东途中是不可能看到繁茂的野生兰花。因此他所说的芝兰实指菊科的草本植物泽兰。但也有人持有另一看法,认为孔子说的芝兰生幽谷是对当时兰花生态环境十分贴切的描述,而且当时的气候比今天温暖,河南一带还生长竹子,有竹子的山地必有兰花分布。因此,孔子当时路经深林幽谷时见到兰花独茂并不稀奇,他所说的芝兰实为当今所称的兰花。

百事合心——百合花

花资婀娜,花香袭人的百合花是世界名花之一。世界野生百合约有 90 多种,我国是世界百合起源的中心,据调查我国约有原产百合 46 种,18 个变种,占世界总数的一半以上,其中 36 种 15 个变种为我国特有,南平市就有 16 种,其中野生百合 5 种、变种 1 种、变异 10 种。在山区遍地野生的就有橙红色的卷丹和白色的野百合两种,是我国宝贵的种植资源。美国、法国及荷兰的花卉育种专家多次来南平考察百合花,称赞这些品种是世界上少有的优良品种,具有区域特色和发展潜力。

百事合心——百合花

百合花之美,是一种纯洁自然、清雅脱俗的美。依其品种不同,花型、色彩千变万化。麝香百合花色洁白,似淑女垂首,摇曳生姿;姬百合娇柔美艳,活泼可人,充满朝气;山百合花姿轻盈,秀美端庄,大方而自然。近年来,随着育种技术的不断发展,百合品种越来越多,如卡萨布兰卡、天使之梦等新品种的花朵越发美艳动人,高贵中不失俏丽,典雅中不失活泼。

百合花种类众多,是显花植物中种类最多的大家族之一。百合花由内侧的 3 片花瓣和外侧的 3 片花萼共同组成,但由于它们长相几乎难以区分,所以我们统称为花被。花被上的斑点是吸引昆虫前来采蜜授粉的显眼标志。百合花不仅花美,让人赏心悦目,还有许多品种的鳞茎可供食用和药用。

我国人民对百合花怀有深厚的感情,古人把百合、柿子和如意摆放在一起,寓意了"百事合心"。在喜庆的日子里,人们互赠百合花,表示良好的祝愿。送给新婚夫妇一束百合花,就是祝福他们百年好合,白头到老。

百合花,是一种从古到今都受人喜爱的世界名花。它原来出生于神州大地,由野生变成人工栽培已有悠久历史。早在公元 4 世纪时,人们只作为食用和药用。及至南北朝时期,梁宣帝发现百合花很值得观赏,他曾诗云:"接叶多重,花无异色,含露低垂,从风偃柳"。赞美它具有超凡脱俗,矜持含蓄的气质。至宋代种植百合花的人更多。大诗人陆游也利用窗前的土丘种上百合花。他也咏曰:"芳兰移取遍中林,余地何妨种玉簪,更乞两丛香百合,老翁七十尚童心。"时至近代,喜爱百合花者也不乏人。昔日国家名誉主席宋庆龄平生对百合花就深为赏识,每逢春夏,她的居室都经常插上几枝。当她逝世的噩耗传出后，她生前的美国挚友罗森大夫夫妇，立即将一盆百合花送到纽约的中国常驻联合国代表团所设的灵堂，以表达对她深切的悼念。

在西方，百合花被誉为"天堂之花""圣母之花"，是纯洁、光明、自由、幸福的象征。复活节那天，洁白美丽的百合花是装饰圣坛必不可少的花，是献给圣母马利雅的花。耶稣曾手持百合花，作为给信徒们的礼物，因为它象征了纯洁与忠贞。法国人尤其喜爱百合花，奉其为国花。相传法国第一个国王格洛威在接受洗礼时，上帝赠予它的礼物就是一束洁白的百合花。

独立人间第一香——牡丹

"竞夸天下双无绝，独立人间第一香"。牡丹花是我国特有的花，其花大、形美、色艳、香浓，为历代人们所称颂，具有很高的观赏和药用价值，自秦汉时以药植物载入《神农本草经》始，散于历代各种古籍者，不乏其文。在中国十大名花中占有显赫地位，享有"花中之王""国色天香"之美誉，长期以来被人们当作富贵吉祥、繁荣兴旺的象征。

中华民族是一个爱美的民族、爱花的民族，尤其钟爱牡丹。我们的祖先爱牡丹、种牡丹的历史几乎和他们生息繁衍、发展壮大的历史一样深厚悠久。

牡丹

牡丹作为观赏植物始自南北朝时期，文献多有记载。刘赛客《嘉记录》说："北齐杨子华有画牡丹"，牡丹既已入画，其作为观赏的对象已确切无疑。谢康乐更具体指出种植的具体情况："永嘉水际竹间多牡丹。"（《太平御览》）近代生物学先驱达尔文在十九世纪七十年代写的《动植物在家养情况下的变异》一书中说，牡丹在中国已经栽培了一千四百年。从十九世纪七十年代推到一千四百年前，那是公元 5 世纪，即南北朝初年，和中国牡丹的栽植历史大体相属。

好为花王作花相——芍药

"红红白白定谁先，袅袅婷婷各自妍。最是倚栏娇分外，却缘经雨意醒然。晚春早夏浑无伴，暖艳暗香正可怜。好为花王作花相，不应只遣侍甘泉。"古人认为"群花品中以牡丹为第一，芍药为第二"，故芍药有"一花这下，万花之上"的"花相"美称。芍药是春天百花园的压台好花。每当春末夏初，红英将尽，花园显得有点寂寞的时候，芍药正含苞欲放。要是适巧碰上一夜轻雨，清晨便会见芍药花烁烁盛开，婷婷婀娜、翠叶如玉；花朵如冠、如碗、如盘、如绣球；色彩斑斓、清香流溢、笑靥迎人，点缀在绿叶丛中，把将寂寞的花园装扮得

好为花王作花相——芍药

生机无限。芍药兼具色、香、韵三者之美，历代诗人为之倾倒，留下了许多脍炙人口的诗篇。苏轼写过"多谢花工怜寂寞，尚留芍药殿春风"的诗句。唐代韩愈写有七言绝句："浩态狂香昔未逢，红灯烁烁绿盘龙，觉来独对情惊恐。身在仙宫第九重。"这里充分表达了作者为芍药的美态所陶醉，仿佛置于天堂之中的情感。

原产我国北部的芍药，在古代以扬州为盛地，现几乎遍及全国各地。芍药为毛茛科多年生宿根草本花卉。叶是二回三出羽状复叶，小叶有椭圆形、狭卵形、披针形等，叶端长而尖，全缘微波，叶面有黄绿色、绿色和深绿色等，叶背多粉绿色，有毛或无毛。花一般独开在茎的顶端或近顶端叶腋处，花瓣5~10枚，花色有白、黄、绿、红、紫、混合色等多种。

芍药耐寒，北方各省都露地越冬，夏季喜欢冷凉气候。栽植于阳光充足的地方，生长旺盛，花多而大，如在稍阴处虽亦可开花，但生长不良。芍药要求土层深厚、排水良好、疏松肥沃的沙质土壤。粘质土、盐碱土、瓦砾土均不宜，潮湿低洼之地也不宜。

芍药的用途很广，最重要的是作露地宿根花卉用。常以芍药成片种植于假山石畔来点缀景色。它对氟化氢气体反应灵敏，可用来监测氟化氢气体。芍药的根可入药，是重要的药材。有养血敛阴、平肝止痛、活血通经、凉血散瘀之功效。

真正的红——一品红

一品红，是花卉世界中的一个荣誉称号。它刚巧在每年的圣诞节前后开放，西方人就叫它做"圣诞花"。我国老百姓则称它为"老来娇""猩猩木"。一品红是大戟科植物，

有许多人可能认为它是一种观花植物，其实不然，真正具有观赏价值的是她那红色的叶。这些叶片，是长在枝端的苞片，初为绿色，秋冬便变红色。人们主要是观赏她那红色的苞叶。在这红色苞叶的中间，有一群细小的花，杯状，上有黄色球形的蜜槽，虽不起眼，但很别致，好似藏于鸟巢中的一群刚出生的小鸟，在快乐的吟唱。通常从

真正的红——一品红

11月至翌年3月都是它开花的季节，常把周围的时空装点得大红大绿，丽若丹霞。

一品红之所以被称为圣诞花，除了它的花期适逢圣诞节外，还与它的原产地墨西哥的传说有关，当地的居民认为一品红好像那耶稣诞生地加伯利恒城所放射出来的耀眼星光，充满着万民欢腾，普天同庆的含义，被视为"双鱼星座"的幸运之花。

西方一年一度的圣诞节，有如华人欢度春节那样的热闹。据说这天12月25日为耶稣的生辰，全世界的基督教徒都要一齐来纪念他。人们不但把一品红扎成花环挂于门旁，还得把高大的松柏作为圣诞树摆设在厅堂的中间，挂满彩带、铜铃和灯饰，大家团坐在它的周围，谈笑风生，载歌载舞，许多青年男女还相互赠送礼物，合家熏烤火鸡，酗饮暴食。孩子们也同大人一道欢欣雀跃，梦求那颊满白须、笑容可掬、身穿红袍的圣诞老人背着那个大包袱，把糖果、玩具等礼物送到家里来。在这节日期间，人们解囊挥金，疯狂购物，使市场骤然变得生意兴隆。

红色在我国是节日的颜色，有喜事的征兆。尤其在万木萧条的冬季里，一品红就越发显得难能可贵了。关于一品红的"红"，郭沫若也曾赞其是"真正的红，一品的红"。现在，这位来自墨西哥的"远客"，冬季都在全国到处盛开。每年元旦，春节人们常常用一品红来装点工作环境和家庭，给大家感到喜气洋洋。如果在节日里，为亲友送去一盆一品红，将是一件讨人喜欢的礼物，她表达了"真诚的祝福"。

这个变化促使一品红迅速流行起来，它不仅只为公共场所绿化之用，而且有越来越多的家庭实行盆栽，借以美化居室。特别是美国专家选育出大花品种之后，更使一品红生产大行其道。该品种每朵苞片大如巴掌，一经绽开几朵就可铺满盆面，那种枝短、叶茂、花繁的景色很令人倾心。另外荷兰专家也选育出一种花苞变为球形的新品种。它的花不是四面单片排列，而是向内卷曲成簇，活像一个个紧握拳头似的红色绣球，宛如重瓣

牡丹的样子，这品种在香港的嘉道理农场和海洋公园种得较多，在广州只有少数科研单位试种。

在花色方面，人们以为它既然叫作一品红，当然就应该只有红色一种了。其实不然，在它的家族里，曾先后出现过其他花色，专家们就分别冠以不同名字。诸如开白花的叫"一品白"，开黄花的叫"一品黄"，开宫粉色的叫"一品粉"，还有更稀奇的是一花同时出现红白或红黄双色的，则称它为"一品杂"了。近年来，大概潮流时兴迷你型品种之故，在市场上又涌现出一种微型的一品红来，它每朵花苞细如鸡蛋，可种在一个茶杯大的小盆里，外面再套上一个玻璃瓶，很适宜摆在案上或窗前，显得格外奇特和精致。

有凤来仪——凤梨

凤梨原产于热带美洲的巴西、巴拉圭的亚马逊河流域一带，再由加勒比海居民带回中南美洲西印度群岛种植。拉丁属名的 ananas 就是当地住民对凤梨的称呼，其意是指"绝佳的水果"。公元 1493 年 12 月，哥伦布第二次航海到加勒比海，下锚停留在西印度群岛火山岛旁的小海湾，之后进入到附近的村落，船员们受到热情的招待。当时送来的一大堆蔬果，其中一种让这一批欧洲来的水手好奇的就是凤梨。他们纪录道："外形看起来令人反感的，一节节坚硬的似松果；果肉却又像苹果。因此，凤梨传入欧洲之后就以英文称之为 pine-apple，同时也成了晚宴或盛宴时象征社

有凤来仪——凤梨

会地位及殷勤好客的指标。十六世纪，随着西班牙殖民及传教的脚步，凤梨从西班牙传到了菲律宾、夏威夷、印度与中南半岛，其后不久，又从中南半岛由陆路进入广东，此时称之为"波蜜"。台湾于清康熙末年才从东南亚引进凤梨栽培，当时有饱学之士见其果实怪异——"其果实有叶一簇，状似凤尾"，乃引用红楼梦中的"有凤来仪"简化成"凤来"来称呼这种水果。当切开凤梨，聚合果的轴与梨相似，而"来"这个字又与闽南语的"梨"同音，在意义上又似一种水果，所以在音、意与形三者条件的配合下，凤来被凤梨的称呼取代了。

"凤"本是指称一种吉祥的鸟类，象征富贵。在传统建筑上，常常可以在住屋的山脊上，看到有凤来仪的象征图象或雕塑。而凤梨也象征着这层意义，所以在汉人的祭仪上，

都会在案前摆上凤梨,甚至在神案雕镂凤梨的图纹,以祈求平安顺利。凤梨与闽来语的"旺来"同音,所以,在各公司行号开张的处所,都会悬挂凤梨造型的彩饰,希望生意兴旺。其实凤梨原产地的住民亦把它当作吉祥的象征,在巴西出土的古文物中,仍然可以发现以凤梨外形的宽口坛,用以埋葬过世的亲人。

凤梨是热带地区极为重要的水果,除了去皮生食之外,其与肉一起烹煮,可以使肉类变得软嫩,其外皮捶打后用布包好,可以用来做药布治疗外伤;1891年用鲜凤梨提炼出来的凤梨酵素,已经被用来治疗坏血症,新近的研究,凤梨酵素也常被用来治疗心脏疾病、烧伤、脓疮和溃疡等,有着很好的效果。另外,凤梨的叶片,则是用来制作萱纸的好材料。

观叶胜似观花——变叶木

变叶木别名:洒金榕。为多年生常绿灌木或小乔木。属大戟科植物。

变叶木叶形千变万化,叶色五彩缤纷,是观叶植物中叶色、叶形和叶斑变化最丰富的,也是最具形态美和色彩美的盆栽植物之一。

变叶木原产东南亚和太平洋群岛的热带地区。1804年引种到英国,开始被人工栽培。到20世纪初逐步传至欧美各地。至今,大洋洲、非洲均已广泛栽培,成为城市中最普及的观叶植物之一。目前,美国的艾格艾贸易公司、荷兰的门·范文公司、范德·维尔登公司和以色列的阿格雷克斯科植物繁殖公司等为生产变叶木的专业公司。近年来,选育出不少色彩斑斓的新品种,使变叶木的应用范围更加广泛。

观叶胜似观花——变叶木

我国变叶木的栽培历史较早。1872年台湾省首先从英国引入。20世纪前后又从日本引入。以后在广东、福建等地有零星栽培。70年代开始变叶木的品种逐渐增加,直到80年代进入批量生产阶段。目前,盆栽变叶木在花卉市场、宾馆、商场、车站等公共场所已到处可见,成为重要的环境装饰材料。

变叶木喜高温多湿和强光。适宜在夏季30℃以上的高温。气温过低会产生落叶的现象。适宜在肥沃、保水性较好的土壤栽种。常用扦插、压条和播种方法繁殖。

变叶木叶形千变万化、品种繁多,叶色丰富多彩,是观叶植物中叶色、叶形和叶斑纹变化最为诱人的观叶植物,真是有"观叶胜似观花"之感。

阳台上的小点缀——彩叶草

深绿、大红、淡黄、褐紫,这可不一定都是花的颜色。懂花的人知道,五颜六色的花坛之所以赏心悦目也不全是花的功劳,彩叶草就是其中必不可少的元素。

彩叶草,顾名思义,因叶子的绚丽多彩而闻名,是盆栽、庭院、公园布置花坛、列植、丛植等大面积美化环境的首选观叶植物。彩叶草与其他花卉植物搭配种植,通过强烈的色彩对比,可衬托出诗情画意的景观效果,是春夏季节布置园林花坛的理想植物。

据了解,彩叶草为唇形科彩叶草属植物,是 1837 年在印度尼西亚爪哇岛被发现的,同时在非洲和南美洲也都发现了彩叶

阳台上的小点缀——彩叶草

草的原生种,但由于原生种还不够鲜艳美丽,后来引入欧美后培育出了新品种,这就是我们今天看到的杂种彩叶草,即彩叶草的杂种后代,是叶色、叶形、叶面图案都富有特点和观赏价值的品种或品系。杂种彩叶草为多年生草本植物,其别名有五彩苏、洋紫苏等。植株高约为几十厘米,四棱形花茎,叶子为对生的卵形或长卵形,前端较尖,叶缘有锯齿,茎叶全株密密地覆盖着一层绒绒细毛;而大型植株基部基本已木质化,叶面发皱,叶色有黄绿、深绿、大红、褐红、紫红、黄、淡黄、橙黄、褐紫等不同组合搭配,因此组成了不同的彩色图案和镶边,花花绿绿,五彩缤纷,成为观叶植物中最光鲜亮丽的一个类群。

如今,形形色色、美不胜收的杂种彩叶草已是当今世界各国大面积栽培、花卉园林业中常见的观叶植物重要类群。随着人们生活品位的日益个性化,以往只有在花坛中常见的彩叶草也开始走进居家装饰。卧室里、客厅里可以是奢华的装修与高科技的家电产品,而阳台上不经意地点缀些彩叶草,会有种意想不到的返璞归真的感觉。

彩叶草品系繁多,按照叶子特点通常分为五种类型,其中大叶型彩叶草叶子大、植株高、叶面皱;彩叶型彩叶草叶子小、叶面较平滑、叶色变化多端、色彩斑斓如虹;皱边型彩叶草叶子边缘褶皱如彩裙花边;柳叶型彩叶草叶子呈柳叶状,边缘有不整齐的锯齿和缺裂;黄绿叶型彩叶草叶子黄绿色、形状较小。

彩叶草起源于热带,因此对温度要求较高,在储运过程中如果温度低于 13℃就会使植株受到冷害,气温超过 21℃时它的寿命最长。但尽管这样,他提醒养花人千万不能通

过增加日照的方式提高温度,因为彩叶草不能忍受全光照。随着夏天的日益临近,尤其在阳台上盆养彩叶草的人们,一定别忘了给彩叶草遮光;而且每天至少要浇水两次,以防止萎蔫。

当然,彩叶草的价格非常便宜,在花卉市场里,一般每盆的售价仅5元左右,而且彩叶草的生命力也很旺盛,尤其适合没有养花经历的家庭盆养。此外,彩叶草还适宜摆放在房间的几案上,或者用作切花和装配花篮的素材。

斑纹叶植物——冷水花

冷水花,又名蛤蟆叶海棠,其绿色叶片脉间有银白色条斑,似白雪飘落,甚为美观,是一种很容易栽培的观叶植物,配上淡黄色或紫红色花盆,置茶几、案头或悬吊都很适宜。

冷水花原产于东南亚,株高15～30厘米,性喜多湿高温荫蔽环境,在散射光下生长良好,耐寒性不强,怕霜,冬季移入室内即可越冬,适应性强,对土壤要求不严。

冷水花生长旺盛、迅速,当年扦插当年成型,一年四季均可扦插,以梅雨季节最易成活。取枝5～10厘米,去掉下部叶片,枝条扔在潮湿的地上都可以生根。扦活后,可一盆多株,并进行摘心,促其多产生侧枝。

斑纹叶植物——冷水花

生长期间,要避免日光直射,特别是强烈的日光下,叶色会泛黄绿色,叶上白色斑块也不明显,降低观赏效果。实践证明,透光率在30%～50%的条件下,叶色最好,白、绿分明。将植株置于北向窗台及树荫下养护皆适宜。

冷水花对环境湿度要求较高,平时要保持盆土湿润,并要向叶面及周围喷水,保证有较高的环境湿度。为了促进扦插幼苗生长,可每周施一次饼肥水或人粪尿,待盆头丰满后,改为半月施一次肥,就能满足生长之需。

对栽培多年的老株,枝条下部叶多已脱落,且茎秆长而弯曲,影响观赏效果,这时可进行短剪回缩,促使重新萌发更新,或将其淘汰,用嫩枝重新繁殖。

花中皇后——月季

  月季为植物分类学中蔷薇科蔷薇属的植物,是野生蔷薇的一种。野生蔷薇经过人们对它长期的人工栽培和品种选育工作,最后培育出在一年中能反复开花的蔷薇,即月季。

花中皇后——月季

月季因月月季季鲜花盛开而得名。别名有:月季花、月月红、斗雪红、长春花、四季花、胜春、瘦客等。在 1986 年与菊花一起被选定为北京市的市花,初步统计在我国选定月季为市花的城市还有天津、大连、锦州、西安、长治、石家庄、邯郸、邢台、沧州、廊坊、济宁、青岛、威海、郑州、商丘、漯河、淮阳(县)、驻马店、焦作、平顶山、三门峡、新乡、信阳、随州、宜昌、恩施、娄底、邵阳、衡阳、南昌、鹰潭、吉安、新余、芜湖、安庆、蚌埠、阜阳、淮南等 38 个城市。

  月季花姿秀美,花色绮丽、花大色美,按月开放,四季不断,历来深受各国人民喜爱,素有"花中皇后"的美称。在花卉市场上,月季、蔷薇、玫瑰三者通称为玫瑰。用作切花的玫瑰实为现代品种月季,因此,称它为玫瑰不如称它为月季更为准确。月季在各种礼仪场合是最常用的切花材料。在花语中,红月季表示纯洁的爱,热恋或热情可嘉、贞节等,人们多把它作为爱情的信物,爱的代名词,是情人节首选花卉,红月季的蓓蕾还表示可爱;白月季寓意尊敬和崇高,在日本,白玫瑰(月季)象征父爱,是父亲节的主要用花;粉红月季表示初恋;黑色月季表示有个性和创意;蓝紫色月季表示珍贵、珍稀;橙黄色月季表示富有青春气息、美丽;黄色月季表示道歉(但在法国人看来是妒忌或不忠诚);绿白色月季表示纯真、俭朴或赤子之心;双色月季表示矛盾或兴趣较多;三色月季表示博学多才、深情。

月季历来为中国人民所喜爱，是中国传统名花之一。宋代大诗人苏辙在《所寓堂后月季再生》的诗：

何人纵千斧，害意肯留木卉，

偶乘秋雨滋，冒土见微苗。

猗猗抽条颖，颇欲傲寒冽。

这首诗表现出月季非常顽强的生命力和敢于与恶劣环境搏斗的精神。

月季是我国劳动人民栽培最普遍的"大众花卉"，在一年中"四季常开"。

"谁言造物无偏处，独遣春光住此中。

叶里深藏云外碧，枝头长借日边红。

曾陪桃李开时雨，仍伴梧桐落后风。

费尽主人歌与酒，不教闲却买花翁。"

宋代大诗人徐积的《长春花》这首咏月季，赞美月季的诗，从大处落笔，描写的绘声绘色，使读者诵读后赏心悦目。

在日常生活中，好花长开，好事常来，好人长在，是人们美好的盼望，宋代大诗人苏东坡有一首赞美月季的诗这样写道：

花落花开不间断，春来春去不相关。

牡丹最贵为春晚，芍药虽繁只夏初。

唯有此花开不厌，一年长占四时春。

在历代诗人中，赞美月季花美气香，四时常开的诗海里，最有名的是宋代大诗人杨万里的《腊前月季》这首诗，诗是这样描写的：

只到花无十日红，此花无日不春风。

一尖已剥胭脂笔，四破犹包翡翠茸。

别有香超桃李外，更同梅斗雪霜中。

折来喜作新年看，忘却今晨是冬季。

这些历代赞美月季的诗篇，从一个侧面反映了月季在我国悠久的栽培历史和蕴涵的人文文化历史。

月季原产于我国，有两千多年的栽培历史，相传神农时代就有人把野月季挖回家栽植，汉朝时宫廷花园中已大量栽培，唐朝时更为普遍。由于我国长江流域的气候条件适于蔷薇生长，所以我国古代月季栽培大部分集中在长江流域一带。中国的六朝南齐（公元497～501年）诗人谢朓有《咏蔷薇》诗句描述蔷薇花为红色。而古代月季的栽培，见之记载的则要比蔷薇晚二、三百年左右。宋代宋祁著《益都方物略记》记载："此花即东方所谓四季花者，翠蔓红花，属少霜雪，此花得终岁，十二月辄一开。"那时成都已有栽培月季。

明代刘侗著《帝京景物略》中也写了"长春花"，当时北京丰台草桥一带也种月季，供宫廷摆设。在李时珍(公元 1950 年)所著的《本草纲目》中有药用用途的记载，但我国记载栽培月季的文献最早为王象晋(公元 1621 年)的二如堂《群芳谱》，他在著作中写到"月季一名'长春花'，一名'月月红'，一名斗雪红，一名'胜红'，一名'瘦客'。灌生，处处有，人家多栽插之。青茎长蔓，叶小于蔷薇，茎与叶都有刺。花有红、白及淡红三色，逐月开放，四时不绝。花千叶厚瓣，亦蔷薇类也。"由此可见在当时月季早已普遍栽培，成为处处可见的观赏花卉了。这比欧洲人从中国引进月季的记载早了月一百六十多年。到了明末清初，月季的栽培品种就大大增加了，清代许光照所藏的《月季花谱》收集有 64 个品种之多，另一本评花馆的《月季画谱》中记载品种月季有 109 种。清代《花镜》一书(公元 1688 年)写道："月季一名'斗雪红'，一名'胜春'，俗名'月月红'。藤本丛生，枝干多刺而不甚长。四季开红花，有深浅白之异，与蔷薇相类，而香尤过之。须植不见日处，见日则白者一二红矣。分栽、扦插俱可。但多虫荇，需以鱼腹腥水浇。人多以盆植为清玩。"这已简单说明了栽培繁殖月季的主要原则。并可看出有白色月季遇日光变红的品种，类似当今栽培的某些现代月季品种。由于从 1840 年的鸦片战争开始到新中国建立，中国大多时间处于战乱年代，民不聊生，中国的本种月季在解放初期仅存数十个品种在江南一带栽种。

据《花卉鉴赏词典》记载，月季于 1789 年，中国的朱红、中国粉、香水月季、中国黄色月季等四个品种，经印度传入欧洲。当时正在交战的英、法两国，为保证中国月季能安全地从英国运送到法国，竟达成暂时停战协定，由英国海军护送到法国拿破仑妻子约瑟芬手中。自此，这批名贵的中国月季经园艺家之手和欧洲蔷薇杂交、选种、培育，产生了"杂交茶香"月季新体系。其后，法国青年园艺家弗兰西斯经过上千次的杂交试验，培育出了国际园艺界赞赏的新品种"黄金国家"。此时，正值第二次世界大战爆发，弗兰西斯为保护这批新秀，以"3—35—40"代号的邮包，投机寄到美国。又经过美国园艺家培耶之手，培育出了千姿百态的珍品。1945 年 4 月 29 日，太平洋月季为欢庆德国法西斯被彻底消灭，就从这批月季新秀中选出一个品种定名为"和平"。1973 年，美国友人欣斯德尔夫人和女儿一道，带着欣斯德尔先生生前留下的对中国人民的深情，手捧"和平"月季，送给毛泽东主席和周恩来总理。从此，这个当年月季远离家乡的使者，经历了二百年的发展变化，环球旅行一周后，又回到了它的故乡——中国。

月季被欧洲人与当地的品种广为杂交，精心选育。现在欧美各国所培育出的现代月季达到一万多个品种，栽培月季的水平远远领先于我国，但都是欧洲蔷薇与中国的月季长期杂交选育而成，因此中国月季被称为世界各种月季之母。

新中国建立后，北京天坛公园于 1956 年开始引进栽培月季，当时只有十几个品种。1959 年公园聘请从美国归来的将恩钿女士担任月季顾问，改进以往栽培技术，引进大量新品种。在当时无花房、圃地的条件下用扣瓶扦插法代替嫁接法，提高了成活率，为以后天坛月季的发展奠定了基础。又于1960年冬季对地栽月季采用根部堆土法防寒获得成功。这两项措施为北方露地栽培月季创出了新路。天坛月季在1963年杭州全国月季工作会上被定为北方月季品种参照标准。1961年天坛公园开始在祈年殿西侧建设月季园，到1963年基本成型，占地1.38公顷，栽植月季15000多株，园内花台、花架、花篱均用月季栽培布置，别具一格，成为当时北方第一大月季园。因此在京城百姓的眼中，天坛月季在京城是最为有名的。

北京植物园于1993年5月建成了占地总面积7公顷的月季专类园，搜集和展示各类月季品种，目前种植月季有620个品种，计10万余株，是目前国内大型月季园之一，在国内处于领先的地位。现在每年"五一"左右开始一直到金秋十月，北京的公园、街头绿地到处都能见到月季花的身影，北京市月季协会每年还举办"北京月季花展"。月季花展传播了月季知识，弘扬月季文化，身受首都市民的喜爱。

一月留余香——蔷薇

蔷薇花又名白残花，自古就是佳花名卉。为蔷薇科落叶小灌木野蔷薇的花朵。

一月留余香——蔷薇

蔷薇喜生于路旁、田边或丘陵地的灌木丛中，分布于华东、中南等地。于5~6月间，当花盛开时，择晴天采收，晒干作药用。

蔷薇花，花色很多，有白色、浅红色、深桃红色、黄色等，花香诱人。明代顾磷曾经赋诗："百丈蔷薇枝，缭绕成洞房。蜜叶翠帷重，浓花红锦张。张著玉局棋，遣此朱夏长。香云落衣袂，一月留余香。"诗中描绘出一幅青以缭绕、姹紫嫣红的画面。

蔷薇花为蔷薇科植物多花蔷薇的花朵。分布于山东、河南、江苏、安徽、新疆等地。5~6月花盛开时,择晴天采收晒干即可。

食用蔷薇花的功效主要有:有清暑化湿、顺气和胃、止血的功效。常用于治疗暑热胸闷、口渴、呕吐、不思饮食、口疮、口糜、腹泻、痢疾、吐血及外伤出血等。味甘、凉。清暑,和胃,止血。治疗暑热吐血,口渴,泻痢,疟疾,刀伤出血。

占得春光第一香——玫瑰

又名刺玫花、徘徊花、穿心玫瑰。属蔷薇科。落叶灌木,茎密生锐刺。羽状复叶,小叶5~9片,椭圆形或椭圆状倒卵形,上面有皱纹。因其形状、颜色、香味俱佳,故人们冠之以美玉之名——"玫瑰"。玫瑰因枝秆多刺,故有"刺玫花"之称。诗人白居易有"菡萏泥连萼,玫瑰刺绕枝"之句。玫瑰花可提取高级香料玫瑰油,玫瑰油价值比黄金还要昂贵,故玫瑰有"金花"之称。玫瑰为蔷薇科中三杰之一,另两种为月季、蔷薇。玫瑰有红玫瑰,黄玫瑰,紫玫瑰,白玫瑰,黑玫瑰,橘红色玫瑰和蓝玫瑰。以红、白为多,白者纯净无瑕,红者热烈奔放,被人们称之为爱情花。

玫瑰原产亚欧干燥地区,我国华北、西北和西南及日本、朝鲜均有分布。喜阳光,耐旱,耐涝,也能耐寒冷,适宜生长在较肥沃的沙质土壤中。

占得春光第一香——玫瑰

玫瑰株高1~2米,茎直立,密生锐刺,秆粗壮,枝丛生,表皮幼为绿色,后呈灰色或白灰色。叶互生,奇数羽状复叶,叶柄基部有刺常对生,椭圆形或椭圆状倒卵形,先端尖,基部圆形或阔楔形,边缘有锯齿,叶表面深绿色,有光泽,背面稍白粉色,网状脉明显,有柔毛。托叶附着于总柄上。花夏季开放,单生或数朵簇生,花色多为紫红与白色,也有黄、粉等色的;花有梗,梗有绒毛、腺毛及小柔刺。花有单瓣、重瓣之分。玫瑰花味极香,素有国香之称。宋代诗人杨万里有"别有国香收不得"之句,近代诗人秋瑾称其"占得春光第一香",唐代诗人唐彦谦有"麝炷腾清燎"之喻,等等,把玫瑰之香气称颂到无以复加的地步。

果实包藏于花托内,扁球形,初时青,熟时呈橙红色。玫瑰花繁殖与栽培容易。繁殖多用播种、分株、扦插进行。播种需在秋季,将种子进行砂藏处理。砂藏处理法:将砂子拌和少量土,用水浇湿,以手握可成团,散则成粒为度。再将种子淘洗后拌入砂内。在向阳或半阴地,挖宽60厘米,深80厘米,东西走向的壕沟,将拌了种子的砂子埋入其内,要留有气孔。翌年春初挖出,籽粒有破口者下种最好。分株繁殖在春秋均可进行,秋季为好。将1~2年生的苗木从老株上带部分根分开,伤口能消毒处理更好,极易成活。扦插,多在7~8月进行。选择二年生的健壮充实的枝条,剪取15~20厘米长节作插穗,每个插穗最少需带三个叶芽,下部削成马蹄斜形,上部平行。盆插、畦插均可。插后要遮阴、防晒,经常洒水保持一定湿度与温度。约一个月左右即可生根成为新株,一年之后可以移栽。

在情人节,送一束红玫瑰献给心中的人,表达爱慕之情。这是世界流行的风情,来源于希腊神话,爱神为救他的情人,急速奔跑,手脚被划破了,鲜血流淌在地上,地上长出了红玫瑰。所以红玫瑰是爱情的象征。

在西方,没有哪种花卉,像玫瑰一样有那么多的传奇和佳话。

在英国,玫瑰是皇族的象征。15世纪初,英国北部以红玫瑰为族徽的皇族,和西部用白玫瑰为族徽的皇族,为争夺王位而暴发了一场长达30年之久的"玫瑰之战"。最后以红玫瑰为族徽的亨利七世和以白玫瑰为族徽的伊丽莎白公主结成姻缘而告终。

在基督教传说中,耶稣被钉在十字架上,鲜血滴落在润泽的土地中,十字架下长出了艳丽的玫瑰花,因此,玫瑰也象征了仁慈与崇高。

相传在伊斯兰教圣地麦加,有一位美丽、善良的少女梦加,因拒绝了一无赖的追求,而遭到恶意的中伤,一些人听信谣言而对梦加处以火刑。临刑时,天神垂怜梦加的无辜,把即将燃烧的木柴变成了一丛玫瑰。

玫瑰花是保加利亚人民的骄傲。传说玫瑰花是女神送给保加利亚的礼物。保加利亚每年举国上下都要举行传统的"玫瑰节"。

玫瑰是保加利亚、英格兰、法国、卢森堡、美国、叙利亚等国的国花。没有哪种花卉被这么多的国家选定为国花。

神秘、优美的传说,给玫瑰花的名字,增添了浪漫的色彩。

玫瑰不仅是世界盛名的观赏植物,更是十分重要的芳香植物。玫瑰确实很香,它是世界上著名的香精原料,人们多用它熏茶、制酒和配制各种甜食品,其价值常比黄金还高。玫瑰入药,其花荫干,有行气、活血、收敛作用,果实中维生素C含量很高,是提取天然维生素C的原料。

由花体制的芳香油,为高级香料。花入药,功能理气活血、疏肝解郁,主治肝胃气痛、食少呕恶、月经不调、铁打损伤等症。

玫瑰是世界名花,人们视为"爱情花""友谊花",并把具有坚强个性的美女称之为

"刺玫瑰"。

司马相如《子虚赋》："其石则赤玉玫瑰。"亦谓珍珠。《急就篇》："璧碧珠玑玫瑰瓮。"颜师古注："玫瑰，美玉名也……或曰，珠之尤精者曰玫瑰。"

玫瑰代表爱情，但不同颜色、有不同的喻义，所以送花时应对不同的花色含义区别清楚！

红玫瑰代表热情真爱；

黄玫瑰代表珍重祝福和嫉妒失恋；

紫玫瑰代表浪漫真情和珍贵独特；

白玫瑰代表纯洁爱情；

黑玫瑰代表温柔真心；

橘红色玫瑰友情和青春美丽；

蓝玫瑰代表敦厚善良和独一无二。

送玫瑰的数也有讲究：

1朵玫瑰代表——我的心中只有你 ONLYYOU！

2朵玫瑰代表——这世界只有我俩！

3朵玫瑰代表——我爱你 ILOVEYOU！

4朵玫瑰代表——至死不渝！

5朵玫瑰代表——由衷欣赏！

6朵玫瑰代表——互敬互爱互谅！

7朵玫瑰代表——我偷偷地爱着你！

8朵玫瑰代表——感谢你的关怀扶持及鼓励！

9朵玫瑰代表——长久 ALWAYS！

10朵玫瑰代表——十全十美无懈可击！

11朵玫瑰代表——最爱只在乎你一人！

12朵玫瑰代表——对你的爱与日俱增！

13朵玫瑰代表——友谊长存！

14朵玫瑰代表——骄傲！

15朵玫瑰代表——对你感到歉意 I'MSORRY！

16朵玫瑰代表——多变不安的爱情！

17朵玫瑰代表——绝望无可挽回的爱！

18朵玫瑰代表——真诚与坦白！

19朵玫瑰代表——忍耐与期待！

20朵玫瑰代表——我仅一颗赤诚的心！

21 朵玫瑰代表——真诚的爱!

22 朵玫瑰代表——祝你好运!

25 朵玫瑰代表——祝你幸福!

30 朵玫瑰代表——信是有缘!

36 朵玫瑰代表——浪漫爱情!

40 朵玫瑰代表——誓死不渝的爱情

50 朵玫瑰代表——邂逅不期而遇!

99 朵玫瑰代表——天长地久 FOREVER!

100 朵玫瑰代表——百分之百的爱 100%LOVE!

101 朵玫瑰代表——最……最爱!

108 朵玫瑰代表——求婚!

高风亮节的君子——菊花

菊花是我国十大名花之一,菊和兰、梅、竹一起以其各自独具特色的花、姿、色、韵,被

高风亮节的君子——菊花

称为花中"四君子"。菊花姿色俱佳,在北京有着悠久的栽培历史,元、明时期民间养花就以菊花为主,而北京传统艺菊的水平也很高,并且傲霜凌寒不凋,具有北京人的性格,因此北京把菊花选定为市花。在我国同样把菊花选定为市花的城市还有太原、南通、芜湖、开封、湘潭、中山、德州等城市。

菊花在古代写作"鞠"，菊花身资为低头鞠躬式，在古代食其米，把米"鞠"起来，花朵十分紧凑，因此叫菊花。菊花是我国传统名花之一，赏菊历史悠久，名称多多。古代赏菊是从菊花的实用性开始的，中国古书记载菊花的"苗可以菜，花可以药，囊可以枕，酿可以饮，所以高人隐士篱落畦圃之间，不可一日无此花也"。在明代李时珍的《本草纲目》载有"利五脉，调四肢，治头目风热，脑骨疼痛，养目血，去翳膜，主肝气不足"的功效。菊花因有延年益寿的药用功能，因得名寿客、傅延年；因菊花在农历九月开放，又名九华、九花、秋菊；因菊花美丽而名的女茎、帝女花；古代菊花品种单一，只开黄花，因此又称为"黄花""金蕊"。

菊花原产于我国，中国是世界菊花的起源中心，分布有较多的野生菊花。中国栽培菊花具有 3000 多年的栽培历史，早在古籍《礼记》中就有"季秋之月，菊有黄花"的记载。汉代以将菊花作为药用植物栽培，晋魏时期已大量栽培，以后逐步发展为观赏花卉。宋代是菊花发展的鼎盛时期，宋代刘蒙泉所著的《菊谱》收有菊花品种 163 个，这是我国最早的菊花专著。明代王象晋所著的《群芳谱》收录菊花品种 270 多个。世界上许多国家的菊花都是由中国传去的。在公元 386 年中国菊花由朝鲜传入日本，至今已有 1600 多年的历史，日本栽培的菊花已成为四季常开，品种繁多的花卉。17 世纪末叶，荷兰人来我国经商，将菊花带回欧洲。十八世纪中叶，法国商人又从我国搜集许多优良品种，引种到了法国。十九世纪英国植物学家福均，将我国和日本优良菊种进行杂交，在英国广泛传播。后来又从英国传入美洲。现在菊花以遍布全球，成了全世界人民所喜爱的名花，为古今中外花卉的奇观。

菊花为多年生宿根草本植物，人们通过人工栽培、杂交育种和自然变异，菊花从原始的黄色小菊演进为今天这样五彩缤纷的著名花卉。明末时菊花谱记载品种有 14 种，清朝时增至 24 个品种，民国时根据花瓣形状把菊花分为 10 大类。目前植物分类学记载全世界有菊科植物 920 属，19000 种，我国约有 164 属，1950 种。中国目前拥有 3000 多个菊花品种，在园艺上从其花色上分有黄、白、紫、绿等色，并有双色种；从花形上分有单瓣、复瓣、扁球、球形、外翻、龙爪、毛刺、松针等形；从栽培方式上分有立菊、独本菊、大立菊、悬崖菊、花坛菊、嫁接菊；从花期上分有春、夏、秋、冬、四季菊等。据《本草纲目》记载："菊之品凡百种，宿根自生，茎叶花色，品品不同。……其茎有株蔓紫赤青绿之殊，其叶有大小厚薄尖凸之异，其花有千叶单叶、有心无心、有子无子、黄白红紫、间色深浅、大小有别，其味有甘甜之别，又有夏菊、秋菊、冬菊之分"。

菊花品种繁多，那么栽培菊花如何选择菊花品种呢？曾有人总结出选择菊花的四字诀：光、生、奇、品等四字，大意是："光"意为花要哗然鲜艳自开至落不变色，"生"意为枝茎挺秀始终不垂，"奇"意为花瓣色泽风采矫然出众，"品"意为标新立异的风格自有一种天然的神韵。

菊花千姿百态的花朵，傲霜斗雪、独立寒秋、不畏严寒的性格使人倍加喜爱。历代都有赏菊活动，南宋时期每年在宫廷中举行菊花赛会，晚上点燃菊花灯。宋代民间花市就有"扎菊"，在一年一度的菊花会上，展览名菊、饮酒赏菊、写诗颂菊。

三国时期，司马昭重要谋士钟会赞菊有五种美德："园花高悬，谁天极也。纯黄不杂，后土色也。早植晚发，君子德也。冒霜吐颖，象贞质也。杯中体轻，神仙食也。"战国时期的爱国诗人屈原著《离骚》中有"朝有木兰之坠露，夕餐秋菊之落英"的诗句，象征坚贞不屈的意志和坚定顽强的斗争精神。

东晋田园诗人陶渊明的著名咏菊诗《饮酒》（其五）：

"结庐在人镜，而无车马喧。

问君何能尔，心远地自偏。

采菊东篱下，悠然见南山。

山气日夕佳，飞鸟相与还。

此中有真意，欲辨已忘言。"

诗的大意是，在居住人多的地方却无车马的声音，心静就意识不到周围喧闹气氛的干扰，采菊东篱，悠然自得，偶尔抬头望去，南山遥遥在目，斜阳给峰峦撒上一层淡黄的颜色，飞鸟结群成队归巢，这种自然意趣，真是难以用语言表达，诗人借此忘情于世事。

唐代著名诗人元稹《菊花》诗：

"秋丛绕舍似陶家，遍绕篱边日渐斜。

不是花中偏爱菊，此花开尽更无花。"

此诗大意是说，宅院周围遍植菊花，浓香随风飘满家舍，似爱菊的陶渊明家。篱笆边的菊花在夕阳照耀下，金辉耀眼，不是偏爱菊花，因为菊花不畏严寒，迎风傲雪。菊花在一年当中开花最晚，菊花开过大自然中已无鲜花开放。

毛泽东主席在1929年10月写有《采桑子·重阳》词：

"人生易老天难老，岁岁重阳。

今又重阳，战地黄花分外香。

一年一度秋风劲，不似春光。

胜似春光，寥廓江天万里霜。"

诗中"黄花"即菊花。此诗赞颂了秋天重阳节之菊花胜过春天的风光。毛泽东喜爱菊花，他在中南海丰泽园将东厢房辟为书屋，取名"菊香书屋"。

说起菊花，在北京不能不提"洁园"。从30年代至60年代初，北京市新街口北大街路西有一处面积约6亩的艺菊园圃，称为"洁园"。在这不大的菊花园中，山、亭、树、花布置典雅，相映成趣。这里在新中国成立后至1956年这里菊花品种近100种，1700多盆，突出品种有"主帅红旗""和平堡垒""绿朝云""多宝塔""雪点冰峰"等。特别是各色悬崖菊是这里独有的菊花品种，标本菊有高过屋檐，花朵直径达 30 厘米以上者，还有不少并蒂菊。这里多姿多彩的菊花世界吸引广大群众前来观赏。1951 年 12 月 31 日，毛泽东首次来园赏菊后说："菊展成绩很好，规模尚可扩大，以满足首都各界人士的爱好和观赏。"并询问是否有困难需要政府解决？后来政府帮助解决了扩建和雇工问题，为此园主人满怀感激之情写诗一首：

> "万里长征督九戎，堂堂领袖旷世功。
>
> 游园雅兴看花晚，救世奇勋比岳松。
>
> 北陆风高歌白雪，东方日出溥天红。
>
> 车书混一从今始，远景昌明想望中。

此诗呈寄毛泽东主席，主席收到后曾亲笔回信表示感谢。1952 年 11 月 24 日，毛泽东第二次来园赏菊。

1955 年 11~月 20 日，周恩来总理偕夫人邓颖超前来观菊，亲笔题词"推陈出新，百花齐放"。朱德委员长 1949 年至 1961 年几乎年年来赏菊，在 1955 年 10 月 26 日观菊时曾写诗一首：

> "奇花独立树枝头，玉骨冰肌眼底收。
>
> 切盼和平同处日，愿将菊酒解前仇。"

1961 年为纪念洁园养菊三十周年，朱德委员长 10 月 3 日亲临观菊，赠主人秋兰两盆，并写楷书诗幅：

> "刘老洁园助国光，卅年种菊永留香。
>
> 精研善养奇葩好，成就启新世泽长。
>
> 全力栽培传后代，不辞辛苦为人忙。
>
> 京城老少来欣赏．敬赠幽兰配北堂。"

相继来园赏菊的还有董必武、谢觉哉、邓小平、宋庆龄、彭真等党和国家领导人和各界知名人士，在签名簿上可查的就有 70 多人。还有国际友人胡志明，日本前首相片山哲，当时世界和平理事会常任理事兼书记布伦姆夫人。

1960 年，洁园主人将该园全部土地、菊花、工具等无偿捐献给国家，市园林局即将所有捐赠交北海公园管理，养菊工人转为国家工人。此后北海经常举办菊花展览，2003 年 11 月在北海公园连续举办了第二十四届北京市市花——菊花展览，展出一万多盆，近五百个品种。

历届菊花展中，1964 年在北海公园举办的北京市菊花展览是新中国成立以来规模最大的一次。郭沫若同志专门为这次菊展题词："菊花是集体的花，请以集体主义精神来欣赏吧。"整个展览分为琼岛区、东岸区和西岸区。展出品种有 1700 多个，当时展出的大立菊直径达 2 米，长达 3 米多的悬崖菊，矗立丈余的塔菊，还有一株开数十种不同姿色花朵

邮票有"国家的名片"之誉,在包罗万象的中国邮票设计图案中,花卉图案邮票成为中国邮票艺术中一束绚丽夺目的小花。菊花为中国传统名花,在中国邮票设计是少不了的。1960年12月10日,我国邮电部发行一套"菊花"特种邮票,邮票志号"特44",全套共18枚,至1961年出齐。这套邮票生动地映衬着一枝枝怒放的菊花,洋溢出大自然无穷的魅力和顽强的生命力。

凌波仙子——水仙

水仙别名金盏银台,花如其名,绿裙、青带,亭亭玉立于清波之上。素洁的花朵超尘脱俗,高雅清香,格外动人,宛若凌波仙子踏水而来,故有凌波仙子的美称。水仙花语有两说:一是"纯洁",二是"吉祥"。

水仙为我国十大名花之一,我国民间的请供佳品,每过新年,人们都喜欢清供水仙,点缀作为年花。因水仙只用清水供养而不需土壤来培植。其根,如银丝,纤尘不染;其叶,碧绿葱翠传神;其

凌波仙子——水仙

花,有如金盏银台,高雅绝俗,婀娜多姿,清秀美丽,洁白可爱,清香馥郁,且花期长。这珍贵的花卉早已走遍大江南北,远渡重洋,久负盛名,誉满全球。她带去了我国的春天,我国人民的情谊和美好的心愿,赢得了"天下水仙数漳州"之美称。

中国水仙花属石蒜科、水仙属多年生草本植物,鳞茎生得颇像洋葱、大蒜,故六朝时称"雅蒜"、宋代称"天葱"。之后,人们还给她取了不少巧妙、美丽的名字,如金盏、银台、俪兰、雅客、女星等等。这里有着许多关于水仙花优美动人的民间故事和传说。

传说水仙花是尧帝的女儿娥皇、女英的化身。她们二人同嫁给舜,姊姊为后,妹妹为妃,三人感情甚好。舜在南巡驾崩,娥皇与女英双双殉情于湘江。上天怜悯二人的至情至爱,便将二人的魂魄化为江边水仙,二人也成为腊月水仙的花神了。前人据此不知写下多少赞美水仙花的诗篇,如曹植的《洛神赋》,宋代高似孙的水仙花前赋与后斌。若把

他们抒写水仙花的美凝聚到一点,便是"纯洁"。

据说,宋代时,有一闽籍的京官告老回乡,当他乘船南返,将要回到家乡漳州时,见河畔长有一种水本植物,并开着芳香的小白花,便叫人采集一些,带回培植。据《蔡坂乡张氏谱记》载:明朝景泰年间,他们的祖宗张光惠在京都做学官,一年冬天请假回乡,船过江西吉水,发现近岸水上,有叶色翠绿、花朵黄白、清香扑鼻的野花,于是拾回蔡板栽培育成新卉传下。

传说崇明水仙来自福建。那是唐代则天女皇要百花同时开放于她的御花园,天上司花神不敢违旨,福建的水仙花六姐妹当然也不例外,被迫西上长安。小妹妹不愿独为女皇一人开花,只行经长江口,见江心有块净土,就悄悄溜下在崇明岛。所以,福建水仙五朵花一株开,崇明水仙一朵怒放。

还传说在福建园山有一位善良的农妇,救济了饥饿垂死的乞丐。这乞丐原是神仙,将吃的饭喷在屋的四周,后来长出金盏银台水仙花。在民间赠送水仙的含义便为赞美您心好必有好运,祝贺您吉祥如意,万事称心。

希腊神话传说,水仙原是个美男子,他不爱任何一个少女,而有一次,他在一山泉饮水,见到水中自己的影子时,便对自己发生了爱情。当他扑向水中拥抱自己影子时,灵魂便与肉体分离,化为一株漂亮的水仙……

水仙花早在宋代就已受人注意和喜爱。"深水能仙天与奇,寒香寂寞动冰肌。仙风道骨今谁有?淡扫蛾眉簪一枝。"这是宋朝诗人刘邦直吟咏水仙的诗句。透过这几句诗,我们仿佛沉醉于亭亭玉立、凌波无尘的水仙花的绰约风韵之中,《漳州府志》记载:明初郑和出使南洋时,漳州水仙花已被当作名花而远运外洋了。

在西方,水仙花的意译便是"恋影花",花语是坚贞的爱情,引申一下便是自省对爱情的诚挚。

水仙花主要有两个品种:一是单瓣,花冠色青白,花萼黄色,中间有金色的冠,形如盏状,花味清香,所以叫"玉台金盏",花期约半个月;另一种是重瓣,花瓣十余片卷成一簇,花冠下端轻黄而上端淡白,没有明显的付冠,名为"百叶水仙"或称"玉玲珑",花期约二十天左右。水仙花分布的范围极小,只在漳州八大胜地之一的园山东麓一带,因它具有得天独厚的条件:园山挡住了烈日,园山在斜影所及的地方日照较短,为水仙花栽培创造了有利格条件。当地有歌云:"园山十八面,面面出王侯,一面不封侯,出了水仙头。"

每年春节,能工巧匠们创作出的水仙盆景雕刻艺术,且能依照人们的愿望,在预定的期间里开放,给节日、寿诞、婚喜、迎宾、庆典增添了不少光彩。那栩栩如生,生机盎然,耐人寻味,怪不得人们赞誉水仙一青二白,所求不多,只清水一盆,并不在乎于生命短促,不在乎刀刃的"创伤",不在乎于严寒的"凌辱",始终洁身自爱,带给人间的是一份绿意和温馨。

母亲节的节花——康乃馨

康乃馨又名香石竹,属石竹科一年声草本植物,全株呈灰绿色,茎节膨大,披针形的叶片对生,花萼圆筒体,花瓣很多,边缘有深裂,呈锯齿状,颇似"王冠"。其英文名字 car-nation,就是"王冠"之意。康乃馨的花色非常丰富,有红、黄、白、粉红、紫、镶边等多种颜色。

康乃馨的出名得益于 1934 年 5 月美国首次发行母亲节邮票。邮票图案是一幅世界名画,画面上一位母亲凝视着花瓶中插的石竹。邮票的传播把石竹花与母亲节联系起来。于是西方人也就约定俗成地把石竹花定为母亲节的节花。每当母亲节这一天,母亲健在的人佩戴红石竹花,并制成花束送给母亲。而已丧母的人,则佩戴白石竹花,以示哀思。世上没有无母之人,康乃馨也就成了无人不爱之花。康乃馨因母亲节而蒙上一层慈母之爱色彩,成为献给母亲不可缺少的礼物。

母亲节的节花——康乃馨

康乃馨引入我国,算来已百年之多。据传,1900 年英国人罗埃斯在上海南京路外滩开了个"大英花店",主要销售康乃馨,属独家经营。可是到了 1920 年,他发现中国人开的花店也卖康乃馨,便勃然大怒,告上法庭。开庭那天,罗埃斯傲气十足地说,中国没有康乃馨,是他从国外买来的,应享有专利,中国人卖的康乃馨肯定是从他那里偷来的,要求惩办中国花店。中国律师问他:"你卖的康乃馨是摘下的花朵,还是有叶有芽的花枝?"罗说:"全是卖的花枝。"中国律师说:"你卖了花枝,收了钱,买方有权利将买的花枝扦插繁殖,怎能说是偷窃?"罗无言以对。法庭宣判,大英花店败诉。

康乃馨，这种体态玲珑、斑斓雅洁、端庄大方、芳香清幽的鲜花，随着母亲节的兴起，正日益风靡世界，成了全球销量最大的花卉。母亲营造了温馨，祝母亲健康平安。

康乃馨是生肖属马和属羊的朋友的幸运花。

人面相映红——桃花

桃花为落叶小乔木，属蔷薇科植物。桃花分果桃花和观赏桃花两大类。花有单瓣和重瓣，果桃多为单瓣，观赏桃多为重瓣，花色艳丽，先开花，后出叶。

桃花树形优美、枝干扶疏、花朵丰腴、色彩绚丽，是春季最主要的观赏花木。桃树常被呈林片地栽种，无论是植于山坡、园林、庭院，还是湖畔、溪边，都可成为观赏佳景。桃花盛开时，那成片的桃林如云蒸霞蔚，置身其间，顿感心旷神怡，春光无限。桃花作盆景、做切花插瓶观赏，也会使人感到韵味无穷，春意盎然。桃花尽管未被列入我国十大名花之列，却占有很高

人面相映红——桃花

的地位。人们将桃树视为"五木之精"，将桃花作为美好的事物的化身。人们称赞美女的娇容"艳若桃李"，将理想的生活环境称为"世外桃源"，太平盛世称为"桃林"。《诗经》中称赞美满婚姻"桃之夭夭，灼灼其华"。唐代诗人刘禹锡描写当时民间观赏桃花的时称："紫陌红尘拂面来，无人不道看花回"。最受人们称颂的是桃花那"嫣然出篱笑，似开未开最有情"的神态，那"千朵万朵竞研媚，浓于胭脂烈如火"的激情与顽强的生命力。桃花喜阳光和温暖的环境。多用嫁接法繁殖。以山桃、毛桃的实生苗和杏作砧木。

兔子花——仙客来

仙客来又名兔子花，为草本植物属报春花科，原产地中海沿岸及欧洲中部仙客来是球根花卉的一种，其块茎呈扁圆形或球形、叶片生于块茎顶端，多为心脏形。花梗细长，单朵花生于花梗之上，花瓣向上反卷似兔耳。花色十分丰富，有红、粉、白、紫以及粉边紫心、白边红心等等。花瓣的边缘也富有变化，有全缘、缺刻、波状或者褶皱的。花色鲜艳，花形俏丽的仙客来，是冬季供观赏的优良盆花。

仙客来花形优美而特别，郭沫若在《百花齐放》中有这样一首诗描绘仙客来："我们和

秋海棠是姊妹行,鲜艳的花瓣反开十分别样。上海姑娘叫我们是兔子花,怕是花瓣和兔子耳朵十分相像。"对仙客来的花朵描述得很形象。

仙客来这个名字是由英文译音而来,欧洲人十分喜爱仙客来,是圣诞节装饰用的重要盆花。仙客来有表示离别之意。如果它被用来装饰宴会,则说明这个宴会是为了送别友人而举行的。

仙客来是世界著名盆花之一。仙客来被爱花人士栽培的历史已经有300多年以上了。在18世纪的时候曾以德国为栽培中心,后来更风靡了整个欧洲。由于园艺学家不断地进行品种改良,终于把栽培中心转移到了美国。并逐渐成为世界性的观赏花卉,很受爱花者的推崇,因此被推举为盆花的女王。现栽培的均为杂交种,品种甚多。广泛栽培于各温带地区,是著名的冬春季温室盆花。花期长达数月,深受人们喜爱。圣马力诺选上这种"世界级"的花卉来当国花的确相当有眼光。

兔子花——仙客来

空中仙子——吊兰

吊兰是多年生常绿草本植物,属百合科。常见的品种有金心吊兰、银边吊兰、金边吊兰,还有全绿色的吊兰。吊兰是最为传统的居室垂挂植物之一。它叶片细长柔软,从叶腋中抽生的匍匐茎长有小植株,由盆沿向下垂,舒展散垂,似花朵,四季常绿;它既刚且柔,形似展翅跳跃的仙鹤,故古有"折鹤兰"之称。吊兰的一条条从叶丛中抽出的匍匐状花茎悬空倒垂。枝上的小花随风摇曳,一棵棵新植株轻盈飘逸,如蝴蝶翩翩起舞,如礼花四溢,让人兴味无穷,故吊兰有"空中仙子""空中花卉"的美称。总

空中仙子——吊兰

之,它那特殊的外形构成了独特的悬挂景观和立体美感,可起到别致的点缀效果。

吊兰的生命力很强,只要有一点水土,甚至一杯清水,就能生根、发芽,抽出新枝。它随遇而安、不争养分、不争地位高低,即使悬挂在空中,也不感到孤寂,照样为人们带来清新与碧绿。因此,吊兰虽然花朵很小,貌不惊人,却深受人们的喜爱。它在客厅、书房、居室伴随人们工作和休息。元代诗人谢宗曾有诗对吊兰的形态和品质作了栩栩如生的描述,诗中赞曰:"午窗试读《离骚》罢,却怪幽香天上来。"

吊兰不仅是居室内极佳的悬垂观叶植物,而且也是一种良好的室内空气净化花卉。吊兰具有极强的吸收有毒气体的功能,一般房间养1~2盆吊兰,空气中有毒气体即可吸收殆尽,故吊兰又有"绿色净化器"之美称。

鲜切花之王——鹤望兰

鹤望兰,别名天堂鸟花,极乐鸟之花。原产非洲南部,现广泛栽培。此花素有鲜切花之王的美誉,在国内外很受欢迎,是一种极有经济价值的花卉。

鲜切花之王——鹤望兰

鹤望兰是世界著名的观赏花卉。叶大姿美,四季常青。花形奇特,橙黄的花萼、深蓝的花瓣、洁白的柱头、紫红的总苞,整个花序宛似群鹤翘首,为爱好者所珍爱。在非洲,视鹤望兰为"自由、吉祥、幸福"的象征。在美洲,它成为"胜利之花"。在亚洲,鹤望兰认作

鹤望兰为大型盆栽观赏植物,成型的盆栽植株一次能开花数十朵,漂亮的花与叶充分展示热带景观的主体植物效果。它与旅人蕉、红花蕉等花卉可构成典型的热带自然景观,是目前世界上一些著名植物园的展览温室中必不可少的观赏植物。目前,美国、德国、意大利、荷兰和菲律宾等国都盛产鹤望兰。我国自20世纪90年代以来,在广东、福建、江苏等地建立了鹤望兰种苗和盆花的生产基地。

鹤望兰又名天堂鸟的由来,据说是为了纪念19世纪初的一位长相优美的女子。这位女子嫁给了当时英皇乔治三世,她的一生憧憬浪漫真诚的爱情,而且十分喜爱各种奇花异草,生前曾许愿来生要做一只天堂鸟。后来就以她的名字来命名鹤望兰,以纪念这位不凡的女子。

鹤望兰为热带草本植物,名字中虽有"兰"字,但不是兰科植物,而是属旅人蕉科中花型奇特的一种植物。

鹤望兰的叶片两两对生,呈草质、深绿色。其花茎粗壮挺直、花着生于顶端,尖端花苞横生,内有5瓣紫色,内藏雄蕊。整朵花花形奇丽优美,似引颈长鸣的仙鹤,姿态潇洒飘逸、色彩不艳不娇、高雅大方。

在南非,当地人十分珍爱这种花,因为每当花开之时,就会有成群美丽的、有彩色羽毛的小鸟飞来,当地人认为这种小鸟能带来吉祥与幸福,而鹤望兰就是招呼这些小鸟的使者,能够带来快乐的生活,所以对鹤望兰更是呵护有加。

江南第一花——玉簪花

玉簪花又名白萼、白鹤仙。因其花苞质地娇莹如玉,状似头簪而得名。碧叶莹润,清秀挺拔,花色如玉,幽香四溢,是我国著名的传统香花。

玉簪花为多年生宿根草本植物,属百合科。玉簪花色洁白如玉,花香浓郁芬芳。其叶片为宽心脏形、色泽鲜绿,别具特色。玉簪是赏叶、观花、闻香俱佳的花卉之一。

玉簪花在我国已有2000多年的栽培历史。宋朝黄庭坚的一首名为《玉簪》的诗中写道:"宴罢瑶池阿母家,嫩琼飞上紫云本。玉簪坠地无人拾,化作江南第一花。"这首诗为人们讲述了一个关于玉簪的神话故事:九天仙女参加王母在瑶池举办的宴会后,好像一块美玉般飞身登上了紫云本。头上佩戴的玉簪掉落在人间,化成了一株美妙的花,得名玉簪花。郭沫若先生对玉簪的描述更加生动:"乳白的花簪聚在碧雪梢头,一花谢了,一花又开,昼夜不休。扇形的绿叶把香风扇得和柔,保持清白,骄气、娇气都不敢有"。

洁白优美的玉簪花,花开在七、八月份,似一身着白衫的仙女,悄然立于一片绿云之

江南第一花——玉簪花

上，散发出迷人的芳香，为炎热的盛夏带来一丝清凉甘爽之气。将玉簪花送与亲友表达亲切的问候。尤其适合送给生肖属兔的朋友。

花烛——红掌

红掌又名花烛、安祖花、火鹤、红鹤等。原产哥伦比亚，为多年生草本植物，属天南星科。

红掌的花梗细长、挺直。往往被人误认为是花的佛焰苞、心形、平直展开，鲜红有光泽，像镀了一层蜡似的。而其真正的花却并不显眼，是白苞叶中抽出的圆柱形的肉穗花序，淡黄色、直立。

红掌最适生长温度为 20～30℃，最高温度不宜超过 35℃，最低温度为 14℃，低于10℃随时有冻害的可能。最适空气相对湿度为 70%～80%，不宜低于 50%，因为保持栽培环境中较高的空气湿度，是红掌栽培成功的关键。因此，一年四季应多次进行叶面喷水。红掌不耐强光，全年宜在适当遮阴的环境下栽培，即选择有保护性设施的温室栽培。

其实，红掌与火鹤并不完全相同，这两种花苞片形状、花序颜色稍有不同，是同属植物的不同品种，只能算是"近亲"。

无论是红掌，还是火鹤，它们都能很形象地反映出它们的共同特点，鲜红亮丽，火般的色彩，让人顿觉眼前一亮，不禁怦然行动。细长花梗托起心形的苞片，像一颗跃动的红心,热烈而奔放。

红掌不仅花朵美丽大方,其叶片也毫不逊色,草质的叶片,呈长椭圆状心脏形,鲜绿有光泽。所以,红掌既能观花又能赏叶,一举两得。红掌是生肖属马或属虎的人的幸运花。

大叶花烛的繁殖管理

繁殖方法

繁殖采用播种和分株法。

原种可用种子播种繁殖,在高温环境中栽培的植株,经人工授粉可以收获种子。播种在一般家庭中较困难,故多采用分株法繁殖。

花烛——红掌

4~5月间,可将开花后的成龄植株旁有气生根的子株剪下,单独分栽。分下的子株至少应有3~4片叶。子株培养一年可形成花枝,一株成龄株一年只能分1~2株,繁殖率极低。也可扦插繁殖,将较老的枝条剪下,每1~2节为一插条,去除叶片,将插条直立或平卧插于低温25~35℃的插床中。几周后长出新芽和根,成为独立植株。

栽培管理

盆栽所用基质必须要有很好的通气性,南方地区可用木泥炭、草炭土、珍珠岩按2:1:2的比例配合,栽培效果较好。北方地区用腐烂后的松针土作栽培基质最为适宜。上盆时土压得不可过紧,以免妨碍空气流通。

大叶花烛虽为喜阴植物,但光对它的叶片同化作用效率影响极大,花茎的长度与佛焰苞的大小亦随光的水平增加而增加。因此,需要全日照量的60%~80%。夏季温度高,光强度过高时,遮光率应达到75%~80%。冬季气温较低,光强度较弱,遮光率应控制在60%~65%。生长温度白天不超过35℃,夜间不低于14℃。低于10℃时生长不良,恢复极慢。25℃以上高温时,要特别注意加强通风。相对湿度应维持在85%~95%以上,以极细小的雾点为佳。冬季有阳光的日子,气温高于20℃,每3天微喷一次。夏天,每日微喷一次,其中2次在中午前后。

每隔2~3年换一次盆,一般在春天进行,并结合进行分株繁殖。生长季节1~2周施用1次追肥,并注意保持盆土有充足的水分。

万绿丛中一片红——石榴花

石榴树为落叶乔木,属石榴科植物。原产中亚的伊朗、阿富汗。喜阳光充足和干燥环境,耐寒,耐干旱,不耐水涝,不耐阴,对土壤要求不严,以肥沃、疏松的沙壤土最好。

石榴又名安石榴、甘石榴、天浆。石榴的观赏价值很高,夏日红花、秋日红果,华实并丽。石榴之美,别有一番风姿。

万绿丛中一片红——石榴花

初夏时节,春光已老、花事正淡。在绿叶荫荫,芳菲落寞之间,却见石榴于万绿丛中,燃起一片火红,灿若烟霞。正是"只待绿荫芳树合,蕊珠如火一时开"。古诗中咏石榴的不少,最美的要数江淹《石榴颂》:"美木艳树,谁望谁待?缥叶翠萼,红华降采。照烈泉石,芬披山海。奇丽不移,霜雪空改。"

石榴花不仅花美,而且花落之后,经过两三个月的孕育后,枝头便会挂满硕果。其枝叶间"朱实星悬,光若琥珀,如珊瑚之映绿水"。

石榴树还有净化空气的功能,对空气中的氟、铅、氯的污染,有一定的吸收和积累能力。

送一盆石榴花给友人,可以表达多福多寿的良好祝愿。

兰中皇后——蝴蝶兰

蝴蝶兰为草本植物,属兰科。单茎性附生兰,茎短,叶大,花茎一至数枚,拱形,花大,因花形似蝶得名。其花姿优美,颜色华丽,为热带兰中的珍品,有"兰中皇后"之美誉。

以前,欧洲人并不喜欢蝴蝶兰,将这种集俏丽、活泼、高贵、端庄、典雅于一身的迷人花卉认作是魔鬼的化身。直到后来,才把它看作是上帝赐予人间的花之精灵,蝴蝶兰才备受青睐。

兰中皇后——蝴蝶兰

蝴蝶兰原产马来西亚,我国台湾也有分布。其叶片为长椭圆形、厚呈革质,自叶腋间抽生花茎,总状花序,花茎前端略弯呈弓形,可着花3~15朵。蝴蝶兰的花奇特而优美、唇瓣3裂,末端有一对分开的卷须,外围是 3 枚萼片、测瓣 2 枚呈宽圆形,好似一只张开翅膀的轻盈优美的蝴蝶,翩翩然振翅欲飞。蝴蝶兰的花色亦十分丰富,有白色、黄色、粉红色的,还有带斑纹的,千变万化,让人百看不厌。

在我国台湾和泰国、菲律宾、马来西亚、印度尼西亚等地都有分布。其中以台湾出产最多。全世界原生种约有 70 多种,经杂交选育的品种有 530 多个。以开黄花的较为名贵。有个称为"天皇"的黄花品种,堪称为"超级巨星",讨价甚昂。至于蓝花品种亦较为珍稀。1952 年与 1953 年的国际洋兰博览会上,台湾送展的蝴蝶兰连续两年获得金牌奖杯。1989 年香港举办的第 14 次兰花展览,胡炳炽先生送展的一棵白瓣红唇的蝴蝶兰获得全场的总冠军奖。这些杰出的殊荣为蝴蝶兰的开拓奠定了坚实的基础。如今,欧美各国人士对蝴蝶兰的消费量不断增加,举凡高级宴会都少不了蝴蝶兰作摆设。许多新娘和滨相更喜爱用它作为捧花和襟花。单是意大利在 1990 年曾销售蝴蝶兰 260 多万株,创历史最高纪录。在香港每盆约卖 70～100 港元,母枝切花售 15～30 港元。

蝴蝶兰也是馈赠的佳品、送于亲友,带去了幸福、快乐、吉祥的祝福,显得大方而得体。

锦上添花——蟹爪兰

蟹爪兰的名字中虽然带有"兰"字,但它并不属于兰科,而是仙人掌科蟹爪兰属的植物。

蟹爪兰又名圣诞仙人掌,属附生类仙人掌,原产巴西。喜温暖湿润和半阴研境。不耐寒,怕烈日暴晒。宜肥沃的腐叶土和泥炭土,怕煤土煤灰。冬季温度不低于 10℃。植株常呈悬垂状,嫩绿色,新出茎节带红色,主茎圆,易木质化,分枝多,呈节状,刺座上有刺毛,花着生于茎节顶部刺座上。常见栽培品种有大红、粉红、杏黄、和纯白色。因节径连接形状如螃蟹的副爪,故名蟹爪兰。节茎常因过长,而呈悬垂状,故又常被制作成吊兰做装饰。

锦上添花——蟹爪兰

原产巴西的蟹爪兰又名蟹叶仙人掌或称为锦上添花,它于冬、春开花,是春节里点缀居室、烘托节日气氛的观赏植物。在欧美国家，人们也用它来装饰圣诞节日，故也称它为"圣诞蟹爪兰"。

人们通常是把蟹爪兰嫁接在仙人掌或三棱箭上生长，这样整体造型优美，可提高其观赏价值。蟹爪兰的"茎状叶"很别致，花亦很美丽、着生在茎顶端，花苞时呈枣核形，开放时，瓣化的萼片层层展开，微向后弯曲，露出雄蕊围绕着雌蕊，雌蕊的柱头呈现粉红色，为整朵花增色不少。它的花多为紫红色，但也有红色、黄色、白色等杂交品种。蟹爪兰翠绿色的茎自然下垂，每当花朵盛开时，灿若锦绣，正应其"锦上添花"的美名。

木上生花——石斛兰

我们日常所看到的石斛兰大多从泰国进口的，通常被称作"泰国兰"。

石斛又名石斛兰为兰科石斛属植物。是我国古文献中最早记载的兰科植物之一。由于花形、花姿优美，艳丽多彩，种类繁多，花期长，深受各国人民喜爱和关注，在国际花卉市场上占有重要的位置。当今世界上许多国家都有广泛栽培，尤以东南亚最盛。其中以泰国产量最大，1993 年年产 3600 吨石斛兰，1994 年出口意大利 6290

木上生花——石斛兰

万支、荷兰 1425 万支、德国 1170 万支，还出口日本和北美。另外，新加坡、马来西亚和我国台湾也有一定数量生产，主要出口国家有荷兰、德国、意大利、英国、法国和日本。菲律宾以自产自销为主。在亚洲，日本是石斛兰最大的进口国，1993 年市场销售 230 万盆、销售额为 2800 万美元，占盆栽花卉销售的第六位。

石斛兰喜欢生长在温暖、潮湿、通风的环境。李时珍在《本草纲目》曾提道："石斛丛生石上。其根纠结甚繁，干则白软，其茎叶，生皆黄色。节上自生根须。人亦折下，以砂石载之，或以物盛挂屋下，频浇以水，经年不死。俗称千年润。"现今，在市场上所见的石兰为杂交后选育的有良品种，花美，具有较高的观赏价值。石斛兰的观赏期较长，一般能持续 10～25 天。

石斛兰具有圆筒状的假球茎,茎上有节。叶互生,卵圆形,叶鞘环状包围假球茎。自上部叶腋间抽生花茎,每一花茎上可着花 8~15 朵。石斛兰的花形小巧、秀丽在绿色的花茎上,密密地开放着。清秀、可爱的花朵色彩艳而不娇,流露出温和、典雅的气质。花茎顶端通常带有形似"菱角"的花苞,为整串花增添了几分活泼的气息。

浪漫女神——紫罗兰

紫罗兰又名草桂花,属十字花科,多年生草本,常作二年生栽培,一般在头年秋季播种,翌年春季开花。此花株高 30~50 厘米,茎直立,多分枝,基部梢木质化。叶面宽大,长椭圆形或倒披针形,先端圆钝。总状花序顶生和腋生,花梗粗壮,花有紫红、淡红、淡黄、白等颜色,单瓣花能结籽,重瓣花不结籽,果实为长角果圆柱形,种子有翅。花期 3~5 月,果熟期 6~7 月。

浪漫女神——紫罗兰

紫罗兰原是欧洲名花之一。在罗马神话中,有一则关于紫罗兰的传说:古时有一对温柔、聪慧的姐妹,她们用灵巧的双手为竞技中获胜的勇士制作花冠。有一天,姐妹俩认识了一对善良、勇敢的兄弟,双双坠入爱河。许多暗恋这姐妹俩的坏人十分嫉妒,联合起来杀死了那兄弟俩。姐妹二人闻讯后,悲痛欲绝,也自杀身亡。天神同情她们,将姐妹俩化成了美丽的紫罗兰。在法国,有这样一个古老的习俗,当男性遇到理想的女性时,就将紫罗兰插在帽子上、拿在手中,从女性身边走过,表示"此情不变"。因此,在花卉王国中,紫罗兰是颇具浪漫色彩的一种。在希腊神话中,司爱司美的女神维纳斯,与爱人话别时,伤心的眼泪滴落在泥土中,长出一株美丽的花,就是紫罗兰。

紫罗兰的花,总是飘来阵阵幽香,不禁引人遐思。紫罗兰花色丰富,有紫、紫红、粉红、黄、白等多种色彩。紫罗兰花朵茂盛,花色鲜艳,香气浓郁,为众多赏花者所喜爱,适宜于盆栽观赏,适宜于布置花坛、台阶、花径,整株花朵可作为花束。

我国新引进的非洲紫罗兰是一种充满异国情调和新时代气息的"迷你"盆花。它被许多姑娘和少妇视为家庭室内最理想的装饰花草。

非洲紫罗兰属苦苣苔科草本。又称"非洲堇"。原产于非洲东部的坦桑尼亚,因花容酷似紫罗兰而得名。实际上同正宗的兰花并无亲缘关系。据闻是 1892 年为德国植物学家柏荣·冯·圣保罗发现的,有人叫它"圣保罗花"。它的株高不到半尺,没有长茎,叶似汤匙,披有柔软的丝绒,全部从基部伸出,构成一个工整的莲座,多数花朵集生于中央。由于品种不同,花样更是千姿百态,有的像个绣球,有的好似金星,也有的宛如宝塔。而花色亦非常丰富,除黑、绿色外,几乎色色俱全。特别是那些一花两色、三色的品种更是令人陶醉。例如"美国加洲1号"就是当今的名种之一。它的瓣色粉红,边缘翠绿,叶旁也镶有黄色,仿佛花中有叶,叶中有花,极为秀丽,被花迷们视为难能可贵的珍品。

当今,许多经济发达的国家,由于人们的生活节奏紧张,对大棵的花木难以侍弄,因而对轻巧、耐观和易管的小盆花产生了强烈的兴趣,非洲紫罗兰便成了最佳的选择。不论摆在案上、窗前或床头柜上,都会令人产生和谐和温馨的感觉。许多人称赞它是一种具有情趣,乐趣和雅趣的花草,形容它像"新娘的面靥","醇馥的香槟"。闻说香港有位林藻家女士,是位现职教师。她的丈夫黄善生先生是从事电脑出入口生意的商人,他俩对非洲紫罗兰有强烈爱好,每天利用业余时间不断栽种,一见花店有新品种则不惜代价购口家中,先后连续种了10多年,至今已有3000多盆,共有500多个品种,约占全世界2000多个品种的四分之一。几乎把阳台、客厅、书房以至洗手间都摆满了。香港举行花展比赛,他俩送展12盆,竟有9盆获奖,许多亲友称赞他俩是天生的一对"花痴"。

非洲紫罗兰因属中档时花,社会上有能力购买的人很多。故从它问世以来,国际花市的销售量一年比一年递增。有不少妇女还以之作为家庭副业,把它卖给花店。由于爱好者越来越多。美国特专门成立了全国性的非洲紫罗兰协会,并出版名为《非洲紫罗兰》的专业杂志,在全世界拥有数以万计的读者,这对花卉界的学术交流真是一桩可喜可贺的盛事。

虽然非洲紫罗兰的观赏价值颇高,但如果不了解它的生长发育规律,往往种下不久就会突然死亡。主要原因是它的植株细胞组织非常脆弱,如果淋水施肥不当,就很快引起腐烂。故在购买花苗时,要注意选择正在开花,叶部坚挺,富有弹力,叶柄短粗,没有病虫害的种苗方可购买。对种花的植料一定要用腐叶土、蛙石、珍珠岩、河沙、干粪、骨粉和花生麸混合的营养土,其酸碱度为中性,pH 值在 6.5~7 之间,用 7~9 厘米直径的小红陶盆栽种为宜。

非洲紫罗兰的生长适温为 20~25℃,相对湿度为 60%~80%,喜欢在空气流通,没有大风袭击和光线较多的环境生长。要求每天上午都有朝阳和散射光射到才能正常开花。否则就需要用光管加照五六个小时,以便补充光源。对于淋水方面,则要掌握不干不浇,一浇要透的原则。要用长嘴的茶壶逐盆将水斟入盆内,切不可淋湿叶面。而且在追肥时亦不能让肥水沾到叶上,以免引起腐烂衰亡。如果不慎淋到应尽快用纸巾吸干吸净。

通常危害非洲紫罗兰的有白绢病、菌核病等,当发现时可用波尔多液,或大生 1000 倍溶液喷射。如发现有蚜虫、蓟马为害,可用速灭松或马拉松乳剂 1000 倍液喷杀,并隔数天再喷 1 次即可扑灭。

好女儿花——凤仙花

凤仙花为一年生草本植物,属凤仙花科植物。每到夏季,是凤仙花盛开的时节。风姿清丽可人,花朵纷繁如凤,故凤仙花又名"金凤"。凤仙花可以用来染指甲,所以它还叫指甲花。

好女儿花——凤仙花

凤仙花花大而美丽,粉红色,也有白、红、紫或其他颜色,姿态娇美,色彩丰富绚丽,而且容易种植,文人墨客将它作为六月的花使令。宋代徐致中《金凤花》赞它:"鲜鲜金凤花,得时亦自媚。物生无贵贱,罕见乃为贵。"明代徐有阶称:"金凤花开色最鲜,佳人染得指头丹。"元代女诗人陆秀卿一首《醉花阴》,将女子用凤仙花染指甲描绘得妙趣横生。词云:"曲阑凤子花开后,捣入金盘瘦。银甲暂散除,染上春纤,一夜深红透。绛点轻濡笼翠袖、数颗相思豆。晓起试新装,画到眉弯,红雨春山逗。"传说南宋时,因光宗李后的小名叫凤娘,宫中避讳,故称凤仙花为好女儿花。

古代传说凤凰是鸟中之王,雄鸟名凤,雌鸟名凰,由于凤仙花有这一美名,让人一见凤仙花就联想起凤凰。明代诗人瞿佑在《凤仙》一诗中云:"高台不见凤凰飞,招得仙魂慰所思。"其意是说人们虽然不曾看到高处有凤凰飞,但却可看见由凤凰仙魂所化的凤仙花,也可安慰人对凤凰的思念了。唐代诗人吴仁壁在《凤仙花》一诗中云:"香红嫩绿正开时,冷蝶饥蜂两不知。此际最宜何处看,朝阳初上碧梧枝。"据说凤凰非梧桐树不栖,诗中碧梧枝指的就是梧桐树枝,诗人已把凤仙花当作凤凰的化身,可见凤仙花在我国花卉文化史上有一定的地位。而用凤仙花染红的指甲,也让诗人浮想联翩,元代杨维桢在《凤仙花》一诗中有"弹筝乱落桃花瓣"的语句,形容染红指甲的女子弹筝时,手指上下翻动,好似桃花瓣落纷纷。

凤仙花还有一个有趣的英文名字叫"Touchmenot",如将此名直译,其意是"勿碰我"。因为当凤仙花种子成熟时,只要轻轻一碰,果瓣立即开裂,并向内弯卷收缩,将种子弹出。而我国中医也因此将凤仙花种子的药用名叫急性子,有的地方也把凤仙花叫急性子。此外,中医还将凤仙花的茎作为治疗风湿疼痛和跌打损伤的药,因而凤仙花也叫透骨草。

凤仙花对氟化氢很敏感,稍接触,便会花残叶败,甚至枯死。因此,可用凤仙花监测氟化氢的污染。

亭亭玉立——美人蕉

"芭蕉叶叶扬遥空,月萼高攀映日红。一似美人春睡起,绛唇翠袖舞东风"。这首诗把美人蕉的形态比喻的栩栩如生。正因此原产于美洲热带和亚热带的红蕉被称为美人蕉。

美人蕉株高 1~1.5 米,喜爱高温高湿的气候和阳光充足的环境。美人蕉在园林中常用作花径、花篱或者种植于花坛中心及装饰一面的背景。

美人蕉植株挺拔秀丽、叶色碧绿、舒展如美人翠袖。红色的花朵簇生于茎顶,绮丽多姿,远观灿若红霞,近看艳如火焰。美人蕉不断涌茎长芽,顶端的花谢之后,新芽继续生长,发出花枝,相继开放,花朵从夏到秋,绵延不断。在唐代以前,美人蕉花只有红色,故称红蕉。唐代李绅《红蕉》诗曰:"红蕉花样炎方识,瘴水溪边色更深。叶满丛深殷似火,不惟烧眼更烧心。"经过人们不断地改良品种,美人蕉出现了多种花色。因其叶酷似芭蕉,花朵美丽,后人便将红蕉改称为美人蕉。清人庄大中的《美人蕉》诗说:"照眼花明小院幽,最宜红上美人头。无情有态绿何事,也倚新妆弄晚秋。"这首诗使美人蕉如美女亭亭玉立,衣裙轻飘的姿态跃然眼前。

美人蕉对二氧化硫、氯气等有害气体有较强的抗性,对尘埃有一定的吸附作用,是良好的环保植物。

亭亭玉立——美人蕉

六出香雪——栀子花

栀子花为常绿灌木,属茜草科植物。又名黄栀子、金栀子、银栀子、山栀花。茜草科,四季常绿灌木,木本花卉。高1余米,叶对生或3叶轮生,有短柄,叶片革质,倒卵形或矩圆状倒卵形,顶端渐尖,稍钝头,表面有光泽,仅下面脉腋内簇生短毛,托叶鞘状。花大,白色,芳香,有短梗,单生枝顶。花期较长,从5~6月连续开花。

栀子性喜温暖湿润气候,好阳光但又不能经受强烈阳光照射,适宜生长在疏松、肥沃、排水良好、轻粘性酸性土壤中,是典型的酸性花卉。常见的栽培品种有:大花栀子,花大,叶大;卵叶栀子,叶倒卵形,尖端园;狭叶栀子,叶呈披针形;黄斑栀子,叶有斑纹,

六出香雪——栀子花

叶绿黄色。栀子花喜欢温暖湿润的气候,阳光充足的环境,肥厚带酸性的土壤。用扦插、压条、分株何播种法繁殖均可。

栀子花是我国传统的八大香花之一，在汉代已为我国名花。因其花蕊金黄、花冠似古时盛酒的器具"卮"，而被称为卮子花，后又称栀子花。每当春末夏初，一丛碧油翠绿的栀子枝条上缀满了硕大洁白如玉的花朵，其香醇馥郁、随风远溢、沁人心脾，让人沉醉。栀子花的单瓣品种花有六瓣、被称为六出花。《酉阳杂》称，"诸花少六出者，唯栀子花六出。"人们联想到雪花也是六出，而瑞雪兆丰年，故又称栀子花为香雪、夏雪。栀子花植株挺秀，枝干苍劲，种于水边池畔、临池横枝，则更加优美怡人。宋代陆游称它为"清分六出水栀子"。

栀子花对二氧化硫、氟化氢等有害气体有较强的抗性，并可吸收空气中的硫，是净化环境的最佳花木之一。

出淤泥而不染——荷花

荷花，属睡莲科多年生水生草本花卉。地下茎长而肥厚，有长节，叶盾圆形。花期6至9月，单生于花梗顶端，花瓣多数，嵌生在花托穴内，有红、粉红、白、紫等色，或有彩文、镶边。坚果椭圆形，种子卵形。荷花种类很多，分观赏和食用两大类。原产亚洲热带和温带地区，我国栽培历史久远，早在周朝就有栽培记载，性喜温暖多湿。荷花花大叶丽，清香远溢，出淤泥而不染，深为人们所喜爱，是园林中非常重要的水面绿化植物。

出淤泥而不染——荷花

我国有150多个荷花品种，通常分为藕用、子用和观赏用三大类。藕用和子用的荷常种植在湖沼、泽地、池塘、稻田等处相对稳定、平静的浅水中，水深一般为0.3～1米。观赏荷用口大身矮的缸栽种。用藕（地下茎）或莲子播种。

荷花是我国十大名花之一，其色、香、姿、韵极佳，有"水中芙蓉""花中君子"之美誉。有很高的观赏价值。

荷花先叶后花，花叶同出，并且一面开花，一面结果，蕾、花、莲蓬并存，与硕大的绿叶交相辉映，尤其是雨后斜阳，花苞湿润晶莹，绿叶随风摇曳，水珠在绿叶上滚动，如珍珠般折射出太阳光的七彩,光艳夺目,更加美艳绝伦。夏日炎炎,人们看见荷花,闻到那特有的清香,就有暑气顿消,神清气爽之感。宋朝理学大儒周敦颐著《爱莲说》称荷花"出淤泥而不染,濯清涟而不妖,中通外直,不蔓不枝,香远益清,亭亭净植",使荷花享有"花中君子"的美誉。

荷花全身皆宝,藕和莲子能食用;莲子、根茎、藕节、荷叶、花及种子的胚芽等都可入药,可治多种疾病。

水中皇后——睡莲

睡莲为多年生宿根水生草本植物,属睡莲科。睡莲是花、叶俱美的观赏植物。古希腊、罗马最初敬为女神供奉,16世纪意大利的公园多用来装饰喷泉池或点缀厅堂外景。现欧美园林中选用睡莲作水景主题材料极为普遍。我国在2000年前汉代私家园林中,已有应用,如博陆侯霍光园中的五色睡莲池。睡莲的根能吸收水中的铅、汞及苯酚等有毒物质,还能过滤水中的微生物,故有良好的净化污水作用。根茎富含淀粉,可食用或酿酒。全草宜作绿肥,又可入药。

水中皇后——睡莲

睡莲的叶柄长,圆形的叶片浮生于水面,绿色、有光泽。花朵浮出水面,其花瓣为厚肉质、披针形,花朵有淡淡的香气。花朵朝开暮合,一朵花持续开闭长达10天左右。炎炎夏日,在骄阳的照射下,睡莲花生长于水中,宁静而安详,远离城市喧嚣,好似一位纤尘不染的优雅少女,睡卧在碧水之上,神态纯真大方,所以有"水中皇后"的美誉。

埃及、泰国、斯里兰卡都用睡莲作为国花。在古埃及的壁画上,可以发现画中几乎所有的女性,手中都持有美丽的睡莲花。相传在古埃及的古老传统中,高雅的贵族女子在赴宴会和聚会时,将睡莲戴在胸前,闻着睡莲所散发出的幽香,体会着幸福的感觉。

近年来,观赏和喜爱睡莲的人越来越多了,它那粗壮挺直的花茎上着生着优雅迷人的花朵,有的花朵还半开瓣睡,使人沉醉。

浓艳对秋光——鸡冠花

鸡冠花为一年生草本植物,属苋科。花序酷似鸡冠的鸡冠花,不但是夏秋季节一种妍丽可爱的常见花卉,还可制成良药和佳肴,且有良好的强身健体功效。同时能抗二氧化硫、氯化氢等有害气体,具有美化和净化环境的双重作用。作为一种美食,鸡冠花则营养全面,风味独特,堪称食苑中的一朵奇葩。形形色色的鸡冠花美食如花玉鸡、红油鸡冠花、鸡冠花蒸肉、鸡冠花豆糕、鸡冠花籽糍粑等,各具特色,又都鲜美可口,令人回味。

鸡冠花是一种适应性很强的大众花卉,我国及全世界都有广泛栽种。鸡冠花虽然原产印度等地,但我国唐代就有种植此花的记载。鸡冠花巍峨直立,高

浓艳对秋光——鸡冠花

冠突兀、气势轩昂,俨然昂首欲啼的报晓雄鸡。因其花色艳丽、花姿绰约、开花期长、自播力强,一次播种,年年开花,更有一种繁英竞研、豁达洒脱、催人奋进的精神。唐代罗邺称赞它:"一枝浓艳对秋光,露滴风摇倚砌旁。晓景乍看何处似? 谢家新染紫罗裳。"

观音竹——棕竹

又称观音竹。棕榈科常绿丛生灌木。棕竹叶色光洁翠绿,株姿潇洒飘逸,四季常青,是优良的室内观叶花卉,为棕榈科、棕竹属常绿丛生灌木。株高 2 米至 3 米,盆栽约高 1 米左右,分蘖力强,常从地下逐年萌发新的单干枝茎,茎上有节,绿色似竹,不分枝。叶鞘在茎上宿存,下部褐色纤维网状,和棕榈的幼株相似。掌状裂叶生长在枝茎的上端,枝茎随着新叶的发生而向上加长生长,下面的老叶逐片枯黄。幼株叶裂的基部常合生在一起,3 年以后续发的新叶裂片则深达基部。每叶具裂片 7 枚至 20 枚,叶缘有细齿,叶柄细长,光滑无刺。雌雄异株,肉穗花序腋生,多分枝,小花黄色。小浆果白色,形似豌豆粒,花期 4 月至 5 月,10 月间果熟,种子圆形。常见栽培的有阔叶与细叶两个品种。同属的筋头竹,亦名观音竹,叶上常带白条或黄条,尤为美观。

观音竹——棕竹

似竹非竹——文竹

文竹是"文雅之竹"的意思。其实它不是竹,只因其叶片轻柔,常年翠绿,枝干有节似竹,且姿态文雅潇洒,故名文竹。它叶片纤细秀丽,密生如羽毛状,翠云层层,株形优雅,独具风韵,深受人们的喜爱,是著名的室内观叶花卉。文竹的最佳观赏树龄是 1~3 年生,此期间的植株枝叶繁茂。姿态完好。但即使只生长数月的小植株,其数片错落生长的枝叶,亦可形成一组十分理想的构图,形态亦十分优美。文竹可配以精致小型盆钵,置于茶几书桌,或与山石相配而制作盆景。

文竹为多年生常绿草本植物,属百合科。别名:云片竹、芦笋山草、蓬莱草。主要品种:矮文竹、细叶文竹、大文竹。

文竹是常见的盆栽观叶植物。文竹似竹而不是竹,它体态轻盈潇洒、清幽娴静、貌似软弱而充满生机与活力。它那一片片舒展的枝叶既似青松,又如绿色飘逸的云雾,令人遐想。结果时,浓绿丛中紫星点点,雅致悦目。在百花中,文竹不羡慕牡丹的富贵、不嫉妒玫瑰的芬芳,默默地立于书桌几案,以其纤巧地姿影,翠绿地色彩让人们养目怡神,疲劳顿消。

文竹是文质彬彬的象征,人们认为它有"鸿鹄将至""出人头地""一本万利"的吉兆。文竹的根入药,有凉血、解毒、利尿、通淋、润肺、止咳之功效。

山林美容师——杜鹃花

杜鹃花,群众又叫映山红,泛指各种红色的杜鹃花,形容它那如火如荼的鲜红的光彩把山都映红了。其实杜鹃花哪只红色,现今植物分类学上仅把"映山红"作为其中一个种类(包括许多栽培品种)。杜鹃花自然分布于北半球温带及亚热带,全球800余种,我国就有600多种,云南一省有近300种之多。无疑,中国是杜鹃花的原生地,而云南又是其分布中心。

在我国西南地区的横断山脉中,当杜鹃花盛开的季节,满山遍地一片红,故杜鹃

山林美容师——杜鹃花

花又叫作映山红。那里被誉为是"世界杜鹃花的天然花园"和"杜鹃花王国"。由于杜鹃花对土壤有严格的选择性,所以它成为酸性土壤的指示植物。有些杜鹃花科植物如羊踯躅是有名的药材。

传说,远古时候蜀国国君望帝杜宇,被人暗杀而死化成杜鹃鸟。杜鹃鸟啼声哀怨,不到吐血啼声不止。四月清明节,杜鹃鸟哀怨声声,火红的杜鹃花开的满山遍野,人们都说,火红的杜鹃花是杜鹃鸟吐血染红的,故有"杜鹃啼处血成花","鲜红滴滴映霞月,尽是冤禽血染成"的名句。

杜鹃花是世界著名的花卉,唐朝诗人白居易赞美杜鹃花"花中此物是西施",人间美女是西施,花中美花是杜鹃。中国是杜鹃花的发祥地和世界最大的分布中心,资源异常丰富。有葡萄生长在石岩上的紫背杜鹃,也有高达25米的大树杜鹃。杜鹃花有红、粉、白、黄、紫等颜色。每当仲春时节,祖国的大江南北,长城内外,杜鹃怒放,万紫千红,缤纷灿烂,美不胜收。有位外国朋友登上大理苍山,看到满山遍野的杜鹃花,热泪盈眶地惊呼道:"上帝,这是我要寻找的天堂。"

正因为杜鹃花在园林上的重要价值,我国品种丰富的杜鹃花资源早就为西洋各国所觊觎。早在19世纪初,他们曾不惜巨资多次派人前来云南采集标本、种子,现今英国皇

家植物园夸耀于世的几百种杜鹃花系多自云南采集培育,早已蔚然成林,花蕾盛开之际,英伦士女,往来如梭,流连忘返。

由于杜鹃花在山林中地生长繁衍,使整个山林绚丽夺目,故人们称它为山林的美容师。

1919 年,英国采集家傅利斯在云南腾冲高黎贡山西坡,意外地发现了他从未见过的"杜鹃巨人"——大树杜鹃。贪婪之心,驱使他雇来苦力,横着心,举起斧,硬将这一株高达 25 米、胸径达 87 厘米、树龄达 280 年的大树杜鹃砍倒,捞了一个圆盘状的木材标本回去,至今仍陈列在伦敦的大英博物馆里。但在 63 年之后,1981 年 2 月,科学家又在原址,找到了这世界已知的最高最大的杜鹃花王。后经腾冲市林业局进一步调查,现有胸径在 1 米以上的大树杜鹃尚有 12 株,其中最大的 1 株高 25 米,其径粗达 3.07 米,树龄在 500 年以上。大树杜鹃的花序是一个十分秀美的花团,水红色,每花序由 20 至 24 朵长 6 厘米 ~8 厘米、口径 6 厘米的钟形花朵组成,花序直径达 25 厘米。这顶天立地的大树杜鹃,茂盛的树冠遮天蔽日,灿烂的花朵美如云霞,它是云南的骄傲,它是祖国的骄傲!

杜鹃花多为高一二米的灌木和小乔木,亦有高仅几厘米、匍匐于岩石地面的匍行杜鹃、紫背杜鹃,也有高达数丈、繁花万朵的大树杜鹃、巨魁杜鹃。杜鹃花的顶成伞形花絮,由数朵钟状或漏斗状的花朵组成,宛如有一个饱满的绣球。叶片多为革质.大如批把,小似指甲,尚有一种吐尖杜鹃,叶片竟长达 70 多厘米,宽 20 多厘米;果为蒴果,种子细如尘埃,播种须精心管理,方能出土成苗。

杜鹃花在云南生长于海拔 800 米 ~4500 米的高山、中山、低丘和田野,以滇西部高山种类最为丰富。尤其是高山冷湿地带。多种常绿杜鹃如黄杯杜鹃、白雪杜鹃、团花杜鹃、宽钟杜鹃等各色杜鹃花,常成密集的杜鹃花灌丛和纯林,竟有连绵一二十公里尽为杜鹃花"花海"的奇观。杜鹃花的花期依气候和种类而不同,低山暖热地带多在 2~3 月开放,中山温凉地带多在 4~6 月开放,高山冷凉地带多在 7~8 月开放。因其种类繁多,分布广泛,生态环境之复杂多样,杜鹃花的体态风姿也是多种多样:有的枝叶扶疏,有的干枝百千;有的郁郁葱葱,俊秀挺拔,有的曲若虬龙,苍劲古雅。其花色更是五光十色,多姿多彩:殷红似火、金光灿灿、晶蓝如宝,或带斑带点,或带条带块,粉红的、洋红的、橙黄色的、淡紫色的、黄中带红的、红中带白的、白中带绿的,真是千变万化,无奇不有。有的浓妆艳服,有的淡著缟素,有的丹唇皓齿,有的芬芳沁人,真的各具风姿,仪态万千。

天山上的红花——郁金香

郁金香原产中亚及周围地区,即我国"天山上的红花"。在花卉的天地里,郁金香堪称为大名鼎鼎的洋花。它的确切起源已难于考证。但现时多认为源自锡兰及地中海偏西南方向，至1863年传至荷兰。热爱奇花异卉的荷兰人一下子把郁金香捧上了天。他们对它那种美妙的酒杯形花朵竟如痴如醉。

郁金香的名字来自拉丁文的"dulband"或"turban"。"turban"意指穆斯林的头巾。

天山上的红花——郁金香

之所以这么起名字是因为它们的球状花骨朵看起来像是穆斯林教徒戴的头巾。郁金香最初产自地中海，1554年从土耳其引入欧洲。从此马上风行起来，到了17世纪成了荷兰疯狂金融投机商们竞相追逐的目标。1637年，荷兰的郁金香市场崩溃了。最后政府介入阻止了进一步的投机。在疯狂投机时期，金融市场上的郁金香数量超出了实际种植的数量。而今，郁金香已普遍地在世界各个角落种植，它代表着优美和雅致。

有人还编了一个故事：古代有位美丽的少女住在雄伟的城堡里，有三位勇士同时爱上了她。一个送她一顶皇冠；一个送把宝剑；一个送块金堆。但她对谁都不予钟情，只好向花神祷告。花神深感爱情不能勉强，遂把皇冠变成鲜花，宝剑变成绿叶，金堆变成球根，这样合起来便成了郁金香了。在每年的情人节，为了表达爱意的少男少女们，除了玫瑰，郁金香也成了传情意给情人的最佳选择。这个故事更加深了荷兰人对这花的印象。甚至有宣传媒介还宣扬一句箴言："谁轻视郁金香，谁就是冒犯了上帝。"终于一场"郁金香热"席卷荷兰全国以至欧洲。不少人认为"没有郁金香的富翁也不算真正的富有"。有的人竟宁愿用一座酒坊或一幢房子去换取几粒珍稀的种头。这许许多多的"狂人舞曲"却把荷兰奏富起来了。19世纪之初荷兰全国只种郁金香130英亩，到了20世纪中叶已发展到两万多英亩，占全世界郁金香出口总量的80%以上，行销125个国家，被誉为"世界花后"。这个超级拳头产品的出现，使郁金香当然无愧地成为国花，也无愧与风车、奶酪、木鞋一道被定为"四大国宝"了。

郁金香属于百合科多年生草本植物。经过园艺家长期的杂交栽培，目前全世界已拥有8000多个品种。它色彩艳丽，变化多端，以红、黄、紫色最受人们欢迎。但开黑色花的郁金香，却被视为稀世奇珍。19世纪，法国作家大仲马所写的传奇小说《黑郁金香》，赞美这种花"艳丽得叫人睁不开眼睛，完美得让人透不过气来"。其实，纯黑的花是没有的。黑郁金香所开的黑花。并不是真正的黑色，它有如黑玫瑰一样，倒是红到发紫的暗紫色罢了。这些黑花大都是通过人工杂交培育出来的杂种。诸如荷兰所产的"黛颜寡妇""绝代佳丽""黑人皇后"等品种所开的花都不是纯黑的。据国外报道,现在,有一种真正黑色的品种开始问世。但香港花界人士说眼下尚在寻寻觅觅、祈祈盼盼之中。可惜我国的民情不喜欢用黑花过年,故再新再奇也不易使人解开腰包。在国外因洋人喜插切花,而郁金香的花柄长达四、五十厘米,我国大多用作盆花,那就显得花高叶矮,有点像跳芭蕾舞的味儿了。如果能加以矮化处理,恐怕会更加秀丽。

郁金香因喜欢在冷凉的气候生长,花期又只有 10 天左右,除了北方之外岭南各地难以繁殖种头,每年总得依靠进口。按照它的习性要经历一段冷藏的刺激才能诱发花芽分化。

中国的母亲花——萱草

萱草是多年生宿根草本植物。我国是萱草的主产国。全世界共有萱草 15 种,我国就有 12 种。萱草的适应性强,房前屋后都能栽种,是花叶兼美,有很高观赏价值的花卉。

中国的母亲花——萱草

萱草叶色苍翠,狭长四垂,婉柔如兰叶。花茎挺拔、芳香素雅的花朵着生于茎顶,或开展如盘,或直立如杯,或花瓣反向卷扬,千姿百态。花叶相映,焕发出外柔内刚、端庄雅丽的风采。我国栽种萱草已有 3000 多年历史。萱草的主要品种黄花萱草的花名又称黄花菜、金针菜,是我国的"山珍"之一。内含秋水仙碱、天门冬素、萱草根素以及大量的磷,对神经系统有滋补作用。日本已将萱草花列入健脑食品。

萱草,在我国一向有"母亲花"的美称。远在《诗经·卫风·伯兮》里载:"焉得谖草,言树之背?"谖草就是萱草,古人又叫它忘忧草,"背",意思是"北",代指母亲住的北房。这句话的意思就是:我到哪里弄到一支萱草,种在母亲堂前,让母亲乐而忘忧呢? 母亲住的屋子又叫萱堂,以萱草代替母爱,如孟郊的游子诗:"萱草生堂阶,游子行天涯;慈母依堂前,不见萱草花。"叶梦得的诗云:"白发萱堂上,孩儿更共怀。"萱草就成了母亲的代称,萱草也就自然成了我国的母亲之花。

微笑不露齿——含笑

含笑又名香蕉花,原产我国南部。喜温暖和湿润环境,不耐强光曝晒,不耐瘠薄土壤,要求排水良好、肥沃的微酸性土壤,冬季温度不低于5摄氏度。

微笑不露齿——含笑

是我国名贵的香花和重要的园林花木,固"花开不满,若含笑然"而得名。其花色温润如玉,星星点点,疏疏落落地分散在青枝翠叶腋间,花冠半开微吐,下垂者如掩面窃喜,翘首者如抿嘴微笑,恰似窈窕淑女"微笑不露齿,含羞半低头"。"入夜玉肌香、柔情暗自流"。只有此花偷不得,无人知处忽然香。含笑花对氯气有较强的抗性,其香气能杀死空气中的结核菌、肺炎球菌,是环保和净化居室的重要花木。陈设于室内或阳台、庭院等较大空间内。因其香味浓烈,不宜陈设于小空间内。

盛夏三白之一——白兰花

又名白兰,原产喜马拉雅地区。喜光照充足、暖热湿润和通风良好的环境,不耐寒,不耐阴,也怕高温和强光,宜排水良好、疏松、肥沃的微酸性土壤,最忌烟气、台风和积水。

白兰花与茉莉花、栀子花并称为"盛夏三白",是我国著名的香花。白兰花枝叶繁盛,四季常绿,姿态优美,叶碧绿如翠玉,花朵洁白如皑雪。宋代诗人称赞它:白步清香玉肌,

盛夏三白之一——白兰花

满堂皓齿转明眉。

　　白玉兰是制茶、酿酒的重要原料。白兰花株形直立有分枝,落落大方。在南方可露地庭院栽培。北方盆栽,可布置庭院、厅堂、会议室。中小型植株可陈设于客厅、书房。因其惧怕烟熏,应放在空气流通处。

春天的寒暑表——玉兰

　　玉兰为落叶小乔木,树高可达25米,先开花、后出叶。有白玉兰、紫玉兰和朱砂玉兰等品种。

　　在园林、庭院到处可见玉兰花,它是我国著名的早春名贵的花木,有"春天的寒暑表"之称。玉兰花在百花尚未开放的早春时节,不待新叶吐绿就绽放出绒绒的花蕾,不出二三天就开出朵朵洁白的花朵,花清香如兰,一缕缕,沁人心脾。玉兰花即使在花凋时也美不胜收,花瓣随风飞舞而下,古人称之为"微风吹万舞,好雨尽千妆""千花万红艳阳春,素质摇光独立难。但有一枝堪比玉,何须九畹始征兰"。

　　玉兰树是长寿树,可生活数百年。玉兰花不仅是观赏而且可食用和药用。

春天的寒暑表——玉兰

大吉大利——金橘

金橘别名:金柑、金枣、罗浮。常绿灌木或小乔木,高3米,通常无刺,分枝多。叶片披针形至矩圆形,长5~9厘米,宽2~3厘米,全缘或具不明显的细锯齿,表面深绿色。光亮。背面表绿色,有散生腺点;叶柄有狭翅,与叶片边境处有关节。单花或2~3花集生于叶腋,具短柄;花两性,整齐,白色,芳香;萼片5;花瓣5,长约7毫米,雄蕊20~25,不同程度的合生成若干束;雌蕊生于略升起的花盘上。果矩圆形或卵形,金黄色。果皮肉质而厚,平滑,有许多腺点,有香味。

大吉大利——金橘

金橘常见的栽培品种有:金弹、金豆、园金柑、长寿金柑,长叶金橘等。金橘无论观叶、赏花,还是看果都会让人其乐无穷。金橘树形优美、株纤细清丽,枝叶繁茂,四季葱茏青翠,花朵娇小玲珑,洁白无瑕,"不施妆粉亦生香"。果熟时黄澄澄,金灿灿,清香四溢。人们将金橘的特点归结为

"三多三小四悦"，即枝多、叶多、果多；叶小、花小、果小；味悦口、花悦目、气悦鼻、誉悦耳。

金橘之名，既有金又有吉（祥），给人们喻义着"大吉大利"，"四季吉祥如意"。还有人称之为代代果，意味着"代代平安"。用它送礼，深受亲友欢迎。

金橘果可以食用，果皮中富含糖分和维生素 C，整个食用，味道酸中带甜，营养丰富。

夜间开花的植物——昙花

昙花别名琼花、月下美人，拉丁文取名的意思是"花开在叶子上"。其实，那不是叶子，是叶状的变态茎。其叶子已经退化成丝毛痕迹。

夜间开花的植物——昙花

昙花非常美丽，花外围是紫绛色、中间洁白如雪。盛开时满室生香、芳香扑鼻，光彩夺目，有"晚皇后"之称。但是它花开至花谢不过只有 3~4 小时。夏秋之夜，悄悄怒放。

人们常用"昙花一现"来形容出现不久,顷刻消逝的事物。为什么用昙花一现比喻呢？因为昙花的花开起来大而美丽,白天不开花,要在晚上八九点钟以后才开,通常花开3~4小时即谢,由于昙花开花的时间很短,开后不久即谢,故称"昙花一现"。

昙花为什么会夜间开花呢？这奇异开花特性要从它的原产地的气候与地理特点谈起。它生长在美洲墨西哥至巴西的热带沙漠中。那里的气候又干又热,但到晚上就凉快多了。晚上开花,可以避开强烈的阳光曝晒;缩短开花时间,又可以大大减少水分的损失,有利于它的生存。使它生命得到延续。于是天长日久,昙花在夜间短时间开花的特性就逐渐形成,代代相传至今了。

昙花的故乡在墨西哥中美洲和南美洲的热带沙漠地区,那里气候又热又干、白天气温非常高,柔弱娇嫩的昙花只有在夜间开花,而且时间短才能减少水分的蒸发,这种开花的特性,是长期自然选择的结果。

佛主诞生之树——无忧花

2500多年前,在古印度的西北部,喜马拉雅山脚下(今尼泊尔境内),有一个迦毗罗卫王国。国王净饭王和王后摩诃摩耶结婚多年都没有生育,直到王后45岁时,一天晚上,睡梦中梦见一头白象腾空而来,闯入腹中——王后怀孕了。按当时古印度的风俗,妇女头胎怀孕必须回娘家分娩。摩诃摩耶王后临产前夕,乘坐大象载的轿子回娘家分娩,途径兰毗尼花园时,感到有些旅途疲乏,下轿到花园中休息,当摩诃摩耶王后走到一株葱茏茂盛开满金黄色花的无忧花树下,伸手扶在树干上时,惊动了胎气,在无忧花树下生下了一代圣人——释迦牟尼。所以,西双版纳的每个傣族村寨几乎都得有寺庙,而几乎每个寺庙周围都种有无忧花。另外,有些没有生育但想得子女的人家,也常常在房前屋后种植一株无忧花。

佛主诞生之树——无忧花

无忧花属云实科中等常绿乔木,树型美观,枝叶繁茂,是上等的风景树。虽然无忧花比较细碎,大小如指甲,但一旦开花,则数量众多,常常一串串、一簇簇地直接开在树干上,且金黄鲜艳,美丽异常,可以说是当地人们最喜爱的老茎生花了。

据说,只要坐在无忧花树下,任何人都会忘记所有的烦恼,无忧无愁。无忧花是吉祥的象征。

品质高贵的花——君子兰

君子兰属石蒜科君子兰属。为多年草本花卉,肉质根粗壮,茎分根茎和假鳞茎两部分。叶剑形,互生,排列整齐,长 30～50 厘米,聚伞花序,可着生小花 10～60 朵,冬春开花,尤以冬季为多,小花可开 15～20 天,先后轮番开放,可延续 2～3 个月。每个果实中含种子一粒至多粒。

君子兰是一种原生于非洲的品种独特的花卉。它传入我国只有 100 多年历史,而在民间养殖,仅有 40 多年,但由于该花姿态优美,端庄典雅,受到广大养花者的喜爱。它那厚实光滑的叶片直立似剑,象征着坚强刚毅、威武不屈的高贵品格;它丰满的花容、艳丽的色彩,象征着富贵吉祥、繁荣昌盛和幸福美满,所以人们广泛培育。

品质高贵的花——君子兰

君子兰之所以特别受人喜爱,不仅是由于它鲜艳娇美的花容,更由于它具有一种其他花卉所无可比拟的优越性:这就是它既有令人赏心悦目的花朵,更有值得欣赏的碧绿光亮、犹如着蜡、晶莹剔透、光彩照人的叶片。所以,不少鉴赏花卉的行家认为:君子兰即使没有娇艳动人的花朵,仅仅它那犹如碧玉琢成的叶片,就已经是一些观叶植物所望尘莫及的了。

我国栽培的君子兰有垂笑君子兰(又名细叶君子兰)和大花君子兰(又名上花君子兰)两种。垂笑君子兰在北京及其附近一带繁殖最多。其叶片较窄,深绿色,叶片 50～90 厘米,花冠张开度较小,花序中的许多小花,都像钟形,且倒挂下垂;大叶君子兰在河北省繁殖最多。它的显著特点是叶短而宽,花葶粗壮而长,伞状的花冠张开弃较大,花朵朝上,观赏价值较高。

怎样养护盆栽君子兰

君子兰多采用播种和分株繁殖。播种繁殖是为了获得优良的品种。在开花时选择优良植株上的花粉,进行人工授粉,当果色由绿逐渐变红时,把果子剪下,剖出种子即可播种。播种宜用腐殖质丰富的沙壤土,盆底铺填一层瓦砾。君子兰的种子很大,可采用点播,把种子均匀地按入盆土内,覆土 1.0~1.5 厘米。浇透水后,放在 20℃左右的室温下,保持盆土湿润,经 40~50 天种子发芽,发芽后适当控制水分,并给予一定的光照,使幼小植株长出 2 片叶子就可分盆栽植。分株繁殖是利用君子兰的根颈周围易产生分蘖的特性。当脚芽长到 15 厘米以上时,分离母株,如分离母株后的脚芽没有发生幼根,先把脚芽扦插在沙里,培养根系,基质温度控制在 25℃左右,要保持空气湿润,经 20~30 天可以产生新根,再行盆栽培养。君子兰盆栽作土,一般用腐叶土 3 份、发酵腐熟的马粪 5 份、粗砂 2 份进行调制。君子兰的肉质纤维状根含有丰富的水分和养分,栽植时要防止损伤。

君子兰在管理中忌盆土含水过多。浇水时,一般冬季温室内 3~5 天浇一次,春、秋季可 1~2 天浇一次,夏季每天浇一次。君子兰不十分喜肥,每次换盆时更换新的培养土,就可满足生长所需。为了使花开得更加鲜艳,应加过磷酸钙和黑矾,以增加含磷养分和调节土壤酸碱度,提高植株对肥料的利用能力。

衷心的祝福——火鹤花

火鹤花为天南星科佛焰属,原产于中南美洲哥伦比亚、哥斯达黎加。原生种达 500 种之多,但有经济者仅十余种,同科之作物如粗肋草、彩叶芋、万年青、黄金葛、蔓绿绒、合果芋、白鹤芋、海芋等都是台湾相当重要的观赏花卉。

火鹤花是多年生宿根花卉,全株直立成有茎,或无茎或有攀绕性等,植株高约 1~2m,地下茎是鳞茎,由短茎生出长长的叶柄及巨大叶片,是属于根出叶型,根是气生根,叶片每年萌出 3~4 枚,老叶枯落后,节间就渐渐地呈露而变长。花苞是佛焰苞及基部伸出一长条肉质之肉穗花序所组成。

"这是真花还是假花?"第一次看到火鹤花的人通常都忍不住会伸手去触摸它,并且发出惊叹的疑问。火鹤花的苞片质地厚实,表面被覆着一层蜡质,闪闪发亮,的确很容易让人误以为是假花。

衷心的祝福——火鹤花

火鹤花就像海芋一样,颜色鲜艳常被当作是花的部分其实是苞片,中间长鼻子状的棒子叫作肉穗花序,许多不起眼的真正花朵就排列在其表面。

火鹤花既象征烦恼，又代表新婚，就像它虽是真花，又常被误以为假花一样的矛盾。不过火鹤花也像鸟中的火鹤一样，不管在任何场合，永远是鹤立鸡群、光彩夺目。

香港市花——紫荆花

唐朝大诗人韦应物曾在《见紫荆花》一诗中写道：

杂英纷已积，含芳独暮春；

还如故园树，忽忆故园人。

虽笔墨不多，但游子思归、忆念故里之情却溢于言表，感人至深。

香港市花——紫荆花

说到紫荆花，恐怕大多数中国人都会想到香港。

在香港特别行政区，除悬挂中华人民共和国国旗和国徽外，还可使用区旗和区徽。香港特别行政区区旗就是五星花蕊的紫荆花红旗。红旗代表祖国，白色紫荆花代表香港，紫荆花红旗寓意香港是祖国不可分离的一部分，并将在祖国怀抱中兴旺发达。花蕊上的五星象征香港同胞热爱祖国。花、旗分别采用红、白不同颜色，象征"一国两制"。香港特别行政区区徽呈圆形，中间是五星花蕊的紫荆花，周围写有中文"中华人民共和国香港特别行政区"和英文"香港"。中间图案也是红底白色五星花蕊紫荆花，寓意与区旗相同。

在香港的历史上，还有一段关于紫荆花的悲壮故事：1898 年 6 月 19 日，丧权辱国的《展拓香港租界专条》在紫荆城签订，英国政府强行租借九龙半岛大片土地及附近二百多个岛屿（后称新界），租期 99 年，两个月后，英方不顾中国民众的强烈反对和抵制，在大炮的轰鸣声中,强行提前举行占据仪式,数千名爱国群众揭竿而起,武装保卫自己的家园,反攻英国军营,使英军受到重创,但民众也遭到残酷的镇压,新界 10 万人口丧失了土地。劫变过后,村民们在桂角山建造了一座大型坟墓,合葬那些壮烈牺牲的英雄。后来桂角山上长出一棵从前没见过的开着紫红色花朵的树。几年后,那种花开遍了新界山坡,色彩缤纷,尤其是清明前后,花期正盛,像是对烈士的缅怀,民众将其命名为紫荆花。1965年,紫荆花有幸当选为香港市花。

在中国古代,紫荆花常被人们用来比拟亲情,象征兄弟和睦、家业兴旺。它来源于这么一个典故:传说南朝时,京兆尹田真与兄弟田庆、田广三人分家,当别的财产都已分置妥当时,最后才发现院子里还有一株枝叶扶疏、花团锦簇的紫荆花树不好处理。当晚,兄弟三人商量将这株紫荆花树截为三段,每人分一段。第二天清早,兄弟三人前去砍树时发现,这株紫荆花树枝叶已全部枯萎,花朵也全部凋落。田真见此状不禁对两个兄弟感叹道:"人不如木也。"后来,兄弟三人又把家合起来,并和睦相处。那株紫荆花树好象颇通人性,也随之又恢复了生机,且生长得花繁叶茂。

紫荆花又叫红花紫荆、洋紫荆、红花羊蹄甲,为苏木科常绿中等乔木,叶片有圆形、宽卵形或肾形,但顶端都裂为两半,似羊蹄甲,故有此名。花期冬春之间,花大如掌,略带芳香,五片花瓣均匀地轮生排列,红色或粉红色,十分美观。紫荆花终年常绿繁茂,颇耐烟尘,特适于做行道树;树皮含单宁,可用作鞣料和染料;树根、树皮和花朵还可以入药。

多倍体植物

一般植物的染色体组数为 2N，称为二倍体。用秋水仙素等激素的处理后，培育出来的植物所含的染色体数在 2 倍以上的，统称为多倍体。如无籽西瓜是 3 倍体植物。香蕉是 3 倍体植物。水仙花是 4 倍体植物。普通小麦是 6 倍体植物。番茄是 6 倍体植物。马铃薯是 4 倍体植物。苜蓿是 4 倍体植物。巨峰葡萄倍体植物等。多倍体植物的枝株大多是粗壮，叶片和果实都比较大，所含糖类、蛋白质营养物质都较多。但生长较慢，成熟比较迟。

无籽西瓜

普通西瓜为二倍体植物，即体内有 2 组染色体（2N＝22），用秋水仙素处理其幼苗，令二倍体西瓜植株细胞染色体成为 4 倍体（4N＝44），这种 4 倍体西瓜能正常开花结果，种子能正常萌发成长。然后用 4 倍体西瓜植株做母本（开花时去雄）、二倍体西瓜植株做父本（取其花粉授 4 倍体雌蕊上）进行杂交，这样在 4 倍体西瓜的植株上就能结出 3 倍体的植株，在开花时，其雌蕊要用正常二倍体西瓜的花粉授粉，以刺激其子房发育成果实。由于胚珠不能发育为种子，而果实则正常发育，所以这种西瓜无子！

无籽西瓜

无子西瓜是用种子种出来的，但这个种子不是无籽西瓜里的种子，而是自然的二倍体西瓜跟经过诱变产生的四倍体杂交后形成的三倍体西瓜里的种子，由于是三倍体，所以他本身是没有繁殖能力的，所以也没有子。

马铃薯

马铃薯又名土豆、洋芋、山药蛋等。原产于南美洲安第斯山区的秘鲁和智利一带。十六世纪中期,马铃薯被一个西班牙人从南美洲带到欧洲。那时人们总是欣赏它的花朵美丽,把它当作装饰品。后来一位法国农学家——安·奥巴曼奇在长期观察和亲身实践中,发现马铃薯不仅能吃,还可以做面包等。从此,法国农民便开始大面积种植马铃薯。十九世纪初期,俄国彼得大帝游历欧洲时,以重金买了一袋马铃薯,种在宫廷花园里,后来逐渐发展到民间种植。块茎可供食用,是重要的粮食、蔬菜兼用作物,因其营养丰富有"地下苹果"之称。

马铃薯产量高,对环境的适应性较强,中国马铃薯的主产区是西南山区、西北、内蒙古和东北地区。其中以西南山区的播种面积最大,约占全国总面积的1/3。黑龙江省则是全国最大的马铃薯种植基地。

巨峰葡萄

曾经得过农产品头等奖的巨峰葡萄,是属于套袋、无农药残毒及有机栽培管理的葡萄生产,之所以命名为巨峰葡萄,最主要是因为其果粒大,坚实而耐贮藏,呈长椭圆形的外观而来。巨峰葡萄,除了注意形状为长椭圆形且色泽以深紫色为佳之外,最好选择小串一点的葡萄,愈大串的葡萄营养及甜份容易分散,反而不如小串葡萄颗颗尽得精髓,能够味道香醇,吃起来甜中带点微酸,且肉质口感极佳。

巨峰葡萄

甘薯

我们平时所说的"白薯"，在植物学上正式的名称是甘薯。它传入我国的历史，过去没有确切的记载，以致传闻与事实多有出入。但是，近来从福建发现了《金薯传习录》一书，真相为之大白。原来最初把甘薯种传到我国的是福建的一个华侨，名叫陈振龙，时间是在明代万历二十一年农历五月下旬。

甘薯

从这一部传习录的记载中可以看到，陈振龙是福建长乐市人，常到吕宋经商。他发现吕宋出产的甘薯产量最高，而统治吕宋的西班牙当局却严禁甘薯外传。于是他就耐心地向当地农民学习种植的方法，并且设法克服许多困难，在海上航行七昼夜，终于把甘薯种带回福州。他的儿子陈经纶向巡抚金学曾递禀，请求帮助推广，金学曾却要他父子自行种植，没有加以推广。陈氏父子就在福州近郊的纱帽池旁边空地上种植甘薯，收获甚大。第二年适值福建大旱歉收，金学曾才下令推广种植甘薯，以便度荒。事后金学曾却大吹大擂，要地方官绅出面为他立功德碑，并将甘薯取名为"金薯"，反而把陈振龙父子丢在一边，根本不提。

后来山东、河南、河北等地普遍种植甘薯，仍然是陈氏子孙努力推广的结果。陈振龙的裔孙陈世元曾联络几个同伴，到达山东的古镇，试种甘薯，成效卓著。后来他又在胶州潍县等地传播种植甘薯的经验，并且派他的大儿子和二儿子到河南的朱仙镇等地推广试种，最后到了北京郊外试种，效果都很好。南北各地的农民们逐渐对甘薯的好处有了认识,甘薯的种植才逐渐普遍了。

现在福建省立图书馆收藏着《金薯传习录》的一部完好的本子。这部书刊印于清代乾隆三十三年,即公元一七六八年,由福州南台小桥"升尺堂书坊"刊行,分为上下两卷。此后又过了十八个年头,到了乾隆五十一年,即公元一七八六年,清朝政府才明令推广种植甘薯。可惜这部书又长期被农学家所忽视,没有继续发挥它的积极作用。

现在我们对于各种农业技术书籍都很重视,对这部书也应该重新予以出版,供给我国各地农业技术工作者们作为参考,以便进一步总结甘薯在我国各地的生产和用途等各方面丰富的经验。

在我们北京郊区,甘薯的产量虽然也很大,但是,人们对于它的食用方法还知道得不多。一般城乡居民只会蒸、煮、烤等吃法,很少像擦萝卜丝一样把甘薯擦成细丝,然后晒干贮藏起来,随时用它做饭吃;同时也很少像做柿子饼一样把甘薯晒成饼子,可以保存很久,吃起来又特别香甜可口。

虽然人们也知道甘薯在工业上用途很广,全身没有废物,但是,却很少人知道它在药物学上还有许多用处。据《金薯传习录》所载,它有六种药用价值:一可以治痢疾和下血症,二可以治酒积热泻,三可以治湿热和黄疸病,四可以治遗精和白浊淋毒,五可以治血虚和月经失调,六可以治小儿疳积。

这里有几种用处是其他薯类所没有的。

我国古代本来也有一些薯类作物,但是都没有甘薯这样高产和这样多的用途。《山海经》的《北山经》就有如下的记载:"景山北望少泽,其上多草薯藇。"晋代郭璞注云:"根似羊蹄可食,今江南单呼为薯。"《本草纲目》上也写着:"薯藇,薯蓣也,一名山芋。"

这些都证明,薯类在我国本来有好多种。我们的祖先对于薯类作物并非全无所知。不过,甘薯从南洋群岛传来以后,我国人民又掌握了一种薯类的优良品种;而甘薯也变成越来越能够适应于我国土壤和气候的好作物了。

烟草

烟草起源于美洲、大洋洲和南太平洋的一些岛屿。目前发现有 66 个种,被栽培利用的仅有 2 个种,即普通烟草。又叫红花烟草,黄花烟草。美洲印地安人栽培利用烟草最早。1492 年 10 月,哥伦布率领探险队到达美洲,看到当地人在吸烟。1558 年航海水手们将烟草种子带回葡萄牙,随后传遍欧洲。16 世纪中叶烟草传入中国。开始传入的是晒晾烟,距今已有 400 多年的种植历史。1900 年在台湾试种烤烟,自 1910 年后相继在山东、河南、安徽、辽宁等地试种烤烟成功,1937 年~1940 年开始在四川、贵州和云南试种,发展

烟草

成为我国主产优质烟区。20 世纪 50 年代引进香料烟，20 世纪 60 年代引进白肋烟，分别在浙江新昌、湖北建始试种成功。黄花烟约在 200 年前由俄罗斯传入我国北部地区种植。

烟草之最

第一个把烟草当作药物的大使——1560 年，当时烟草还不流行，法国驻葡萄牙大使让·尼科把烟草作为治疗许多疾病的药物寄回国。几百年后，化学家们终于揭示出烟草中的所误用能治病的药物是有害物质，并取名为尼古丁。

第一个大面积种植烟草的人——1612 年，英国殖民官员约翰·罗尔夫在弗吉尼亚的詹姆斯镇大面积种植烟草，并开始做烟草贸易。

第一个以烟代钱的统帅——1776 年，美国独立战争中，英军攻占纽约，美军统帅华盛顿呼吁美国人帮助他的军队："公民们，你们不给钱，就给烟草。"

第一篇指出烟草有害的文章——1924 年，美国《读者文摘》刊载一篇文章，题目是："烟草损害人体健康吗？"

第一位撰文提出吸烟致癌的医生——1927 年，英国医生弗·伊·蒂尔登在医学杂志，《手术刀》上撰文：他看到或听到的每一个肺癌病人都有吸烟。

第一个给烟草种植者特殊待遇的总统——1942 年，第二次世界大战期间，美国总统罗斯福宣布烟草为重要作物，其种植者缓服兵役。

第一位提出被动吸烟有危害的人——1986 年，美国卫生官员西·埃弗里特·库普提出：生活在烟雾中的不吸烟的人，面临严重的健康危险。

小麦

　　禾本科小麦属的重要栽培谷物。一年生或越年生草本;茎具4~7节,有效分蘖多少与土肥环境相关。叶片长线形;穗状花序直立,穗轴延续而不折断;小穗单生,含3~5(~9)花,上部花不育;颖革质,卵圆形至长圆形,具5~9脉;背部具脊;外稃船形,基部不具基盘,其形状、色泽、毛茸和芒的长短随品种而异。颖果大,长圆形,顶端有毛,腹面具深纵沟,不与稃片粘合而易脱落。

小麦

　　小麦富含淀粉、蛋白质、脂肪、矿物质、钙、铁、硫胺素、核黄素、烟酸及维生素A等。因品种和环境条件不同,营养成分的差别较大。从蛋白质的含量看,生长在大陆性干旱气候区的麦粒质硬而透明,含蛋白质较高,达14~20%,面筋强而有弹性,适宜烤面包;生于潮湿条件下的麦粒含蛋白质8~10%,麦粒软,面筋差,可见地理气候对产物形成过程的影响是十分重要的。面粉除供人类食用外,仅少量用来生产淀粉、酒精、面筋等,加工后副产品均为牲畜的优质饲料。

番茄

　　番茄别名臭柿、西红柿、柑仔蜜。自然产期1~5月,10~11月为盛产期。

　　茄科,番茄亚属。一年生或多年生草本,株高可达1.5~2米;植株有矮性和蔓性两类,全株具黏质腺毛,有强烈气味。叶为羽状复叶或羽状深裂,边缘具不规则的锯齿或裂,小叶长卵形或长圆形叶偶数羽状,夏秋开花,总状或聚伞花序腋外生,有花3~7枚,黄

番茄

色,花萼及花冠各5~7裂,雄蕊5~7枚,花药合生成长圆锥状。浆果呈扁圆、圆或樱桃状,红色、黄色或粉红色。种子扁平,有毛茸,灰黄色。性喜温暖。原产南美洲,我国普遍栽培,一般冬春于保护地育苗,春季栽培为主,冬季温室栽培。果实营养丰富,含多种维生素。作蔬菜或水果。亦可制成罐头食品。

性味甘、酸,性凉。功用清热生津、养阴凉血、健胃消食。

食用须知

营养学家们认为,每天只要生食100~200克新鲜番茄,就能保证人体所需的维生素与矿物质,但生食要注意以下几点:

①不宜食用未成熟的番茄。未成熟的生番茄里含有龙葵碱,食后会使口腔苦涩,胃部不适,食多了可导致中毒。

②不宜空腹食用大量番茄,因为番茄中含有较多的胶质、果质、柿胶酚等成分,易与胃酸结合生成块状结石,造成胃部胀痛。

③患有急性胃肠炎、急性细菌性痢疾的病人不宜吃番茄,以免病情加重。

④不能食用腐烂变质的番茄,以防中毒。

转基因植物

　　科学工作者把某些能表现出优良特性的基因、采用先进的转基因技术、转移到某种植物体的细胞内,使其转换重组成新的 DNA 分子,并通过遗传,控制这种植物的下一代表现出人们所需的优良性状,这种植物就是转基因植物。如转基因大豆、油菜,它们产油量高。但国家规定,凡是转基因的农产品,必须有注明的商标,让人们自愿选购。

转基因玉米

　　在遥远的古代,南美洲的印第安人就以玉米为主食,他们把赖以生存的玉米敬奉为太阳神。考古学家在墨西哥、秘鲁发掘大量用黄金、陶土制作的玉米神像。

　　在南美洲印第安人的部落里,流传着很多有关玉米的动人故事。其中有一个故事说:太阳神宠爱的骄子卡巴尔和美丽的女儿奥丽罗,违反人伦彼此相爱,受到太阳神的严厉惩罚,他俩联袂逃往人间,在安第斯山过着流浪生活。他们既是兄妹,又是夫妻,每流浪到一个地方,都把天上带来的玉米教印第安人种植。印第安人把雌雄同株玉米看成卡巴尔和奥丽罗的化身,奉为太阳神。

　　为了感激太阳神给印第安人带来赖以生存的食物,每年到玉米丰收的日子,都要举行盛大的传统节日祭太阳。每年 6 月 24 日,东方欲晓;印第安人从四面八方汇集在高大的祭坛四周,手里拿着玉米棒子和玉米饼,顶礼膜拜,静静等候太阳神的升起。当仁慈的太阳神慢慢升起的时候,祭坛上点燃起玉米秆,人们在族长的带领下,唱起太阳的颂歌。人们顺序走向祭坛,把玉米食品敬献给太阳神。然后人们开始围着燃烧着玉米秆的祭坛,歌舞狂欢,通宵达旦。

　　直到如今,南美人对玉米还像祖先那样执着和热爱。特别是墨西哥人,对玉米食品到了酷爱的程度,大街小巷,出售玉米食品的小摊和商店多如牛毛。墨西哥人用玉米可做上百种风味食品,用玉米和玉米秆可做二三十种工业用品,墨西哥人把玉米用得淋漓尽致。

　　哥伦布发现美洲新大陆之前,整个世界对玉米一无所知。1492 年,哥伦布登上美洲新大陆,看到印第安人种植玉米,从而开始了玉米发展的新篇章。

玉米从美洲传入欧洲，从欧洲传入中亚细亚，400多年前从中亚传入中国西北地区。明代田艺衡著的《留青日札》和李时珍著的《本草纲目》两书是中国对玉米最早的记载。

玉米的营养价值高于大米和小麦，从而玉米食品越来越受到人们的欢迎。那种纯精麦面的食品，慢慢受到人们的冷落。我国在60年代和70年代，粮食紧缺，定量供应的"口粮"要搭配从美国进口的玉米，这正是"歪打正着"。

玉米虽说不起源在中国，但在引进400多年的种植过程中，形成了许多珍贵的资源。西双版纳有一种珍奇的紫玉米，颗粒呈紫色，吃起来又糯又香，十分可口。

是谷实类饲料的主体，也是我国主要的能量饲料。玉米的适口性好，没有使用限制。玉米是主要粮食之一，又可以提炼油脂，也可以用作食品和工业的原料以及作饲料，浑身是宝。人们称玉米是含金的植物。如今培育出转基因玉米，品质更好，产量更高。

转基因小麦

原产地在亚洲西部幼发拉底河流域，是公元前7000年小麦的主要产地。从植物体中分离出合成赖氨酸的基因，把这基因转入小麦植株中，培育出转基因小麦。用这种转基因小麦制造出来的面粉，更适合用来烤面包，而且面粉中赖氨酸含量高，这种面包的营养价值高。

转基因大豆

豆科大豆属一年生草本。重要的油料、食用和饲料作物。中国古名菽。常称黄豆、黑豆、黑皮青豆、青仁乌豆。大豆是人们日常生活中不可缺少的食用植物。它既可直接食用，或加工制成各种豆制品，又可提炼豆油，是主要的食用油和色拉油。

大豆是人类摄取植物性蛋白质的主要来源，大豆里含有多种人类必需的氨基酸。

转基因大豆就是把人类需要的合成某种氨基酸的基因转入大豆中，使转基因大豆的营养更加丰富，产量更高。

转基因油菜

油菜是人们食用油的主要来源之一。栽培历史十分悠久。中国和印度是世界上栽培油菜最古老的国家。从我国陕西省西安半坡社会文化遗址中就发现有菜籽或白菜籽，距今约有 6000~7000 年。

一般油菜籽的含油量约为 40% 左右。通过转基因技术，培育出来的油菜籽，可以大大地提高它的出油率。而且油的纯度质量更好。

转基因棉花

棉花是世界上最主要的农作物之一，产量高，生产成本低。棉花能制成各种规格的织物。但是，棉花里有一种棉毒素，对人体有害。如果我们对合成棉毒素的基因改造成功，使棉花变成没有毒。这样棉花的种子便可以作为饲料，甚至能成为人类的食品。

转基因番茄

现在番茄主要作为蔬菜食用。由于内含酸性物质，番茄容易罐装保存，番茄酱和番茄汁也是常见的加工品。番茄种子内含脂肪，可以提炼食用油。还含有糖、有机酸、维生素等营养成分。糖主要是葡萄糖和果糖，酸主要是柠檬酸和苹果酸。1994 年，美国政府批准了他们研制成功抗干旱、早熟、保鲜的转基因番茄商品化之后，我国也相继成功培育出优良品种的转基因番茄，以满足人们的需求。

转基因甜椒

甜椒是非常适合生吃的蔬菜，含丰富维他命 C 和 B 及胡萝卜素为强抗氧化剂，可抗白内障、心脏病和癌症。越红的甜椒营养越多，所含的维他命 C 远胜于其他柑橘类水果，所以较适合生吃。但甜椒在栽培的过程中，容易受病毒的感染。我国科学工作者，采用转基因技术，培育出抗病毒的甜椒。

转基因牵牛花

直到数十年前，无论在都市、乡间或家中的庭院里，都可以看到牵牛花的芳踪。现在由于水泥公寓房子越来越多了，都市的人，恐怕也只能偶尔在墙角发现它了。

牵牛花是一种很平民化又令人感觉亲切的花。正因为它这种平实的特性，更可用来代表一般人平实的爱情，但是，又因为它只在早上开花，一会儿就凋谢了，也给人一种短暂、渺茫的感觉。

它是一种野花，所以越自然的表现方式越好。例如，不妨用一个竹节挖洞，做成垂吊形花饰挂在墙上，不仅美丽，也十分节省空间。

牵牛花高可3米，我国科学工作者，用转基因技术，可以转变矮牵牛花的花色，使矮牵牛花的花色更加丰富多彩。

转基因玫瑰花

现在的玫瑰花花色最多的是红色的玫瑰，也有白色的玫瑰。如今伟大的科学工作者，用转基因的技术，已经培育出蓝色玫瑰花。

转基因驱蚊草

在澳洲及非洲乡野流传着一种"无名香草"，把它放在室内，郁郁的柠檬香味飘逸而出，未用任何药剂，蚊虫却像躲避瘟疫一样悄悄逃逸。"家有无名香草，四季蚊不叮咬"。这种"无名香草"后来被克隆繁育才有了名副其实的雅号——驱蚊草。该产品采用转基因技术，将具有驱蚊基因——香茅醛基因结构植入"香草"，利用其自身独有的释放系统作为载体，将香茅醛物质源源不断释放于空气中。同时，还植入含有清新气味和净化空气作用的植物DNA（基因）结构，形成"天然蒸发器"，因而芳香四溢，达到驱蚊效果。特别是炎热夏天会令人神清气爽，心旷神怡。经权威测试其驱蚊效果良好，对人畜无害，可驱避上百种蚊虫。

植物谜踪

彩色植物多彩之谜

现在,许多彩叶植物已经走进了人们的生活,使环境更加丰富多彩。那么,彩叶植物的"彩"是怎么产生的呢?这是因为植物叶片细胞中含有叶绿素、类胡萝卜素、花青素等。在高等植物中类胡萝卜素的含量与组成有很大差异。类胡萝卜素分为胡萝卜素和叶黄素两类。胡萝卜素使叶片呈橙色,叶黄素使叶片呈黄色,花青素使叶片呈红色。这几种色素在细胞中的含量决定了植物组织的颜色。花色素苷存在于细胞液中,以糖苷的形式存在,具有吸光性而表现出粉色、紫色、红色及蓝色。

花色素苷是形成植物彩色的主要色素,它的合成必须要有光的诱导,光越强,花色素苷积累越多。蓝光、紫外光是促进花色素苷合成的最有效光质。光的强度、光质和光照时间通过对花色素合成的影响及调节与花色素有关的酶的活性来影响彩色植物呈色。有些植物种类如金叶女贞、紫叶小檗等,光照越强,叶片色彩越鲜艳。而一些室内观赏植物如孔雀竹芋等,只有在较弱的散射光下才呈现斑斓的色彩。

万寿菊叶片中花色素的合成与高强光、低温、高辐射有关。实验证明,温度明显地影响叶片中花色素苷的含量。北京地区的黄栌在河南南部就没有鲜艳的色彩,这可能是由于南方日夜温差小,不利于糖分积累,花色素被消耗造成的。

叶绿素对温度的适应性较差,秋季随着气温的降低,叶绿素首先被分解,而且新叶绿素的合成也受到限制,叶片中原有的类胡萝卜素就表现出来,使叶片变成黄色或红色。同时,由于秋季温差大,有利于叶片糖分的积累,进而促进花青素的合成;降雨量的减少,使花青素浓度增加,植物原来的叶片就呈红色或橙红色。

病毒可以导致植物发生花叶现象,如寄生在花椰菜中的花叶病毒。烟草花叶病毒可以侵染200多种植物,使植物出现不规则的彩斑,有时叶片虽然还是绿色,但是叶脉却变成黄色、白色或者红色网状花纹。但只要携带的病毒不影响植物的生长发育,不仅不会有什么危害,还可以使叶片更加美丽。于是就有人采用病毒育种的办法,使植物的色彩更加丰富艳丽。由于彩叶植物的引入地区和引出地区的风土条件相差很大，一些原来是金黄叶和紫色叶的植物的叶色可能会变绿，如金叶雪松、花叶杨和金叶欧洲紫杉变绿，主要是因为这些彩叶是由病毒引起，健康后就变绿了。

植物营养元素的缺乏会引起植物的色叶变化。如土壤缺氮时叶柄、叶基呈红色，主要是由于叶绿素合成减少，类胡萝卜素颜色显现；缺磷时叶片呈暗绿、带褐斑，较老叶子红色；缺钾时叶片边缘褐色；缺硫时叶子表现黄绿、白色和蓝色；缺钙时叶片具有红褐色斑，首先出现于叶脉间；缺镁时叶片具有黄斑，从叶片中心开始。上述叶色的变化均是营养不良造成的，是短暂的，补充适当的营养元素后叶色即可恢复。

人们常常为欣赏香山红叶的时间太短而遗憾，了解了彩叶植物的奥秘，人们就不必再遗憾了。现在，我们完全能做到让红叶天天有，甚至我们还可以随心所欲地让黄叶、紫叶、双色叶、三色叶都出现在我们需要的时间和场地。

会"预报气象"的树

在安徽省和县境内的山上，有一棵能"预报"当年旱涝情况的"气象树"。这棵树高10米多，树干要3个小孩手拉手才能围过来，树冠遮盖了100多平方米的地面。据说这棵树已经生长了400多年。经过多年观察，人们发现，根据这棵树发芽的迟早和树叶的疏密，就可以知道当年是旱还是涝。例如，树在谷雨前发芽，芽多叶茂，这一年雨水就多；按时令发芽，树叶有疏有密，这一年大致风调雨顺；谷雨后才发芽，树叶又少又稀，这年必有旱情。1934年，这棵树在谷雨后发芽，当年发生了特大干旱。1954年，这棵树发芽早，树叶茂盛，当年当地发了大水。当地一些老百姓把这棵树奉为"神树"。这棵树为什么能预报当年旱涝情况呢？虽经考察，到现在还没有找出真正使人信服的原因。

植物喜欢"听"音乐之谜

优美动听的音乐，不但使人得到美的享受，而且能使人大脑皮层松弛，内脏和躯体能得到调节，从而有益于健康，使人延年益寿。

有趣的是植物也爱"听"音乐，并能产生奇妙的作用。法国一位园艺家把耳机挂在番茄植株上，按时播放优美乐曲，每天让它"欣赏"3个小时音乐，番茄猛长，果实长到2公斤重，成为当今世界上的"番茄王"。苏联一个农场，对温室的蔬菜每天播放两次优美的音乐，结果产量提高了两倍。

印度生物学家辛夫曾做过这样一个实验:他让一些凤仙花每天"听"25分钟优美动听的乐曲,而另一些凤仙花不听乐曲,15个星期后,"听"音乐的凤仙花比不"听"音乐的凤仙花长得快,其叶子平均多长了72%,株高平均增长20%。他又对一些作物进行实验发现,优美的乐曲可使水稻增产25~60%,花生和烟草的产量可提高50%左右。

但是,植物并不是爱"听"所有的音乐,而对带有噪声的乐曲是讨厌的。实验还证明,优美的乐曲对植物有益,而噪声和带有噪声的乐曲对植物反而有害。

美国坦普尔大学生物系的两位学生,用收音机对两组西葫芦分别播放噪声大的摇滚乐和优美的古典音乐。结果"听"摇滚乐的西葫芦,它们的藤蔓爬离播放乐曲的收音机,似乎表示"不爱听",而"听"古典音乐的西葫芦,却用藤蔓去缠绕收音机,似乎表示对乐曲的"喜欢"。

美国勃尔曼教授和他的学生做了一个有趣的实验:在装有同样泥土的花盆里播种茄科观赏植物,将它们分别放到能自动调节光、空气和温度的室内,每个房间并装有音量相同的扩音器。当长成植株后,第一个房间播放摇摆舞音乐,第二个房间播放轻音乐。一个星期后,"听"摇摆舞音乐的植物没有吐出一个花蕾,"听"轻音乐的植物却开出了6朵鲜花。两个星期后,第一房间的植物停止了生长,一个月后全部死去;而第二个房间的植物却长得生机勃勃,显得青翠欲滴,充满活力。

印度有两位音乐爱好者,每天早晨定时给一部分黑藻播放宁静优美的《小夜曲》;而给另一部分黑藻播放刺耳的喧哗声。过一段时间后,"听"优美乐曲的黑藻,长得朝气蓬勃;"听"噪音的黑藻,变得萎靡不振。

更令人惊奇的是,一种人耳不能分辨的超声波(每秒钟振动2万次以上的声波),植物也喜欢"听","听"了之后,会促进种子萌发,加快生长,还能使作物产量大大提高。

植物爱"听"超声波是在一个偶然的情况下发现的。在法国国家科学研究中心的实验室附近,有人发现那里的花草长得特别快,甘薯和萝卜也要比别处的要大得多。这种奇妙的现象引起了科学家的兴趣。经过一番研究才知道,原来是实验室使用的超声波刺激植物生长的结果。于是,这家研究中心建立了实验园,实验超声波培植法。经过两年的研究,试制成了一种农用超声波播放器,通过定时播放超声波,各种蔬菜生长得又快又大,一般增产2~3倍。

其他国家也进行了类似的研究和实验。英国用超声波培植法,培育出了2.7公斤重的卷心菜和6.4公斤重的甜菜。美国和德国将超声波用于花卉生产,经超声波处理的花卉,花朵大,色彩艳丽,花期长。

我国对超声波培植法的研究,也取得了可喜的成果。水稻、玉米、白菜、黄瓜等经超声波处理后,可大大提高产量。用超声波处理小麦种子,可提高出苗率,缩短生长发育期,提高产量 8~10%。棉花经超声波处理后,提高了结桃率,并提前 3 天吐絮。

那么,音乐和超声波对植物为什么有如此奇妙的作用呢?科学家认为,音乐声波和超声波都是一种能量,可使植物细胞膜透性增大,从而促进植物的生长。但是,其中真正的奥秘,还有待于科学家去进一步探索和研究。

植物的"言谈话语"之谜

"鸟有鸟言,兽有兽语"——也许你听说过这样的话。尽管我们普通人并不懂得鸟言兽语的确切含意,但动物能够说话则是千真万确的。鸟兽发出的高低声调和不同音节,显然是它们在表达欣喜、愤怒、悲哀、惊恐、求偶、寻食等等不同的信号。专门研究鸟言兽语的专家,一听就能明白它们在说些什么。

动物能"说话",我们容易理解。如果说植物也能"说话",恐怕你就会抱怀疑态度了。这也难怪,我们从没见过植物的发音器官,除了风吹树叶阵阵响、雨打芭蕉滴滴声以外,也从来没听见过植物主动"说"过什么。黄梅戏里的槐荫树会说人话,那不过是神话故事;美国有株巨杉能用英语回答有关森林保护的问题,那是在树上藏有电脑录音机的缘故,都不是树木真能说话。

然而,科学家告诉我们,植物也是有"语言"的。

当面临饥饿的食草虫的进攻时,植物不只是被动地等待。许多受伤害的植物都会发出一种化学求救信号。一个研究小组的科学家们用事实证明,当植物受到侵害时,它会向邻居们发出一种化学信号,相邻的植物一接到"蝗虫入侵"信号就会立即启动它们的防御系统。

在一些情况下,这种求救信号会吸引对受伤植物有帮助的昆虫。比如说,当一种毛毛虫在吃一种植物时,这种植物就会发出一种可吸引黄蜂的求救信号,让黄蜂来杀死毛毛虫。

为了研究植物是如何相互交流的,美国加州大学的昆虫学家 RichardKarban 和他的同事们研究了在犹他州和亚利桑那州一排排间隔生长的野生烟草和鼠尾草。为了模仿被昆虫侵害的情形,研究人员们剪掉了部分鼠尾草的叶子。这时,鼠尾草发出了一种被称为 jasmonate 甲基的挥发性物质。当研究人员检查顺风方向的烟草叶时,发现烟草立即建立了它们的防卫。几分钟内,烟草体内的一种名为 ppo 的酶增加了 4 倍,这种酶可使烟草的叶子产生让食草虫难以咽下的味道。与那种靠近没有受伤害的鼠尾草相比,与受伤害的鼠草相邻的烟草叶遭受食草虫和毛毛虫侵害的程度要少 60%。

荷兰 wageningen 大学的生态学家 MarcelDicke 说,这是植物间交流的"最精彩的例子"。但他同时也提醒说，鼠尾草不会为了不相干邻居的利益而发出 jasmonate 甲基。他猜测，这一信号可能的目标是吸引能吃掉食草虫的食肉虫。

苏联《真理报》在 1983 年 2 月 2 日报道说："电子计算机嘀嘀嗒嗒地打出了几行数据，另一台计算机就绘出不太难解的图表。同植物的首次'谈话'就这样开始了。"

原来，农学家为了获得稳定高产的优良品种，通过计算机在向植物询问："你含有什么样的遗传信息？""你对目前的生长环境感觉如何？"植物呢？它们通过自身的细蓝线条、液体分布、外形变化、生长快慢等等在回答人们的问题。植物回答的"话"要通过仪器"翻译"，只有专家才能听懂。

事实上，英国专家在更早的时候就知道植物也有语言了。据研究，植物在正常情况下生长，发出来的声音是有节奏的轻微的音乐曲调，当受到某种危害或变天刮风时，发出的声音就会变得低沉、可怕和混乱，这表明此时植物的生活是痛苦的。

英国专家说，利用一种名叫"植物探测仪"的仪器，自己戴上耳机，把仪器上的一根线头与植物的叶子连接起来，就可以听到植物的"说话声"了。植物学家经过长期研究给这种语言取了个名字，叫作"微热量语"。原来，植物在生长过程中，需要进行能量交换。它虽然进行得较慢，却能够表现出极其微弱的热量变化，叙说它受外界条件的影响及其生长情况。科学家已制造出一种微热量测定仪器，能测定和记录植物的热量变化，即使是摄氏度十万分之一度的热量变化，也能记录下来。这是一种奇特的植物"语言"的录音机。

研究表明，各种植物在生长过程中，需要不断进行能量交换。这种交换当然是很缓慢的、不易察觉的，但交换过程中必然会有微弱的热量变化和声响，用特制的"录音机"把这样的"语言"录下来，就能知道植物在"说"什么了。倾听植物的"报告"，可以知道它是冷是热，是饱是饿，更可以知道它喜欢生活在什么样的温度、水分、养料下。

美国学者证实：植物在缺水时的确会发"牢骚"，它会"叫喊"如"我渴了！"这种声音，是植物运送水分的维管束因缺水而绷断时发出的"超声波"，苹果树、橡胶树、松树、柏树在渴时都会发出这类的"超声波"。然而这种声音相当低，比两人说悄悄话的声音还要低1万倍。为此美国研制了一种植物探测仪——植物语言翻译器。这种特殊的仪器能够把植物发生的"语言"翻译出来。它既简便，又实用，每个农民都可使用它。只要背上仪器，戴上耳机，把仪器的一根线头同植物叶子相接，就会发现这根铜线开始震动，这种震动传入仪器内，生物电子翻译器立即进行"翻译"，人们在耳机内就可以清晰地听到植物"谈话"的声音。

植物语言的录音机和翻译机是怎样使人同植物"谈话"的呢？原来，在正常的情况下，植物发出的声音，是有节奏的，轻微的音乐曲调；而当刮风变天时，发出的声音是低沉的、紊乱的，甚至恼人的。不同的"语言"仿佛植物在向你诉说：是冷是热，是饥是饱，最需要的是什么样的温度、水分和养料……

能听到植物"说话"，能知道植物说些什么，是现代科学的一大进步。请想想，要是能够彻底听懂植物的所有"语言"，我们不就可以让农林生产取得稳定高产了吗？据说墨西哥有个菜农名叫何塞·卡尔门，由于懂得与蔬菜"谈话"，他种下的卷心菜个个长成了大个子，每棵菜竟重达 45 千克呢。

植物的有智力之谜

植物有没有智慧？这是个一直争论不休的话题。汉语的一些词语，木呆呆、木头人、榆木脑袋疙瘩等，从其词源学解释来看，人们对植物有无智慧的结论已经显而易见。不过，也有很多事实表明，植物不仅有智慧，而且有时比动物还聪明，但是人们仍然不太理解为什么没有神经系统和血液的植物会产生智慧。不过，要理解植物的智慧，只能从一些具体的事件着手。

植物的计算能力与预见性

预见性、有决策能力、聪明等等通常都是用来形容人的，对于植物能不能也这么说呢？一些研究人员认为，答案是肯定的。比如，英国爱丁堡大学的托尼·特雷瓦瓦斯认为，人们对植物的智慧长期以来严重低估了。植物有计算能力，它们既有远见，而且能记得在它们身上发生过的一切。这些能力完全可以写成推理小说。

植物可以计算，有预先处理未来发生问题的能力，比如，能预见到麻烦和做出怎样避免这种麻烦的决定。植物学家早就发现，正在生长的植物嫩芽能感知邻近的植物，绿叶能吸收光线，但反射红外线。植物能按比例计算出它附近草木受到的红外线辐射的转移。植物能预测这一情况的结果，并规划出它们未来在何处会遭遇竞争和被遮光。通过计算，如果有必要，就采取入侵行为，首先长出枝叶去占领有利位置。植物还会让其整个形状，包括叶子的数目和大小、根茎的结构获得在阳光下最适宜的位置。虽然植物不是策划大师，但是它们对环境都有适应性改变的能力。

植物的灵活性和预见同样让人惊叹。比如，一种叫作 dodder 的寄生植物具有出色的入侵战略，因为它们可以计算并因此表现出预见性和灵活性。早在 1990 年，英国研究人员就发现，dodder 没有光合作用，但它盘绕着宿主植物，用其枝芽刺进宿主以吸收养分和水。寄生植物的聪明在于，它可以预算出宿主能产生多少能量，然后再决定以多大的努力扩大它的入侵（寄生）。

比如，宿主树如果长得叶肥枝大，能量多，寄生的 dodder 就会多盘绕宿主树几圈，这样它能长出较多的枝丫来吸取营养。但是如果宿主树较小，寄生的 dodder 就会少盘绕宿主树几圈，以避免自己的能量浪费。这种数学计算类似于动物的计算，何时该吃东西，何时该运动。

芥草是一种只能存活六周的普通植物，如果其根尖上的平衡石，一种用来与外界其他植物进行沟通的淀粉状"大脑"被切断后，它就无法存活。而且芥草这种颜色淡淡的寄生小植物似乎能感知周围朋友、敌人或食物的存在，并且能迅速做出怎样靠近它们的决定！

一种生活在美国西北部的植物盾叶鬼臼可以根据对天气特征的估计，计划未来两年的生长状况。

由于科学家们已经获得了一些很有价值的发现，即使那些对"植物智力"的进化范例持怀疑态度的人也不得不承认，下至最简单的木兰、蕨类植物，整个植物群都对大森林里的情况"了如指掌"。

一些科学家认为，植物群能够审慎地考虑它们的生存环境，预测未来，征服领地和敌人，有时候让人觉得它们有未卜先知的神力。从园丁到哲学家，很多人都从植物那里得到了极具价值的启示。

植物的多种感觉和对环境的反应

植物首先有感觉。它们能探测到阳光、声音、化学物质、震颤和接触，并做出反应，也能对水、地心引力和温度做出反应。植物对上述因素做出反应一般是改变它们的生长模式，但是这种改变是相当复杂和多变的，也是人们几乎无法想象的。过去植物学家和生态学家常常用抢夺、竞争和天敌入侵来描述植物的反应和变化。但实际上，从植物感觉自己周围的环境问题开始到决定自己如何生长和生存，这就是植物的智慧的表现。

植物惊人的规避行为就是对环境的一种典型反应和适应。棕榈树有一个长在主根上的杆茎，所以它能在土壤上挺立。但是当邻居侵犯它的光线或营养供应时，它会采取非常明显的规避行为，即向后方的阳面长出新的主根，而整个植物向后移到阳光完全照射的地方，但处在阴影部分的棕榈则会死掉。此外，一些实验证明，相邻的有关植物能彼此感受到竞争者根须的存在，因而会向另一个方向生长，尽管这些地方并无充足的养分。所以，这些行为是一种有意的行为，而且肯定是对环境的适应性行为，所以可以看作是植物的另一种智慧。

植物的决策能力和灵活性

此外，植物的行为有许多还类似于人的反射、直觉和恐惧。由于预感到自己的邻居可能长得超过自己,植物就会长得超过邻居。这意味着植物与邻居之间达成了一种妥协的生长模式,以此来解决某些冲突,比如风的震颤,它总是阻止植物生长;或者是红外线,它经常刺激植物。因此植物看起来是一个聪明而富有经验的决策者。这种决策好像也是有计划性。

但是,一些植物也会表现出行为的灵活性,而非仅仅是对环境的简单反射或有计划性。比如,植物在土壤中的根须常常跟随矿物质或湿度而转移,但它们并不总是采用这种简单的方式。一种叫作 glechoma 的草本植物属于匍匐草类,它们生长在肥沃土壤中时,这种草会长出很多分枝、根和叶。它们也会快速长成一团团的根,充分吸收局部土壤的营养。但是,它们长在较为贫瘠的土地上时,却会蔓延得既宽广又快速,好似在逃窜一般。而且它们的根茎通常变得较细,分枝也迅速减少。

不过,植物的智慧主要表现在它们对环境反应的微妙的灵活性上,重要的是它们有对环境的适应性变化,而不仅仅是适应环境。而研究表明,它们对环境的适应性反应是因为它们能对 15 种以上的不同感觉信号起反应,包括光、化学物质、水、地心引力、对土壤的感受以及受到损伤等。无论这些因素是同时出现还是单个出现,它们都可能加以比较和感觉。

现在,科学界一直在争论大自然本身究竟有没有"智力",实际上,有关植物如何"研究"它们所处的环境并对所处的环境做出反应的一些非同寻常的新发现,为这个争论提供了强有力的证据。

英国苏格兰爱丁堡大学植物生物化学家、著名植物智能学者安东尼·特莱瓦斯说:"人们对待智力的态度发生了实质性转变。人们对智力的概念正在从狭隘观点的束缚中解放出来,相信并不只有人类才拥有智力,其他生命体同样拥有这种属于人类的东西。"

即使没有苏格拉底哲学的逻辑性或莎士比亚似的思维表现形式,植物"大脑"的主题在植物学讨论会上也已经成为争论的焦点。有人对此表示怀疑,植物当然不会谈恋爱、烤奶酥或是吟诵优美的诗句。那么仅仅通过植物对其环境所做出的简单反应就能断定植物具有活跃的、有意识的推理能力吗?

但已逝植物遗传学家、诺贝尔奖得主芭芭拉·麦克林托克称植物细胞"具有思想性"。达尔文就曾写过有关根尖"大脑"的文章。科学家们现在说,植物不仅能彼此间进行交流,通过编制气体蒸发密码与昆虫交流,还能通过"细胞计算方法"完成欧几里得几何学的计算。另外,植物似乎还能像易怒的老板一样,把芝麻大的一点小事牢牢记在心里。

科学家探讨如何能证明植物也有智力,而不是只能在花盆里繁殖的简单生物体。

对越来越多的生物学家而言,知道植物可以对其他物种提出挑战并向其施加影响这个事实，本身就足以证明植物具有基本的智力。位于盐湖城的犹他大学的生物学家莱斯利·斯泊斯认为："如果智力指的是掌握和应用知识的能力，那么，植物绝对具有智力。"

对于植物"智力"，其中一个重要发现是，从同一个母体植物上切下来的两个切片或从同一个母体植物上克隆的两株小植物，即使在相同条件下对它们进行培育，它们也会表现各异。

特莱瓦斯博士说："我们现在了解到植物拥有自我识别的能力，事实上植物本身就具有这种非同寻常的能力。"但是好像一直没有人认真研究过这个问题，现在人们以及部分植物生物学家普遍的观点是，植物只是在花盆里繁殖的简单生物体。

也有人表示怀疑，认为植物的复杂行为只不过是机械似的指令。

美洲印第安人中有一种古老仪式，每当玉米要结出棒子的时候，年长的印第安妇女、老人就到玉米地里跟"玉米妈妈"交流，用商量的口吻与一株株玉米谈话，以期达成友好共识："让你的孩子，玉米种子们养活我的孩子吧！我也要让我的孩子养活你的孩子，并且要让我的孩子世世代代都种玉米。"但这些传统文化中流传的东西，只是体现了人渴望与植物交流，证明原始人对自然的畏惧，并不意味着植物有意识，可以与人进行交流。

甚至在当今科技发达的美国，许多大学建起了一个又一个植物研究实验室，有的专家在揭示遗传的奥秘，有的专家则通过激光显微镜分析有生命植物的内部工作原理。直到今天，植物生物学家仍在探索"信号转换"之谜或者遗传、化学和激素序列如何分散为植物的复杂行为。

但是也有专家对此表示怀疑，认为植物并不是智能产品，其复杂行为只不过是机械似的指令，更多是来自遗传，并不具有智能。一些人将智能归因为植物亲缘性——复杂的人类特性的过度简单化。

智力是一种自我意识，植物是否具备这一点还有待进一步研究。

尽管科学家对植物的研究日益深入，但植物的复杂指令如何被明确表达和执行，至今仍不为人所知。美国北卡罗来纳州植物生物学家黑克·温特·塞德罗夫说："目前，我们对植物的工作原理还有许多有待于了解的地方，但智力在很大程度上是指自我意识，植物显然不具备这一点。"

美国宇航局给予北卡罗来纳州立大学资金用于研究重力对农作物的影响，在一定程度上是因为他们最新发现植物具有与人类非常相似的神经传递素，这也许能够为科学家提供更多线索，最终找到重力是如何影响有意识的人类。

美国国家科学基金会已拨款 500 万美元用于查明分子"时钟结构"。通过分子"时钟结构"，植物知道何时生长，何时开花。

对于植物"智力"的研究可能有助于科学家培育出新物种。

人们对植物"智力"的讨论正在快速超越理论层面。在太空,"聪明植物"不仅能提供食物、氧气和清洁的水,还能为寂寞的太空旅行者提供有价值的"伙伴"。如果美国人将来登陆火星,那么这将给宇航员带来极大的便利。比如,对芥菜平衡石工作原理方面的研究,也许将来有一天能帮助科学家培育出在只有地球 1/8 到 3/8 重力环境下就能生长的谷物。

可是,就现在而言,普通的室内植物还难以赢得人们的尊敬,即使是那些研究它们的人有时候也没把它们当回事儿。斯泊斯博士说:"我攻读博士后时,我的一个邻居看到我买回植物,也不给它们浇水,最后还把它们扔出来,然后再买回来,再扔出去,她当时以为我疯了。如果她知道我拥有植物学博士学位的话,我想她可能要疯了!"

植物相亲相克行为之谜

将两种植物种在一起,常常出现这样一些有趣的现象。有些表现"相亲相爱",相互助长;有些则冤家对头,"八字相克",搞得不是一方受害,就是两败俱伤。这种现象就是植物间的相亲相克行为。

如果把蓖麻和芥菜种在一起,虽然前者要比后者粗壮许多,但前者下部的叶子会大量枯黄而逐渐死去。如果让番茄和黄瓜生活在同一个"房子"里,它们就会彼此天天赌气,不好好地生长,因而导致减产。如果甘蓝和芹菜间种,两者生长都不会好,甚至死亡。

在葡萄园种甘蓝,葡萄的生长就会受到抑制。在森林里,如果栎树和榆树碰到一起,那么你会发现栎树的枝条会背向榆树弯曲生长,力求远避这个"坏邻居"。

上述这些现象是怎么一回事呢?原来很多植物会从体内分泌出某种气体或汁液,影响或者抑制了其他植物的生长。但也有些植物的分泌物对某些病毒、细菌和害虫有很强的杀伤力,因而,它能同其他植物相处甚密,相得益彰。因此它们能互惠互利,长期共存。

如果韭菜和甘蓝间行种植,就能使甘蓝的根腐病减轻。这是由于韭菜能产生一种浓烈的特殊的怪味,能驱虫杀菌。因此,韭菜常常是许多其他植物的好朋友。

大蒜和棉花、大白菜等间行种植,大蒜所挥发出来的大蒜素,既能杀菌,又能赶走害虫。所以,大蒜和棉花、大白菜等植物能"相亲相爱"过一生。

各种植物间的这种相亲相克的关系是极其复杂的,研究它们的关系及其奥秘,对于发展农业生产,提高农作物的产量,从而获得丰收是很有意义的。

草木也有"情"之谜

常言道:"人非草木,孰能无情。"这话的意思是草木是无情的。殊不知,草木也有喜、怒、哀、乐之"情"。

有一些草木对歌声、乐曲也有喜爱的反应,如果经常对这些草木播放歌曲,会加快它们的生长速度或者提高产量。法国有一种西红柿,当"听"到音乐时,就会表现出"喜悦"的"心情",而促进生长。于是科学家就在这种西红柿的种植地里,每天定时播送一定频率的音乐器,结果其产量比不播放音乐的增加4倍。印度科学家发现,某种水稻也有喜爱音乐的特性,经常对这种水稻田播放音乐,能提高产量25%至60%。经研究,是因为这些植物对优美的声波反应灵敏,合适频率的音调和音乐,能够促进其新陈代谢,把音乐变成"肥料",而促进生长。

草木除了有喜乐之情的表现,还有类似人们的羞、怒、哀愁等表现。

含羞草是大家所共识的会害羞的草木。每当人们用手指或其他器物触碰它的叶片时,哪怕是很轻的动作,它的小叶就会立刻左右合拢,叶柄下垂,酷似年轻姑娘害羞的表现。

有的植物"脾气暴躁",当它受到外力威胁或伤害时,会表现出"勃然大怒"。我国云南有一种属于山茶科的树,叫黑德木,如果有人砍它一刀或劈它一斧,伤口处会立即发出像自行车内胎漏气般的声音,可持续四五分钟。当地人告诉说,这是黑德木对伤害它的人"发怒"并表示"抗议"。

植物遇到灾难,也会表现出悲悲切切。如树木遇到旱灾,会发出悲哀的声音。这声音很像是它们在哭泣,也像是在痛苦地"呻吟",又像是向外界发出的紧急求救。据美国林业科学家把传感器固定在遭受旱灾的树木表皮上,便可清晰地听到树木发出的呻吟声。据测试,大多数干枯的树木会以50至500千赫的频率发出它们受困的信号。这是因为干枯的树木,得不到足够的水分流进毛细管,毛细管内部因缺水而发出的响声。

有些植物当听到悲哀的声音或者对它讲述悲哀的事情时,也会有悲伤的表现。据苏联心理学家维克多普什金利用电脑仪器对植物的叶片进行测验,当这些被测植物听到悲哀的声音或者悲哀的事情时,也黯然神伤,会沮丧地垂下叶子,表现出悲切的样子。

为什么草木也有这些喜、怒、哀、乐"情"的表现呢?据科学家经过长期的研究,发现植物也有"感觉",也有初级的"神经系统",所以它们对周围环境的变化、外力的敲击,会做出不同程度的反应,并由枝、叶表现出来。

植物奇妙曲线之谜

世间万物,各有其性,以植物而言,枝蔓茎干绝大多数都是直向生长的,而有一些植物却是盘旋生长的。如攀援植物五味子的藤蔓就是左旋按顺时针方向缠绕生长的。与此恰恰相反,盘旋在支架上的牵牛花的藤在旋转时,却一律按逆时针方向盘旋而上,如果人为地将其缠成左旋,它生出新藤后仍不改右旋特性。

令人惊异的是,还有极少数植物藤蔓的螺旋是左右兼有的。如葡萄就是靠卷须缠住树枝攀援而上,其方向忽左忽右,既没有规律也没有定式。英国著名科学家科克曾把植物的螺旋线称为"生命的曲线"。

植物的枝蔓茎干为什么会出现左右旋转生长的现象呢?一般认为,这是由于南北半球的地球引力和磁力线的共同作用。而最新的研究表明,植物体有一种生长素能控制其器官(如茎、藤、叶等)的生长,从而产生螺旋式的生长(攀援),这是个遗传问题。

那么,遗传又从何而来?近年来,科学家通过研究认为,遗传的发生也与地球的两个半球有关。远在亿万年以前,有两种攀援植物的始祖,一在北半球,一在南半球。植物为了得到充足的阳光和良好的通风,紧紧跟踪东升西落的太阳,漫长的进化过程使它们形成了相反的旋向,而那些起源于赤道附近的攀援植物由于太阳当头而没有固定的旋向,便成为左旋和右旋兼而有之的植物。

植物与动物分野之谜

在生命简单到复杂、由低级到高级的漫长进化史中,很重要的一个环节是动植物的分野。两者之间的分化大大加速了生命的进化速度,那么,动植物究竟是何时开始分野的呢?

1859年,英国科学家达尔文在其著作《物种起源》中,提出了"寒武爆发"的进化论论点,就是说在寒武纪之初,我们的地球上突然出现了众多的动植物,于是就产生了动植物分野于约6亿年前寒武纪之初的传统观点。

到1959年,划时代的《物种起源》发表整整100周年之际,发生了一件具有重大意义的学术事件:对伊迪卡拉动物群的正确鉴定。该动物群的化石在过去一直被划归为寒武纪早期,而澳大利亚学者格拉斯南经过卓有成效的工作,指出了三个具有历史意义的科学事实:该化石群中没有任何寒武纪的动物化石;而且化石群中的微体化石的组成与寒武纪的毫无共同之处;更重要的是,它所处的地层与寒武纪地层明显属于两个不同的地质年代。由于这项发现,大约 6 亿年前动植物出现分野的传统观察被突破了,但是,仅仅依靠这些证据,仍然无法确定具体的年代。

进入 20 世纪 70 年代后,新的化石证据不断出现,美国学者克劳德在美国加利福尼亚东部的贝克泉组地层中,发现了生活于 13 亿年前的单细胞层的绿藻和金藻化石。1971年,德国科学家舍夫在澳大利亚的苦泉组地层中,又发现了一些生存于 9 亿年前的藻类植物化石。这些证据显然表明,动植物的分野至少应该始于 10 亿多年之前。

动植物化石的新发现为确定动植物分野年代提供了大量直接材料,但仅仅依靠化石是不够的。于是,分子生物学家们也加入探索动植物分野年代之谜的讨论之中。所谓生物分子进化论的研究方向,主要是研究蛋白质的分子结构,因为蛋白质的初级结构——氨基酸的排列顺序,不但决定了蛋白质分子的二级、三级、甚至四级结构,更重要的是从初级结构的差异可反映不出不同物种之间的亲缘关系。

至今,科学家们已弄清了数百种蛋白质分子的结构,所建立起来的分子进化系统与传统的分类系统基本上是吻合的,说明生物种的分子进化和形态进化有着基本的一致性。1982 年分子生物学家柳思尼考对动物中的血红蛋白和肌红蛋白的进化做了研究,发现其变化速度为 330～610 万年,因此他提出,至少在 10 亿年前已出现了动植物的分野,但这依然不是最后的定论。

最近,日本学者木村资生研究了动植物体内共有的一种蛋白质——细胞色素 C。在不同的生物体中,细胞色素 C 的氨基酸排列顺序是不同的,但数量固定,都有 104 个氨基酸组成,其中有 35 个氨基酸在已知的 200 万种动植物中是完全不变的,而其余的则可以被不同或近似的氨基酸所替代,从而形成了不同生物种的氨基酸在排列上有所差异。他和另一些分子生物学家在研究中发现,不同生物种的细胞色素 C 中,氨基酸排列顺序上的差异与生物种在进化系统上的位置是相对的,而且这些差异变化极缓慢又极有规律,氨基酸排列顺序大约 2000 万年改变 1%。所以,分析和比较物种之间细胞色素与氨基酸排列顺序的异同,便可掌握它们彼此间亲疏远近的关系。分子生物家用这种方法进行了详细而又精确的计算,最后得出结论认为,植物和动物的分化年代,应该是距今 12～13 亿年以前。

综上所述,新发现的化石资料和分子生物学的新成就,使人们在了解动植物分野年代的问题上,迈进了几大步,但要真正揭开这个谜团,尚需要有更多的证据和发现。

水果色香味的奥秘

在自然界供给我们的众多食物中,水果因其具有绚丽的色泽、诱人的香气和甜酸可口的风味而备受人们的厚爱。那么,水果的色香味是怎么来的呢?

果实成熟后颜色的变化,是由各种色素决定的,它们主要有叶绿素、类胡萝卜素、花青素以及类黄酮素等。叶绿素经常处于破坏和重新形成的动态变化中。果实幼嫩时,叶绿素含量大,果实呈绿色;果实成熟后,叶绿素被逐渐破坏丧失绿色,而此时类胡萝卜素含量大,使果实呈黄色,或是由于花青素的形成而使果实呈红色。柑橘类果实的颜色是由于细胞中含有胡萝卜素和叶黄素;西红柿含有番茄红素;菠萝和番木瓜的颜色是由于细胞中含有叶黄素的缘故。

花青素存在于细胞质和细胞液中,随细胞液酸碱度的变化而呈不同的颜色。当细胞液为酸性时,呈红色;碱性时,呈蓝色;中性时则呈淡紫色。这样,便使果实呈现出各种不同的颜色。

光照对果实的上色也有影响。紫外光对上色有利,但紫外光常被尘埃、小水滴吸收。所以,雨后空气中尘埃少,有利于上色;海拔高、云雾少的地区果实上色也好。

幼嫩的水果通常是不具备香气的,随着果实的发育成熟,一些物质(主要是氨基酸和脂肪酸)在酶的作用下发生急剧变化,从而生成醇、醛、酮、酸、脂、酚、醚及萜烯类化合物等微量挥发性物质。由于这些化合物的持续挥发便使水果发出香气,而它们在组分及浓度上的差异又使得各种水果各具自己独特的香气。

果肉质地(硬度)由细胞间的结合力、细胞构成物质的机械强度和细胞的膨压所决定。随着果实的成熟,果实细胞间的结合力减少或消失,细胞分散,这时吃起来就感到果肉松软。若保持细胞间的这种结合力,果实吃起来则感到硬度大、脆。果实细胞壁的纤维素含量高则硬度大;反之则硬度小。同一品种中,大果常比小果硬度低,因为大果组织疏松,细胞间隙也大。所以要贮藏的果实不要选个儿大的。

采收时间和采收后温度对果实硬度的影响较大。要保持水果的硬度,采收后必须尽快入冷库或在空调库保存。氮肥、钾肥、水分过多也会降低果实硬度。果实成熟过程中,乙烯增多,则硬度下降。

果实中的糖是由淀粉转化来的。在未成熟的果实中贮存许多淀粉,果实无甜味。随着果实的成熟,淀粉逐渐水解,由果心向外消失,糖含量迅速增加,使果实变甜。果实中的糖主要有葡萄糖、果糖和蔗糖。果糖最甜,蔗糖次之,葡萄糖再次之。不同树种的果实所含糖的种类不同。樱桃主要含葡萄糖和果糖。桃、杏和柑橘中蔗糖占优势。葡萄含葡萄糖较多。苹果、梨、柿、枇杷三种糖均有,但蔗糖含量少。

　　未成熟的果实中含有很多有机酸,主要是苹果酸、柠檬酸和酒石酸,所以有酸味。苹果、梨和核果类果实主要含苹果酸;柑橘类和菠萝含柠檬酸较多;葡萄含酒石酸、苹果酸较多。柠檬酸的酸度比苹果酸要高。随着果实的成熟,有机酸含量逐渐下降,甜味增加。

　　人们吃水果时感觉的甜度不决定于糖的含量,而是取决于果实中的糖酸比例。糖酸比例大则水果甜,同样的糖酸比而绝对含量高时,人们感到果味浓厚,相反则果味淡。